引领型融合治理

Piloting Integrated Governance

中国脱贫攻坚的理论与路径

Theory and Path of Poverty Alleviation in China

符平 等 著

社会科学文献出版社
SOCIAL SCIENCES ACADEMIC PRESS (CHINA)

本书出版获华中师范大学政治学一流学科建设经费支持。

主要作者简介

符　平　湖南桃江人，华中师范大学社会学院教授、院长。教育部2018年度“长江学者奖励计划”青年学者。中国社会学会副秘书长，教育部人文社会科学重点研究基地中国人民大学社会学理论与方法研究中心兼职研究员，曾任中国社会学会经济社会学专业委员会理事长。出版《市场的社会逻辑》《市场优势与制度环境》《中国经济社会学四十年（1979~2019）》等专著、编著多部，在《社会学研究》、*Stress and Health* 等期刊发表中英文学术论文数十篇，其中多篇被《新华文摘》《中国社会科学文摘》等全文转载。曾获全国优秀博士学位论文奖、教育部第七届高等学校科学研究优秀成果奖、第六届中国人口科学优秀成果奖、陆学艺社会学发展基金会第七届“社会学优秀成果”奖，四次获湖北省社会科学优秀成果奖等。

目　录

第二编 专题报告

语言扶贫的融合治理：凉山“学前学会普通话”行动试点

前　言

脱贫攻坚堪称“中国之治”的典范。这里的“治”实际上具有双重含义，其一是“治理”的实践，其二是“治理”的理论。对脱贫攻坚的中国路径和精准扶贫的中国经验从不同角度进行系统化总结和理论化提升，其意义在于为国际社会贡献方案的同时贡献理论，在分享经验的同时传播新知。这要求学界既可以真实记载脱贫攻坚的历史事实、呈现鲜活经验，又可以基于脱贫攻坚实践构建和发展符合中国实际、体现东方智慧且具有普遍知识意义的治理理论，以透过治理之“术”管窥治理之“道”。

基于团队在全国十余省（市、自治区）的数十个贫困县尤其是若干典型案例县脱贫攻坚实践的调查研究，本书试图回答若干核心的理论和经验问题。在理论上，脱贫攻坚的贫困治理模式体现出哪些重要特征并具有怎样的理论意涵？又在何种维度上可能拓展既有的治理理论？换言之，本书的理论关怀是脱贫攻坚实践之于一般治理理论创新的价值，“融合治理”“引领型融合治理”概念的提出则是一种努力的尝试。本书试图说明，中国的脱贫攻坚治理模式可为深入反思和发展“新治理理论”提供经典案例，其作为新治理理论的一种特定类型，是引领型融合治理的一种具体实现形式。在经验上的问题是，脱贫攻坚的治理模式在实践中如何形成又体现出怎样的运作逻辑？哪些行动策略和制度机制架接起了脱贫攻坚的治理模式与贫困治理效能之间的因果关联？基于多地脱贫攻坚实践，本书呈现了贫困县以引领型融合治理模式开展脱贫攻坚的典型经验、创新路径及其治理效能。

本书共 16 章，由两编构成。第一编是“综合研究”，主题是“引领型融合治理：脱贫攻坚的治理创新”，共 8 章内容。第一章至第三章聚焦引领型融合治理理论的提出及其与脱贫攻坚实践的耦合性探究，讨论脱贫攻坚的理论意涵及其关键特征，并在第四章至第八章基于典型案例县的脱贫攻坚经验呈现引领型融合治理的实践过程。第二编是“专题报告”，主题是“语言扶贫的融合治理：凉山‘学前学会普通话’行动试点”，共8章内容。该行动试点属语言扶贫范畴，是少数民族地区阻断贫困代际传递、提升民族整体素质的重要途径。第九章至第十六章考察了行动试点的背景、过程、制度、策略和成效，最后在理论上展开了进一步的反思。

本书成果可能的创新和特色主要体现为如下方面。

第一，将脱贫攻坚的贫困治理模式放在治理理论谱系中进行考察，将其定位为新治理理论中融合治理的一种特定形态，即“引领型融合治理”。新的理论概念为脱贫攻坚贫困治理模式的理论化提升、增进贫困的“中国之治”之于理论创新和知识积累的学理价值，提供了一种思路。本书反思了西方的新、旧治理理论，检讨了西方治理学说的不足，指明了引领型融合治理在治理理论谱系中不可忽视的逻辑地位；同时，对引领型融合治理与经典的治理理论概念之间的区别和联系进行了阐述。

第二，在提炼脱贫攻坚的实践特征和贫困治理的独特经验的基础之上，从组织动员、县域统合的视角分析脱贫攻坚如何动员和运作进而实现引领型融合治理模式的问题。通过分析引领型融合治理的治理结构和治理机制的形成逻辑，对脱贫攻坚究竟如何缔造引领型融合治理模式的问题提供了一种较为系统的解释。

第三，基于典型案例县的实践，从脱贫攻坚的制度政策、动员治理的机制策略与精准扶贫的具体实施之间的交互作用关系入手，呈现了引领型融合治理如何嵌入国家制度和国家治理体系，又通过怎样的中微观过程在脱贫攻坚中发挥作用。通过提炼、分析和总结县域实践中的若干具体机制和重要经验，揭示了引领型融合治理与贫困治理效能之间的关系“黑箱”。

第四，“学前学会普通话”行动试点案例呈现和分析了少数民族地区推普脱贫的实践创新和制度创新。该行动试点是引领型融合治理在语言扶贫领域的体现，形成了融合科层内部沟通、合作和督导为一体的联动机制，建立起了政府主导、社会多元主体参与的共建共治机制。研究揭示了该案例背后一体两面的双重制度意义，即引领型融合治理与基于“试验-

推广”逻辑的试点治理。

第五，在应用价值层面，本书一方面从治理视角记载了中国波澜壮阔的脱贫攻坚历程，刻画总结了中国共产党和中国政府、中国人民如何齐心协力创造人类减贫史上的奇迹的过程；另一方面，引领型融合治理模式的运作逻辑、路径机制和经验策略的呈现，可为经济建设、社会建设、文化和生态文明建设等其他领域难题的治理提供思路、路径和方法上的启示。

第一编　综合研究

引领型融合治理：脱贫攻坚的治理创新

第一章

缔造引领型融合治理：脱贫攻坚的治理创新*

脱贫攻坚，各方参与是合力。必须坚持充分发挥政府和社会两方面力量作用，构建专项扶贫、行业扶贫、社会扶贫互为补充的大扶贫格局，调动各方积极性，引领市场、社会协同发力，形成全社会广泛参与脱贫攻坚格局。①

——习近平

第一节 问题的提出

“国家治理效能得到新提升”是我国“十四五”时期经济社会发展的主要目标之一。面对日益复杂而棘手的重大治理问题，理论上来说，提升治理效能的关键在于创建并能有效执行制度政策的治理结构和治理机制。②然而，这在实践中却构成一个普遍的难题，体现为一种有效治理模式的形成并不容易。国家试图理性地设计社会秩序，并通过组织宏大的社会工程或项目进行社会改造、社会治理却遭遇失败的例子不胜枚举。③失败的原因各种各样，但成功的案例基本上都离不开一种有效治理模式的创设。

---

* 本章的主体内容同题发表于《学术月刊》2021年第7期，并被《新华文摘》2021年第22期转载。收入本书时有增补完善。

① 中共中央党史和文献研究院编《习近平扶贫论述摘编》，北京：中央文献出版社，2018，第107页。

② 参见李培林《社会改革与社会治理》，北京：社会科学文献出版社，2014；Williamson，O.，*The Mechanisms of Governance*，New York：Oxford University Press，1996。

③ 参见詹姆斯·C. 斯科特《国家的视角：那些试图改善人类状况的项目是如何失败的》，王晓毅译，北京：社会科学文献出版社，2012。

尽管推进国家治理体系和治理能力现代化仍将是我国今后相当长一段时期内的重大战略任务，但在某些专项治理领域、重大自然灾害和突发公共性危机治理等方面，国家治理体系内部的结构关系、资源配置、运行机制和管理方式等，经过不断的探索实践和反思调整，业已初步建立起一个与新时代相适配的治理体系。在若干领域积累的成功治理经验蕴含行之有效的治理机制，激活了我国的制度优势并提升了治理效能。比如，通过建设人人有责、人人尽责、人人享有的社会治理共同体，完善了共建共治共享的社会治理体系，续写了社会长期稳定奇迹。①

可以说，经济社会治理的实践领域展现了丰富鲜活的经验和源源不绝的创新。遗憾的是，社会科学相关理论的创新和发展却滞后于实践经验。从更长的历史时期来看，正如有学者所指出的那样，中华民族伟大的发展历程为理论建构提供了富饶的孕育土壤，中国全面建设社会主义现代化国家的新征程向理论建构提出了新的时代命题。② 在中国全面建设社会主义现代化国家的过程中，特别值得关注的是，我国通过 8 年的脱贫攻坚实现了前所未有的贫困治理效能，创造了人类减贫史上的奇迹。③

消除贫困是社会主义制度的本质要求。改革开放以来，中央高层反复强调了这一思想，④ 同时根据贫困的治理目标和治理情境的变化，与时俱进改革完善贫困治理的体制机制体系。特别是党的十八大以来，国家通过脱贫攻坚实施了针对绝对贫困的专项治理行动，以精准扶贫新方略与片区开发新举措相融合的方式推进贫困治理，加速消除了绝对贫困现象，农村扶贫开发

---

① 《中共中央关于党的百年奋斗重大成就和历史经验的决议》，《人民日报》2021 年 11 月 17 日，第 1 版。

② 徐勇、石健：《伟大变革时代呼唤中国学术理论建构》，《探索与争鸣》2021 年第 6 期。

③ 2012 年底，中国有贫困人口 9899 万人。经过脱贫攻坚，全国 832 个贫困县全部摘帽，近 1 亿农村贫困人口实现脱贫，960 多万贫困人口实现易地搬迁，历史性地解决了绝对贫困问题，为全球减贫事业作出了重大贡献（参见习近平《高举中国特色社会主义伟大旗帜　为全面建设社会主义现代化国家而团结奋斗》，北京：人民出版社，2022，第 7 ~ 8 页）。

④ 比如，邓小平曾经指出“贫穷不是社会主义，社会主义要消灭贫困”，参见《邓小平文选（第三卷）》，北京：人民出版社，1993，第 16 页；习近平强调，“消除贫困、改善民生、逐步实现共同富裕，是社会主义的本质要求，是我们党的重要使命”，参见中共中央党史和文献研究院编《习近平扶贫论述摘编》，北京：中央文献出版社，2018，第 13 页。

取得瞩目成就。脱贫攻坚期间，党中央把脱贫攻坚摆在治国理政的突出位置，将其作为全面建成小康社会的底线任务，“全国 832 个贫困县全部摘帽，近 1 亿农村贫困人口实现脱贫，960 多万贫困人口实现易地搬迁，历史性地解决了绝对贫困问题，为全球减贫事业作出了重大贡献”。[①]

从某种意义上来说，脱贫攻坚凸显的治理效能集中体现了国家制度和治理体系在“党的集中统一领导”“以人民为中心”“走共同富裕道路”“坚持全国一盘棋，调动各方面积极性，集中力量办大事”等多方面的显著优势。不过，虽然国家治理体系一直具有若干制度优势，但脱贫攻坚之所以能够取得远高于以往任何时期的贫困治理效能，关键在于国家通过脱贫攻坚的多重动员机制再造了贫困治理模式。

从治理模式角度来看，一个显见的社会事实是，脱贫攻坚通过广泛动员，构建了政府、社会、市场协同推进的大扶贫格局，形成了跨地区、跨部门、全社会共同参与的社会扶贫体系。[②] 而这也集中体现了我国国家制度和国家治理体系在特定领域的若干优势和强大的执行力优势。脱贫攻坚的实践蕴含国家主体性与社会文化主体性、多元主体之间的建设性合作关系，[③] 既发挥了中央权威的优势，也激发了地方政府与市场、社会协同治理的活力。[④] 尽管脱贫攻坚作为一项阶段性的历史任务在某种意义上已经成为过去，但这些鲜活的治理实践仍然值得在经验上进行总结，在理论上进行省思。

我们认为，脱贫攻坚的治理模式、治理结构和治理机制在一定程度上成了“中国之治”的成功典范，也为国家如何提升治理效能、实现制度优

---

① 习近平：《高举中国特色社会主义伟大旗帜　为全面建设社会主义现代化国家而团结奋斗》，北京：人民出版社，2022，第 7~8 页。

② 参见习近平《携手消除贫困，促进共同发展》，载中央文献研究室编《十八大以来重要文献选编（中）》，北京：中央文献出版社，2016；习近平《在决战决胜脱贫攻坚座谈会上的讲话》，《人民日报》2020 年 3 月 7 日，第 2 版。

③ 王春光：《中国社会发展中的社会文化主体性——以 40 年农村发展和减贫为例》，《中国社会科学》2019 年第 11 期；贾俊雪、秦聪、刘勇政：《“自上而下”与“自下而上”融合的政策设计——基于农村发展扶贫项目的经验分析》，《中国社会科学》2017 年第 9 期。

④ 陆汉文、梁爱有、彭堂超、黄承伟：《政府市场社会大扶贫格局》，长沙：湖南人民出版社，2018；谢岳：《中国贫困治理的政治逻辑——兼论对西方福利国家理论的超越》，《中国社会科学》2020 年第 10 期。

势转化为治理效能的路径提供了启示。贫困治理的中国道路和中国经验仍需学界进行系统的理论省思，上升为具有一定学理性的理论。贫困治理的中国模式有必要从贡献方案到贡献理论，从分享经验到创新知识，即基于丰富的脱贫治理实践和鲜活经验对推进更一般的治理理论创新作出理论贡献。

贫困治理的中国路径挑战了减贫的经济阶段论或实力论。经济阶段论或实力论主要是从经济增长和资源再分配角度对贫困治理问题进行解释。[①] 事实上，经济增长对消除贫困起到了巨大的支撑作用，但经济增长本身并不能自动消除贫困。[②] 也就是说，经济增长与贫困现象的消除并非直接的因果关系。如果缺乏良好的制度环境和政策安排，贫困人口参与市场活动及社会政治决策的能力与机会将会被剥夺，反而会造成贫富差距不断扩大。[③] 从国际经验的比较来看，"涓滴效应"的反贫困理论注定会在消除绝对贫困问题上遭遇失败，即缺乏健全的制度保障和有效的贫困治理机制，贫困问题并不会随着经济发展而自然得到解决。我国十八大以前的贫困治理实践也证明，如果扶贫减贫一旦缺乏精准的瞄准机制，经济快速增长背景下单纯依赖资源投入的"漫灌式"扶贫是难以提高扶贫效率的。[④] 而当政府无法通过公共服务的福利让群众受益时，特别是当公共服务无法保障

---

① J. Brülle, *Poverty Trends in Germany and Great Britain*, Wiesbaden: Springer, 2018; D. Dollar, & A. Kraay, "Growth is Good for the Poor," *Journal of Economic Growth*, Vol. 7, No. 3, 2002; 周怡:《贫困研究：结构解释与文化解释的对垒》,《社会学研究》2002 年第 3 期; Deininger, K. & L. Squire, "A New Data Set Measuring Income Inequality," *World Bank Economic Review*, Vol. 10, No. 3, 1996。

② 汪三贵:《在发展中战胜贫困——对中国 30 年大规模减贫经验的总结与评价》,《管理世界》2008 年第 11 期；参见本书编写组《2000/2001 年世界发展报告：与贫困作斗争》，北京：中国财政经济出版社，2001；贾塔克:《发展经济学》，卢中原等译，北京：商务印书馆，1989；Kakwani, N. & E. Pernia, "What is Pro-poor Growth," *Asian Development Review*, Vol. 18, No. 1, 2000。

③ 胡鞍钢、胡琳琳、常志霄:《中国经济增长与减少贫困（1978—2004）》,《清华大学学报》（哲学社会科学版）2006 年第 5 期；Hoynes, H. W., M. Page & A. H. Stevens, "Poverty in America: Trends and Explanations," *Journal of Economic Perspectives*, Vol. 20, No. 1, 2006。

④ 参见中国改革发展研究院《反贫困研究》课题组《中国反贫困治理结构》，北京：中国经济出版社，1998；罗江月、唐丽霞《扶贫瞄准方法与反思的国际研究成果》,《中国农业大学学报》（社会科学版）2014 年第 4 期。

低层群众的基本生活，再次实施反贫困政策则很有必要。[1] 从某种意义可以说，真正能起到减贫作用的并不是经济增长的速度和传统的减贫机制，而是经济增长的质量、配套的扶贫减贫政策和制度安排以及创新的治理机制。

就我国贫困治理实践而言，一方面，脱贫攻坚是国家运用行政力量牵头逐渐动员、影响和改变地方经济社会的过程。[2] 从设立专门的扶贫组织和机构，到全国动员的脱贫攻坚，政府通过运用财政和行政治理等手段直接参与了贫困治理，并在脱贫攻坚行动中发挥了主导作用。另一方面，在复杂的社会背景下，没有任何单独的治理主体"拥有解决复杂问题所需的所有知识和信息"，[3] 而且政府上层往往也需依赖下层组织实施管理，并不是直接管理，[4] 因而上层动员、下层和其他主体的参与是脱贫攻坚中非常重要的一个环节。作为一项基于社会扶贫大格局的贫困治理行动，脱贫攻坚还体现了政治对行政的融合和形塑，是政治、行政、乡村治理，以及乡村社会不同要素动态互动所构成的系统，[5] 不仅体现出纵向"科层-村域"维度的政治关联，也涉及横向"政府-市场"维度的利益整合。[6] 然而，以上研究所揭示的还只是脱贫攻坚所显现出来的作为一个系统动员过程的各种结果。脱贫攻坚究竟意味着一种怎样的治理模式？又是如何实现上述重要面向的？应该说，诸如此类的问题在一定程度上仍缺乏系统性的审视和讨论。

总之，面对脱贫攻坚带来的巨大治理效能，中国的贫困治理实践已经向我们提出了一个重要的理论问题：这种贫困治理模式究竟在理论上意味着一种具备何种特征和运作逻辑的治理理论，从而借此能让国家治理体系

① 参见〔印度〕阿比吉特·班纳吉、〔法〕埃斯特·迪弗洛《贫穷的本质》，景芳译，北京：中信出版集团，2018。

② 参见黄承伟《中国共产党怎样解决贫困问题》，南昌：江西人民出版社，2020；许汉泽《行政治理扶贫：对精准扶贫实践逻辑的案例考察》，北京：社会科学文献出版社，2020。

③ J. Newman, *Modernizing Governance: New Labor, Policy and Society*. London: Sage, 2001, p. 15.

④ 张静：《基层政权》，上海：上海人民出版社，2007，第290~310页。

⑤ 李小云、徐进：《消除贫困：中国扶贫新实践的社会学研究》，《社会学研究》2020年第6期。

⑥ 白浩然、李敏、刘奕伶：《复合治理：地方脱贫进路的一个理论解释——基于153个脱贫摘帽县的扎根研究》，《公共行政评论》2020年第1期。

所蕴含的制度优势在提升贫困治理效能上最大限度地发挥作用？在国家层面，制度优势、经济成就等前置性要素要转化为治理效能，需要依赖能从根本上激发国家治理体系活力和潜力的治理模式创新。在中国共产党领导下实施的发展式扶贫政策，致力于带动贫困人口实现共同致富，不仅提供了普遍的人民福利，而且拓展了福利分配的内涵。[①] 由此形成的贫困治理体系既不同于西方社会的社会保障式扶贫模式，也不同于其他发展中国家的碎片化或局部性的扶贫模式。但贫困治理的脱贫攻坚模式在理论上究竟属于一种怎样的治理理论范畴？与既有的治理理论是何种关系？学界对这些问题依然缺乏深入省思。

面对中国经验和中国模式，一如有的学者所言，“如果缺少把局部经验进行一般化的意图，很多中国经验就止步于特殊性故事，无法以一般知识的面貌出现”。[②] 而这样的后果则是很难将中国经验和中国模式在国际社会进行交流和传播。在这个层面上，提升脱贫攻坚经验的理论化和形式化程度，增进与一般治理学说的关联，具有重要意义。在本章中，我们将回到治理理论的理论谱系，提出脱贫攻坚作为一种引领型融合治理的理论观点，最后以一个扶贫产业为案例说明引领型融合治理理论的应用意义。

第二节　回到治理本身：治理理论的视角转换

众所周知，脱贫攻坚是一个各方力量共同参与、共同助力贫困人口脱贫的过程。在实践中，中央和地方通过广泛动员社会力量，建设社会扶贫网，动员社会组织、公民个人积极参与，形成了脱贫攻坚合力。[③] 总体来看，脱贫攻坚期间的贫困治理在实际运作和表现形态上体现出如下三个方面的重要特点：一是贫困治理的主体包括各级党委和政府、市场组织、社会力量和人民群众等多元主体；二是在行动机制上呈现出多主体协同合作的模式，通过各种形式的互动关系和利益联结机制促进多主体共同致力于

① 谢岳：《中国贫困治理的政治逻辑——兼论对西方福利国家理论的超越》，《中国社会科学》2020 年第 10 期。

② 张静：《从特殊中发现一般——反思中国经验的阐述问题》，《学术月刊》2022 年第 3 期。

③ 中共国家乡村振兴局党组：《人类减贫史上的伟大奇迹》，《求是》2021 年第 4 期。

治理目标的实现；三是贫困治理的举措和路径注重需求导向，采取多样化的手段和策略，在帮助贫困户建立起稳固且可持续的生计系统的过程中，推进贫困治理体系与治理能力的现代化。然而，其不同于既有治理理论和治理模式的鲜明特色及其意义体现在哪些方面？这仍是有待探索的问题，而对此的回答需要我们回到治理及治理理论本身。

治理的原初含义主要指与国家公共事务相关的管理活动和政治活动，[①]关乎的是公共权力的配置和运用，是以国家为中心且在国家与社会的权力关系之中得到界定的。基于此产生的科层治理（或科层制）即是经典的治理理论视角。[②] 在韦伯看来，科层制是国家自上而下、遵循一套特定规则与程序的治理机制，其特点是依托高度结构化、理性化、非人格化和有着明确权威等级的科层体系。[③] 自上而下的权责体系更是科层制实现组织动员和政策执行的有效保障，理所当然成为国家治理的重要手段。然而，现实中的科层治理由于非但无法实现彻底的“理性”，还经常表现出包括僵化、刚性和低效等各种治理缺陷，导致政府很难与市场和其他社会主体进行合作，[④] 从而备受诟病。

19 世纪以降，对“自律市场”的推崇助推了市场社会的兴起，产生了基于“自由市场观”的治理观念和实践。尽管自律市场、市场社会的创造和再生产也需国家扮演更积极的干预角色，[⑤] 但与科层治理相抵牾的市场治理学说一度甚嚣尘上。20 世纪 80 年代到 90 年代，新自由主义在欧美发达国家盛行。作为一种亲市场的意识形态，新自由主义不仅将市场视作一种有效率的极佳经济机制，还认为其是解决社会问题的最佳方式。美国时任总统里根对此学说极为推崇。他大力主张政府去管制化以释放市场的魔

---

① 俞可平主编《治理与善治》，北京：社会科学文献出版社，2000，第 1 页。

② Donnald F. Kettle, *The Transformation of Governance*: *Public Administration for Twenty-first Century America*, Baltimore: The Johns Hopkins University Press, 2002.

③ 《韦伯作品集 III：支配社会学》，康乐、简惠美译，桂林：广西师范大学出版社，2004，第 18 页。

④ Yutaka Tsujinaka, Shakil Ahmed and Yohei Kobashi, "Constructing Co-governance between Government and Civil Society: An Institutional Approach to Collaboration," *Public Organization Review*, Vol. 13, No. 4, 2013.

⑤ 参见 Karl Polanyi, *The Great Transformation*, Boston: Beacon Press, 1957；符平《“嵌入性”：两种取向及其分歧》，《社会学研究》2009 年第 5 期。

力，认为“对于生活在一个自由市场社会中的我们来说，增长、繁荣和最终的人类成就，是自下而上而不是由政府自上而下创造出来的”。[①] 在政界和学界的共同推动下，新自由主义的市场治理理念极大地塑造了西方主要发达国家整个20世纪80年代的治理模式，基于这样的理念解决经济问题、社会问题乃至政治问题成为该时期的显著特色。

就理论本身而言，无论是科层治理还是市场治理，本质上都是以一元治理为逻辑起点，并预设了政府与市场的对立冲突和此消彼长的关系，即使涉及两者的互动，也强调“谁主谁次”和“谁强谁弱”的区分。造成这种情形的关键在于两者治理权力的生成逻辑截然不同，前者来自非对称的科层权力和指令行为，后者来自对称性的交易逻辑和契约行为。

进入20世纪90年代后，世界范围内诸多领域的治理实践反映出政治、经济与社会相互依赖增强的趋势，[②] 并萌发出多种新兴治理模式。特别是在复杂的社会治理领域，非政府组织和其他社会主体的话语权逐渐增强，呈现出治理主体的多元化。层出不穷的治理实践推动了治理理论视角的反思和发展。治理理论不断被赋予新的含义，合作治理、协同治理、互动治理、网络治理、多中心治理等新概念提出后不仅在学术研究中得到广泛运用，[③] 甚至应用于指导实践。我们统称以上这些为新治理理论。新治理理论的视角呈现如下特点：首先，新治理理论旨在回应过去的政府失灵和新出现的市场失灵（包括公司治理危机），[④] 而将治理视为一种危机反应或者

---

① Reagan Talk to World Bank and I. M. F, *The New York Times*, September 30, 1981, p. 22.

② 参见 Janet Newman, *Modernizing Governance*: *New Labor*, *Policy and Society*, London: Sage, 2001。

③ J. Ackerman, “Co-Governance for Accountability: Beyond ‘Exit’ and ‘Voice’,” *World Development*, Vol. 32, No. 3, 2004; C. Ansell and A. Gash, “Collaborative Governance in Theory and Practice,” *Journal of Public Administration Research and Theory*, Vol. 18, No. 4, 2008; Jacob Torfing et al., *Interactive Governance*: *Advancing the Paradigm*, Oxford: Oxford University Press, 2012; Walter W. Powell, “Neither Market nor Hierarchy: Network Forms of Organization,” in L. L. Cummings and B. M. Staw eds., *Research in organizational behavior*, Vol. 12, Greenwich, CT: JAI Press, 1990, pp. 295-336; E. Ostrom, “Beyond Markets and States: Polycentric Governance of Complex Economic Systems,” *The American Economic Review*, Vol. 100, No. 3, 2010.

④ B. Jessop, “The Rise of Governance and the Risks of Failure: the Case of Economic Development,” *International Social Science Journal*, Vol. 50, Issue 155, 1998, pp. 29-45.

增进公共利益的手段没有变化；其次，强调治理主体的多元性与分散性，突出治理的去中心化和去管制化，认为包括市场组织和非政府组织在内的社会力量在现代社会治理中的角色与国家同等甚至更加重要；再次，在治理结构上，主张从以国家或政府为中心的治理转向国家、市场和社会关系的组合重构，① 不同治理模式的制度性混合（institutional mix）构成了近20多年来新治理理论视角的显著特点；② 最后，新的治理视角都突出行动者之间的相互依赖性，既不同于强调行动者依附性特征的科层视角，也有别于从原子化的独立行动者假定出发的市场视角。以上变化意味着治理理论视角的重要转换。

从科学社会学视角来说，导致理论范式更迭的重要因素是旧范式在理解真相、解释现象上的局促。治理理论的视角转换在很大程度上是因为旧有的治理学说无力回应从地方治理到全球治理的新趋向，面对治理实践的新经验捉襟见肘。

尽管新治理理论视角回应了经济社会变迁，但也有明显不足，主要体现在：其一，存在不同程度的“价值优先”“立场优先”色彩，侧重于理论演绎、应然论证政府放权和让渡的必要性和合法性，片面强调对其他主体的赋权，缺乏依据地假定只要政府放权，治理绩效就会自动提升，国家涉入经济社会治理只会降低治理绩效。③ 这实际上也选择性地忽视了新治理理论那里由于治理权力弥散而导致治理过程中的磋商、谈判、协调等可

① 这一转向在进路上仍有分岔。其中，持温和路线的学者在政治上追求的是治理主体之间的平等和协作，只是突出国家与社会、市场关系的重塑及三者互动的重要性。参见 J. Kooiman, ed., *Modern Governance: New Government-Society Interactions*, London: Sage, 1994。而持激进路线的学者则主张政府在治理过程中的权力分享，控制机制更加灵活，甚至主张国家角色的退场。代表性观点主要有“没有政府统治的治理”“不要政府而能达到治理的目的”“国家的回退”“治理从头起便须区别于传统的政府统治概念”等。参见 R. A. W. Rhodes, “The New Governance: Governing without Government,” *Political Studies*, Vol. 44, No. 4, 1996; J. N. Rosenau and E. Czempiel, eds., *Governance without Government: Order and Change in Word Politics*, Cambridge: Cambridge University Press, 1992。

② 参见 J. Kooiman, *Governing as Governance*, London: Sage, 2003。

③ 一项基于35个国家的1970年至1990年核心经济部门与经济增长关系的研究表明，国家科层体制的“韦伯式”特征被证明让发展中国家经济增长更有前景，在一定程度上凸显了经济治理中科层制组织的重要意义。参见 P. Evans and J. E. Rauch, “Bureaucracy and Growth: A Cross-National Analysis of the Effects of ‘Weberian’ State Structures on Economic Growth,” *American Sociological Review*, Vol. 64, No. 5, 1999。

能会损耗治理效能的因素。其二，稀释了科层治理理论那里治理权力的集中度，但对治理权力的分配和形成机制也语焉不详，并在理论上刻意回避了保持多主体合作和治理权力集中的可能性问题，同时在某种程度上也对在非西方社会出现的这种治理实践及其治理效能熟视无睹。其三，虽然从规范性理论角度强调了多主体合作和参与治理的重要性，① 但也因过度专注新治理结构的合法性论证而忽视了作为前提条件的新治理结构如何形成这一关键问题。对治理结果缺乏以社会机制为中心的因果解释，对连接新治理模式和治理结果的中微观机制甚少进行系统分析。基于此，立足治理的实践经验，充分揭示特定治理模式得以生成的中微观过程及其机制显得尤为重要。

第三节　作为一种新治理理论的引领型融合治理

一　引领型融合治理：一种新治理理论

治理主体是治理结构和治理机制的基础。从治理结构上来看，新治理理论都强调多元治理主体在治理中的作用。其根本原因在于，没有任何单独的治理主体“拥有解决复杂问题所需的所有知识和信息”。② 在这种背景下，基于多元治理主体共同参与和有效互动的“融合治理”概念呼之欲出。我们可以将新治理理论中诸如合作治理、协同治理、互动治理、网络治理、多中心治理等的治理模式统称为融合治理，以区别于传统的科层治理和市场治理。融合治理作为新治理理论的抽象概念，并不是一些学者所称的不同治理模式的排列组合或制度性混合，③ 而是产生了若干新的治理结构和新的治理机制，主要体现为原属于以往特定治理模式中的独特元素之间有着彼此交融的复杂关系。虽然治理模式中存在的多元主体并不一定

① 有学者深刻指出：“过去二三十年主流治理研究基本上是宣扬一种规范性主张，即新自由主义的主张，没有什么扎实的实证性根基。”（参见王绍光《治理研究：正本清源》，《开放时代》2018 年第 2 期）

② N. Janet, *Modernizing Governance: New Labor, Policy and Society*, p. 15.

③ R. Keast, M. Mandell and K. Brown, "Mixing State, Market and Network Governance Modes: The Role of Government in 'Crowded' Policy Domains," *International Journal of Organization Theory and Behavior*, Vol. 9, No. 1, 2006.

构成融合治理，但融合治理一定存在多元治理主体。

科层治理面对的通常是常规性的公共治理和公共品供给问题，市场治理面对的主要是经济领域社会需求和供给满足的规则秩序问题，强调去中心化的融合治理则主要面向复杂度高的综合性重大问题。在治理诸如绝对贫困、环境污染、瘟疫灾难等复杂度高的重大问题时，单纯的科层治理、市场治理以及去中心化的治理模式往往都收效甚微。换言之，面对特别复杂且牵涉面广的国计民生问题，影响范围大且持续时间长的自然—社会关系问题，行之有效的治理模式往往体现出国家主导和组织、多元主体参与和协同的特征。对于复杂的重大治理问题，在治理过程中突出政党权力、政府权力等组织权力的指引统筹，通过科层治理对治理行动组织化的精细制度安排与多元主体协作行为的充分结合来实现难度极大的治理目标，具备这种特征的治理模式可以称为引领型融合治理。引领型融合治理概念的提出，在某种意义上意味着新治理理论视角的再转换。事实上，充满活力和创新的中国治理实践溢出了西方传统治理理论和既有新治理理论的范式，本身也为发展和革新治理理论提供了难得的启示。

基于治理权力集中度和多主体合作度的维度来勾勒当前各种治理理论在理论谱系中的地位和关系，我们可以得到如图 1-1 所示的治理理论谱系图。从治理权力集中度和多主体合作度的维度来看，当前在由科层治理、市场治理和近年兴起的新治理理论所构成的治理理论谱系中，科层治理具有治理权力和治理主体的双重单一性特征。市场治理突出了弥散的治理权力和有限合作的多元治理主体，新治理理论则一味地强调治理的去中心化、去国家化和去规制化，从规范层面赋予治理权力的多元治理主体分享和合作以重要性。尽管表述概念不一，但都可以概括为多主体参与的“融合治理”。

不可思议的是，在融合治理范畴中，指向单中心的治理权力和多元化的参与主体特征的治理理论在当前的治理理论谱系中是缺席的。这样的治理图景首先在理论上作为特定逻辑或价值的理想状态是存在的。其次是在实践中，中国的脱贫攻坚和疫情防控恰恰都生动地展现了这样的治理模式在经验上的鲜活存在。单中心的治理权力和多元化的治理主体的新型治理结构或许同某些治理理论学说一样，在一定意义上也只是一种地方性经验，但不可否认的是，其具有独特的政治和文明起源，并为我们深入反思

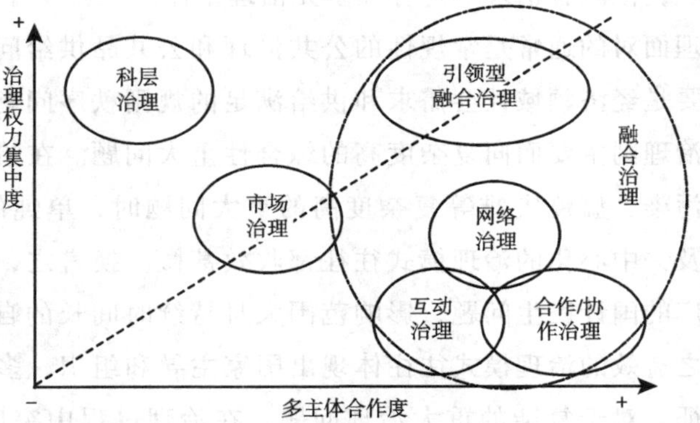

图 1-1 治理理论的谱系与引领型融合治理的理论位置

和讨论治理理论的学说提供了契机。

新治理理论的治理模式尽管存在多种形式，但都可以统称为融合治理。从图 1-1 可见，在右上象限也存在一种作为韦伯意义上的理想类型的治理模式，且其尚未被当前的治理理论学说覆盖到。而无论是理论逻辑的演绎还是对治理实践的现实考量，似乎都不应漠视处于右上象限的引领型融合治理的存在。近 20 年来，西方学界由于在价值理念层面片面强调治理权力的分割分享，倡导国家的退场并过度宣扬国家缺席背景下市场和社会在治理中的作用，实际上也就有意无意地忽视了引领型融合治理在现实和理论中的意义。

引领型融合治理相对集中了治理权力，同时也保证了多主体合作度，这使其明显有别于传统的经典治理模式和新治理理论的治理模式。引领型融合治理突出了治理模式的多元一体，既凸显治理权力的集中，也强调由多元治理主体构成的新型治理结构的重要性。从这个意义上来说，引领型融合治理既是一种新的治理结构，也是一种新的治理机制。引领型融合治理既不同于科层治理所强调的完全的国家主导模式，也区别于新自由主义所倡导的市场治理模式和新治理理论所倡导的去中心化的融合治理模式，而是期望通过“第三条道路”来解决国家和社会治理过程中所面临的重大复杂问题。可以说，其是对国家-市场、国家-社会、市场-社会这种二元对立思维的否弃。

在宏观层面，在引领型融合治理中充当引领角色的主体是国家。而作为引领者和治理主体的国家是以政府为核心，但不限于政府的国家权力体系。[①] 即便在西方主流新治理理论突出去国家化的背景下，业已有少数学者呼吁并充分说明了新治理理论中“国家回归”的学术正当性和理论发展的必要性。[②] 引领型融合治理则旨在将国家带回新治理理论，更具体来说，突出国家组织权力的运用及其与多元行动者之间的互动，强调通过国家以创新方式动员多元主体共同解决问题、创造新秩序。在经验研究中需要考察国家或其代理者政府如何在引领型融合治理中扮演引领者的角色，特别是为了有效的治理运用了怎样的制度及何种策略来撬动包括其自身在内的各种资源和力量。

二　引领型融合治理与脱贫攻坚

在脱贫攻坚的贫困治理实践中，以各级党组织和政府为代表的组织权力围绕治理目标和治理对象起到整合机制的作用，既塑造了科层内部的层级关系和政府行为，同时也引导市场契约关系和经济行为、引领社会互助关系和合作行为。无疑，这鲜明地体现出其是一种典型的引领型融合治理。在脱贫攻坚体系中，中央通过“责任书”“军令状”等政治动员方式自上而下层层压实责任，同时通过集中和组织社会力量与社会资源为基层政府“赋权增能”。[③] 从组织运行方面来说，脱贫攻坚实践打破了科层结构原有的职能划分及其常规的工作分工，超越了科层技术的规范性治理。[④]

---

① 徐勇：《关系中的国家》（第一卷），北京：社会科学文献出版社，2019，第13页。

② 参见G. Capano, M. Howlett and M. Ramesh, “Bringing Governments Back in: Governance and Governing in Comparative Policy Analysis,” *Journal of Comparative Policy Analysis: Research and Practice*, Vol. 17, No. 4, 2015; L. Meuleman, *Public Management and the Metagovernance of Hierarchies, Network and Markets: The Feasibility of Designing and Managing Governance Style Combinations*, Heidelberg: Physica-Verlag, 2008。

③ 邓燕华、王颖异、刘伟：《扶贫新机制：驻村帮扶工作队的组织、运作与功能》，《社会学研究》2020年第6期；徐明强、许汉泽：《运动其外与常规其内：“指挥部”和基层政府的攻坚治理模式》，《公共管理学报》2019年第2期；Ang, Y. Y., *How China Escaped the Poverty Trap*, New York: Cornell University Press, 2016。

④ 李小云、许汉泽：《2020年后扶贫工作的若干思考》，《国家行政学院学报》2018年第1期；魏程琳、赵晓峰：《常规治理、运动式治理与中国扶贫实践》，《中国农业大学学报》（社会科学版）2018年第5期。

从结果来看，以往的运动式治理往往是短时间内组织动员和解决问题的重要方式，不过常常也会导致“治标不治本”。但脱贫攻坚作为一种新形态的引领型融合治理模式，事实上在脱贫攻坚期间成了各级政府常规化和制度化的治理行动，这使其具有不同于运动式治理所凸显的纠偏和非制度性特征，同时也避免了在政治压力下通常容易出现的“上有政策、下有对策”“走过场”之类普遍的形式主义应对现象。在引领型融合治理的实践中，国家、社会和市场等行动主体为解决绝对贫困而以新方式实现了再组织。

引领型融合治理提供了一种非西方的治理实践和治理理论视角。脱贫攻坚作为引领型融合治理的典型案例，因其突出的治理效能而彰显了这种治理模式的理论价值和现实意义。在特定目标的牵引下，脱贫攻坚通过组织动员的权力运作，促使多元主体超越各自的原初职能或属性达成功能上的再组合，通过制度化策略保障其独特的治理模式，在运作中以治理目标为导向，打破条块结构和部门界限，促成治理主体的结构性整合向功能性整合转变，从而为治理效能的提升奠定了制度基础。从世界范围来看，1990 年至 2015 年全球生活在极端贫困中的人口数量下降约 10.64 亿，[①] 其中中国对全球减贫贡献率超过了 70%。[②] 脱贫攻坚期间，中央和地方在贫困治理领域的指导思想、组织机构、体制机制、政策举措、制度安排、工作方式等要素构成了一整套紧密相连、相互协调的治理体系，缔造的引领型融合治理模式为发挥国家治理体系的优势并将之转化为贫困治理效能提供了必不可少的条件和机制。应该说，引领型融合治理模式构成了脱贫攻坚取得显著治理效能的基础。

当代中国充满活力的现代化实践为检验和发展社会科学的治理理论提供了难得的机缘。党的十八大以来，我国加快塑造了中国特有的党委、政府、社会力量多元合作治理结构的历史进程，需要深入探讨这种治理结构得以有效衔接的制度条件和相应的组织机制。[③] 从实践过程来看，脱贫攻

① 参见联合国官网 https：//www.un.org/en/development/desa/publications/mdg-report-2015.html。
② 参见国务院新闻办公室《改革开放 40 年中国人权事业的发展进步》，北京：人民出版社，2018。
③ 李友梅：《中国社会治理的新内涵与新作为》，《社会学研究》2017 年第 6 期。

坚之所以能够显著提升贫困治理效能，其中的关键是针对贫困的治理模式创新真正激发了国家制度的优势和国家治理体系的活力。引领型融合治理模式在制度条件上创设了以政权的组织权力为中心的多治理主体参与路径，在组织机制上则通过制度政策和具体策略整合了市场的对称交换逻辑和社会的互惠团结机制。就此而言，引领型融合治理既非完全的自上而下的指令控制，亦非自下而上的自主治理，还非无权威中心的协商合作，而是融合了以往诸多治理模式中的若干有用元素。无论是在脱贫攻坚战略实施还是疫情防控战役中，我们都体验到了引领型融合治理模式的充分施展和治理效能。

在脱贫攻坚的治理语境中，国家建构了“以人民为中心”的治理终极目标和价值旨归。为实现这样的目标，脱贫攻坚所采取的治理模式是引领型融合治理模式，而这从本质上而言是贫困治理的体制机制创新。党组织和政府的权力通过多元治理主体的积极参与、诸多制度政策和各类资源的高效利用以及多元主体之间密切互动所建构的贫困治理体系，融合了政治和行政，并充分发挥出国家、市场与社会的各自优势和潜力。就此而言，引领型融合治理在提升国家治理能力的同时，也提升了国家的政治和制度能力，集中体现了中国特色社会主义制度和道路的理论自信。

脱贫攻坚的引领型融合治理激活了国家制度和治理体系的若干优势，各地探索创新的“党委政府-市场主体-贫困人口”合作机制、激励机制和约束机制将政权力量、市场力量、社会力量有效组织起来，参与到贫困治理中，构成了国家贫困治理能力提升和治理效能保障的基础。当然也需要清醒地认识到，引领型融合治理并非一种可脱离具体制度和社会情境、放之四海而皆普遍适用的“最佳模式”。选择引领型融合治理也并不在于其完美，而在于其是特定历史时期和发展阶段、既定制度结构和社会文化背景约束下的最好选择。国家的政体形式约束了具体治理模式的形成环境，能确定并强制执行特定形式的治理机制，因此从某种意义上来说，贫困治理的引领型融合治理模式的形成与运作是由中国特色社会主义制度和治理体系决定的。而一种治理模式的效能虽有助于其合法性的确立，但共享价值则是另一回事。引领型融合治理在多大程度上可以成为专项治理的通用模式并为其他国家和地区提供借鉴，党组织和政府的引领机制在何种条件下可以转化为常态化机制并应用到其他治理领域，仍值得深入讨论。

第四节 引领型融合治理的运作

在本节中，我们以某县扶贫产业为例来说明引领型融合治理的运作机制。产业扶贫是国家精准扶贫战略引入市场力量参与贫困治理的重大举措。中央明确提出，要强化到村到户到人精准帮扶举措，加大产业扶贫力度，引导各地发展长期稳定脱贫产业项目。① 农业农村部也联合九部门要求到2020年，每个贫困县通过发展生产形成2~3个特色鲜明、带贫面广、有竞争力的扶贫主导产业。② 从基层实践来看，脱贫攻坚期间的扶贫举措多数也与产业扶贫有关联。据统计，建档立卡贫困人口中90%以上得到了产业扶贫和就业扶贫支持，生产经营性收入占比上升，转移性收入占比逐年下降，自主脱贫能力稳步提高。③ 当然，不同地区在产业扶贫的方向、路径、模式、水平和效益上呈现出差异，也不同程度存在一些问题。比如，有的地方的产业扶贫存在"扶富不扶穷""带富不带贫""助企不助农"现象，以扶贫为目的的产业发展与解决贫困人口就业的结合不够；有的地方政府扶持企业的力度大，但贫困户的受益度和参与度并不高。

尽管如此，基层"公司+农户"、"公司+合作社+农户"、"公司+基地+农户"、反租倒包、股权量化、入社分红、订单农业、庭院经济等产业扶贫的创新探索亦不容忽视。可以说，各地的产业扶贫原创性创新与模仿性创新、效益显著与效益甚微并存。在基层社会，脱贫攻坚的贫困治理创新受自上而下与自下而上两股力量的共同驱动，既有来自顶层设计的方向指引，也有地方基于自身区域条件和资源禀赋因地制宜的自主探索实践。处于西南的某瑶族自治县（以下简称D县）的"贷牛还牛"产业发展模式便在贫困治理的制度设计上有较大创新，属于引领型融合治理的典型案例，也充分展现了由体制机制创新带来的治理红利。

---

① 《中共中央 国务院关于打赢脱贫攻坚战三年行动的指导意见》（中发〔2018〕16号）。

② 农业农村部等九部门联合印发《关于印发实施产业扶贫三年攻坚行动意见的通知》（农规发〔2018〕6号）。

③ 参见农业农村部《832个贫困县中90%以上得到产业和就业扶贫支持》，http://sannong.cctv.com/2020/04/28/ARTIiOQvqDccYNNQ9Lao1O3q200428.shtml。

一　D县“贷牛还牛”扶贫产业的案例

D县位于广西中部偏西、河池市南部，下辖19个乡镇253个行政村（社区）7201个村民小组，总面积4095平方公里，总人口72.6万人。D县属老、少、山、穷、特的石漠化地区，有壮、汉、瑶、苗、仫佬、毛南等12个民族，少数民族人口占96.34%，其中瑶族人口占23%；石山面积占总面积的89%，人均耕地不足0.7亩，素有“九分石头一分土”之称。该县是全国扶贫开发重点县、全国深度贫困县、广西极度贫困县，“十三五”时期需脱贫摘帽147个贫困村13.84万人、易地扶贫搬迁4.68万人，是广西贫困人口和易地扶贫搬迁人口最多、贫困面最广、贫困程度最深、脱贫任务最重的县。2020年11月，D县退出贫困县序列，属全国最后一批脱贫摘帽的贫困县之一。

脱贫攻坚期间，D县创造性地谋划了“贷牛还牛”的产业发展模式。“贷牛还牛”在当地是一种通过扶贫产业发展的体制机制创新来促进农民脱贫的制度，本质上是引领型融合治理在经济领域的一种典型实践模式。因此，这种模式并非只是针对特定的牛产业，事实上当地的羊产业也在相同模式下获得快速的高质量发展。按照当地的说法，“贷牛还牛”的要义是“小牛（羊）贷出去、大牛（羊）还回来”。“贷牛还牛”模式由地方党委和政府主导，其具体过程是，贫困户与政府、企业签订三方协议，每户贫困户可从企业“贷”得1头牛犊或10只羊羔，养殖10至12个月出栏后将牛（羊）“还”给企业，企业扣除成本后收益归贫困户。牛羊达到出栏标准后，由企业按市场价回购。例如，市场价牛低于10元/斤（羊低于15元/斤），企业按保底牛10元/斤（羊15元/斤）收购，政府财政再提供差价补贴。贫困户“还”完大牛（羊）后，可再从企业“贷”新的牛犊或羊羔继续养殖。

农户“贷”的牛犊或羊羔，虽然地方政府的说法是“免费”，其实是来自国家政策的有效利用产生的“资本增值”。根据国家政策，每个贫困户可以享受5万元的小额信贷，但农户由于各种原因对小额信贷的利用率非常低。于是，这个信贷机会在当地政府的居间下转让给企业管理，创设了“户贷企管、户企共营、户企共享、户贷户还”的模式，即引导龙头企业、合作社等经营主体在政策允许范围内灵活采取合作、参与、抱团等方式，与贫困户建立互利的稳定利益联结关系。在这种模式下，农户可以从拥有农户信贷资金支配权的企业那里获得一头“免费”牛犊来饲养，并通过农户的扩大再生产来实现脱贫致富。D县主要负责人在访谈中表述如下。

> 由于D县属于少数民族地区，农户对于小额信贷不理解，不敢使用，也不会使用。针对这个问题，我们采取了“贷牛还牛”的政策。我们引进龙头企业，每户将自己小额信贷的5万元投到企业中，由龙头企业按照8%的利息给农户分红，一年每户贫困户可分得4000元的收益金。但这有一些问题，农户收到每年分红的4000元钱，可能在很短的时间内就迅速花完了，没有可持续发展的潜力，农户依旧贫困。针对这一问题，我们将这4000元钱买成牛犊给农户养，并且牛与鸡、猪、羊等动物相比，农户不会轻易杀掉自用。现在一头肉牛，年底可卖到2万元到3万元。（D县委书记CJY访谈—20201104）

农户“贷牛还牛”有自养自营和联养联营两种方式。[①] 其中，自养自营是主要方式。农户在建有标准牛羊舍、具备充足饲草料等养殖条件的前提下，政府通过小额扶贫贷款、奖补资金等扶持贫困户养牛羊，贫困户“免费”从养殖龙头企业“贷牛（羊）”。牛羊养大后企业按不低于市场价回购，贫困户还牛（羊）后再贷。联养联营是次要方式，分两种类别。一是政府奖补资金直接给贫困户，贫困户以此作为发展本金购买牛犊或羊羔，由贫困户以合作社、集中养殖场等方式联合发展，联建牛（羊）舍、饲草料、防疫等费用由农户自行筹资解决。两户及以上就可以自发联合起

① “联建联营”既是农户参与“贷牛还牛”的一种养殖模式，也是“政府扶企业、企业建基地、基地连农户”的利益联结机制。“联建”指企业投入资金建设繁育基地、育肥基地、饲料生产车间、屠宰分割车间和其他配套设施，农户投入资金购买牛犊羊羔进行养殖；“联营”指企业承担繁育养殖、疾病防治、屠宰加工、市场营销等服务，政府委派财务人员进驻企业代表农户参与经营监管，监督企业每年保底分成给农户。在建设基地过程中，一些村集体以固定资产入股，村集体每年还可获得总投资6%~8%的“固定分红”。

来建设牛（羊）栏、共同养殖，再由专人负责或轮流看护来统一饲养和管理，成品牛（羊）出栏后的利润由贫困户分成。这是一种农户之间责任共担、利益共享的生产方式。二是贫困户以奖补资金作为发展本金购买牛犊，以乡镇为单位租用中心示范场或县级养殖基地养殖，由贫困户轮流管养或由专业人员承包经营。贫困户轮流管养的饲料由贫困户自行筹资采购，水、电、场地、防疫等养殖成本在成品牛羊出栏后，按标准支付给中心牛（羊）场或养殖基地管理者，利润则由贫困户分成。如果是由专业人员或企业承包经营的，贫困户要与承包人签订相关协议，养殖饲料、水、电、场地、防疫等养殖成本均由承包人负责。养殖周期满后，不论重量大小，承包人按既定标准（比如每头牛 1500 元）将承包费支付给贫困户，承包经营期到期后再如数退还贫困户的发展本金。

“贷牛还牛”产业对贫困户的脱贫和该县退出贫困县序列起到了重要的促进作用。D 县瑶山牛存栏从 2016 年的 8 万头，增长到 2020 年底的 16 万余头，澳寒羊则从零起步发展到 10 万只。该县的优质肉牛肉羊现代农业产业园被评为国家现代农业产业园。“贷牛还牛”扶贫产业成为全国产业扶贫典型范例进行推广，当地的澳寒羊肉被列入首批《全国扶贫产品目录》。参与贷牛（羊）还牛（羊）扶贫产业的农户经营性、财产性收入稳定增加，贫困户从中受益更是十分明显。以该县地苏镇贫困户 SJK 一家为例。40 多岁的户主 SJK 家中有 6 口人。他和妻子都只有初中文化程度，上有 80 多岁的父亲，下有分别念小学、初中和高中的三个孩子。SJK 家在 2015 年被认定为贫困户，于 2017 年脱贫。2016 年，SJK 开始参与“贷牛还牛”扶贫产业项目，家庭经济状况得以逐年显著改善。这从 SJK 家近 5 年养殖的牛的数量增长中便可看出：2016 年，养殖牛犊 3 头，其中贷牛还牛 1 头，自购 2 头；2017 年，养殖 4 头牛，其中贷牛还牛 1 头，寄养 1 头，自购 2 头；2018 年，养殖 10 头牛，其中政府贷牛还牛 1 头，奖补 1 头，代养 5 头，寄养 1 头，自购 2 头；2019 年，养殖 20 头牛，其中贷牛还牛 1 头，政府奖补 1 头，代养 15 头，寄养 2 头，自繁生下牛犊 1 头；2020 年，养殖 26 头牛，其中自养 12 头（母牛 4 头），代养 10 头，自繁生下牛犊 4 头。在此类成功农户的示范之下，当地一些原本在外打工的青壮年也陆续返乡从事牛羊饲养。

二　产业扶贫中的引领型融合治理：实践过程与运作逻辑

中国之所以能够创造人类减贫史上的奇迹，离不开从中央到地方充分发挥国家的政治优势和制度优势，特别是基于贫困治理实践的不断探索创新。基层治理体系是国家治理能力得以展现的重要平台，其创新能力成长也是国家治理体系和治理能力现代化的重要组成部分。D 县“贷牛还牛”产业扶贫的案例是引领型融合治理在基层脱贫攻坚中治理体制机制创新的生动体现。基于对该案例的考察，可以看出这一治理模式在实践中具有如下三个重要特征：其一，基层党组织和政府在治理的实践中起到龙头作用，充当轴心角色；其二，在治理的具体行动、策略和技术上，通过“政治”和“行政”的融合以及国家与市场、社会的融合来促进治理目标的实现；其三，治理主体是多元的，包括企业、金融、专业技术人员等诸多社会力量以及被治理对象贫困户普遍参与其中。

尽管“政治”与“行政”是执政党领导人民治理国家的不同途径，但执政党根据国家治理战略性、系统性与协同性的实际需求，在二者之间灵活切换，以聚合和发挥制度优势，促成治理绩效最大化。[①] 引领型融合治理高度整合了“政治”和“行政”的双重维度。其中，中国共产党作为执政党起到领导和掌握治理权力的中枢作用，政府的“行政”则扮演着落实和执行党组织对治理的要求和意志的角色。D 县启动实施贷牛还牛产业时便提出，到 2019 年底全县要实现户均饲养 1 头瑶山牛目标。为此，D 县党委和政府在 2017 年成立扶贫产业贷牛还牛项目工作领导小组，在组织机制上实施一把手负责制，提出“实行一把手责任制，签订目标责任状，一级抓一级，层层抓落实。主要领导负总责，分管领导具体负责……县乡领导要以身作则，带动全社会积极参与瑶山牛产业发展工作”。[②] 同时，将贷牛还牛产业发展纳入年度绩效考评范围，对各乡镇及有关县直部门和各村挂钩单位、各户挂钩人员进行考评。

---

① 王浦劬、汤彬：《当代中国治理的党政结构与功能机制分析》，《中国社会科学》2019 年第 9 期。

② 参见中共 D 县委员会办公室、D 县人民政府办公室《关于印发〈D 县扶贫产业贷牛还牛项目实施方案〉的通知》（D 办发〔2017〕23 号）。

2018 年，D 县再次专门下文扩大了参与范围，明确本县辖区内农户均可申请参加“贷牛（羊）还牛（羊）”产业，提出了更详细的扶持方式，并鼓励和动员社会力量参与和支持当地牛羊产业的发展。① 2019 年，D 县提升了组织机构的规格，由县级党委和政府的主要负责人同时担任领导小组组长，就进一步完善牛羊产业的基础设施建设、技术支撑、资金投入、扶持办法、饲养模式、交易市场建设等作出了更周密的制度安排。② 2020 年，D 县成立了由县级政府主要负责人任组长的专项工作领导小组来完善“贷牛（羊）还牛（羊）”产业的利益联结机制，③ 目的是加强产业的利益联结机制建设，提高利益联结的组织化程度。

总的来看，D 县党委和政府作为县域层面的引领型治理主体，主要在五个方面起到作用；其一是设立服务产业的专门组织机构，成立“贷牛还牛”项目工作领导小组和牛羊产业服务中心；其二是制定产业政策和实施方案，同时通过“以奖代补”方式大力发展当地的“粮改饲”，④ 这样一来，既增加了群众收入，又解决了肉牛养殖产业的快速发展所面临的饲料不足的问题；其三是通过优惠的招商政策引入市场主体，比如引进农业龙

---

① 参见 D 县人民政府《关于印发自治县 2018 年贷牛（羊）还牛（羊）扶贫产业实施方案的通知》（D 政发〔2018〕24 号）。

② 参见中共 D 县委员会办公室、D 县人民政府办公室《关于印发〈D 县肉牛肉羊提质增效三年攻坚实施方案〉的通知》（D 办发〔2019〕1 号）。

③ 参见 D 县人民政府《关于印发 D 县坚决打赢疫情防控阻击战推进“贷牛（羊）还牛（羊）”扶贫产业利益联结机制实施方案的通知》（D 政发〔2020〕5 号）。

④ D 县的生态环境脆弱，洼地、坡地、山地占耕地面积比重大。这些地块因易涝、土壤流失严重和产出率低被闲置丢荒，而低洼地在每年汛期则容易出现内涝，农作物极易受水泡而减产甚至绝收，因此大量低洼易内涝地被闲置撂荒。“粮改饲”是指洼地种植高秆玉米、坡地种植牧草、山地种植构树的立体种植模式，可以提升种植收益、草食家畜生产效率和养殖效益，带动种植业和养殖业融合发展。脱贫攻坚期间，D 县探索将石漠化综合治理与粮改饲、扶贫开发相结合，根据各乡镇地形、土壤等条件特点，对不同地形实施不同品种粮改饲种植。在保证粮食用地的前提下，D 县将低洼内涝地改造为牧草地，引导发动农户错开季节在低洼内涝地种植高秆品种玉米，在 6 月雨季来临前，连棒带秆收割作为青贮饲料，汛期过后的 8 月再种植第二季粮改饲。同时，政府出台扶持政策，对县内符合补助标准要求的种植大户按每亩 100 元给予补助，减轻大户种植投入压力。根据牛羊养殖对青贮饲料的需求，D 县通过土地流转、订单种植、机械化种收等方式积极推进“粮改饲”。截至 2020 年 11 月，D 县建成“粮改饲”县级万亩示范基地 2 个、乡级千亩示范片 18 个，总面积 6.2 万亩，实现了生态修复和扶贫产业共同推进，也促进了现代农业发展。

头企业入驻D县，建设4个万头种牛繁育基地，保障了充足的种牛供应；其四是资金扶持，筹措产业发展资金3.5亿元支持农户和企业，免去贫困户的投入成本，使其可以几乎“零门槛”参与养殖，同时也缓解了企业发展资金难的问题；其五是技术支持，D县政府聘请广西大学和广西农科院专家作为养殖基地的长期技术指导员，引进“微生物+”等先进技术、理念和管理方法以实现生态养殖繁育。

在脱贫攻坚的贫困治理体系中，治理主体除了国家及其代理人政府以外，经济组织也成了重要力量。在D县扶贫产业的发展过程中，企业同样是举足轻重的治理主体之一。龙头企业对发放给贫困户的牛（羊）犊“进出销”全程包揽。在“进”的渠道上，龙头企业从外地引进优良品种，待适应本地环境后植入可追溯芯片，及时发放给贷牛（羊）贫困户饲养并提供日常技术指导及防病治病服务。在“出”的渠道上，一方面龙头企业按市场定价从贫困户手中回购达到出栏标准的成品牛（羊），另一方面，作为扶贫产业链的重要配套设施，D县还建有大型肉牛肉羊屠宰深加工厂，每年可屠宰肉牛10万头、肉羊30万头，年产出牛肉3万吨、羊肉1万吨以上。在“销”的渠道上，D县建成了西南冷链仓储物流中心，尤其是在肉牛产业方面实现了冷链物流的“供、储、展、运、销、配”。按照当地企业家的说法是“牛在D县养，肉在全国卖”。

农业企业究竟能否在助农扶贫中真正起到作用，紧密的政企互动和合作关系是重要的前提条件。D县政府对企业的扶持无疑也是当地牛羊产业全产业链发展的重要条件。在某龙头企业园区悬挂的宣传横幅“用牛劲，谋牛事，持续推进贷牛还牛扶贫产业，全面建成中国南方牛都和现代农业产业园”，实际上这是政府和企业共同的意志和愿景。基层党委和政府对龙头企业扶持和奖励企业的举措很多，主要包括帮助企业享受到国家和地方的有关帮扶政策、帮助企业协调建设用地的征收、产业发展的动员和实施等，帮助企业协调与村民合作社合作经营、参与社会帮扶等活动，帮助企业协调解决生产发展中遇到的矛盾纠纷、治安维稳及其他困难和问题。为鼓励龙头企业积极面向农户发放牛犊，D县政府还对每发放1万头牛犊的龙头企业奖励500万元用于基础设施建设。

金融主体在提供进入产业的启动资本和参与产业项目实施过程中的保

险保障方面起到重要作用。一方面，建档立卡贫困户可获得5万元（含）以下3年期（含）以内、免担保免抵押、按人民银行基准利率放贷、财政全额贴息的扶贫小额信贷；另一方面，人保财险公司与饲养牛羊的农户签署保险协议，县政府整合资金为所有建档立卡贫困户参与贷牛（羊）还牛（羊）扶贫产业领取的牛羊购买养殖保费，其中牛是400元每头、羊是50元至75元每头。如果牛羊出现符合保险责任范围的意外死亡，农户经理赔后可获得保险赔偿（牛为8000元/头、本地山羊为1000元/只、澳寒羊为1200元/只、基础母羊为1500元/只），也可以免费再领牛犊羊羔。

因为发展扶贫产业是以农户为中心的，政府与农户的关系尤为密切。除了实施“粮改饲”工程以解决农户饲养牛羊出现的优质牧草紧缺问题，D县政府还在一些乡镇探索创立了集“牧草种植、牧草收购、加工、存贮、销售”于一体的“牧草银行”，将牧草变成一种流通产品。农户通过存储牧草，可以在“牧草银行”存草取草、存草取钱、存钱取草、贷草还草、贷草还钱。在解决剩余牧草的储存和销售问题的同时，还可以把多余的青贮饲料对外销售，从而获得销售青贮饲料的收入。这一创新举措不仅保障了农户有草饲养，更是通过延长农业产业链促进了产业发展，增加了农户收入。

D县推动当地贷牛还牛扶贫产业的上述系列举措打造了一种典型的引领型融合治理模式。贷牛还牛扶贫产业的多元行动者建构了一个以党政权力为核心的多主体共同治理体系，并通过制度体系的创新强化了政策执行体系、投入体系和责任体系。企业、金融和农户等都参与到产业发展过程中，诸多主体的相互配合和协作充分发挥了引领型融合治理的优势。在这种治理模式下形成的市场体制构成了一种“引领型市场体制”，即地方政府深度参与其中，根据产业发展需要主动改变体制机制，积极扩大职能和服务范畴，与其他行动者形成了紧密合作的关系。[①] 引领型融合治理中的地方政府具备发展型政府的典型特征，即具有持续的发展意愿、凝聚力极强的经济行政机构、良好的政商合作关系，以及有选择性的产业政策。[②]

---

① 符平：《市场体制与产业优势——农业产业化地区差异形成的社会学研究》，《社会学研究》2018年第1期。

② 参见约翰逊《通产省与日本奇迹——产业政策的成长（1925—1975）》，金毅等译，长春：吉林出版集团，2010。

因此，这种治理模式和市场体制不仅在扶贫产业领域起到作用，而且对其他农业产业的发展也具有较为重要的启示。

贫困治理是一项复杂的系统性工程。中国特色社会主义制度的优势则让国家能够最大限度整合政治、行政和社会资源，以治理权力集中、治理主体多元的治理模式解决大范围、集中式的贫困问题。面对分散化、个体化、差异化的贫困人口，引入市场和社会力量参与治理有利于形成分散决策的机制和互相补充的机制，即通过扶贫资源的有效配置、市场主体的积极培育、市场环境的营造、贫困群体的广泛动员，实现从大水漫灌式“输血”到精准滴灌式“造血”的新治理格局的转型。面对复杂多面且任务艰巨的脱贫攻坚，D县牛羊产业发展过程中的引领型融合治理模式通过党组织和政府撬动了各种资源和各类主体，形成了政府、企业、金融力量与贫困人口之间密切关联、有效互动和路径创新的治理网络，进而发展出一系列有效治理的举措、技术和策略。D县扶贫产业的制度设计还蕴含了培育和激发贫困户内生动力以实现自主脱贫、长效稳定脱贫的关键机制。比如，通过金融扶贫的创新模式改变了农民不敢贷款的保守文化心理，这一过程事实上也潜移默化地重塑了他们的文化价值取向和经济观念。D县案例表明，引领型融合治理充分激活了劳动力、技术、资本和金融等市场要素的活力，建构了产业培育、增收保障、利益联结等重要机制，从而大幅提升了贫困治理效能。

我们在前面从理论上说明了脱贫攻坚的贫困治理模式作为新治理理论的一种新范畴，在治理结构和治理机制上既有别于传统的科层治理和市场治理理论，也与近年来盛行于西方学界的新治理理论相异。我们在本节中的案例分析呈现了引领型融合治理在实践中究竟如何起作用的问题。D县扶贫产业的引领型融合治理模式在以党和政府为引领的前提下，形成的一套有效治理的制度和策略，创设了政府、市场、社会多方协同的贫困治理共同体——通过挖掘和利用本地的资源要素、吸引外地资本要素，调动当地的劳动要素和生产资料要素，为贫困地区的贫困人口提供了本地就业创业机会，并显著增强了他们的可持续发展能力。

在乡村振兴战略中，基于产业兴旺的经济发展事实上构成了乡村实现全面现代化的基础性前提条件。而该案例中这种产业发展的实践则体现出中国基层社会在传统的“计划”与“市场”模式之外寻求农村产业兴旺、经济发展的第三条道路的创新潜力。经济领域的引领型融合治理可能意味着一种极具中国特色的“引领型融合经济”对非此即彼的二元经济模式的超越。正如杨典所言，在我国很多行业、很多地区特别是基层，市场秩序建构的“混合模式”可能比“国家模式”和“公司模式”具有更广泛的应用性和更强大的生命力。① 应该说，在借鉴市场制度的某些优势的基础上对超越市场的经济发展模式的不断探索，本身就始终伴随着改革开放以来中国特色社会主义经济发展的过程。经济学诺奖得主塞勒曾指出，“人们选择市场经济，并不在于它完善，而在于没有其他更好的选择”。② “引领型融合经济”作为改革开放以来的一种探索创新，或许正是新阶段乡村振兴进行“更好的选择”的一个颇具前景的发展方向。

---

① 杨典：《惠镇石灰市场与市场构建的“第三条道路”》，载刘世定主编《经济社会学研究（第二辑）》，北京：社会科学文献出版社，2015，第139~144页。

② 塞勒：《错误的行为：行为经济学的形成》，王晋译，北京：中信出版集团，2018，第Ⅵ页。

第二章

组织动员：引领型融合治理的形成基础*

多元主体参与的引领型融合治理对于提升治理效能的重要性不言自明，其在理论上的合法性和重要性也毋庸赘述，但究竟如何构建出来却是一个普遍的实践难题。从国家的制度体系与治理效能角度来说，虽然制度优势与贫困治理效能之间存在某种嵌构关系，① 但制度优势并不会自动转化为包括贫困治理在内的特定领域的治理效能。探索制度优势与贫困发生率大幅下降之间的中间机制，构成了分析制度优势成功提升治理效能不可绕过的环节。

脱贫攻坚的贫困治理十分强调不同主体之间的协作扶贫、合力攻坚，其协同体系的核心便是组织动员机制。对脱贫攻坚期间体制内外各种力量如何被组织起来、如何形成“合力”开展贫困治理的考察，既是探究脱贫攻坚过程中贫困治理共同体的形成过程和运作逻辑的前提，也是对脱贫攻坚究竟如何将制度优势转化为贫困治理效能问题提供系统解释的前提。因此，脱贫攻坚的引领型融合治理作为一种新的治理结构和新的治理机制，其是如何形成又如何运作的问题，成为揭开制度优势与贫困治理效能之间“黑箱”的关键。

以往市场化扶贫和技术性扶贫等视角下的研究虽然较为充分地讨论了

* 本章的主体内容以《制度优势与治理效能：脱贫攻坚的组织动员》为题发表于《社会学研究》2021 年第 3 期，并被《中国社会科学文摘》2021 年第 8 期转载。收入本书时有修改。

① 参见孙兆霞、张建、曹端波、毛刚强、黄承伟《政治制度优势与贫困治理》，长沙：湖南人民出版社，2018。

贫困治理实践中的市场路径和技术路径，[①] 但也因专注于治理内容和治理方式而未能对引领型融合治理模式究竟如何提升贫困治理效能的机制问题提供系统说明和解释。具体而言，这些研究集中关注单一维度的扶贫内容和扶贫方式，未能将脱贫攻坚作为引领型融合治理的一个典型样本加以整体考察，尤其是引领型融合治理模式得以形成的中微观机制。

本章结合我们 2017~2020 年在中西部和东北十余省、直辖市和自治区开展的相关调研、访谈和实地观察，试图基于组织动员的视角从中微观层面分析脱贫攻坚如何通过动员机制激活我国制度优势的潜能，打造出引领型融合治理模式，进而促进贫困治理效能显著提升的问题。

第一节　作为治理机制的组织动员

一　组织动员的视角

现代社会的公共事务管理、重大政策制定和执行、专项治理等越来越依赖国家的垂直治理结构与社会的横向治理结构的协作，而对重大复杂问题的治理通常还需突破垂直治理结构的约束。虽然很多研究强调了动员多主体合作参与贫困治理的重要性和必要性，且脱贫攻坚事实上也呈现多部门、多主体协作参与的生动实践，但却甚少有对其产生机制的系统分析。社会主义国家集中力量办大事的“举国体制”、对消除绝对贫困现象的强烈诉求以及强大的专断性权力构成了脱贫攻坚实现多元治理主体参与贫困治理的结构性条件，而组织动员则是这些结构性条件转化为贫困治理效能的重要中间机制。

党的十八大以来，脱贫攻坚上升为国家战略，并以政府专项治理的方式得以统筹推进，该阶段扶贫减贫政策取得中心地位，不再依附于其他政策，脱贫攻坚成为国家各部门和基层政府围绕特定政治任务而展开的贫困

---

① 叶敬忠、贺聪志：《基于小农户生产的扶贫实践与理论探索——以“巢状市场小农扶贫试验”为例》，《中国社会科学》2019 年第 2 期；宫留记：《政府主导下市场化扶贫机制的构建与创新模式研究——基于精准扶贫视角》，《中国软科学》2016 年第 5 期；李棉管：《技术难题、政治过程与文化结果——“瞄准偏差”的三种研究视角及其对中国“精准扶贫”的启示》，《社会学研究》2017 年第 1 期。

治理运动。在推进过程中，国家通过政治宣传和行政动员，自上而下地组织动员各级政府和社会力量实施有组织、有目标的脱贫攻坚工作。在这一过程中，基于“举国体制”的动员机制为脱贫攻坚取得决定性胜利奠定了组织基础。将组织动员视角带回贫困治理研究，无疑有助于把握新时期贫困治理的实质。

“动员”是对人们参与特定活动或工作的一种发动行为，最早产生于军事领域。在现代化进程不断推进的背景下，动员的视角也从统治逻辑向管理逻辑和今天的治理逻辑转变。[①] 参与治理的行动者的目标认同、利益和资源是塑造治理能力的基础，动员过程和动员策略则在凝聚认同、激励参与和盘活资源中起到了十分重要的作用。在集体行动和社会运动的研究中，动员资源和各类行动者的多种策略得到研究者的重点关注。[②] 无论是发生在组织内还是组织外的重大治理行为，动员都构成了实现特定治理目标和寻求某种秩序变迁的前置步骤，而动员的机制、策略和技术在某种程度上关乎治理的成败。

当代中国是一个组织的社会（organizational society），即中国的政治、经济和社会生活的方方面面都编织在各种正式组织之中。[③] 脱贫攻坚本质上是对绝对贫困的专项组织治理。自上而下的脱贫攻坚实践既不是传统的项目制、行政包干制，也不是一种纯粹的科层常规治理，而是混合了行政性和政治性、常规型与运动型的治理机制。[④] 与其说中央政府在主导脱贫攻坚，不如说是各级政权通过精密组织、有效引导和动员多元治理主体协同参与而进行的有组织化的贫困治理。这种有效动员构成了脱贫攻坚取得积极成效的前置性条件。而任何形式的动员过程实质上都是动员者与被动

---

① 蔡志强：《社会动员论——基于治理现代化的视角》，南京：江苏人民出版社，2015，第39~42页。

② 参见赵鼎新《社会与政治运动讲义》，北京：社会科学文献出版社，2006；应星《草根动员与农民群体利益的表达机制——四个个案的比较研究》，《社会学研究》2007年第2期；Arthur, M. M. L., “Social Movements in Organizations,” *Sociology Compass*, Vol. 2, No. 3, 2008；陈映芳《行动者的道德资源动员与中国社会兴起的逻辑》，《社会学研究》2010年第4期。

③ 周雪光、赵伟：《英文文献中的中国组织现象研究》，《社会学研究》2009年第6期。

④ 王春光：《政策执行与农村精准扶贫的实践逻辑》，《江苏行政学院学报》2018年第1期。

员者双向互动的过程。[①] 脱贫攻坚如何通过双向互动来实现有效动员，则是在经验考察中需要重视的问题。

动员的本质是集体行动，依赖特定共享价值和目标认同驱动的行动策略。本章的“组织动员”是指对权力资源围绕脱贫攻坚的治理目标而进行再组织的一种协同体系，其核心是执政党的领导和政府的权威动员，并基于此形成多元治理主体共同参与的贫困治理共同体来促进减贫目标的实现。在实践中，各级政府以多种途径动员多元主体共同解决问题、创造新秩序。通过各种方式的组织动员，政府权力围绕治理目标和治理对象起到整合机制的作用，既塑造科层内部的层级关系和政府行为，同时也引导市场契约关系和经济行为、引领社会互助关系和合作行为。因此，不同于新治理理论所描绘的多中心或去中心、多主体的治理结构。脱贫攻坚中的引领型融合治理相对集中了治理权力，同时也保证了多主体合作度，彰显了单中心的治理权力和多元化的治理主体的引领型融合治理模式之于治理创新的实践和理论意义。

脱贫攻坚的运作依赖自上而下的权威体制，并嵌入由政府、企业、社会组织、贫困人口之间复杂关系所构成的场域之中。组织动员机制则贯穿于整个脱贫攻坚体系，构成了制度优势转化为贫困治理效能的实现机制。在脱贫攻坚实施过程中，组织动员通过诸多动员机制以及一系列精巧设计、相互嵌套的具体的制度性策略，发挥着“毛细管作用”，撬动了各种力量和资源，再造了贫困治理的中央与地方关系、基层政权内部关系、基层政权与乡村社会关系。在贫困治理效能显著提升的背景下，通过分析脱贫攻坚中的组织动员究竟如何运作，有助于增进我们对国家制度和治理体系优势与贫困治理效能之间关系的理解。

二　组织动员的分析路径

作为一种由组织动员机制驱动、以贫困治理共同体运作的整体性扶贫模式，脱贫攻坚不仅包括自上而下的有效动员，还包括自下而上的参与协作。脱贫攻坚的引领型融合治理模式的显著特点是，国家通过组织动员打

---

① 杨敏：《公民参与、群众参与与社区参与》，《社会》2005年第5期。

破了党政科层组织内部的条块结构和部门分立，在治理结构上构建了科层组织内部跨部门以及国家、市场和社会之间的功能性耦合关系，并在保持单中心的治理权力的同时，促成了多元治理主体基于共同的治理目标而协同行动的治理机制。治理结构中的耦合关系体现的是不同部门、不同主体、不同制度围绕脱贫攻坚任务的目标而协同合作、紧密互动。这种关系十分紧密，耦合性很强，从而能使脱贫攻坚自上而下的治理实践趋于组织化和制度化。

在本章中，我们将治理当作一个中性概念来看待，采取威廉姆森的概念界定——治理是评定可供选择的组织模式（手段）的功效的一种实践。[①] 由于存在具有不同属性和行为逻辑的多元行动主体，治理意味着需要“为了治理目标对（治理实践中的）互动运用组织的形式”。[②] 无论何种组织形式，有效的组织动员是前提。从动员视角来看，“贫困治理是一个社会再动员、再组织和再塑造的过程”。[③] 组织动员之于贫困治理具有双重含义，其一在治理结构层面上指治理行为是通过组织来实施的，即有组织的贫困治理行为，更具体而言，体现为以党组织和政府为主导的有组织的治理行为；其二在治理机制层面上指在治理实践中组织化治理行动的过程（organizing governance），主要包括那些旨在打破科层条块、部门分立以及政府、市场和社会关系的各种制度化做法。围绕国家如何通过动员过程创造出脱贫攻坚的引领型融合治理模式，我们构建了如下的理论分析框架（图 2-1），将组织动员的分析路径分解为三个环节机制。

参与动员是构造治理结构的先决条件，即动员者通过特定途径或手段激发潜在治理主体的参与动机，促使他们进入治理过程的行为。动员手段可以有道德、市场和行政等不同方式。[④] 参与动员完成后，参与的多元主体如何配合协同、如何展开集体行动则是协作动员的范畴。参与动员是针对多元主体进入的动员活动，协作动员则更突出多元主体之间的互动和配

① Williamson, O., *The Mechanisms of Governance*, New York: Oxford University Press, 1996, p. 11.

② Kooiman, J., *Governing as Governance*, London: Sage, 2003, p. 97.

③ 张琦：《打赢脱贫攻坚战是治理能力现代化的成功实践》，《人民论坛》2020 年第 2 期。

④ 孙立平、晋军、何江穗、毕向阳：《动员与参与——第三部门募捐机制个案研究》，杭州：浙江人民出版社，1999，第 246~279 页。

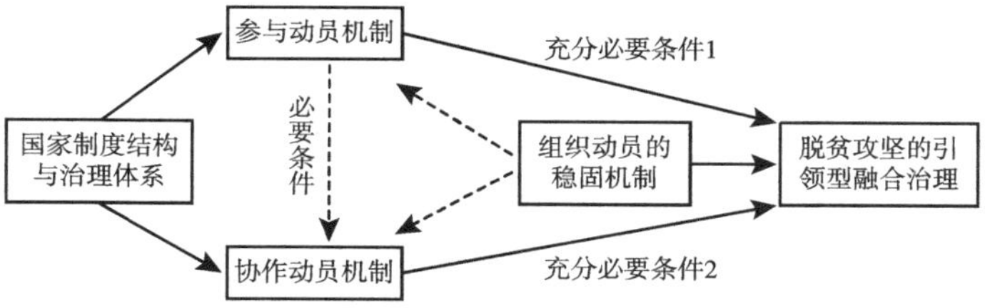

图 2-1 组织动员的实现路径

合的动员活动。国家纵向分层级、横向分部门，因此贫困治理的多主体动员既涉及国家、市场与社会的协同动员，又包括国家内部不同层级和不同部门之间的协同动员。简言之，如果说参与动员解决的是治理主体的“进入”问题，那么协作动员解决的则是进入之后的“合作”问题。当然，参与动员和协作动员在实际运作中有交叉之处，此处对两者的区分在某种程度上也是为了分析便利而进行抽象的理想类型。

（1）参与动员机制。治理结构的形成面临的首要问题是如何动员多元主体参与治理。由于多元治理主体之间的关系并不是总能和谐共生，往往还充满着价值冲突、紧张、危机、不确定性和碎片化，① 因此促进多元主体对治理目标的集体认同和协同行为的产生，是形成脱贫攻坚的引领型融合治理模式的前提，这需要有效的参与动员机制来实现。参与动员的目标虽然明确，但其具体的动员策略和技术既会随治理环境和任务的变化而呈现多样性和动态性的特征，也会因参与治理主体特征的差异而不同。

（2）协作动员机制。协作动员以参与动员为前提，是形成新型治理机制的充分必要条件。共同体治理意味着国家、社会和市场等行动主体为应对社会难题以新方式进行互动，② 但并非多元主体的机械组合或强制性结合，而是治理主体之间的功能互补、行动协调和资源整合。③ 显然，协作

---

① 全钟燮：《公共行政的社会建构：解释与批判》，孙柏瑛等译，北京：北京大学出版社，2008，第 52 页。

② Jan Kooiman, “Social - political Governance: Overview, Reflections and Design,” *Public Management*, Vol. 1, No. 1, 1999.

③ 张兆曙：《治理共同体：部门分立体制下联合治理的组织形式》，《浙江学刊》2014 年第 1 期。

动员机制是创造这种治理机制的先决条件。从治理机制的创新到治理效能的产出，协作动员也发挥着必不可少的转化功能。经验研究需重点探索何种协作动员机制如何促成不同主体有效协作的目标，或者说关于协作动员的何种制度策略实现了治理机制的创新。

（3）组织动员的稳固机制。任何形式的治理都是通过集体行动促进目标实现的过程。但如果缺乏有效的制度性机制，集体行动就很难避免“搭便车”现象的发生。即使通过参与动员机制有效激励了多元主体参与治理的积极性，通过协作动员机制明确了治理目标、角色分工和协作方式，“搭便车”和可持续性问题仍然存在。因此，研究还需分析怎样的制度安排构成了组织动员的稳固机制，即通过哪些制度性手段和策略巩固参与动员结果、增强协作动员。

第二节　组织动员的多重机制

一　参与动员机制：政治动员与社会动员的双重路径

1. 政治动员

在脱贫攻坚过程中，中央与地方层层签订“责任书”。[①] 这种“军令状”式的责任制既是脱贫任务层层下达、正式职责层层分配的重要形式，也是政治动员的重要手段。中央的贫困治理决策和脱贫攻坚部署如何实现层层落实？能否层层落实？政治动员扮演了非常重要的角色。脱贫攻坚期间，脱贫任务通过形式多样的政治动员得到落实。比如，东部经济发达的省市与中西部贫困地区结成的“对口帮扶”关系，中央和国家机关的“定点扶贫”，国有企事业单位的“百企帮百村”“驻村帮扶”等。

在分级治理体制中，中央政府是脱贫攻坚行动的发起者和目标任务的制定者，基层政府则是政策的执行者。具体来说，县一级的党委政府负责制定县域脱贫攻坚计划，组织落实政策措施并完成各项脱贫指标任务。为了完成脱贫摘帽的政治任务，几乎所有贫困县都会围绕“县抓落实”想尽各种办

① 参见《中共中央办公厅　国务院办公厅关于印发〈脱贫攻坚责任制实施办法〉的通知》（厅字〔2016〕33号）。

法，也都无一例外在县级层面强化“县、乡（镇）、村”三级脱贫攻坚组织体系。基层通过各种制度举措下移脱贫攻坚责任、任务和压力的过程，也是动员资源和力量的过程。在脱贫摘帽之前，基层党组织主要负责人都会将脱贫攻坚作为自己工作的头等大事，他们也会将自身的这种压力向下传导。

> 可以说，在过去三年里我们县里就没有与脱贫攻坚不相关的人，没有与脱贫攻坚不相关的事。（滇L县委书记—1902）[①]

> 我每天早上上班首先关心的就两件事，一是精准扶贫，一是对面（某国）[②] 的情况。（吉Y州委书记—1801）

> 乡里和县里签责任书，我们（村）也和县、乡镇签订脱贫任务书，我们要在你们来（开展贫困县退出评估）之前完成他们（县里）制定的目标。（黔M村第一书记—1807）

如果说以往基层官员的政绩主要体现在任期内本地的经济增长指标，那么脱贫攻坚时期则主要体现在2020年前能否如期实现脱贫摘帽的各项指标任务。当然，同省、同市的贫困县之间相互有比较，因此对于贫困县党政主要负责人来说，脱贫攻坚的目标不仅仅是“摘帽”，更要在贫困县退出评估中实现高质量的脱贫摘帽。他们中的一些人认为，脱贫质量特别是省内排名与个人升迁是高度正相关的，脱贫质量高则会使升迁成为大概率事件。正因如此，贫困县脱贫摘帽虽然在国家层面是一场“达标赛”，但在一些地方却演变成了“锦标赛”。同时，中央关于贫困县党政正职“不脱贫不调整、不摘帽不调离”的精神，也改变了贫困县主要负责人的“任期”。未摘帽不能调整岗位的组织规定虽然限定了他们原本预期的晋升机会，但这同时也释放出脱贫攻坚极端重要的信号，促使他们对扶贫工作愈加重视。

---

① 本章访谈来源编码方式与其他章略有不同。——笔者注

② 当地地处边疆地带，当时邻国政治形势紧张，边防任务重大。——笔者注

（对脱贫攻坚）有两个没想到，一是没想到考核评估这么严格，二是没想到（党政正职）干部都不能动。（滇 D 区委书记—1902）

虽然脱贫攻坚原则上是以贫困县为单位来执行国家政策，但具体工作落实则是以贫困村为最终落脚点。为壮大夯实脱贫攻坚的组织力量，中央先后要求基层向贫困村派出第一书记和驻村工作队。[①] 脱贫攻坚期间，“全国累计选派 25.5 万个驻村工作队、300 多万名第一书记和驻村干部”。[②] 各贫困县为了如期完成脱贫任务，广泛动员党政机关、国有企事业单位人员等到贫困村从事驻村帮扶工作。不少“下派”贫困村的第一书记既凭其人力资本和政治资本增加了基层组织力量，也积极利用自身的社会资本、部门或行业优势为当地挖掘发展资源提供机会。

我是市财政局下来的，我来了（驻村）之后，就在我们单位的支持下凑了一笔钱为村民设立了额外的健康保险。可以这么说，就是我们的贫困户现在看病不用自己花一分钱了，国家财政报销剩下的，我们单位兜底了。（陇 X 村第一书记—1907）

基层党组织也充分运用组织激励的手段来动员基层干部投身脱贫攻坚。各地的基层党组织普遍将脱贫攻坚当作培养锻炼、考察识别、选拔任用干部的重要平台，在自身的干部管理权限内将政治升迁作为激励基层干部的主要举措。有的地方明确提出“对脱贫攻坚作出实绩的干部委以重任，脱贫摘帽后优先提拔”，“大力选拔在脱贫攻坚中想干事、能干事、敢担当、善作为的优秀驻村扶贫工作队员”。“有为才有位”的组织意图让基层干部意识到脱贫攻坚既是挑战和责任更是机遇，从而激发了他们的参与动力和工作热情。实地调查发现，各地贫困县都出台了“凡提必扶（贫）、

① 中共中央组织部、中央农村工作领导小组办公室、国务院扶贫开发领导小组办公室：《关于做好选派机关优秀干部到村任第一书记工作的通知》（组通字〔2015〕24 号）；《中共中央办公厅　国务院办公厅印发〈关于加强贫困村驻村工作队选派管理工作的指导意见〉的通知》（厅字〔2017〕50 号）。

② 习近平：《在全国脱贫攻坚总结表彰大会上的讲话》，北京：人民出版社，2021，第 12 页。

凡提必下（基层）”、“突出基层一线、注重扶贫实绩”、考核待遇和评先评优给予倾斜等诸如此类的激励措施。脱贫攻坚需要依靠奋斗在一线的基层干部，而艰苦工作也培养和锻炼了他们的实干苦干精神和组织领导才能，这事实上也成为脱贫攻坚取得全面胜利的重要的基层组织基础。

> LQ的山区率达到90%，海拔100多至4000多（米）。倒在脱贫一线的干部有很多……一线干部干了、苦了，但是不要让他们再（受）委屈。我们把驻村实绩作为工作考评的重要依据，对驻村工作任务完成好、帮扶成效明显的队员，在评先评优和干部培养提拔中优先推荐使用。脱贫攻坚一线干部在家庭、感情方面牺牲比较多，组织上也多关心……我们不分级别多补贴工资500元一个月。（滇L县组织部部长—1902）

> 对于在脱贫攻坚一线的工作人员，应该说是既严管又厚爱。我们的市直单位，每年干部队伍的考核优秀比例只有15%，乡镇的干部队伍考核优秀比例有20%。我们把扶贫工作队的考核优秀比例提高到30%，最大限度地激励广大扶贫干部。（鄂M市组织部部长—2001）

当然，升迁机会也并非主政官员狠抓脱贫攻坚的唯一动机。对贫困县来说，脱贫攻坚动员体制内外的力量和资源的范围之广、强度之大，是改革开放以来未曾有过的。部分贫困县原本可以更早实现摘帽目标，但为了能让当地发展享受更长时间、更多的国家政策红利，地方主要负责人却并不急于摘帽。这样的情况在调研中并不少见。

总之，脱贫攻坚通过制度化方式自上而下地分解脱贫任务只是政治动员的一个面向。在赋予脱贫攻坚以历史意义的基础上，基层政权通过价值观塑造、思想影响、情感动员等非制度性策略促使基层干部内化精准扶贫的使命感和责任感。这种非正式的政治动员策略形塑了他们实现自我价值、为地方谋发展的参与动机，影响不容忽视。由于基层干部多数是土生土长的本地人，通过扶贫改变家乡长期贫穷落后的面貌并实现自我价值，成为很多干部全身心投入脱贫攻坚的内驱力。不过，也有一些地方干部一味地强调压力传导和责任落实，将压力和责任集中到了资源有限、能力不足的基层，也导致一些地方的扶贫出现不同程度的形式主义等行为。

2. 社会动员

任何治理模式都与国家独特的历史发展进程息息相关，有着明显的路径依赖。中国共产党在革命和建设时期始终注重依靠其强大的动员能力夯实群众基础，通过思想、价值输入或其他政治手段广泛发动社会力量参与完成一些重大国家任务。在贫困县随处可见的脱贫攻坚宣传标语，比如“先富帮后富 共走小康路”“紧紧依靠人民群众打好脱贫攻坚硬仗”“脱贫攻坚‘众’在行动”“脱贫攻坚没有旁观者 父老乡亲都是践行者”等，一方面为“对口帮扶”“扶贫协作”等多种形式的动员提供了思想基础和价值合法性，另一方面也为发动社会力量和贫困户自身的主动参与营造了舆论环境。如果说科层体制内的政治动员遵循的是自上而下的逻辑，那么针对社会力量和群众自身遵循的则是自上而下与自下而上相结合的社会动员逻辑。

> 我们集团有政策要求，选派（支援干部）程序先是动员各基层单位符合条件的高管报名，然后是相关部门考察并提出建议人选，还有就是要经过相关业务培训、熟悉相关扶贫政策。（新 K 县副县长—1912）

> 我家（收入）比去年多很多，今年养了 80 多只羊。他们（县里）鼓励我们搞养殖业，不光给钱（扶贫小额信贷）支持，还帮忙联系买家，不愁卖不到好价钱。他们有时还会请专家过来给羊看病。我们养羊很放心。（新 K 县村民—1912）

组织动员社会力量参与脱贫攻坚是我国贫困治理体系的重要组成部分。社会力量参与扶贫主要是通过培育产业、链接发展资源等市场手段来带动贫困地区的自我发展，而不是通过分配制度直接“输血”。通过政府行为引导、撬动的社会资源，为中西部地区加速实现脱贫攻坚目标奠定了良好基础。以云南省脱贫攻坚为例。脱贫攻坚以前，云南省有 88 个贫困县，数量为全国最多，806.17 万贫困人口占全省比重超过九成。通过脱贫攻坚，2020年11月云南省全部贫困县实现摘帽。2015年至2019年，沪滇扶贫协作共投入资金71.4亿元（政府行为），引进投资168.19亿元（社会参与）；粤滇扶贫协作共投入资金20.31亿元（政府行为），引进投资35.32亿元（社会参与）；定点帮扶共投入帮扶资金27.17亿元，引进资金193.12亿元（政府与社会共同参与）；积极开展企业、商会帮扶工作，4880个企业、商会共投入资金61亿元（社会参与），帮扶贫困村5266个。[①]

在云贵川等地调研发现，贫困县都会根据当地县情开展各具特色的社会扶贫活动。比如，针对市场主体组织开展的万企帮万村、工商资本下乡等活动；针对贫困地区特色产品，架接消费市场组织开展消费扶贫、网上购物等活动。社会力量的帮扶不仅可以深度挖掘贫困地区的资源优势、发展本地经济，更重要的是可以通过吸纳贫困户参与生产以更好地促进他们的经济社会融入。通过动员市场和社会力量参与基础设施建设、产业发展和项目建设，脱贫攻坚实现了单纯的再分配向再分配与市场、互惠等其他机制相融合的引领型融合治理模式的转变，也促进了贫困地区的内源性发展，进而实现地方经济发展和脱贫减贫的双重效果。社会力量的参与还在一定程度上改变了部分贫困地区执政者的发展愿景。正如我们在访谈中遇到的情况。

> （帮扶企业）通过种植和加工（木耳和菌种）能够带动全县特色产业（发展），也提高了贫困户参与生产的积极性，所以我们组织当地要加强对这些加工厂的培育，动员他们和我们一起把产业链做起来，这对我们当地脱贫和经济发展的意义就非常长远了。（川A县长—2006）

贫困的形成既有地理位置、自然环境和基础设施等外部因素，也有贫困人口技能缺失、内生动力不足等自身因素。在贫困治理中，动员贫困人群参与对其自身的治理显得同样重要。除了因地制宜开展“农民夜校”、免费技能培训等提高贫困人口技术技能的策略外，各地也在如何破除陈规陋习、转变落后思想观念上探索了各种举措，以形成“扶勤不扶懒”“奖

① 数据来源于2020年8月15日笔者访问“数字云南”展示中心所得。

勤惩懒”的扶贫氛围。比如，云南省在全省贫困村每个季度组织开展一轮“三讲三评”。[①] 这一举措不只是动员基层干部深入开展扶贫工作的策略，更是动员贫困户积极参与对其自身的治理、激发其内生动力之举。调查发现，基层干部采取院坝会、火塘会、夜校等形式在各村各户开展这项活动，引导贫困户进行自我教育，帮助他们树立正确的劳动观和价值观，进而实现贫困人口从“要我脱贫”到“我要脱贫”的理念转变，各地均有诸如此类的动员策略。

> 现在隔段时间就被叫去村里（学习）。他们（村里、乡镇干部）让我们多出去工作、多学技术，不要老是待在家里啥也不做。村委会去好几次了，现在都不好意思在家待着了，会被别人看不起。（黔X县村民—1807）

> 我们还是经常在群体之中大力宣传党的富民惠民这些政策，鼓励百姓积极投身于自己当地的建设当中……（川A县政协委员—2006）

诸多“智志双扶”“扶贫扶志”举措通过动员、促使贫困人口参与到对自身的治理过程，为贫困治理创造了良好的群众基础。正如贵州一位村民所言，“共产党的扶贫政策好，我们也要努力往前跑”。扶贫协作、对口帮扶在很大程度上解决的是贫困地区发展的外部因素，真正实现贫困人口自主脱贫、稳固脱贫则需要动员他们自身参与治理，扭转其被动发展的局面，避免该群体单纯享受国家政策。

二　协作动员机制：整体动员与内部分包的双管齐下

1. 整体动员

在参与动员过程中，国家的政治动员和社会动员重塑了贫困治理的央

---

① 即驻村工作队员讲帮扶工作情况，村组干部、建档立卡贫困户对其帮扶成效情况进行评议；村组干部讲履职情况，驻村工作队员、建档立卡贫困户对其履职情况进行评议；建档立卡贫困户讲脱贫情况，驻村工作队员、村组干部对其内生动力情况进行评议，参见中共云南省委组织部《中共云南省委组织部关于在贫困村开展“三讲三评”工作的通知》（云组通〔2018〕51号）。

地关系，而在协作动员过程中，基层政权的内部关系得到重塑。在脱贫攻坚实施过程中，县级政权既是县域脱贫摘帽的组织者、推动者，也是直接的责任方和行动主体。贫困县成立的脱贫攻坚指挥部、工作组或其他组织形式的最高指挥机构，通常都是由县委书记、县长担任双组长。这样的机构充当组织指挥角色，协调县域各方力量，整合县域资源开展脱贫工作。县级层面这一协作动员方式可称为“整体动员”。

基层官员一方面身处自上而下的压力型体制，另一方面直面政策目标群体自下而上的多元利益诉求。虽然基层政权在基层治理过程中早已形成一套常规性的治理体系和机制，但面对上级一些超常规的政治任务和艰巨任务，则不得不诉诸超常规手段，动员组织、统筹县域整体资源来完成。由于脱贫攻坚过程中的贫困县面临相同的制度环境和脱贫任务，模仿策略在协作动员中起到明显作用，体现为几乎所有的贫困县都采取了整体动员方式，且以战时指挥部或脱贫攻坚指挥部的组织形式推动工作。

正如有学者所言，在推动协同治理方面，西方国家更多依靠市场机制和信息化技术，而中国的优势在于党的制度整合力。[①] 指挥部的成立即在于通过党组织的力量对脱贫的资源和力量进行最大限度的制度性整合。在指挥部成立过程中，组织动员过程遵循政治动员和事本主义的逻辑，通过破除部门利益、组织动员全县力量更高效地解决县域贫困人口“两不愁三保障”的核心任务，结合了常规治理和超常规治理的方式，在某种程度上体现出“运动其外、常规其内”的基本特征。成立指挥部的一般做法是，按照县域行政层级建立县级指挥部、乡级指挥所、村级作战室、组级战斗队的四级作战体系，并根据乡镇、街道的地理特征成立战区。县乡村组的脱贫攻坚指挥体系会有多种丰富的组织形式，但组织层级和分区原则并没有什么差别。比如，云南 L 县成立了县农村扶贫开发领导小组、县脱贫摘帽指挥部、重点乡前线指挥所和 11 个分指挥部、16 个乡（镇、街道）战区指挥部、187 个行政村作战室、2601 个村小组攻坚队。

---

① 李友梅：《中国社会治理的新内涵与新作为》，《社会学研究》2017 年第 6 期。

在全县成立6个战区，每个战区都有相应的工作班子，包括指挥、作战、督查小组。这样就可以做到责任具体、工作具体、区域具体，在工作过程中就可以保证政策快速落实、问题快速整改，工作效率比较高。(豫L县委书记—1912)

我们已无从考证脱贫攻坚中的战时指挥部组织形式最先从哪里开始，但其成为贫困县的普遍选择却是不争的事实。从大同小异的组织形式来看，组织间模仿的三种重要机制即基于频率的模仿、基于特征的模仿和基于结果的模仿，[①] 是同时发挥了重要作用的。彼此模仿既因为兄弟贫困县都采取了这种组织形式，更由于这种组织形式在实践中显现出较高效率，基于结果的模仿机制可能是促使贫困县在协作动员上呈现趋同行为的最重要因素。

以整体动员为基础的多层级脱贫攻坚作战体系再造了横向到边的工作体系和纵向到底的责任体系，构成了中国贫困治理的重要组织形式。县级指挥部统领县域脱贫攻坚部署，通过整体动员的优势组织并调配跨部门和跨行业的资源。多层级作战体系能为短时间内提升贫困治理绩效奠定组织基础，由此顺理成章成为贫困治理策略的首要选择。

整体动员意味着贫困治理由“依附式扶贫”向“中心性扶贫”的转变，贫困治理过程中的基层政权内部关系被重塑，县域成为贫困治理的共同体。党的十八大以前，各地虽然成立了专门的扶贫机构，但扶贫行为是部门工作，扶贫开发政策也依附于地方的整体经济增长政策。党的十八大以来，扶贫减贫政策借助脱贫攻坚取得中心地位，不再依附于其他政策，而是其他政策配合扶贫政策。扶贫部门也成了枢纽机构，贫困治理迈向“中心性扶贫”时代，这也带来了治理机制的变化。整体动员策略汲取了常规型治理和运动式治理的有益成分——而不是以一种治理形式暂时替代或纠偏另一种，形成了两种治理机制互嵌共生的体制，从而为贫困治理创建出一种上下贯通、高效联动、运转灵活的治理环境。同时，整体动员通

① Pamela, R. H. and A. S. Miner, “Modes of Interorganizational Imitation: The Effect of Outcome Salience and Uncertainty,” *Administrative Science Quarterly*, Vol. 42, No. 3, 1997.

过集中县域资源、组织动员各部门和乡镇分工协作，化解了基层行政末梢在治理中能力不足和资源有限的困境，县域组织力量也得以像“毛细血管”一样渗透在整个脱贫攻坚体系并持续发挥作用。

2. 内部分包

虽然中央只要求贫困县完成“摘帽”任务，但现实中几乎每个县都希望能高质量地通过考核评估，而不仅仅是“达标”通过。在精准帮扶上，贫困县都制定了“不漏一村、不漏一户、不漏一人”的具体举措，组织动员体制内力量对所有建档立卡户实行挂钩帮扶成为通常做法。与之类似，县级层面对脱贫中存在的共性问题和特殊问题也形成了内部分包承担责任和解决问题的制度性策略。上述的制度举措可以统称为“内部分包”。[①] 基层党委政府的主要负责人都会主动带头参与脱贫任务的内部分包，深入每个贫困村开展地毯式走访调研。

这几年的脱贫攻坚，我走遍了（县里）所有贫困村。很多贫困村去了还不止一次，只有下去了，才能更了解下面的情况。（川 A 县委书记—2006）

（我们）对攻坚过程中发现的问题、发现的漏洞采取了“六大专项行动”查缺补漏，落实到人、到点、到村屯，限时整改。到 9 月是最后的收尾阶段，我们进行挂牌督战，主要特点是“周周有例会，月月有小结”，整体围绕这个来推动，县委总揽、乡镇政府统筹、村屯抓落实。（桂 D 县委书记—2011）

为动员帮扶方真正深入贫困户帮扶解决问题，各地探索了内部分包的

---

① 有学者指出，“基层分包制”虽然在我国的精准扶贫体系中得到非常普遍的应用却未获学界的足够重视，其认为“基层分包制”特指精准扶贫落实过程中的帮扶责任人制度通过干部与贫困户结对帮扶的方式为每一户贫困户落实帮扶责任人。基层分包制既执行和落实了主要的行政任务，在贫困治理和脱贫考核中发挥了一定的作用，又产生了一些制度执行的意外后果（参见李棉管《精准扶贫中的基层分包制——挤压型情况下的行政动员》，《中国行政管理》2021 年第 3 期）。本章在此基础上提出的“内部分包”，其外延也从个体层面拓展到对组织制度层面的涵盖。

各种制度化形式。比如，云南L县通过组织常态化的“进百家门、吃百家饭、结百家情、解百家难、励百家志、圆百家梦”活动，推动基层干部对贫困户“望闻问切”。[①] 还有的在脱贫攻坚后期组织开展形异质同的问题“清扫”活动，如重庆S县组织开展的脱贫攻坚“百日大会战”行动、贵州Z县的“打赢脱贫攻坚大决战”等。

整体动员可以在较短时间里有效解决普遍性和共性问题，但面对多种形式的特殊问题和复杂个案仍有不足之处。贫困县临近接受“摘帽”的第三方专项退出评估考察前，都会通过内部分包的方式进行再动员，通过组织开展摸底排查行动来收集和解决遗留问题。有的县甚至对已脱贫的贫困乡镇和贫困户也全面排查，查缺补漏，着重对脱贫不稳定户和边缘易致贫户进行动态监测。

内部分包的一个典型案例是四川Y县的“4321”问题收集解决方案。其中，“4”指在县、乡、村、户四个层面摸排和收集问题；“3”指在“乡镇村自行研究、县级层面研究、向上汇报请示研究”三个层面让每个问题都有解决主体；“2”是指以两个月为一个周期解决问题；最后的“1”是指每个乡镇每年落实一笔专款解决个案问题。基于这种方案，2015年至2019年该县梳理出近2.6万个具体问题。从2017年至2019年的三年数据可见（见表2-1），该县摸排发现的问题逐年锐减，说明这种策略为解决脱贫攻坚中的各类问题提供了良好的制度机会。

表2-1　脱贫攻坚期间四川Y县的问题摸排和问题解决

年度	摸排发现问题（个）	乡镇自行解决问题（个）	县级研究解决问题		向上汇报解决（个）
			形成处理意见（条）	发文件解决（个）	
2017	25700	23500	163	9	5
2018	1100	1060	36	2	0
2019	200	180	14	2	0

资料来源：根据Y县脱贫攻坚指挥部数据整理。

① “望”指看人、看房、看家电、看种养，“闻”指听议、听评、听反映，“问”包括问本人、问干部、问乡邻，“切”是分析致贫原因、商定脱贫对策。

内部分包的深远意义在于，其在一定程度上重构了基层政权与乡村社会的关系。在农村税费改革之后、实施脱贫攻坚之前，基层政权在贫困县的农村可以说已成为“悬浮型政权”，即与农民、乡村社会的关系处于疏离状态。脱贫攻坚实施以后，官民互动、上下级互动明显增多，随之提升的则是党委政府与人民群众之间的信任感。基础设施的改善尤其提升了村民对政府的信任度和满意度。以交通出行为例，在我们团队作为第三方做过的贫困县退出评估调查中，绝大多数贫困县脱贫户对交通出行的满意度都非常高（部分贫困县的情况见表2-2）。

表2-2　贫困县脱贫户对交通出行条件的认可度

问题	选项	贫困县(%)					
		沿河县	榕江县	从江县	禄劝县	东川县	灵台县
2014年以来，所在村庄的交通出行条件有何变化？	以前有问题，现在变好了	96.96	96.87	98.60	92.28	97.25	85.19
	以前有问题，现在还未解决	0.00	0.45	0.16	2.89	1.94	7.82
	以前没问题，现在也没问题	3.04	2.68	1.24	4.66	0.65	6.17

资料来源：贫困县退出第三方评估调查数据；部分缺失值未列出。

脱贫攻坚期间，笔者团队在各地贫困县入村调研时，从村民那里最常听到的话语之一是他们感到村里最近几年“发生了翻天覆地的变化”。团队作为第三方在2017年至2020年承担组织了全国50余个贫困县的退出评估，对西南区域9个县的脱贫攻坚经验进行了深度调研。从退出评估结果来看，这些县的群众认可度指标都达到了90%以上，最高有超过98%。在贫困村调研时，有村民表示，以往完全不知道乡、镇里的镇长是谁。现在别说镇长了，县里的书记县长都经常在村里见到。有村民在访谈中表示：

以前不知道乡长、县长叫啥，但现在我可以叫出他们的名字……王书记（驻村第一书记）、李书记（帮扶责任人）也经常来看望我们。（陇L县村民—1907）

我们这属于偏远的牧区乡，条件艰苦。自脱贫攻坚以来，水电路有了很大提升和改善。农民（经培训）有了技术，有了手艺，可以出去打工增加收入，在家的牧民可以加入集体经济，得到分红。（川L县村民—2006）

从调研来看，脱贫攻坚使基层政权自农村税费改革以来的“悬浮型政权”向“融合型政权”转变的趋势增强：一方面，政府主导的基础设施建设和乡村产业发展项目明显增加，背后是基层政府与乡村社会的互动增多，而村容村貌的改善则提升了村民的获得感和认同感；另一方面，基层干部扎根农村从事扶贫尤其是“结对子”“结亲戚”之类的帮扶行为，增进了干群之间的相互信任，改善了干群关系。

第三节　组织动员的稳固机制

尽管组织动员奠定了脱贫攻坚的基础，但一些地方不同程度存在诸如数字扶贫、“走读式”“挂名式”帮扶等侵蚀这种基础的行为，因此巩固动员成效和扶贫成果十分重要。为此，中央在做出打赢脱贫攻坚战决定时，也从国家层面制定了一套旨在保障政策有效落地的制度。中央于2016年启动脱贫攻坚领域的专项督查巡查，[①] 并实施贫困县退出评估机制。过程督查和退出考核也成为巩固组织动员成效的两大稳固机制。

一　过程督查制

2016年下半年，脱贫攻坚常态化督查巡查开始在全国开展。国务院扶贫开发领导小组负责督查工作的组织领导，并及时向党中央、国务院报告督查情况。国家层面的督查巡查主要考察各地是否在贯彻中央精神上做到了真落实，是否对上年省级党委和政府扶贫开发工作成效考核发现问题整改到位。督查巡查要求不提前打招呼，更不局限于地方提供的扶贫材料，而是到县后随机抽取乡村进村入户开展调研，避免了地方政府的事前准

① 参见《中共中央办公厅　国务院办公厅印发〈关于建立贫困退出机制的意见〉的通知》（厅字〔2016〕16号）。

备。按照督查巡查工作要求，被巡查地区应当根据巡查反馈意见，认真进行整改，并于2个月内向国务院扶贫开发领导小组反馈整改情况。对落实不力的部门和地区，国务院扶贫开发领导小组要向党中央、国务院报告并提出责任追究建议。在脱贫攻坚过程中，中央的考核方式也在不断探索中越来越完备。2016年增加了省际交叉考核，2017年增加媒体暗访考核，2018年开始对已摘帽的贫困县进行抽查。

中央对地方督查巡查的主要目的是压实各级各部门的主体责任，同时也在于发现问题和解决问题，以纠偏地方政府行为、确保各地扶贫行为不偏离中央精神。在中央的示范下，各省对市州、市州对县区以及县区内部都形成了各种形式的督查巡查或检查机制。这一机制在促进各级政府解决实际问题、及时纠偏组织行为和组织目标等方面效果较好，因此得到广泛运用。比如，四川L县在2016年至2020年省、州、县共开展各类脱贫攻坚督导检查20余次。多层次多轮的督查巡查推动地方的脱贫攻坚形成"发现问题—反馈问题—整改问题—解决问题"的完整链条，这也使他们越到后期越不惧于督查巡查。

> 以往听说巡视组要到这里来，心里会有些恐慌的，因为他们（巡视组）的检查工作很细致，大小问题都能查出来，（我们）怕工作没做到位。现在不一样了，因为我们就是按照上面的要求来做的，心里基本有谱了。（川L县委副书记—2006）

脱贫攻坚的政策落实由基层政府具体负责，因此政策执行和落实过程中也存在"最后一公里"的治理困境。常态化地对脱贫攻坚政策的落实和执行等问题进行督查巡查在一定程度上消解了这一困境。县级督查巡查机制作为责任落实的重要手段具有张弛有度的特征。比如，对核查不实的问题一律不追责、对非主观原因导致的问题不从严追责，保证了基层干部担当干事的积极性。也就是说，督查巡查的主要目的并非惩处和整治，而是试图通过组织内部的作风治理来强化贫困治理的责任落实。用地方干部的话来说，即达到"惩处极少数，整治较少数，教育大多数"的目标。

脱贫攻坚利用超常规治理机制的事本主义逻辑可以很快集中资源和力量解决问题。这对于短期任务会比较有效，但任务一旦变得长期而艰巨则会导致早期动员的效力降低、激励弱化、扶贫干部队伍沦为“疲惫之师”等新问题。因此脱贫攻坚越到最后，基层扶贫干部的作风、意志和工作态度越有可能成为影响治理成效的重要问题，为此各地也探索了组织约束和组织激励相结合的各种举措。比如，云南D区针对脱贫攻坚党员干部开展过“庸懒散滑贪”专项整治活动。在其他贫困县，虽然不一定进行过专项整治，但类似行动非常普遍。

> 通过我们日常的管理、明察暗访、考核通报等，召回问责、调整了20名驻村工作队队长，就是撤下来了。（鄂M市组织部部长—2001）

脱贫摘帽之前自上而下的督查巡查机制是基层政府工作压力和动力的重要来源，而摘帽后精准扶贫的“回头看”活动、其他社会团体组织的“学习观摩”仍是他们不敢懈怠的考验。[①] 摘帽意味着贫困县的脱贫成效获得了国家的承认和人民的认可，但摘帽后仍面临新形式的督查压力。有贫困县的扶贫办主任谈到如下内容。

> 原以为完成脱贫任务会轻松一些，现在我们不光要接受上级的督查巡查，还要准备着（接待）其他省市地方派过来的学习团队。对于他们来说是过来学习观摩，但对于我们来说，这无异于一次非正式的督查巡查。（渝S县扶贫办主任—1907）

对脱贫攻坚期间的帮扶责任及其成效进行考核是十分重要的“过程管理”环节，而这也是奠定脱贫攻坚取得预期成效的重要保障。比如，在发挥了重要作用的东西扶贫协作上，中央政府不仅起到了“桥梁”和“杠杆”作用，也起到了重要的督促作用。为了充分激发东西部扶贫协作的帮

① 虽然各地结构性贫困的成因大体相似，但成功的地方治理经验都各有其前提条件。县域县情、人口结构、资源禀赋、产业特征、民风民俗、政策执行力等因素既是特定地方经验能否取得成功的前提条件，也是“移植”到其他地方能否取得预期效果的重要影响因素。

扶潜力，国家从2017年起统一组织东西部扶贫协作的年度考核工作。考核给帮扶方和被帮扶方都带来了压力，更促进了扶贫协作任务的切实履行。脱贫攻坚期间，国务院扶贫开发领导小组还组织开展年度脱贫攻坚专项巡视、扶贫领域腐败和作风问题专项治理。事实证明，只有把督查巡查贯穿脱贫攻坚工作全过程和各环节，才能确保帮扶工作扎实、脱贫结果真实，使脱贫攻坚成效经得起实践和历史检验。

专项督查巡查是以发现问题为手段、促进脱贫政策目标实现为目的的制度机制。这一机制既保障了组织目标和组织责任的落实，还巩固了早期参与动员和协作动员的成果，为脱贫攻坚目标的完成提供了坚实的制度保障。

二　退出考核制

脱贫攻坚在治理效能上的重要体现之一是贫困县是否达到脱贫摘帽的标准。国家对"贫困县摘帽"的验收标准为"三率一度"，即贫困县综合贫困发生率低于2%（西部地区低于3%）、脱贫人口错退率低于2%、贫困人口漏评率低于2%、群众认可度高于90%。[①] 贫困县的退出则是检验贫困治理成效的重要指标。我国从1986年开始设立贫困县和专项项目资金，初衷是使扶贫开发更有针对性，即通过政策倾斜和资源分配来加速贫困地区的经济社会发展，并培养其"造血"功能，从这个意义上说国家贫困县是一种福利认证。[②] 在现实中，的确存在部分贫困县把国家级贫困县、省级贫困县当成巨大福利。党的十八大以前，一些经济社会发展水平本不太差的中西部县区甚至想尽办法"争取"这个称号，获得称号后也不愿主动退出。多年来，虽然国家对贫困县进行了部分调整，但扶贫工作却并没有让贫困县的总数发生实质性的变化，反而出现了"戴贫困县帽子的越扶越多"[③] 的问题。贫困县"退出难"的问题既增加了国家财政支出，也使扶

---

① 参见国务院扶贫办关于印发〈贫困县退出专项评估检查实施办法（试行）〉的通知》（国开办发〔2017〕56号）。

② 参见欧树军《国家基础能力的基础》，北京：中国社会科学出版社，2013。

③ 习近平：《在决战决胜脱贫攻坚座谈会上的讲话》，《人民日报》2020年3月7日，第2版。

贫资源无法得到优化配置，不利于提升国家整体的贫困治理效能。

2013年底，中央强调改进贫困县考核机制，研究建立国家扶贫开发工作重点县（即贫困县）的退出机制。2016年，中央明确要建立严格、规范、透明的贫困县退出机制，组织有关部门及相关力量对地方退出情况进行专项评估检查，促进贫困人口、贫困村、贫困县在2020年以前有序退出。[①] 贫困县在2020年之前摘帽正式成为目标明确的硬性政治任务。于是，以前一些县"挤破脑袋""没有条件创造条件"也要争当贫困县，但在"早脱帽子早有好处，不脱帽子还有约束"的新导向下，又出现了争先恐后退出贫困县的现象，同时也滋生了片面追求脱贫进度的"脱贫锦标赛"等问题。

在中央明确贫困县退出机制之初，中央掌握贫困县脱贫攻坚成效的考核验收权力，评估验收贫困县脱贫质量工作由国家组织、委托第三方工作组来做。2018年后，中央权力下放，由各省统一组织实施并对退出贫困县的脱贫质量负责，中央以20%的比例对贫困退出县进行抽查，目的是检验退出程序的规范性、退出标准的准确性和退出结果的真实性。这一转变将评估验收的主要责任由中央转移到省级政府，既落实了脱贫攻坚"省负总责"的中央精神，也避免了地方政府共谋应对国家考核评估的局面。

贫困县退出评估通常由省级扶贫部门通过招投标方式遴选专业的第三方机构承担。[②] 经过几年实践，第三方评估体系逐步健全，评估机制日渐

① 中共中央办公厅、国务院办公厅《关于建立贫困退出机制的意见》（厅字〔2016〕16号）。

② 第三方评估团队成员由专家和调查员、核查员构成。调查员通常从高校在读高年级本科生、研究生中招募，通常需参加脱贫攻坚政策学习和调查评估业务培训、考试合格后才能"持证上岗"，核查员则要求具有参加贫困县退出评估和类似扶贫评估项目入户调查的经验。实地评估采取抽样调查、重点抽查、村组普查、座谈访谈等相结合的方法。在村组和农户抽样过程中，评估团队坚持问题导向，重点关注贫困县退出的薄弱环节和工作的盲区、死角。在入户调查中，每两个调查员（A角、B角）编为1个入户调查小组。A角负责开展问卷调查并在APP上录入数据；B角负责拍照、录像、录音、维持现场秩序，并协助A角做好问卷调查。调研员要严格按照技术规范、调查问卷和评估标准等对申请退出县的脱贫人口错退情况、贫困人口漏评情况、群众认可度进行实地调查。同时，在调研过程中，为确保数据真实可靠，评估检查分队严格执行由调查员、带队老师、核查组组长组成的三级核查制度。

完善，其专业性、科学性、公正性和可信度得到较大提升。[①] 评估本身也改变了政府“自我裁决”“自我监督”的困境，成为反推地方更深入、更细致开展脱贫攻坚的重要手段。一些贫困县在迎接国家或省级的第三方评估之前，还会主动联系具备评估资质的第三方组织开展“预评估”以便提前改进。

面对上级的考核和检查，“上有政策、下有对策”也经常成为基层政府非正式运作的一种常态。[②] 一般来说，治理对象和治理环境越复杂，中央与地方的信息不对称性就会越严重，非正式运作过程就会越活跃。贫困治理的对象和治理环境无疑是十分复杂的。贫困县退出的第三方评估是将社会力量、专业组织引入共同体治理，属贫困治理的重要创新之举。上级政府对评估的最基本出发点是获得基层的真实准确信息，而基层政府具有天然的信息优势，并会由于利害关系而主动或被动地让上级政府陷入信息劣势。第三方评估的制度安排扭转了这一局面，也改变了地方政府的行为逻辑，促使其更加主动地了解、回应贫困人口的发展诉求。[③] 可以说，内外督查和考核评估兼具绩效评价和激励导向，通过“锁定”贫困治理目标保证了贫困县退出的质量。

第四节　组织动员、治理机制与压力型体制

综观世界，为什么只有中国能开展如此规模庞大的贫困治理行动并取得历史性成就？本章试图说明，脱贫攻坚中的多重组织动员机制是我国的经济基础和制度优势转化为高质量减贫效能的重要充分条件。基于政治动员和社会动员双重路径的参与动员机制，整体动员和内部分包相结合的协

---

① 根据第三方评估结果显示，2018 年中西部 22 省区市识别准确率和退出准确率显著高于 2015 年评估数据（参见国务院扶贫办《“2018 年脱贫摘帽县抽查”新闻发布会文字实录》，国务院扶贫开发领导小组办公室网站，2019 年 7 月 3 日，http：//www. gov. cn/xinwen/2019-07/03/content_ 5405599. htm）。

② 艾云：《上下级政府间“考核检查”与“应对”过程的组织学分析：以 A 县“计划生育”年终考核为例》，《社会》2011 年第 3 期。

③ 陆汉文、梁爱有：《第三方评估与贫困问题的民主治理》，《中国农业大学学报》（社会科学版）2017 年第 5 期。

作动员机制以及相互嵌套的动员成效稳固机制，构成了系统性的脱贫攻坚组织动员体系。作为国家治理体系的一个面向，组织动员机制既彰显出我国国家制度和治理体系的优势，也体现了我国贫困治理体系的完善和治理能力的显著提升。通过国家内部治理结构和治理关系围绕治理目标从条块结构转向功能性耦合的再构建，脱贫攻坚实现了治理结构和治理机制的双重创新，从而最大限度地激活了贫困治理中的国家能力与社会潜力。

组织动员本质上是中国共产党和政府围绕脱贫攻坚目标对权力和资源进行再组织的一种协同体系，并基于此打造多元治理主体参与的引领型融合治理模式来促进减贫目标的实现。脱贫攻坚实践中既有来自中央自上而下的策划与推动，又有来自地方自下而上的优化治理路径和治理方案的创新与促进。一方面，自上而下的权力运作创设的责任制为有效贯彻扶贫政策和提升贫困治理效能创造了政治条件，也为多元主体合作完成目标任务提供了制度保障；另一方面，广泛动员体制内外的力量参与扶贫，发挥了“上下机制”衔接的枢纽作用，并突出了合作制组织的作用。[①] 脱贫攻坚的贫困治理实践蕴含着一套精巧设计的专项组织治理结构和治理机制，有机融合了科层制组织和合作制组织的优势之处。前者保障了贫困治理过程中组织执行权力的合法性和组织动员的有效性，后者为贫困治理过程中更广泛的资源动员和效用发挥提供了基础。

在突出国家的主体地位和主导作用、动员体制内资源和力量的同时，脱贫攻坚也充分运用了市场效率机制和社会分工协作机制，[②] 并通过意识形态宣传和大规模社会动员激活了体制外力量的潜力。从纵向的央地关系来看，脱贫攻坚建构的从中央到地方的纵向分级治理机制体现出中央权威动员与地方有效执行的良性互动关系。从横向的治理主体间关系来看，脱

① 合作制组织强调专业知识和技能在合作行动中的作用，即横向合作行动中的专业互补，以实现合作优化和效能提升（张康之：《走向合作制组织：组织模式的重构》，《中国社会科学》2020 年第 1 期）。

② 最具代表性的是利用东部优势来撬动中西部贫困地区发展的东西部扶贫协作：东部地区承担的是帮扶责任，动员组织当地的各方力量开展助困、助学和人才就业等各种帮扶活动；西部地区承担的是脱贫攻坚主体责任，通常会结合当地优势与特色，借助帮扶平台开展资源输出、经济结构调整、特色产业发展等促进本地内涵式发展的项目。东西部扶贫协作既促进了东西部资源的合理配置，也达到了促进地方经济发展和扶贫减贫的目的。

贫攻坚反映了政府与市场、社会关系的重塑对国家治理的重要性。在组织动员过程中，一系列相互嵌套的具体的制度性策略撬动了各种力量和资源，一方面再造了贫困治理的中央与地方关系、基层政权内部关系、基层政权与乡村社会关系，另一方面构建了党和政府主导、市场和社会协同参与的关系秩序，从而为提升我国的贫困治理能力和贫困治理效能奠定了坚实基础。

国家的制度结构和治理体系构成了特定领域里具体治理模式的产生环境。中国政府自上而下层级间的行政管理体制实行的是上级政府向下级政府下达指标、分解任务、量化考核的目标责任制，形成的是一种“压力型体制”，①这同样体现在脱贫攻坚的组织动员中。“五级书记抓脱贫”作为一个自上而下分解减贫目标、推动政策落地的执行机制，也是层级任务压实的压力体系。虽然不同层级政府在脱贫攻坚中的角色有分工，但核心目标都是动员各种力量和资源来实现既定减贫任务。脱贫攻坚的“目标管理责任制”于基层而言构成了一种强大的制度约束，同时也催生了目标导向鲜明的具体工作方法。尽管压力型体制的制度特征自 20 世纪 80 年代至今基本保持不变，但脱贫攻坚之前的贫困治理效能并没有如此显著。在同样的制度和治理体系背景下，为什么会产生这么大的治理差异？

从国家科层内部的运作角度来看，脱贫攻坚通过各级党政部门签署军令状和压力层层传导，实现了最大限度的组织动员并保障了各项扶贫目标和措施的落实，避免了组织目标替代、注意力转移等现象。由于治理目标和任务的多元性和复杂性，我国的压力型体制实际上是一种“弹性的压力型体制”。弹性既意味着上级政府的注意力可相对自如地在不同时段专注于不同治理目标，也意味着上下分权中的基层政府具有一定程度的自由裁量权和执行能动性。在脱贫攻坚实施以前，基层政府在扶贫中将非贫困户、边缘贫困户列入扶贫对象并在年终考核时统计为脱贫的现象之所以在较大范围内存在，主要是因为在考核中“GDP 至上”的背景下，贫困治理的目标并非基层政府优先的组织目标，很容易受经济发展目标的冲击而发

① 参见荣敬本、崔之原、王拴正、高新军、何增科、杨雪冬等《从压力型体制向民主合作体制的转变：县乡两级政治体制改革》，北京：中央编译出版社，1998。

生“目标替代”。

“精准扶贫”“脱贫攻坚”刚提出来时，一些基层党组织和政府仍存在惯性思维，参与的主动性和执行的积极性并不高。脱贫攻坚实施之初，中央便改进了对贫困县的考核机制，对国家扶贫开发工作重点县取消了地区生产总值考核，要求将提高贫困人口生活水平和减少贫困人口数量作为考核的主要指标。随着脱贫攻坚的持续推进，其重要性不断提高。到党的十九大会议上脱贫攻坚的国家战略地位得以确立，[①] 贫困治理任务面临的压力型体制的弹性空间越来越小。2018 年，中央重申到 2020 年确保贫困县全部摘帽。[②] 在 2020 年上半年新冠疫情对经济社会发展造成极大冲击背景下，中央仍强调现行标准下的农村贫困人口全部脱贫必须如期实现。[③] 中央不断释放出来的强烈信号促使贫困县意识到脱贫攻坚成为当前最重要的硬性政治任务，彻底放弃惯性思维下的侥幸心理和原先的扶贫模式，压力型体制的压力面向开始发挥作用。

事实上，基层政权对于压力型体制的“弹性”是有意会的。如果上级的行政任务不能得到持续稳定强化，组织动员则可能遭遇失败，因为他们认为高层的注意力随时可能会发生转移，进而采取常规治理方式甚至选择形式性应付策略。但在较长一段时间内，脱贫攻坚的重要性非但未削弱，反而不断被高层强化。基层对脱贫攻坚目标任务的认识也变得清晰明朗，于是产生了前面分析中涉及的诸多动员机制及策略。一种自上而下的“稳定强化机制”自此得以形成，并使脱贫攻坚的持续动员成为可能。

脱贫攻坚通过组织动员机制激活了国家制度和治理体系的若干优势，形成了从中央到地方纵向的分级治理机制、横向的东西部扶贫协作以及各地探索创新的“政府—市场主体—贫困人口”合作机制、激励机制和约束机制等，从而将市场力量、社会力量有效组织参与脱贫攻坚，这构成了我国贫困治理能力提升的重要条件。可以说，组织治理机制在脱贫攻坚的组

---

① 党的十九大报告将精准脱贫与防范化解重大风险、污染防治并列为三大攻坚战。

② 参见《中共中央　国务院关于打赢脱贫攻坚战三年行动的指导意见》（中发〔2018〕16 号）。

③ 参见习近平《在决战决胜脱贫攻坚座谈会上的讲话》，《人民日报》2020 年 3 月 7 日，第 2 版。

织动员、责任压实和成果稳固环节有效发挥了我国的制度优势，其作为脱贫攻坚中最重要的一级机制，也塑造了我国贫困治理体系的新格局。

从脱贫攻坚开展的历史背景、治理措施和治理绩效中可以发现，作为一种“国家行动”的脱贫攻坚为国家夯实政权合法性基础提供了重要保障。在贫困治理行动中，国家权力的运用是以人民为中心，顺应社会主义共同富裕的本质要求。通过系统的组织动员过程，中国特色的贫困治理体系逐渐建立起来并在实践中不断完善，贫困治理体系已成为我国治理体系与治理能力现代化的有机组成部分。

本章分析表明，组织动员作为国家创造和整合制度、权力和资源以及凝聚多元行动者的过程，其多重动员策略和技术缔造了党和政府主导、多元治理主体共同参与的引领型融合治理模式。这构成了脱贫攻坚实现贫困治理愿景的重要条件。就此而言，贯穿于整个脱贫攻坚体系的组织动员本身也是一种治理机制，在国家制度政策、国家治理体系优势转化为贫困治理效能的过程中充当重要中间机制的作用。组织动员的成功又根植于国家创造的“公共性”基础。① 比如，在政治上将消除贫困界定为国家性质的本质要求；在价值取向上将扶贫塑造为全社会共同责任的社会伦理观，构建不同利益主体对治理目标、技术和标准的基本认同；在参与层面上，设立国家扶贫日广泛动员全社会参与，为各阶层和社会团体从私域迈向贫困治理的公共领域创造制度化渠道。

脱贫攻坚虽然极大提升了贫困治理效能，但也需警惕和防范过度的组织动员及其非预期后果。组织动员的目的是充分调动体制内外力量参与贫困治理，但在一些地方不同程度地演变成了上级给下级层层加码、政府向社会不断施压，社会主体被要求参与扶贫的现象也时有发生。基层有时以“碎片化”“短期化”“政绩化”的扶贫项目的方式完成任务，可能会产生益贫效应不显著、政策偏离和资源浪费等后果。而且，在对特殊地区的贫困治理对象进行动员过程中，存在忽视对社会文化主体性之多样性特征的重视和多元价值诉求的关怀，从而造成贫困治理中形式理性和工具理性有

---

① 关于“公共性”内涵的阐述，参见李友梅、肖瑛、黄晓春《当代中国社会建设的公共性困境及其超越》，《中国社会科学》2012 年第 4 期。

余而实质理性和价值理性不足的问题。

与此同时，“十四五”期间如何实现巩固拓展脱贫攻坚成果与乡村振兴的有效衔接仍是突出难题。从实施路径来看，“举国体制”及其组织动员机制为脱贫攻坚取得显著成效奠定了至关重要的制度基础。相对而言，乡村振兴任务更为艰巨，因其长期目标是在消除绝对贫困的基础上实现农业农村的全面现代化。从组织动员视角看，脱贫攻坚能给乡村振兴提供值得重视的两点启示：一是中央权力直达基层社会、撬动多元主体力量和资源的组织动员机制及其凸显的强大组织能力不可或缺，有效的动员制度、策略和技术是将各方资源转换为预期结果的重要保障；二是国家动员并创设市场、社会参与乡村振兴的制度化平台，围绕目标缔造不同部门和主体之间的功能性耦合关系，而不是以完全替代或吞没市场和社会的方式进行治理，也是实现乡村振兴愿景的理想路径。

第三章

县域统合：引领型融合治理的基层逻辑*

通常而言，面对社会公共治理问题，各级政权早已形成一套常规性的治理体系和机制，其特点是依托高度结构化、理性化、非人格化和有着明确权威等级的科层体系。这种体系有效保障了常规治理中的组织动员和协作执行。然而，正如前文所阐明的，面对特别复杂且牵涉面广的国计民生问题，影响范围大且持续时间长的自然—社会关系问题，仅仅依靠单一的政府力量通常难以实现公共治理目标，多元力量参与的引领型融合治理对于治理目标的实现甚为关键。

脱贫攻坚战实质上是以县为作战单位，通过贫困县的摘帽来完成区域性、整体性脱贫任务。因此，推动引领型融合治理实践的关键也在县域层面。那么，在基层脱贫攻坚过程中，引领型融合治理究竟通过怎样的运作逻辑激活了传统科层治理优势并实现了贫困治理效能的显著提升？本章结合我们 2020~2021 年在贵州 T 县开展的田野调查，试图通过引领型融合治理视角，阐释县域统合治理作为引领型融合治理的基层逻辑是如何形成的，又呈现何种实践形态的问题，以揭示引领型融合治理作用于县域贫困治理效能显著提升的“黑箱”，深化对引领型融合治理如何提升我国贫困治理效能的理解。

第一节　作为一种运作逻辑的县域统合

在基层的脱贫攻坚实践中，从引领型融合治理的角度看，县级政权打

* 本章的主体内容以《统合治理：县域脱贫攻坚的机制创新》为题发表于《南京农业大学学报》（社会科学版）2022 年第 2 期，收入本书时有修改。

破了常规的治理范式，有力整合了市场主体和社会主体，奠定了多元治理主体共同参与脱贫攻坚的保障。在引领型融合治理视角下，行政式贫困治理揭示了脱贫攻坚所呈现出来的科层动员机制，却也遮蔽了党政体制下的科层组织内部的关系重塑与其他治理主体的协作性，特别是缺少了自下而上的配合。① 从治理逻辑来看，脱贫攻坚通过政治动员和多层级指挥作战体系打破了原有科层结构的职能划分及其常规任务分工，② 有助于清理常规治理长期形成的积弊。③ 但是任务层层加码的治理方式，也可能会造成基层政府的行政资源浪费和形式主义盛行。一些地方也不可避免地上演了“运动式治理”。运动式治理通常被看作应对常规型治理机制失败所产生的暂时替代和纠偏机制。④ 但脱贫攻坚是由国家自上而下组织消灭绝对贫困的专项治理行动，不是不定期展开的集中行动，更不属于自上而下的纠偏范畴。

不可否认的是，引领型融合治理在运作逻辑上本身具备之前主要治理模式的一些特征。在县域脱贫攻坚实践中，其与传统科层治理、运动式治理在动员机制上有着许多相似之处。但县域脱贫攻坚是在“压力型体制”下产生的超常规治理行动，其在治理结构和运行机制等方面又显著不同于传统的治理模式。首先，脱贫攻坚依附于官僚体系而存在，但它在治理机制上的动员性、统合性等特征，超出了传统常规科层治理和运动式治理的解释范畴。其次，脱贫攻坚的运作体现了政治对行政的融合和形塑，⑤ 而关于政治体制的政治动员如何与行政体制的科层制扶贫体系相嵌套并落地，仍缺乏系统性的审视和讨论。最后，脱贫攻坚构建了政府、社会、市

① 吴新叶：《实施精准扶贫政策需要“上下互动”——与许汉泽、李小云商榷》，《探索与争鸣》2018 年第 8 期。

② 徐明强、许汉泽：《运动其外与常规其内：“指挥部”和基层政府的攻坚治理模式》，《公共管理学报》2019 年第 2 期。

③ 魏程琳、赵晓峰：《常规治理、运动式治理与中国扶贫实践》，《中国农业大学学报》（社会科学版）2018 年第 5 期。

④ 周雪光：《中国国家治理的制度逻辑》，上海：生活 · 读书 · 新知三联书店，2017，第 128 页。

⑤ 李小云、徐进：《消除贫困：中国扶贫新实践的社会学研究》，《社会学研究》2020 年第 6 期。

场协同推进的扶贫体系，形成了全社会共同参与的多主体治理格局，① 现有研究更多讨论了党政体制对脱贫攻坚的动员机制，忽略了其对市场和社会等多元治理主体的统合机制和协作机制的研究。

我们试图表明，脱贫攻坚是一种混合了运动式治理与常规科层治理的引领型融合治理模式。以往的诸多研究探讨了运动式治理的政治动员和科层治理的行政机制在贫困治理中的重要性，因专注于治理的单一维度，无法对脱贫攻坚究竟以怎样的运作逻辑去提升贫困治理效能这一总体问题提供较为系统的解释。对此的回答需要深入揭示引领型融合治理的运作机理，而理解该问题则仍有必要再回到新治理理论的视角加以探讨。

20 世纪 90 年代以来在西方社会兴起的新治理理论赋予“治理”以新的含义。于“统治”而言，新治理理论视野下的治理主体可以是多元的、分散的，而统治的主体往往是一元的、集中的，并只能由政府来承担，这构成西方经典治理理论的话语基点。② 再者，区别于政府单向度的硬性控制，治理还意味着国家（政府）与社会关系的调整，而且政府之外的市场力量或社会力量逐渐在公共治理中占据重要的位次。

治理是围绕着公共权力展开的，它是通过对公共权力的配置和运用，对社会的统合、协调和控制来实现治理目标的，③ 一定程度上反映了国家与社会之间的权力关系。从产生的背景和内容变化来看，作为一种危机反应或者增进公共利益的手段，④ 新治理理论旨在克服或应对市场失灵和政府失灵。各种形态的新治理模式作为协调人类活动的方式，在实践领域的不断扩张同时也推进治理理论的反思。特别是随着现代化的发展和治理实践的推进，治理理论被不断赋予新的社会含义并超出传统的经典意义，也不再只局限于政治学领域和公共管理领域，而是被广泛运用于社会经济领域，⑤ 这为新治理理论提供了开放性发展的可能，也导致各种治理范式层出不穷。

---

① 中央文献研究室：《十八大以来重要文献选编（中）》，北京：中央文献出版社，2016，第 718 页。

② 陈进华：《治理体系现代化的国家逻辑》，《中国社会科学》2019 年第 5 期。

③ 徐勇：《GOVERNANCE：治理的阐释》，《政治学研究》1997 年第 1 期。

④ 鲍勃·杰索普：《治理的兴起及其失败的风险：以经济发展为例的论述》，漆燕译，《国际社会科学杂志》（中文版）1999 年第 1 期。

⑤ 郑杭生、邵占鹏：《治理理论的适用性、本土化与国际化》，《社会学评论》2015 年第 2 期。

正如前文所言，21世纪以来，治理理论在实践创新中不断被赋予新的含义，协同治理、互动治理、多中心治理等新概念提出，是对传统治理理论的挑战并在学术研究中得到广泛运用。从治理主体角度看，现代社会的治理现象日益表现为多元治理主体参与治理趋势的增强，而且不同治理主体之间的相互依赖性也在显著增强。这既不同于强调治理主体依附性特征的科层治理，也有别于从原子化的独立治理主体假定出发的市场治理。西方学者大多主张政府放权、向社会授权，以实现政府与市场、社会的多元化治理。[①] 在治理结构上，新治理理论强调多主体合作和参与治理的重要性，主张国家、市场和社会关系的组合重构，破除三者之间的樊篱，[②] 但忽视了治理实践中同时保持多主体合作和治理权力集中的可能性，即忽视了作为一种治理新形态的引领型融合治理的存在，同时也并没有对其中的治理结构与治理效能的转化机制进行系统分析。

关于治理效能的转化机制，库伊曼提出治理“意味着国家、社会和市场等行动主体，为应付社会难题而以新方式进行互动过程的总和”[③]。这一经典的治理学说与以往的治理学说不同之处在于突出治理主体之间的功能互补性。而这在现代社会复杂的社会治理实践中显得尤为重要。面对当代社会日益复杂的治理形势，多元主体间的相互协作、相互配合是可以而且有必要的，因为没有任何单独的治理主体拥有解决复杂问题所需的所有知识和信息。

在我国社会治理中，科层体制在某种意义上是一种高效节约的治理机制，同时也存在治理弊端。一方面，依附于科层体制的“条块关系”具有双重从属制，导致社会治理中出现的条块分割给不同主体之间的协作治理带来了制度上的困难，“条条”与“块块”共同参与治理目标时的积极性受挫；另一方面，我国科层制是一种特殊的“党政体制”，[④] 这也为治理权力的集中提供了更多的可能性。折晓叶用“统合化”概述了县域“政治—

① Rhodes, R., “The New Governance: Governing without Government,” *Political Studies*, Vol. 44, No. 4, 1996, pp. 652-667.

② 王岩、魏崇辉：《协商治理的中国逻辑》，《中国社会科学》2016年第7期。

③ Kooiman J., “Social-political Governance: Overview, Reflections and Design,” *Public Management*, Vol. 1, No. 1, 1999.

④ 参见 Vogel E., *Political Bureaucracy: Communist China*, New York: Anchor Press, 1969。

行政—公司”统合治理的新特征，强调政府借助项目平台，运用其行政机制获得了对核心资源的掌控权力，再通过政治机制的动员、主导性作用以及公司机制的市场化运作，共同形成了“行政—政治—公司”三位一体的统合治理模式，[①] 进而实现了权力、意志、绩效的相互推动，实现治理效能提升和县域经济的发展。

折晓叶研究的分析重点集中在项目、土地等资源要素上，并没有明确指出政治机制是如何运行的。在此基础上，欧阳静认为党委在治理实践中既可以利用行政科层组织的组织资源，又可以通过其政治机制来克服科层制的反功能，从而形成了独特的政治统合制模式，[②] 这种治理模式延续了运动式治理的逻辑。不过，我们应该清醒地认识到，自然状态下的部门分立无法自觉走向行动上的协同，也不可能实现治理效能最大化，作为“统合”的科层治理是强调政府在不断变化的社会环境中自我革新和重塑。[③] 以往研究均强调各级党委和政府在县域治理结构和治理体系中的统合功能与意义，而新近研究更加明确强调以党委为主体的政治机制对科层主体行政机制的统合作用，实质上突出了党政权力和资源的转化和运作机制。

但是，以往的“统合制”和“统合化”等理论概念也有若干不足之处。首先，虽然集中关注到县域治理体系中的双重治理主体——党委和政府，但却忽略了其他治理主体在县域治理中的重要作用。就县域脱贫攻坚而言，这一治理行动是将多元治理主体转化为统一行动，实质上是党领导下的政府、社会和市场等治理主体，为解决绝对贫困问题而以新方式进行再组织的统合。[④] 其次，以往研究中的概念都强调政治动员在县域治理中的重要作用，忽略了社会动员对于市场和社会主体统合的重要作用。[⑤] 基于此，我们认为“统合”概念未能对脱贫攻坚的治理结构和运作机制提供

---

① 折晓叶：《县域政府治理模式的新变化》，《中国社会科学》2014 年第 1 期。

② 欧阳静：《政治统合制及其运行基础——以县域治理为视角》，《开放时代》2019 年第 2 期。

③ Donnald, Kettl, *The Transformation of Governance: Public Administration for Twenty-first Century America Baltimore*, Md: Johns Hopkins University Press, 2002, pp. 1-10.

④ 王春光：《中国社会发展中的社会文化主体性——以 40 年农村发展和减贫为例》，《中国社会科学》2019 年第 11 期。

⑤ 王诗宗、杨帆：《基层政策执行中的调适性社会动员：行政控制与多元参与》，《中国社会科学》2018 年第 11 期。

整体性的解释，但在一定程度上能够充当解析脱贫攻坚中引领型融合治理的运作逻辑的重要理论资源。“统合治理”作为引领型融合治理的运作逻辑和根本特征，回应了县域脱贫攻坚在引领型融合治理实践中的治理主体、治理结构和治理策略等基本问题。

前文围绕引领型融合治理对脱贫攻坚的治理结构和治理机制已经做了系统性讨论，并试图表明引领型融合治理的概念是强调通过政党权力、政府权力等组织权力的指引统筹，实现多元治理主体的行动组织化和有效协作，以完成重大治理任务。可以说，引领型融合治理是一种实现了多主体协作和治理权力相对集中的复合型治理模式。然而引领型融合治理所揭示的还只是多元主体融合后的治理结果，至于对“为什么能”和“如何能”实现引领型融合治理的预期目标仍缺乏必要的讨论，也就是缺乏对引领型融合治理的运作逻辑的分析。

本章吸收了统合治理中关于“统合”机制的有益探索，并在引领型融合治理的基础上，进一步讨论其在县域脱贫攻坚层面的运作逻辑问题。所谓的“统合治理”，是指县域党委和政府围绕贫困治理目标，通过对党政部门的组织重构与科层动员，并通过非制度化手段动员和吸纳社会、市场等治理主体，构建了“党的领导、政府主导、市场参与和社会协同”的贫困治理格局。从治理实践上看，它表现为组织和行动上的统合，即自上而下的政治高压和自下而上的社会动员，使得县级政府内部的治理分工不是因循功能分化和专业化的标准，[①] 而是统合化的，是强调党领导下的多元治理主体的统合。既强调多主体合作，又突出治理权力集中的可能性，进而呈现一轴多元的统合治理机制。从这个意义上来说，以党政为中心的统合治理构成了引领型融合治理的基础性运作逻辑。

第二节　统合治理的分析路径

从理论上来说，社会分工是复杂性治理背景下实现组织目标的基本途

① Zeng, Qingjie. “Managed Campaign and Bureaucratic Institutions in China: Evidence from the Targeted Poverty Alleviation Program,” Journal *of Contemporary China*, Vol. 29, No. 123, 2020.

径，也是科层治理最重要的手段之一。[①] 但如何在高度分工的条件下实现多元治理主体的有效协作与统合并转化为治理效能，是县域脱贫攻坚面临的重要的实践难题。有论者指出，我国的国家—社会关系呈现出一种统合主义的特征。[②] 在脱贫攻坚实践中，县委县政府搭建了由党的领导、政府主导、市场参与和社会协作的治理共同体。这其中如果没有层级结构保证治理的“形式合理”，其追求的“实质合理”往往也很难奏效。引领型融合治理的统合治理意味着需要“为了治理目标对（治理实践中的）互动运用组织的形式”，[③] 即需要通过科层化的组织重构与治理主体协作行为的统合，并以一种组织嵌套的方式统合在一起，生成一种新的治理逻辑，才能有效激活体制内的组织力量和协同机制，即实现引领型融合治理的预期治理效果。

从治理实践来看，脱贫攻坚是党委和政府对多元治理主体再动员、再组织和再塑造的统合治理过程。[④] 区别于传统单一维度的科层治理和市场治理，县域脱贫攻坚在治理主体构成上具有混合性且本身具有明显的科层特点，并强调党政体制下的等级权威以及程序规则的遵守。[⑤] 引领型融合治理的统合治理逻辑相对融合了科层治理和运动式治理的组织优势，并不是对科层治理失败的超越，而是由于对超常治理效能的强烈需求。对于我国的脱贫攻坚而言，党和政府在扶贫政策的制定、扶贫资源的组织动员上具有优势，而市场主体（企业）具有资源配置优化和效率优势，两者的有效结合可以实现贫困治理效能最大化。统合治理的理想模式就是建立党领导下的组织和行动的统合体，该统合体主要由两个主体构成：一是纵向以科层体制为主的体制内力量，涉及县、乡级政府及其相关部门；一是横向以市场和社会等治理主体的协作参与。

---

① 马克斯·韦伯：《经济与社会》（上卷），林荣远译，北京：商务印书馆，1997，第242页。

② 康晓光、韩恒：《分类控制：当前中国大陆国家与社会关系研究》，《社会学研究》2005年第6期。

③ Kooiman, J., *Governing as Governance*, London: Sage, 2003, p. 97.

④ 洪大用：《完善贫困治理体系　推进贫困治理现代化》，《光明日报》2017年10月9日，第11版。

⑤ 张建：《中国贫困治理的党政体制及其效能研究——基于青海省H县脱贫攻坚实践的考察》，《中国农业大学学报》（社会科学版）2020年第6期。

基于此，在经验研究中需考察党政体制在统合治理结构中扮演什么样的角色，特别是运用怎样的制度及何种策略来激活包括其自身在内的各种资源和力量。因此，围绕脱贫攻坚如何通过统合治理实现引领型融合治理模式进而提升贫困治理效能，我们将从组织统合、行动统合和督战统合三个方面来分析，为理解在县域脱贫攻坚的实践中引领型融合治理的运作逻辑提供一种较为系统的分析路径。

（1）组织统合。"统合"预示了一个强有力的权力主体的存在，① 如何促进多元主体对治理目标的集体认同与协同行为的产生，是统合治理得以形成和运作的重要前提。组织作为治理主体的行动载体，目的在于解决集体行动和行动中的合作问题。② 通过组织统合和整体动员可以使多元治理主体的分目标与政府组织的总目标保持一致，这促成了治理主体行动统合的重要条件。

（2）行动统合。重大社会问题的治理需要国家、社会和市场等治理主体以新方式进行互动，但现实中的互动或协作往往充满着价值冲突、紧张和碎片化等不确定性的关系。③ 从治理过程上讲，统合治理强调多元治理主体间的"互嵌"，这有利于治理主体在行动上的统合和功能上的互补。对于我国的贫困治理实践而言，党领导下的政府、市场和社会等治理主体行动上如何统合和功能上如何互补是经验研究需要重点探索的。

（3）督战统合。政策实效往往取决于政策能否得到有效落地。自上而下的政治势能可以快速组织动员和统合各级政府、社会参与，但频繁的高压政治势能往往治标不治本。④ 特别是由于时间紧迫、任务繁重与政治压力之间存在冲突，形式主义、官僚主义等作风严重影响政策执行和治理效

① 李术峰：《"政党统合型"乡村治理体系研究》，北京大学博士学位论文，2019，第3~5页。

② 米歇尔·克罗齐耶、埃哈尔·费埃德伯格：《行动者与系统——集体行动的政治学》，张月等译，上海：上海人民出版社，2017，第3页。

③ 全钟燮：《公共行政的社会建构：解释与批判》，孙柏瑛、张钢、黎洁等译，北京：北京大学出版社，2008，第52页。

④ 贺东航、孔繁斌：《中国公共政策执行中的政治势能——基于近20年农村林改政策的分析》，《中国社会科学》2019年第4期。

能提升。因此，研究还需分析是怎样的制度安排或制度性策略构成了脱贫攻坚的效能提升。

第三节　统合治理的实践形态

T县地处贵州中部偏西，属乌蒙山区高海拔岩溶地区。2014年，T县建档立卡贫困人口6.5万户28.6万人，贫困发生率27.15%。脱贫攻坚以来，T县在党的领导下，通过先后成立脱贫攻坚领导小组、前线指挥部和总攻前线指挥部等组织载体，充分调动政府、市场和社会等多方力量参与脱贫攻坚，并通过完善体制机制层层压实责任，形成整体动员、共同参与的多主体治理格局。截至2019年底，贫困人口减少至5555户14783人，贫困发生率下降至1.4%，顺利通过贫困县退出省级第三方评估验收，于2020年顺利实现脱贫摘帽。

一　组织统合与整体动员

脱贫攻坚之前，T县已经成立县扶贫开发领导小组，由县政府主要领导任组长，分管领导任副组长，同时单设县扶贫开发办公室统筹、规划和协调县域贫困治理。但此时的扶贫办仅作为一个协调性组织，在资源整合和组织动员方面没有实质性的权力，在县级政府部门中处于相对边缘的位置，更多的是按照常规工作推动县域扶贫减贫工作。脱贫攻坚之后，随着其国家战略地位的确立和2020年确保贫困县全部摘帽等治理目标的明确，[①] 脱贫攻坚逐渐成为县域治理中最重要的政治任务，这构成了T县脱贫攻坚组织再造的制度环境。

面对脱贫攻坚的政治任务，T县于2018年再次成立脱贫攻坚总攻前线指挥部（以下简称“总攻办”），由县委书记、县长担任总指挥长，主要任务是精准有效地统筹调度县域脱贫攻坚的部署工作，贯彻落实脱贫攻坚的各项工作任务，实现最大限度地动员和激活县域体制内外治理主体的力量参与脱贫攻坚。总攻办下设办公室在县委办，由县委副书记兼任办公室

① 参见《中共中央　国务院关于打赢脱贫攻坚战三年行动的指导意见》（中发〔2018〕16号）。

主任，并从县直机关抽调专人集中办公，负责全县指挥部的任务设计、上传下达、调度督办、执纪问责等工作；内设政策落实、政策宣传、督导检查等 12 个攻坚组，并明确职责划分。在乡、村级作战指挥架构上，设立乡级指挥所、村级作战室、组级战斗队，共同形成县域脱贫攻坚四级作战体系，为纵向的科层动员和行动统合奠定了组织基础。至此，脱贫攻坚组织架构正式生成，为统合治理完成了组织上的准备和整体动员的合法性。

组织的统合为县域脱贫攻坚的整体动员提供了政治合法性。脱贫攻坚以来，T 县坚持党的领导和政府主导，广泛动员社会各方面力量共同参与脱贫攻坚。一方面，完善社会扶贫组织和制度保障，特别是在中央对扶贫资源的动员调动和规划统筹下，成立以县委书记任第一组长，县长任组长的对口帮扶工作领导小组，积极推进对接广州花都区扶贫协作和全国工商联定点帮扶，促成双方在人才支持、资金支持、劳务协作等方面深度合作，为县域脱贫攻坚引入“活水”。另一方面，T 县将民营企业灵活开放的扶贫方式与刚性的政府制度化扶贫渠道相结合，构建了多方参与的“大扶贫”格局，实现了各种扶贫资源的统合和优化。

比如，在扶贫产业发展实践中，全县在扶贫目标、扶贫内容、扶贫方式上为民营企业等市场主体提供引导，协同县内外优强企业、商会组织等市场主体，与织金县 270 个贫困村抱团发展；在创新利益链接机制上，创新采取“公司+合作社+贫困户+”的模式，实现了公司创收、农户增收的双赢，进而充分调动民营企业参与脱贫攻坚的积极性和主动性，也有利于农户在参与生产中增强自我发展能力，激发其内生动力。可以说，多元化的市场主体在政府“万企帮万村”行动的推动下参与到脱贫攻坚事业中，成为 T 县脱贫攻坚社会扶贫的一个亮点。

在县域脱贫攻坚实践中，整体动员是通过政治动员和社会动员双重路径实现的。而组织统合的过程实际上是动员体制内外治理主体的力量行使职能的前置性条件，也是治理结构要素和运行机制不断协调的过程。具体来看，尤其是脱贫攻坚以来，科层化扶贫机构在组织架构上的纵向延伸与专业化扶贫部门、社会性力量的横向拓展，使得扶贫组织规模与影响逐渐扩大，并形成了复合型的脱贫攻坚组织体系。组织构成的混合性有助于增强资源汇聚能力、整体动员能力。① 可以说，T县通过组织统合有效动员和整合了县域体制内外力量和资源，建立了多层次、全覆盖的攻坚体系，形成了打赢脱贫攻坚的结构性优势。

二　行动统合与有效协作

脱贫攻坚是个复杂的系统性工程，既要组织动员，更要多主体的行动协作。在脱贫攻坚实践中，中央明确要求地方统筹各种资源进行扶贫攻坚，而如何统筹整合资源则由县级政府负责。对县级政府而言，一方面身处自上而下的压力型体制，另一方面直面自下而上的政策目标群体的多元利益诉求，往往需要采取非常规手段来统合各方力量和资源协同开展脱贫攻坚，甚至打破官僚体制的约束。在脱贫攻坚政策落实中，T县县委、政府以脱贫攻坚总攻前线指挥体系为载体，形成了“统一领导、统一指挥、统一调度”的行动机制，构建了高位推动的组织指挥体系和协作执行机制，确保脱贫攻坚治理主体的有效协作。

在总的作战行动上，T县在总攻办的统领下，形成了“一把手挂帅、分区作战、专班合围、包片主攻、社会助推”的分层作战体系。将全县乡镇按区域划分为东西南北中五个“战区”，分别由县人大、县政府、县政协主要领导和县委副书记、县政府常务副县长任五个“战区”指挥长，每个县级领导包靠一个乡镇（街道）并担任乡镇（街道）指挥长，形成“战区统揽、分区作战、专班合围、包点主攻”的工作格局。在具体攻坚战实践中，县级指挥部对重点工作以战令形式下达，统筹战区脱贫攻坚工作。通过层级传导、责任压实，形成了多级联动、全员参与的扶贫工作格局。

另外，T县紧扣“一达标、两不愁、三保障”和“三率一度”退出标准，按照“缺什么补什么”原则，在全县多次发起“春风行动”“夏秋攻势”“百日攻坚大决战”“冲刺90天打赢歼灭战”等系列治理行动。在总攻办的领导指挥下，县水利局、财政局、教育局、民政局等各部门

① 邓燕华、王颖异、刘伟：《扶贫新机制：驻村帮扶工作队的组织、运作与功能》，《社会学研究》2020年第6期。

高度重视、紧密配合、协同作战，共同为脱贫攻坚服务。为确保组织目标和组织责任的落实，T县还建立县委、县政府主要领导对各包保乡镇县级领导的询问会议制度，通过制度化手段来压实责任。这种自上而下压实责任、组织动员和分工协作机制的途径可以有效破除科层障碍，实现层级部门的行动统合，进而化解基层行政末梢在治理中能力不足和资源有限的困境。

比如，在推动医疗保障方面。T县组织各级各部门以高度的政治责任感，协同抓好医疗保障政策落实。在具体行动中，县卫健局、县医保局全力推动全县村卫生室建设、村医配备、家庭医生签约服务等责任；县医保局强化部门联合，保持打击欺诈骗保“零容忍”的高压态势，管好群众的“救命钱”，更好地维护参保群众的切身利益；同时发动乡镇干部、结对帮扶干部、村“两委”、驻村干部以及医疗机构医务人员等“学”好政策、“讲”好政策、“传”好政策，共同做好医疗保障政策的宣传工作。自上而下的责任压实和组织动员，构建了部门联合、多方协作的行动体系，成为人民群众医疗有保障的坚强后盾。

T县在易地扶贫搬迁实践中创新搭建了多方协作的帮扶机制。自“十三五”易地扶贫搬迁政策实施以来，全县对7201户32161人建档立卡贫困人口进行搬迁。在后续帮扶体系实践中，特别是通过启动迁出地承包地、山林地、宅基地“三块地”改革，积极吸引社会资本下乡发展特色农业，建成“1+1+N”运营模式（即政府+经营主体+村集体、贫困户、搬迁农户等N个主体），构建了政府、企业、村集体、贫困户等主体协同参与的多方联动机制，有效盘活农村资源存量，让迁出地的农业发展收益惠及移居城镇的脱贫人口，构建起脱贫人口多元化的生计模式，以充分解决“稳得住”和“能致富”的问题。

总的来看，脱贫攻坚的政策执行过程是在党的统合下由政府、市场、社会和贫困群体等多元主体共同参与的引领型融合治理过程。多层级作战体系为片区包干制和多主体协作提供了组织基础，实质上也是一个不断“向下加压”的体系。脱贫的压力和责任由上向下传导，因此越往末梢，压力和责任越大。可以看出，以片区包干制和多方协作的攻坚机制再造了横向到边的工作体系和纵向到底的行动体系。特别是通过统合治理的科层优势和组织优势调配跨部门和跨行业的各种资源，打造了多级联动、全员参与的贫困治理格局，构成了县域脱贫攻坚协同作战的重要形式。

三　督战统合与效能提升

从T县脱贫攻坚实践来看，既有党政统领下的体制内部力量参与，也有市场和社会力量的协同作战。但在任务下达和政策执行中往往由于任务模糊、组织规则软化等原因会在行动上造成政策落实的基层悖论。为抓实抓好脱贫攻坚工作，确保按时高质量打赢脱贫攻坚战，T县通过挂牌督战指挥部，行动上统合了县、乡、村各级督战力量，对所有村（居、社区）进行挂牌督战，并采取以督促战、督战结合的工作方法，“倒逼”各地落实脱贫攻坚责任，进而提升治理效能和巩固脱贫攻坚成果。

首先，在整个督战过程中，T县依托县级脱贫攻坚前线指挥体系，以五大战区为载体进行督战，实行组长负责制，各级县级领导靠前指挥，下设31个督战分队，采取实地督战、跟踪督战的“双重督战”模式。在组织安排上，县级督战力量与省、市定点督战队进行优化整合，组建省、市、县三级联合督战队，以乡镇为单元，督战队将到村、组、户、人，逐村逐户逐人逐项筛查过关，以“督”为主，以“督”促“战”。县扶贫开发领导小组每月要及时召集督战队汇报一次挂牌乡镇脱贫攻坚专题会，听取工作推进情况汇报，协调解决挂牌乡镇、村、户、人存在的突出困难和问题，推进各项工作落实到位。

其次，针对督战发现的问题，T县组织相关部门和乡镇要照单全收，立即建立问题整改台账，明确整改责任人和完成时限。在整改落实环节，T县脱贫攻坚挂牌督战指挥部明确专人负责，认真梳理各级各部门和上级领导调研反馈的问题清单，并以《脱贫攻坚工作提示单》附带问题清单的形式下发到各乡镇和涉及行业部门，指导督促乡镇及时解决突出问题。比如，2018年6月至2020年4月，督战队对全县31个乡镇、520个重点村、7个易地扶贫搬迁安置点进行挂牌督战，共发现问题556个，整改落实342个，大大提升脱贫质量。

超常规的督查巡查机制的主要目的不是惩处和整治，而是突出教育警醒、发现问题、整改问题，提升和稳固脱贫攻坚成效。T县在每月的挂牌督战中，要求督查组把各级反馈问题“回头看”纳入必须督战的内容，实地查看乡镇和部门整改成效，并以此来作为工作考核的重要标准。总之，T县把问题整改作为“是不是真讲政治、是不是真转作风、是不是真正为人民服务”的“试金石”，通过思想动员和组织优化等手段来督促大家切实履行职责。同时，还辅之以长效惩处机制，通过制度化惩处手段来追责问责，切实做到以督促战、督战结合，高质量地完成脱贫攻坚任务。

第四节 统合治理的运作机制

一 党的领导与任务中心化

在国家自上而下的治理实践中，县级政府作为国家上层与基层治理的“接点”部位。[①] 事实上，由于治理任务的复杂性和治理主体的多元化，基层党委会根据上级政府的注意力分配程度来确定政策执行程度，实质上形成了“弹性的压力型体制”。简单地说，就是基层党委在社会治理中会根据上级政府的注意力分配或政策执行力度来决定县域治理行动。如果上级政府任务不能在执行中得到持续稳定强化，基层党委认为上级政府的注意力随时可能会发生转移，进而采取常规治理方式甚至选择形式性应付策略。反之，则会采取非常规手段来保障上级政府的政策得到有效执行和落地。

脱贫攻坚之前，县委县政府治理的注意力主要放在经济发展领域，贫困治理并非基层政府优先的组织目标，贫困治理作为县域治理的常规工作在推进，治理效果不明显。脱贫攻坚之后，在较长一段时间内，打赢脱贫攻坚的“国家意志”不断被高层强化。2020年打赢脱贫攻坚战的政治目标明确后，基层党委和政府意识到脱贫攻坚的重要性，这是县域政府注意力重新分配的结构性因素。[②] T县先后通过成立脱贫攻坚领导小组、脱贫攻坚前线指挥部和总攻办等战时组织，并采取县委书记、县长双组长制统筹

① 徐勇：《“接点政治”：农村群体性事件的县域分析——一个分析框架及以若干个案为例》，《华中师范大学学报》（人文社会科学版）2009年第6期。

② 陶鹏、童星：《纵向府际关系情境下政治注意力演化的理论建构》，《江苏社会科学》2021年第4期。

县域脱贫攻坚工作。高位推动的贫困治理方式使扶贫减贫借助脱贫攻坚占据县域工作的中心地位。

从组织机构设置可以看出，总攻办虽然在行政科层意义上并不是县域最高行政机构，但却是统筹和执行县域脱贫攻坚政策的核心机构，对县域最高行政机构及其主要负责人都有一定的行政约束力。比如在任务分包过程中，总攻办可以组织动员县级干部分别担任五个“战区”指挥长，负责统筹战区脱贫攻坚任务；在督查巡查过程中，如果发现县委书记和县长联系包保的行政村存在与脱贫攻坚相关的问题，则可通过工作报告和工作提示函的形式提醒其按时整改。可以说，正因为组织统合的运行，县域党政部门的权力资源和治理优势才能被调动起来进行超常规治理，[①] 诸如形式主义、相互推诿等科层制的缺陷才得以克服。

中国共产党有很强的精英统合能力。[②] 在治理实践中，由于中心工作具有整体性和系统性的特征，除了政府职能部门相互协作，同时也需要组织动员和统合社会和市场等资源来共同参与脱贫攻坚。可以说，党领导下的脱贫攻坚不再是简单依附于其他部门，更不是依靠常规治理在推进，而是其他部门协同扶贫部门进行超常规的治理行动，共同完成县域脱贫攻坚任务。至此，脱贫攻坚成为县域治理的中心工作，县域扶贫减贫也迈向“中心性扶贫”时代。

从县域治理实践来看，通过党的领导和任务中心化机制，不断营造出打赢脱贫攻坚战的政治氛围，为启动统合治理完成了政治上的准备和整体动员的合法性。县级政府通过组织重构和统合治理，利用以县委为主体的政治动员和科层组织的行政机制完成了党的领导和脱贫攻坚的整体动员，并通过协作执行和督战机制最大限度激发体制内外多元治理主体的活力与动力，从而实现县域贫困治理效能的提升。所以，统合治理并不是对行政科层制的替代和功能的纠偏，而是最大限度激活科层治理的组织势能，以回应其难以应对的具有复杂性、战时性的中心工作。脱贫攻坚的统合治理

---

① 原超、李妮：《地方领导小组的运作逻辑及对政府治理的影响——基于组织激励视角的分析》，《公共管理学报》2017 年第 1 期。

② 参见 Svolik, Milan W., *The Politics of Authoritarian Rule*, Cambridge: Cambridge University Press, 2012。

能为短时间内提升贫困治理效能奠定组织基础，由此顺理成章地成为县域贫困治理策略的首要选择。

二　县域自我增压与行政分包

在脱贫攻坚实践中，中央按照“中央统筹、省负总责、市县抓落实”的体制机制，构建了“五级书记抓脱贫”脱贫攻坚责任体系。[①] 对于县级政府而言，中央政府自上而下逐次分解和细化贫困治理总目标的过程，实质上是一个自上而下逐级压实责任的压力体系。不仅是一种强大约束，同时也构成了目标导向十分明确的工作方式和方法。因此，T县党委和政府通过层级组织重构并依靠其权威性发挥党政体制的统合作用，逐步克服以往行政官僚的治理缺陷，[②] 并运用超常规动员机制和协同策略，充分调动和有效整合党政部门的资源，进而实现县域治理的整体动员和资源统筹，这实质上是县域政府在自我增压，并接受了自上而下的压力传导。

统合的主要动力来自自上而下的政治压力。如果要在自上而下政策执行过程中避免执行偏差，机构之间的组织协调就显得必要且能层级压实责任。[③] 在治理架构上，T县围绕“县抓落实”创新机制体制，特别是在县级层面强化“县、乡、村、组”四级脱贫攻坚组织体系，强化党的领导和统合，以此来实现脱贫攻坚的层级动员、协作和监督，为提升贫困治理效能奠定了基础。当然，T县还通过鼓励县直机关干部以驻村扶贫工作队、“第一书记”、万名干部下基层等形式嵌入基层贫困治理，实现了治理重心下移。可以说，县级总攻指挥部拥有“指挥棒”权力，能迅速组织动员和统合各部门、各乡村组分工协作，并通过制度化分工使之成为他们的常规工作。由此，县域组织力量像“毛细血管”一样渗透在整个脱贫攻坚体系中持续发挥作用。

另外，县域治理效能往往与党政主要负责人执政理念和自我价值的实现息息相关，地方政府官员越来越多地被认为是“政治人”而非“经济

① 《中共中央　国务院关于打赢脱贫攻坚战的决定》（中发〔2015〕34号）。

② 李小云、吴一凡、武晋：《精准脱贫：中国治国理政的新实践》，《华中农业大学学报》（社会科学版）2019年第5期。

③ 米切尔·黑尧：《现代国家的政策过程》，赵成根译，北京：中国青年出版社，2004，第111页。

人”。[①] 在脱贫攻坚实践中，T县充分利用县级领导在权力生态中的治理优势，积极推行内部分包制，即县级党委是发包方，党政部门或领导个人都是抓包方。这种促进工作落地的机制被称为包干制，[②] 它将组织治理的任务、责任和权力包干给县域党政部门或领导个人，并充分利用他们所拥有的话语权、权威与物质等资源的整合与调动能力。这种高位推动的行政包干制和以责任为导向的协作机制强调组织和权力资源的统合，有利于打破科层壁垒，实现治理效能的提升。当然，在脱贫攻坚实践中，特别是县级党政负责人，他们更是将追求政绩与个人升迁逻辑嵌入脱贫攻坚的运作过程中，这也成为他们行动逻辑上的内在驱动力。

针对T县脱贫攻坚而言，正是在国家的强力推动下，县委和政府对脱贫攻坚任务的认识逐步上升到政治高度，并对基层扶贫减贫工作层层加码，于是产生了前面分析中涉及的诸多动员和协作机制及策略。无论在政策执行阶段的层级指挥和片区包干，还是在挂牌督战过程中遵循“事本主义”和“切事化”逻辑，都带有超常规治理的特征。可以说，这种自上而下层层传递的制度性压力和县域脱贫攻坚的自我增压，有助于激活部门组织或个人的工作动能，进而在实践中规避科层缺陷和行政风险，使之出现了明显的正向政治效益。

三 统合体与协作治理

资源依赖理论认为，组织生存的关键是获取和维持资源的能力，[③] 这种资源获取和维持能力由组织的治理结构和治理机制决定。但对于我国的贫困治理而言，治理共同体的生成还在于我国特有的文化传统——文化集体主义，它衍生出的大局观念和权威关系结构夯实了集中统一领导的社会心理基础。[④] 在脱贫攻坚过程中，多元主体协作参与是提升贫困治理效能

① 周黎安：《中国地方官员的晋升锦标赛模式研究》，《经济研究》2007年第7期。
② 郭亮：《土地征收中的“行政包干制”及其后果》，《政治学研究》2015年第1期。
③ 杰弗里·菲佛、杰勒尔德·萨兰基克：《组织的外部控制：对组织资源依赖的分析》，北京：东方出版社，2006，第2页。
④ 陆汉文、彭堂超：《“文化集体主义”与中国农村减贫——兼论“中国经验”的特殊性》，《江汉论坛》2016年第3期。

的必要条件，且脱贫攻坚事实上也呈现出多部门、多元主体协作参与的生动实践。统合治理的理想模式就是建立一个党领导下的组织上和行动上的统合体。该统合体主要由两个主体构成：一是纵向以科层体制为主的体制内力量，涉及县、乡级政府及其相关部门；一是横向以市场和社会等治理主体的积极参与。

本章案例表明，党政体制是理解贫困问题“中国之治”的重要制度基础，而统合治理则是县域引领型融合治理的重要治理机制和治理策略。具体来看，一方面，自脱贫攻坚以来，T县通过治理结构的再造，引领型融合治理模式使得原有“条条”的科层组织体系被重构，原本基于党和政府的“块块”被统合进新的组织体系中，组织间关系也变为组织内关系，基于科层权威的纵向体系通过统合机制得到进一步强化。这实质上是统合了党委政治机制和政府行政机制的治理优势。特别是政治机制对于行政科层机制的统合，重构了政府内部的权威关系，实现了科层内组织力量的整体动员。对T县脱贫攻坚而言，党的领导是实现脱贫攻坚的重要组织保证。其通过成立领导小组和指挥部等形式的组织中枢，并利用自上而下的政治压力和高位推进的方法，将扶贫目标转化成县域政治议程和中心工作。引领型融合治理模式再通过行政分包和内部包干等机制压实责任，进而突破官僚科层制的界限，激发体制内力量的活力与动力，实现了贫困治理效能的转化。

另一方面，政党作为连接国家与社会的政治性组织，[①] 在高度政治动员下，县委适当利用其权威性和正当性，通过价值引领、思想动员和责任建构等柔性治理方式，为其他市场主体和社会主体赋予合法化地位，激发了体制外力量参与扶贫的活力和动力，并通过多种形式的利益联结机制参与到对贫困地区和贫困户的帮扶中，由此建构出了一个由政府、市场与社会协作的引领型融合治理模式。特别是在文化集体主义的熏陶下，参与脱贫攻坚的企业将扶贫视为企业的社会责任。T县依托东西部扶贫协作和全国工商联定点帮扶，通过价值引导、资源集聚和利益分配等社会动员方式，联引各类民营企业等社会力量参与脱贫攻坚，实现了政府、企业与农

① 萨托利：《政党与政党体制》，王明进译，北京：商务印书馆，2006，第2页。

户价值目标的一致性和协同参与的有效性，进而营造出社会广泛参与脱贫攻坚的良好氛围，构建了党建引领、政府主导、多方参与的引领型融合治理模式。

由是观之，引领型融合治理模式的“一轴多元”治理机制、统合治理的逻辑得以获得治理模式创新的红利。在党委和政府强有力的政治动员下，脱贫攻坚不仅最大限度地动员了县域体制内的资源和力量，而且意识形态的宣传和社会动员也激发了体制外各种力量参与脱贫攻坚的活力，市场资源和社会力量得到前所未有的动员，并积极配合县委和政府的统领。县域脱贫攻坚利用党政体制的制度优势编织起贫困治理的组织之网，构建了党委领导下的政府、市场和社会有效协作的贫困治理体系，进而实现整体动员的组织再造，[①] 即基于引领型融合治理模式形成了贫困治理共同体，这构成了县域贫困治理效能提升的前置性条件。

总的来看，统合治理是县域脱贫攻坚实践中摸索并创设引领型融合治理的一套行之有效的运作逻辑，其与我国的国家制度和治理体系息息相关。从某种程度上说，中央政府自上而下的政治驱动与地方政府自下而上的创新治理机制，共同塑造了脱贫攻坚的引领型融合治理。一方面，自上而下的党政体制为引领型融合治理的形成和统合治理的有效运作创造了政治条件，保障了贫困治理过程中组织权力的合法性和组织动员的有效性；另一方面，党委和政府广泛动员体制内外的力量参与扶贫，并发挥了“上下机制”衔接的统合作用，为贫困治理过程中更广泛的资源动员和效用发挥提供了基础。可以说，统合治理促使多元主体超越各自的原初职能或属性达成功能上的再组合，并在治理中通过党政体制打破条块结构和部门界限，进而促成治理主体的结构性整合向功能性整合转变，最终打造了脱贫攻坚的引领型融合治理模式。

脱贫攻坚也“不仅改变了和创新了扶贫方式，而且在治理结构、资源的整合、配置和使用、监督和考核等多个方面带来了革命性的变化”。[②] 基

---

① 林雪霏：《扶贫场域内科层组织的制度弹性——基于广西 L 县扶贫实践的研究》，《公共管理学报》2014 年第 1 期。

② 李培林、魏后凯：《中国扶贫开发报告（2016）》，北京：社会科学文献出版社，2016，第 19 页。

于统合治理的运作逻辑，脱贫攻坚构建的党的领导、政府主导、市场参与和社会协作的贫困治理共同体，在整体动员、协作执行和层级督战等次级机制的叠加作用下，政府的有形之手和市场的无形之手都得到了最大限度的发挥，从而通过引领型融合治理模式使党政体制的优势最大限度地转化为贫困治理效能。县域脱贫攻坚是国家贫困治理体系的“微缩版”，体现了国家贫困治理体系的日趋完善和治理能力的显著提升。特别是引领型融合治理模式对政府的行政机制、市场的效率机制和社会的合作机制之间协作关系的探索创新，是我国向世界减贫事业贡献中国智慧和中国方案的重要方面。

在我国脱贫攻坚实践中，T 县的引领型融合治理模式具有很强的共性特征。其运作逻辑体现在由单纯的政府治理向政府为主、市场参与和社会协同的“一轴多元”治理机制演化，实质是在统合的范畴中既相对集中了治理权力，同时也保证了多主体合作度，这正是引领型融合治理的本质特征。

第四章

典型案例县及其脱贫攻坚概况*

在第四章至第八章，我们将曾经的国家级贫困县四川省仪陇县作为典型案例县，展现引领型融合治理模式在县域脱贫攻坚实践中的具体体现和鲜活经验。

仪陇县隶属南充市，位于四川盆地东北部，面积1767平方公里。仪陇县有总人口113万人，其中农业人口94万人。仪陇拥有朱德故里琳琅风景区、龙神垭乡村旅游景区等风景名胜，特别是以传承朱德、张思德“两德精神”为核心的红色文化已成为当地旅游业的一大特色。仪陇县是一个以种养业为主的传统农业大县，种植业包括小麦、玉米、水稻、红薯等传统粮食作物，畜禽业包括猪、牛、羊、兔、鸡、鸭、鹅等。但农业生产结构较为单一，特色不明显。作为传统的农业大县，仪陇的种植业长期呈以玉米、小麦、油菜、红苕等粮食作物为主的结构，畜禽业则以生猪养殖为主，缺乏经济效益突出、可规模化发展的地方特色产业。

仪陇于1986年、2001年、2011年先后被国务院确定为对中国革命做出特殊贡献的革命老根据地贫困县、国家扶贫开发工作重点县和国家新一轮集中连片（秦巴山片区）扶贫开发工作重点县。自然条件恶劣、地理环境复杂、发展资源匮乏，成为仪陇千年来难摘“穷帽”的重要原因。2014年，全县有贫困村285个、贫困户3.15万户、贫困人口10.03万人，贫困发生率10.6%，呈现贫困面宽、量大、程度深的特点。

---

* 第四章至第八章案例的经验材料取自作者团队承担原国务院扶贫办全国扶贫宣传教育中心项目的成果，收入本书时，我们根据本书框架做了一定修改和完善，关于该部分更完整的报告将在国家乡村振兴局全国扶贫宣传教育中心组织的“新时代中国县域脱贫攻坚案例研究丛书”中单独出版。特此说明。

我们较为系统地收集整理了该县脱贫攻坚的资料。主要通过如下四种途径：一是系统收集贫困基础数据库、统计年鉴、县志、脱贫攻坚指挥部等部门的各种可靠资料和相关数据；二是座谈法，与县脱贫攻坚指挥部及县直部门负责人、乡镇和村两委、驻村工作队等开展座谈；三是个别访谈法，主要是访谈乡镇村干部、农户、企业家以及参与脱贫攻坚的其他主体；四是实地考察，实地考察了一些典型性的基地、农场、合作社、产业园和企业等。

第一节 仪陇县情

仪陇县是开国元勋朱德总司令和为人民服务的光辉典范张思德同志的故乡，也是川陕革命根据地的重要组成部分，李先念、徐向前、许世友等老一辈无产阶级革命家曾在这里浴血奋战。1986 年，国家将仪陇县确定为对中国革命做出特殊贡献的老革命根据地贫困县。新中国成立以来，尽管仪陇人民摆脱了水深火热的战乱生活，但由于地处四川盆地东北部低山与中部丘陵过渡地带，面临交通滞后、资源极度匮乏、环境十分恶劣等严峻挑战，部分百姓依然过着吃不饱、穿不暖的穷困生活。

早在 1984 年，仪陇就被四川列入全省首批贫困县。1985 年，全县人均国民收入仅 235.79 元，远远落后于南充地区、四川省和全国平均水平。1986 年，仪陇入选首批国家级贫困县。1987 年，仪陇县成立农村经济开发领导小组并下设办公室，负责全县扶贫开发的组织领导、协调监督工作。从此，仪陇县开始了有计划、有组织和大规模的开发式扶贫。2014 年，全县有贫困村 285 个、贫困户 3.15 万户、贫困人口 10.03 万人，贫困发生率 10.6%，贫困面宽、量大、程度深。2001 年，国家重新确定 592 个国家扶贫开发工作重点县时，仪陇依然在列。2011 年，在国务院发布的《中国农村扶贫开发纲要（2011—2020 年）》中，秦巴山区成为 14 个集中连片贫困地区的扶贫攻坚主战场，仪陇再次被纳入秦巴山区扶贫开发工作重点县之一。30 多年的脱贫之战，不仅彰显了仪陇人民在减贫道路上踽踽探索、当地干部在扶贫道路上攻城拔寨、一代代贫困群众在致富道路上的苦苦追寻，也深刻反映出仪陇的贫困程度之深、发展难度之大、脱贫任务之艰。

从地形地貌看，仪陇县境地貌有低山、丘陵、平坝三种类型，以低山为主，丘陵次之。丘陵之间还分布着很多狭长的坝子，最大的有新政坝、新寺坝、芝兰坝、岐山坝等，地势平坦、土质肥沃，光、热、水条件好，是县域内主要的水田区。因此，仪陇是种植蔬菜、水果、棉花等作物的佳地。但是，全县大部分还是砾石满地的贫瘠土地，境内山峦起伏、沟壑纵横、地势复杂，生产、生活条件极为恶劣。

从气候条件看，仪陇属于亚热带湿润季风气候，夏热冬温，无霜期长，阴雾天多。仪陇春季多寒潮、低温，夏季常有强对流天气、暴雨天气等。1986~1993 年，旱、涝交替出现，共发生各类旱灾 31 次，寒潮天气 64 次、低温天气 21 次。特别是 1990 年 12 月至 1991 年 5 月出现的冬、春、夏连旱，全县有 2743 个农业社严重缺水，42.4 万人缺水，占全县总人数的 47.7%。当年水稻严重减产，小麦 7000 亩、油菜 8000 亩无收。1986 年至 1993 年，仪陇发生暴雨 65 次，平均每年 3 至 4 次，冰雹年均 1 至 2 次。其中 1991 年 6 月的暴雨导致 23.4 万户农户受灾，直接经济损失 5000 多万元；2000 年 6 月的大风造成 42826 户农户受灾。①

恶劣的地理环境，贫瘠稀少的耕地，频发的气象灾害，是仪陇难以摆脱贫困的外部因素，自然资源的匮乏更是加剧了当地贫困的深度。

其一，耕地资源短缺。仪陇县辖区面积 1788 平方千米，其中耕地面积 4.3 万公顷，占总辖区面积的 24%。当地的土地资源具有如下三个特点：一是人均土地量少，人多地少矛盾突出。全县农业人口人均耕地仅 0.68 亩，人均耕地占有率为全国平均的 48.6%。二是非耕地开垦难度大。全县非耕地面积 200 余万亩，其中林地、草地、草坡约 135 万亩，水域约 5.3 万亩，其他约 60 万亩。虽然可利用资源丰富，但 80% 的非耕地集中在丘陵山区，包括可垦荒地、闲散地、河滩地等，可利用的非耕地面积约 37 万亩，占比 18.5%。三是土地总体贫瘠。由于受地形地貌限制，仪陇的耕地大多零散分布于山丘坡面和沟谷槽底，旱地陡、瘦、薄，水田冷、毒、烂，排灌十分不便，农作物常遭遇干旱和渍涝灾等灾害威胁。

① 仪陇县志编纂委员会：《仪陇县志》，成都：四川科学技术出版社，2007，第 106 页。

其二，水资源匮乏。首先是地理性缺水。仪陇地处秦巴干旱走廊和嘉陵江、渠江分水岭，降雨时空分布不均，季节性缺水较为突出。全县平均降水总量为20亿立方米左右，地表径流深373毫米，地表水约6亿立方米。2005年，县城从金城镇迁往新政镇，一个重要原因是解决县城缺水的根本性难题。从地下水来看，县域内地层多为砂岩、泥岩石层，深部岩层裂狭小，雨水难以渗入。因此，当地的地下水含量少。其次是工程性缺水。仪陇境内主河道长83公里，大小支流165条，总长420公里，县内总落差74米。尽管水能资源开发潜力较大，但在降雨总量少、开发成本高等因素的限制下，重要水利工程较少，蓄水能力差，导致全县人均水资源占有量只有487立方米，仅为全国人均占有量的23.1%。从灌溉水利用来看，尽管可用于灌溉的地表水资源达1.6亿立方米，但因县域大多处于河流发源地和分水岭，且溪河切割沟深，无自流灌溉之便，只能全部依靠机械提灌。最后，从地表水利用看，在县域内河流总量较少的地理条件下，季节性缺水十分严重，直接制约了地处半山腰和山顶的乡镇、村庄的正常生产生活。一家人出一个劳动力专门到几公里外的沟坝里找水成为常态。2003年底，仪陇尚有23个高山乡镇、156个村的26万人、25万头牲畜饮水困难。[①]

其三，当地的可开发资源少。主要表现在如下几个方面：一是矿产资源种类少、储量少。仪陇主要矿藏资源是天然气，虽然初步探明有以仪陇为中心向周边县辐射开来的龙岗气田，但具体储藏量未知。当地还有砂石、页岩等泥石资源。截至2017年底，全县有页岩砖厂90家。[②] 由于矿藏开采、岩石开采对山体破坏性大，矿产资源的发展潜力也受到限制。二是森林资源持续开发的潜力小。虽然仪陇地处川北深丘植被小区与川中方山植被小区交汇处，但较为丰富的自然植被资源在“大跃进”和“人民公社化”时期也因盲目开垦耕地而遭受严重破坏。20世纪80年代后，在当地政府对森林绿化的高度重视和不懈努力下，2017年森林覆盖率达

① 参见仪陇试点课题组《扶贫开发构建和谐社会仪陇试点实践与探索》，内部资料，2006，第121页。

② 参见仪陇县县志编纂委员会办公室《仪陇年鉴（2018）》，长春：吉林文史出版社，2019，第112页。

37.5%，比 1987 年上升 23%。[①] 仪陇本就处于严重缺水地带，为改善整体的生态环境，实施退耕还林和天然林保护工程是必然选择，但这又在一定程度上增加了当地人民“靠山吃山”的难度。

第二节　脱贫前的贫困状况

改革开放以来，集革命老区、蜀道边区和国家级贫困县于一身的仪陇，因地制宜开展了有计划、有组织、大规模的扶贫开发工作，取得了令人瞩目的成绩。1986 年至 2002 年，仪陇成功解决了 64.32 万农村贫困人口的温饱问题，贫困人口从 1986 年的 71.6 万人降低到 2002 年的 7.28 万人，贫困人口发生率由 76.8%下降到 8.3%（依当时贫困线标准）。[②] 尽管如此，多年累积的历史性贫困和发展型贫困构成了仪陇贫困人群的脱贫之殇，在脱贫攻坚之前仪陇仍然面临难以摆脱的总体性贫困。

一　总体性贫困特征

综合区位、资源、人口、经济基础等多重因素分析，仪陇开展脱贫攻坚前的贫困呈现出贫困面宽、贫困量大、贫困程度深的总体性特征。

一是贫困面宽。仪陇贫困人口分布面广，下辖 933 个村（居），有贫困户的行政村达 883 个，贫困村有 285 个，而拥有贫困户的非贫困村则几乎遍布全县 57 个乡镇。具体来看，截至 2014 年贫困村的贫困人口 1.26 万户 4.02 万人，占比 40%；而非贫困村的贫困人口 1.89 万户 6.01 万人，占比 60%。[③] 相较之下，“插花”的非贫困村贫困人口更多，扶贫任务更重。

二是贫困量大。2014 年，仪陇全县建档立卡贫困村达 285 个，占全县村（居）总数的三成，贫困人口总计 3.15 万户 10.03 万人，根据当年的

① 参见仪陇县县志编纂委员会办公室《仪陇年鉴（2018）》，长春：吉林文史出版社，2019，第 111 页。

② 《仪陇县扶贫开发志（1985—2002）》，内部资料，2004，第 1 页。

③ 参见《仪陇县脱贫攻坚情况汇报》，仪陇主要领导在浦东干部学院贫困县党政正职第 6 期培训班上的发言，2018 年 11 月。

脱贫标准，贫困发生率高达10.6%。[①] 因此，仪陇要在较短时间里达到国家“三率一度”的脱贫标准，面临任务和压力是巨大的。

三是贫困程度深。仪陇属于我国14个集中连片特困地区的秦巴山区，历来是扶贫开发工作重点县。1986年，全县农村尚未解决温饱问题的贫困人口有71.6万人，贫困人口发生率高达76.8%。到21世纪初，仍有7万余贫困人口尚未解决温饱问题。这些贫困人口主要分布在自然条件恶劣的偏远山区、水库淹没区，可见当地贫困之深、脱贫之艰。[②] 此外，还有少部分贫困人口属于社会保障对象和残疾人，由于自身的客观原因而长期无法脱贫，成为仪陇脱贫攻坚的难点。

二 主要致贫原因[③]

首先从仪陇贫困人口的属性来看，结构性贫困突出。低保脱贫户和低保贫困户14466户43000人，占全县贫困人口的44.18%；特困供养脱贫户和特困供养贫困户337户514人，占全县贫困人口的0.53%；一般脱贫户和一般贫困户16227户53810人，占全县贫困人口的55.29%，如图4-1所示。低保贫困户大部分是无劳力、无技术、无资金的老弱病残家庭户，自身发展能力不足，只能全部依靠政府兜底，是脱贫攻坚要攻克的首要难题。

其次是因病因残致贫的比例较高。“贫困户不是老的病的，就是缺胳膊少腿的”，这虽是仪陇百姓对贫困户的“调侃”，但也反映了当地贫困产生的重要根源之一。从全国扶贫开发信息系统业务管理子系统（2019年）的数据来看，除3357户贫困户因缺技术致贫外（占全县贫困户的10.82%），因病致贫是最主要的致贫原因，达21863户，占全县贫困户的70.46%。因残致贫的贫困户有3925户，占12.65%。总的来看，因病

① 参见《仪陇县脱贫攻坚情况汇报》，仪陇主要领导在浦东干部学院贫困县党政正职第6期培训班上的发言，2018年11月。

② 《仪陇县扶贫开发志（1985—2002）》，内部资料，2004，第1页。

③ 本节的贫困基础数据来源于全国扶贫开发信息系统业务管理子系统。需要说明的是，基于系统原因，数据来自2014年建档立卡以来，经过人口自然变更、脱贫返贫、新增等动态调整后的2019年数据库。本节使用的数据截至2019年12月。同时，由于管理系统中的数据在某些维度有缺失，不同图的贫困人口总量会有一定出入。——笔者注

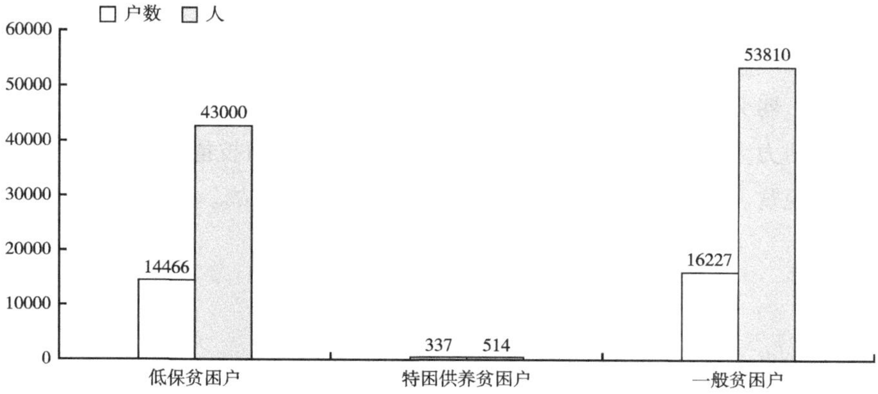

图 4-1 仪陇县贫困人口属性分布（截至 2019 年 12 月）

因残共占全县贫困户总数的 83%（见图 4-2）。另外，从建档立卡贫困户的健康状况看，患有长期慢性病的 25630 人，占全县贫困人口的 26.44%；患有大病的 3385 人，占全县贫困人口的 3.50%。在脱贫攻坚开展之前，庞大的医疗费用无疑成为老、弱、病、残贫困户家庭的沉重负担。

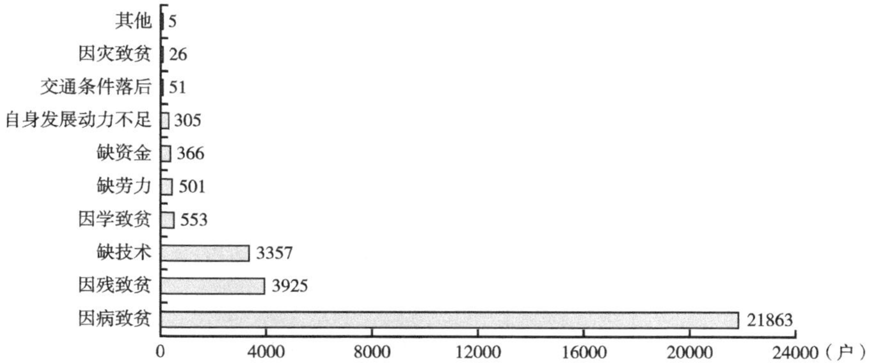

图 4-2 仪陇县建档立卡贫困人口致贫原因示意

再次是贫困人口劳动力缺乏。从全县贫困人口的劳动力状况来看，普通劳动力 44701 人，占全县贫困人口的 46.13%；技能劳动力 78 人，仅占全县贫困人口的 0.08%；弱劳动能力或半劳动能力 12078 人，占全县贫困人口的12.46%；丧失劳动能力的3289人，占全县贫困人口的3.40%；无劳动能力的36759人，占全县贫困人口的37.93%。由图4-3可知，无劳动能力、弱劳动能力或半劳动能力的总人数超过贫困人口的半数。此外，普通劳动力大多缺乏除传统农业生产之外的其他劳动技能，因此无论是发展产业脱贫，还是就业务工脱贫，都面临着极大的挑战。

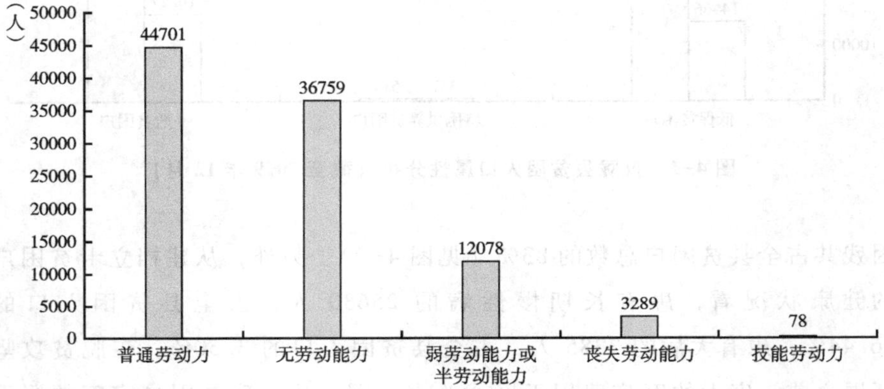

图4-3 仪陇县贫困人口劳动力状况

最后是贫困人口受教育程度不高。较低的受教育程度也是导致贫困的重要原因。从贫困人口的受教育程度来看，文盲或半文盲程度的11638人，占全县贫困人口的12%；小学程度的34584人，占全县贫困人口的35.69%；初中程度的25420人，占全县贫困人口的26.23%；高中程度的4167人，占全县贫困人口的4.3%；大专程度的1495人，占全县贫困人口的1.54%；本科及以上的724人，仅占全县贫困人口的0.75%（见图4-4）。大部分受教育程度较低的贫困户一方面是观念陈旧、思想保守，缺乏致富能力和发展门路，因缺技术致贫的贫困户约占全县贫困户的10.82%（3357户）。另一方面，他们的主体意识不强，自主脱贫致富的积极性和主动性不高，“等靠要”思想严重，自身“造血”能力不足，因而即使脱贫，一旦遇到病情、灾情等困境便又存在较大的返贫风险。

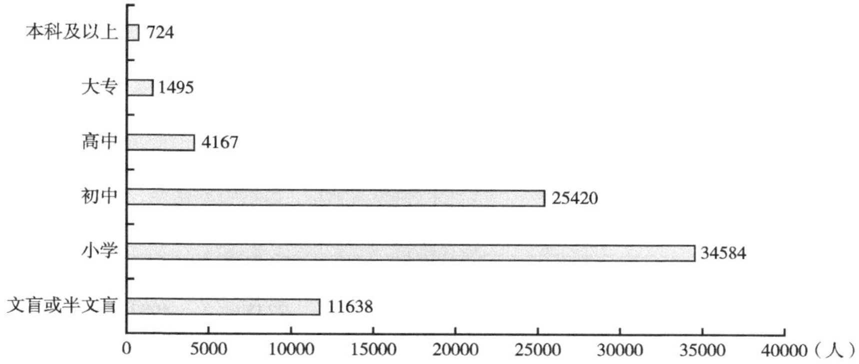

图 4-4　仪陇县贫困人口受教育程度

第三节　革命老区的脱贫之困

在开展脱贫攻坚以前，仪陇存在地理区位条件差、交通闭塞、经济底子薄、资源禀赋差、受教育程度低、人口基数大等诸多先天性劣势。

一　区位劣势导致先天不足

从地理空间来看，仪陇首先困在区位，穷在交通。作为老、边、穷的国家级深度贫困县，区位劣势导致仪陇的经济社会发展存在诸多先天不足。

一是经济基础历来薄弱。尽管国家早在 20 世纪 80 年代初就将仪陇列入对中国革命做出特殊贡献的全国 18 个革命根据地贫困县之一，并给予重点支持，但由于既无区位优势，也无资源优势，仪陇的国民生产总值一直相对落后。在 1984～2003 年，仪陇财政收入为 70115.62 万元，支出为 181433.52 万元，财政收入入不敷出，部分年度财政收支情况见表 4-1。从 20 世纪 80 年代初到 2003 年近 20 年的收支决算情况来看，有 3 年实现收支平衡，有 7 年略有结余，其余年份均出现赤字，1993 年滚存赤字更是高达 1845.6 万元，到 2003 年尚有赤字 279 万元。2003 年底，县、乡镇两级财政共负债6.1亿元，其中县级1.7亿元。[①] 可以说，薄弱的财政基础严重制约了仪陇经济社会的发展。

表 4-1　仪陇县部分年度财政收支决算

单位：万元

		1985 年	1990 年	1995 年	2000 年	2003 年
收入	年度财政收入合计	612.7	1925.4	3232	6259	6092
	上级补助收入	1759.6	1695	2773	8082	21511
	上年结余收入	108.7	-883.6	—	937	433
	国债本息及其转贷收入	—	—	—	—	400
	调入资金	—	—	—	633	801
	当年收入总计	2574.6	2756.8	6005	15911	29237
支出	年度财政支出合计	2585.2	4283.7	6194	16218	28746
	上解支出	23.2	291.9	404.2	203	370
	国债转贷支出	—	—	—	—	400
	年终滚存结余	-43.3	-1818.8	-593	-510	-279
	本年支出总计	2574.6	2756.8	6005	15911	29237

资料来源：仪陇县志编纂委员会：《仪陇县志》，成都：四川科学技术出版社，2007，第340页。

二是虽然人口基数大，但人口竞争力弱。2009年，仪陇总人口达110.70万人，位列川东北31个革命老区中的第八，也是南充市5个革命老区县中总人口位列第二的大县。

从表4-2可知，尽管仪陇2009年GDP总量超过全省81个革命老区县的平均水平，2009年的GDP增速在南充市5个革命老区中也位列第一，但常住人口人均GDP只有7446元，居全省81个革命老区县的第69位，在南充市5个革命老区县中处于末尾。仪陇的地方预算人均财政收入也远低于全省、全市的平均水平，居全省的第69位、全市的第5位。按照经济总量（权重15%）、人均指标（权重20%）、速度指标（权重30%）、效益指标（权重25%）、社会指标（权重10%）进行综合评定，仪陇居全省81

① 2003年因开始实施农村税费改革，减少了税费收入，2003年又新出现赤字497万元，加上年结余收入218万元，年终累计赤字279万元。相关数据参见仪陇县志编纂委员会《仪陇县志》，成都：四川科学技术出版社，2007，第338页。

个革命老区的第 57 位，居川东北 31 个革命老区的第 24 位，居南充市 5 个革命老区的第 4 位。由此可见，尽管仪陇在革命老区中属于发展态势良好的县，但庞大的人口基数并未能转化为应有的发展优势，加上历来薄弱的财政基础，因此整体的经济增长动力明显不足。

表 4-2　2009 年四川省 81 个革命老区县情

	GDP			地方财政一般预算收入（亿元）	人均财政收入（元）	农民人均纯收入（元）	社会消费品零售总额（亿元）
	总量（亿元）	增速（%）	人均（元）				
全省 81 县总量	4164.86	—	—	128.8151	—	—	1674.18
全省 81 县平均	51.4	16.9	12076.9	1.6	445.5	3960.6	20.7
南充市 5 个革命老区县总量	395.7	—	—	9.2	—	—	138
南充市 5 个革命老区县平均	79.14	15	10437	1.84	192	4281	27.6
仪陇	67.1	15.7	7446	1.4	126	3904	23
仪陇在全省 81 县的排位	23	25	69	32	69	44	31
仪陇在南充市 5 县的排位	3	1	5	4	5	5	4

资料来源：仪陇县发展和改革局编印《仪陇县国民经济和社会发展第十二个五年规划暨仪陇县建设革命老区经济强县规划》，2011，第 126 页。

三是老县城经济发展受限。2005 年以前，金城镇是全县的政治、经济、文化中心。然而，这个老县城却街弯巷窄、坡陡房密、交通拥挤、绿化稀少。闭塞的地理位置、匮乏的自然资源、单一的产业结构严重制约了其作为县域发展核心的作用。一方面，金城镇位于仪陇西北部，距南充市 129 公里，巴中 68 公里，到 2003 年时仍无高速公路，地理区位处于劣势。同时，境内大部分为低山中谷地带，平均海拔 520～650 米，可用于工业建设和城市发展的土地资源十分紧缺，全镇建成区面积不到 3 平方公里，人口却达 7 万人，远远超过城区每平方公里居住人口以 1 万人为宜的国家标准。

另一方面，金城镇远离嘉陵江等主要水系，境内东观河、流江河等小水系不仅难以满足769公顷（2003年耕地面积）的生产用水，更无法满足县城64403人（2003年常住人口）的生活用水需求。[①] 土地资源、水资源匮乏严重制约了仪陇经济的发展、人口规模的扩大。在反复论证的基础上，仪陇于2005年9月底将县政府驻地整体搬迁至新政镇。搬迁后的新县城距南充市71公里，毗邻嘉陵江（境内河道16.8千米），境内公路、水路阡陌纵横，不仅打通了仪陇与周边县市的交通瓶颈，也实现了与重庆、成都等大城市的连通，扭转了仪陇缺水、缺地、交通区位落后等劣势，为仪陇的长远发展奠定了基础。

二　基础设施建设滞后制约发展潜力

受独特的地理位置、庞大的人口基数以及薄弱的经济基础的制约，仪陇长期以来在交通、水利、电力、医疗卫生、教育等基础设施建设上始终处于相对落后状态。

首先是交通运输网络基础薄弱。仪陇作为秦巴山区深度贫困县，1985年以前仅有三条出境公路，县城到区、区到乡镇的县乡公路总里程仅569.5公里。到2002年底，全县公路总里程2385公里，其中省道69.6公里（2条），县道383公里（21条），乡镇道307.8公里（49条）。全县境内无高速、国道，69个乡镇中有5个未通柏油路，844个行政村未通公路的还有434个，比例高达53.58%。截至2015年底，全县通车里程4923公里，其中高速公路42公里、国道139公里、省道273公里、县乡道569公里、通村公路3900公里（通村水泥路2877公里），通村水泥路里程也是“十一五”末的4.5倍。[②] 可以说，仪陇的高速公路和国道在“十二五”期间实现了“从无到有”的历史性突破。尽管如此，交通方面仍有大片空白和薄弱环节，主要体现为县域境内无港口、无航运码头、无铁路，高速公路里程短，部分乡村道路等级低、路况差，交通网络不够完善，通行能力

① 根据《改革开放四十年仪陇26万人的饮水故事》（仪陇县水务局提供），仪陇人均水资源占有量仅为487m^3，是全国人均占有量的23.11%。

② 《下活交通扶贫先手棋打好脱贫攻坚翻身仗》，仪陇县在全省农村公路现场会上的交流发言，内部材料，2015年12月11日。

弱，群众出行、物质运输比较困难。

其次是水利工程建设匮乏。在农田水利工程方面，全县截至2003年有山坪塘8167口、石河堰1191处、小型水库111座、中型水库1座（思德水库）。建提灌站3096处、蓄水池28026个，总提蓄引能力1.7亿立方，有效灌溉面积436274万亩，保灌面积20万亩，仅占耕地面积（58.32万亩）的34.29%。在饮水工程方面，2003年仍有9.5万人的供水问题未解决，156个旱山村、16.5万人口的饮水问题未解决。[①] 此外，在气象灾害频发、地理性缺水等自然环境制约下，既有的农田水利工程和饮水工程依然存在季节性缺水问题。在部分高山干旱区域，常年干旱的困境依旧严重制约着生产、生活的发展。同时，在饮水安全方面，由于大部分贫困山区远离嘉陵江、清江等主要水系，建设自来水的成本高、投入大，该区域的村民饮水来源主要是水窖水、堰塘水等，饮水安全难以得到有效保障。

最后是电力供给能力不足。仪陇水资源缺乏，水电建设速度缓慢。1985年全县仅有小水电站10处，1991年共建小水电站12处，总装机16台3330千瓦，年发电量950万度，用电主要依靠国家电网输入。1986~2003年共建有7处变电站，其间偷电、漏电现象普遍，加上线路老化、供电距离长、承载负荷能力差等原因，群众的生产生活用电难以得到有效满足。为降低用电成本，提高山区人民生活需求，2000年至2014年，国家向仪陇累计投资5.756亿元资金用于电网建设。

此外，仪陇的教育、医疗卫生等方面的农村基本公共服务建设在21世纪初仍然比较滞后。全县有77个村小学使用的是已成危房的庙宇或借用民房上课。农村师资力量严重短缺，教学质量不高，每年有3000多名儿童失学、辍学，接受完九年制义务教育的仅占60%。在医疗卫生方面，全县医疗卫生机构86个，职业（助理）医师791人，0.7人/千人，对外开放床位1208张，1.14张/千人，远低于国家和南充市的标准。[②]

---

① 仪陇县志编纂委员会：《仪陇县志》，成都：四川科学技术出版社，2007，第392~396页。

② 四川省扶贫开发办公室：《四川省南充市仪陇县扶贫开发构建和谐新村试点方案》，2005，第3页。

三　劳动力外流削弱发展能力

仪陇既是人口大县，也是劳务输出大县。20 世纪 80 年代初，仪陇就编制了劳务输出计划。此后劳务输出逐年递增，并多次被国家和四川省评为劳务组织管理先进县。到 2000 年，全县常年在外务工的劳动力达 23.8 万人，而且有组织的建制企业达 42 家，分布在全国 24 个省、市、自治区的大中小城市，主要从事工业、建筑业、农业综合开发和餐饮服务等行业。

2002 年，仪陇全县劳务收入 9.18 亿元，外出务工人员的人均劳务收入占农民人均收入的 59%，占全县总收入的 49.46%，“打工经济”效益显著。[①] 此后，仪陇劳务输出人数持续上升。2013 年，仪陇的劳务输出人数为 31.8 万人，其中 22.16 万人向省外迁移，创造的劳务收入达 45 亿元，占当年全县国内生产总值的 33.65%。2013 年至 2016 年劳务输出情况见表 4-3。劳务输出不仅带动了仪陇县域经济的发展，也显著提升了人们的生活水平，打工经济已经成为当地山区农民脱贫最主要的途径之一。然而，对外输出青壮年劳动力对于仪陇来说却是“双刃剑”。一方面，青壮年劳动力的外出务工对贫困户家庭本身的脱贫摘帽能够发挥积极效应，劳务经济也已经成为仪陇经济社会发展的重要引擎之一；另一方面，大量青壮年劳动力的流失也给仪陇实施脱贫攻坚战、乡村振兴等重大战略带来难题。

表 4-3　2013~2016 年仪陇县劳务对外输出情况

	年末总人口（万人）	农村劳动年龄内人数（万人）	农村劳动力转移总数（万人）	国内生产总值（亿元）	劳务收入（亿元）
2013	112.69	51.33	31.8	133.71	45
2014	112.44	51.22	31.4	145.95	—
2015	108.91	51.10	32.1	154.60	45
2016	108.87	51.08	32.8	168.88	45

资料来源：仪陇各年度统计年鉴。

① 仪陇县志编纂委员会：《仪陇县志》，成都：四川科学技术出版社，2007，第 567 页。

从仪陇主要致贫原因来看，因病因残占贫困户总户数的80%以上，而只要拥有健康劳动力的农民家庭，基本上都可通过外出务工实现脱贫。但是剩余的老、弱、病、残等贫困人口往往还缺知识、缺技术、缺资金，自主脱贫致富的现实可能性极低。因此，青壮年劳动力和优秀人才的外流实际上不仅导致当地在脱贫攻坚过程中出现贫困户自身造血能力不足的后果，也导致乡村振兴失去了基础性条件，极大限制了仪陇的发展。

四　农业产业结构转型乏力

贫困县的传统农业只有实现产业结构转型，促进小农户与现代农业发展有机衔接，才有望通过农业实现脱贫致富。仪陇是传统的农业大县，农业人口基数大、农业产值占比高，面临产业结构单一、结构布局不合理、农民增收效益差等系列现实挑战。

首先，传统种植业占据农业主导地位，产业结构调整缓慢。由于地理环境和气候条件限制，仪陇形成了以玉米、水稻、红苕、小麦等粮食作物为主的种植结构，但种植业产值仅占农业总产值的20%。1985年，全县农作物种植面积129万亩，其中粮食作物面积99万亩，占77%，经济作物与其他农作物面积30万亩，占23%。当年农业人口人均占有粮食308.5公斤，人均纯收入196.2元。在上述背景下，当地政府为确保大部分贫困户越过温饱线，此后一直将粮经比例控制在7∶3左右（见表4-4）。21世纪之初，虽然仪陇围绕“稳粮调结构、增收奔小康”的发展思路，因地制宜对产业布局进行了优化调整，但总体来看，以粮食作物为主的产业布局并没有得到根本改变。

表4-4　脱贫攻坚以前仪陇农作物结构（1985～2013年）

	耕地面积（万亩）	作物种植面积（复种指数）（万亩）	粮食作物		经济作物		其他农作物	
			面积（万亩）	占种植面积（%）	面积（万亩）	占种植面积（%）	面积（万亩）	占种植面积（%）
1985	68.05	129(189)	99	77	20	15	10	8
2000	63.4	155(244)	115	75	31	20	8	5

续表

	耕地面积（万亩）	作物种植面积（复种指数）（万亩）	粮食作物		经济作物		其他农作物	
			面积（万亩）	占种植面积(%)	面积（万亩）	占种植面积(%)	面积（万亩）	占种植面积(%)
2003	58.3	147(252)	101	68	36	25	10	7
2013	64.37	172(—)	118	68	53	31	1	1

资料来源：1985~2003 年数据来自仪陇县志编纂委员会《仪陇县志》，成都：四川科学技术出版社，2007，第 363~373 页；2013 年数据来自《仪陇统计年鉴》（2014 年），第 13~16 页；小数点后的数字采取四舍五入。

其次，畜牧业养殖结构单一，规模效益不明显。仪陇的农业总产值主要依靠畜牧业和副业的贡献，而畜牧业产值的绝大部分来自生猪和商品家禽养殖。1985 年，仪陇生猪养殖突破 35 万头，家禽也超过 88 万只，但肉羊、肉牛、肉兔的养殖规模均未突破一万大关（见表 4-5）。

表 4-5　脱贫攻坚以前仪陇的畜禽产业情况（1985~2014 年）

	生猪（万头）	肉牛（万头）	肉羊（万头）	肉兔（万只）	商品家禽（万只）
1985	35.55	0.3490	0.3695	0.3424	88.73
2003	91.11	3.22	10.7	65	920.02
2014	89.3	3.5	15.48	945.5	—

资料来源：根据《仪陇县志》、仪陇各年度统计年鉴等整理。

21 世纪初，仪陇编制“十五”规划后，通过大力发展肉牛、肉羊、肉兔以及小家禽等养殖业，逐渐改变了生猪为主的单一养殖结构。2003 年，出栏肉牛 3.22 万只、肉羊 10.7 万头，分别比 1985 年增长 8.23 倍、27.96 倍，出栏肉兔更是达到 65 万只。2003 年，畜牧业总产值达 66492 万元，占全县农业总产值的 56.4%，比 1985 年增长 19.9 倍。[①] 此外，生猪、牛、羊、兔等畜牧业品种老化，小农户经营占主流。2003 年，全县年饲养蛋鸡 100 只以

① 仪陇县志编纂委员会：《仪陇县志》，成都：四川科学技术出版社，2007，第 376~379 页。

上的大户有 34 家，其中养殖 1 万只以上仅 5 户；年出售商品家禽 200 只以上的大户有 181 户，其中出售超过 1 万只的仅 3 户。由于缺乏科学的饲养管理技术作指导，当地畜禽疫病频繁发生，加大了农户的养殖成本与风险。

最后，农业产业链不完备，品牌效益差。一方面，由于缺乏科学的产业发展规划和系统的产业扶持政策，仪陇的农业面临着生产经营方式粗放、“靠天吃饭”等严重问题。2013 年，全县农村经济仍以农户一家一户分散经营为主体，绝大多数农户均以“粮猪型”二元经济结构为主。另一方面，由于现代农业生产能力不足，农产品缺乏标准化、技术化、规范化规程，而且县内初加工和精深加工企业的示范带动作用不强，绝大部分农产品只能以初级产品销售。由于无精深加工产业链、无支柱产业、无特色农业品牌，绝大部分农产品只能局限在本县和市内交易，很难走向成都、重庆等大城市。从某种意义上来说，低端、低效益农业无法帮助农民脱贫增收，是导致当地农村劳动力大量外流的主要原因。

第四节　脱贫攻坚的三个阶段

从 2014 年开始脱贫攻坚，仪陇有计划、分步骤地完成了脱贫攻坚任务，取得了“户脱贫、村退出、县摘帽”的巨大成效，有效解决了困难群众的“两不愁三保障”问题。与此同时，仪陇也创新了基层社会治理体制，大幅改善了基础设施，优化了产业结构和提升了社会服务水平，将仪陇的“绿水青山”转化为“金山银山”，开创了社会、经济、生态“多面发展”的新格局，为乡村振兴和全面小康奠定了坚实基础。

仪陇的脱贫攻坚可大体分为三个阶段。第一阶段为 2014 年至 2015 年，主要完成了贫困户的信息收集与精准识别、各项工作规划的编制、工作平台的搭建、工作机制的创立和一部分贫困人口的脱贫等前期工作。第二阶段为 2016 年至 2018 年，脱贫攻坚要求不断提高，任务不断明确，力度也不断加大，仪陇加快了脱贫攻坚进度，在 2018 年顺利通过了国检评估，实现了贫困县摘帽。2019 年以来为第三阶段，主要聚焦脱贫攻坚的巩固提升工作，继续解决各项突出问题，为对接乡村振兴打下了基础。

一　第一阶段：前期实施（2014~2015年）

2014年至2015年为仪陇脱贫攻坚的前期实施阶段，主要解决贫困人口的信息收集、各项工作计划的编制、工作平台的搭建和工作机制的创立等前期问题，完成了一部分难度相对较小的贫困人口的脱贫工作。

首先，本阶段完成了贫困对象的建档立卡、精准识别等信息收集工作。2014年，仪陇根据《四川省扶贫开发建档立卡工作实施方案》共识别建档立卡贫困人口3.41万户10.03万人，贫困村285个。这些贫困人口分布在全县883个村（居），贫困村占全县村（居）总数的30.5%，贫困发生率为10.6%，其中因病和因残致贫的比例分别高达70.22%和12.68%。在此基础上，2015年仪陇进一步对贫困人口进行分类和核查，确定全县贫困户中有2.98万户为一般贫困户、0.43万户为重点贫困户，还摸排出0.51万户未建档立卡的因灾致贫困难户。其次，本阶段编制出脱贫攻坚的初步工作规划。围绕当时提出的“四年脱贫攻坚、两年巩固提高”的脱贫攻坚目标，仪陇于2015年分别编制了全县扶贫开发总体规划、路水电土等基础设施建设规划以及专门针对贫困户的发展保障规划。再次，本阶段还初步搭建了以脱贫攻坚指挥部为工作平台，以驻村帮扶为工作渠道和以争取资金、发展产业和开展基础设施建设等扶贫项目为工作内容的脱贫攻坚工作机制。由于县扶贫和移民局的人员和工作力量难以应对要求日益提高的脱贫攻坚工作，仪陇于2015年底从各方抽调骨干力量成立了脱贫攻坚指挥部，统一协调脱贫攻坚工作，初步搭建了脱贫攻坚的工作平台。2015年还向285个贫困村派驻了驻村工作队，选派了以驻村干部、第一书记和帮扶责任人为主体的扶贫队伍进入村庄和贫困户家庭，实现了全县3.41万户贫困户的全覆盖，形成了深入一线的工作渠道。本阶段还推进了公路、生产便道、水利等基础设施建设，并培植了若干扶贫产业。

经过脱贫攻坚第一阶段（2014~2015年）的努力，仪陇完成了大部分困难相对较轻的贫困户的脱贫工作。其中，2014年脱贫6468户、20468人；2015年脱贫6744户、21914人（见图4-5）。

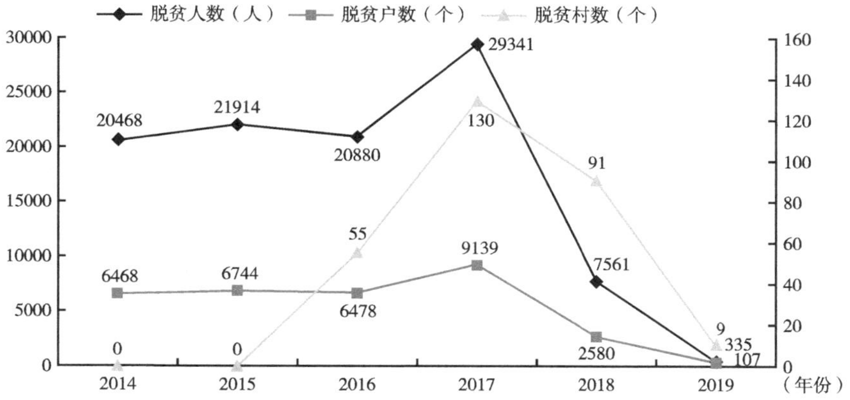

图 4-5　2014 年至 2019 年仪陇贫困户和贫困村脱贫数量

资料来源：《仪陇县贫困基础数据库》。

二　第二阶段：加快推进（2016~2018 年）

2016 年至 2018 年，随着脱贫攻坚要求的不断提高，仪陇脱贫攻坚工作进入加速推进阶段。在本阶段，仪陇将脱贫攻坚作为全县责任最重、时间最紧的中心工作，举全县之力整合各方资源，不断搭建工作平台和创新工作方法，在 2018 顺利通过了国检，成功完成了贫困县摘帽的脱贫攻坚任务。

首先，在贫困户精准识别方面，仪陇完善了“八步工作法”,① 根据脱贫攻坚进程对贫困户进行动态管理。2016 年至 2018 年，仪陇严格按照“八步工作法”评定贫困对象，并出台“贫困对象有序进出管理办法”，根据脱贫工作进程和人口自然增减情况对贫困对象及时进行动态调整，于 2016 年和 2018 年分别新增贫困户 105 户 384 人和 62 户 204 人，并将国检重点考核的非贫困村和非贫困户纳入摸排范围，力求做到对贫困对象的精准识别。国检第三方评估组对仪陇做出的“零漏评、零错退”结论，便是对这种精准识别方式的成效的一种肯定。

其次，在工作规划方面，仪陇深化和细化了脱贫攻坚项目的统筹规

① 即“对象申请、群众评议、首榜公示、乡镇审核、二榜公示、部门比对、发布公告、建档立卡”的工作步骤。

划，形成了一套包含各层面、各项目的统筹规划体系。该体系包括“3年达标、4年脱贫、5年小康”的“345”总体脱贫攻坚思路，“1个总体规划、1张作战图、1份责任分解表+1份倒排工期表+1份资金统筹表”的“113”脱贫攻坚作战书，涵盖基础设施建设和产业发展等各项内容的22个专项脱贫规划以及“1村1方案、1户1计划、1类1举措”的“1对1”问题解决措施。在总体与专项相结合、宏观与微观相结合的统筹规划体系下，各项扶贫项目得到了有序实施、复核和督查，确保了复杂、多维、艰巨的脱贫攻坚任务有条不紊地向前推进。

再次，在脱贫攻坚项目的实施方面，本阶段大力筹集和整合资金，确保了住房、医疗、教育、基础设施建设、产业发展、就业培训等支撑脱贫攻坚任务完成的各项项目顺利推进。从图4-6可以看出，随着脱贫攻坚从2016年开始加速推进，筹集和整合资金的数量大幅增加。其中2016年和2017年脱贫攻坚资金分别超过10亿元和20亿元，为完成各项脱贫攻坚项目提供了强大的经济支撑。

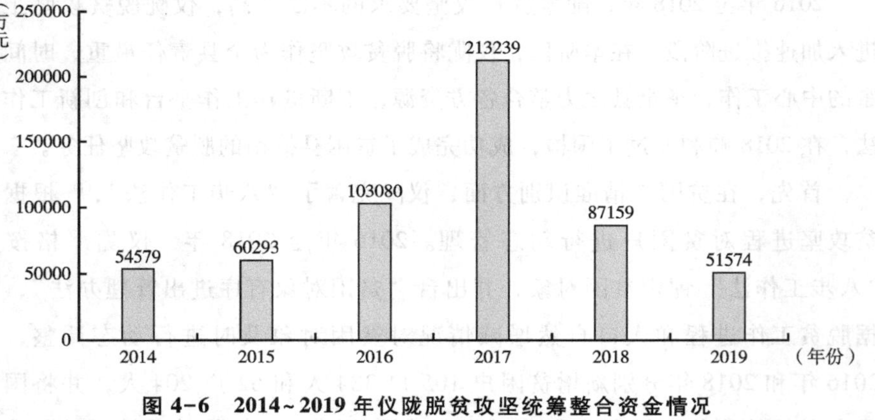

图4-6　2014~2019年仪陇脱贫攻坚统筹整合资金情况

资料来源：《仪陇县2014—2019年脱贫攻坚统筹整合情况按用途情况统计表》。

在脱贫攻坚的加速推进阶段，仪陇创新了一系列工作方式方法，形成了许多特色鲜明的工作机制，促进了脱贫攻坚的有力推进。这些工作机制包括以指挥部整合行政资源的指挥运行机制、“432”问题摸排解决机制、“4多”贫困户增收利益联结机制、“N+1”监督机制等。这些特色鲜明的工作机制得到省市和国家相关部门的高度肯定，中央电视台、《人民日报》和四川省内媒体多次进行报道，甘肃宕昌、湖北十堰、巴中南江等省内外40余个县市区先后到仪陇考察交流脱贫攻坚经验，县委主要领导于2018年先后两次受邀在浦东干部学院贫困县党政正职脱贫攻坚专题培训班上就脱贫攻坚的仪陇做法进行交流。

以精准识别方式、统筹规划体系、巨额脱贫攻坚资金和特色鲜明的工作机制为基础，仪陇紧紧围绕"贫困户、村退出、县摘帽"的目标要求，分年度快速完成了脱贫任务。其中，2016年、2017年和2018年分别实现55村6478户20880人、130村9139户29341人和90村2580户7561人的脱贫攻坚目标；贫困人口数量从2013年的10.03万人下降到2018年的335人，贫困村数量从2013年的285个下降到2018年的9个，贫困发生率从2013年的10.60%下降到2018年的0.04%（见图4-7）。

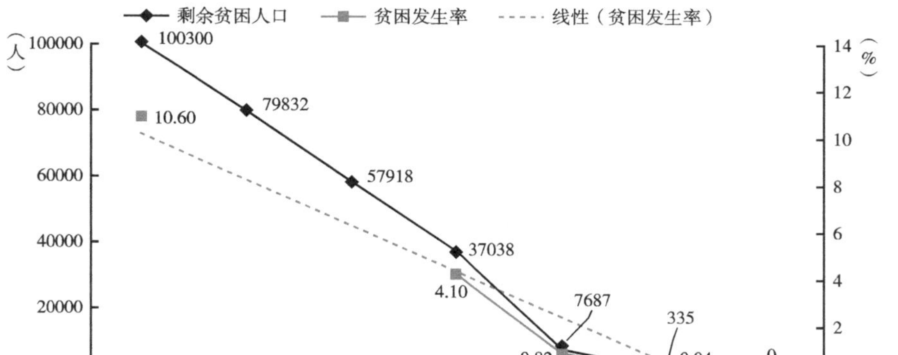

图4-7　2013~2019年仪陇贫困人口数量和贫困发生率

资料来源：《仪陇县贫困基础数据库》。

由图4-6和图4-7的相关数据可以看出，2016年至2018年是仪陇脱贫攻坚的加快推进阶段，"户脱贫"目标的主体任务在本阶段完成，"村退出"目标的绝大多数在本阶段实现，"县摘帽"目标也在2018年以国检评估组"零漏评、零错退，群众认可度98.68%"的高质量评定结果得以顺利实现。仪陇也完成了改革以来贫困治理效能的巨大飞跃。

三 第三阶段：巩固提升（2019年以来）

2019年以后，仪陇脱贫攻坚工作进入继续攻坚与巩固提升并重阶段。在这阶段，仪陇不仅将剩余少量贫困户和贫困村的继续脱贫作为重点，还将已脱贫人口的防止返贫和巩固提升作为贫困治理的中心问题。

一方面，本阶段仪陇加大了继续脱贫攻坚的力度，确保剩余少量贫困户和贫困村在2019年全部脱贫。经过前一阶段的加速脱贫工作，2019年仪陇只剩下107户、335人、9个村的脱贫减贫任务。对最后脱贫的关键群体，仪陇坚持“脱贫攻坚不获全胜，决不收兵”，继续细化帮扶标准、叠加帮扶政策、落实救助措施，确保全面小康“不漏一户、不落一人”。

另一方面，仪陇脱贫攻坚的工作重心逐渐转向已脱贫人口的防止返贫和巩固提升。早在2018年底，仪陇就制定了《持续巩固脱贫成效三年行动计划》，从七个方面明确了后续脱贫攻坚工作的方向，并着手编制稳定脱贫全面小康的24个专项扶贫计划和各乡镇的脱贫计划。[①] 2019年之后，仪陇按照“扶上马、送一程”的精神，进一步提出“四个不摘”（即不摘责任、不摘政策、不摘帮扶、不摘监管）的工作要求，从完善贫困对象动态监测、排查突出问题、落实到户到人政策、注重生产生活等方面推进巩固提升工作，确保已脱贫对象“稳得住、能发展、可致富”。

① 参见《仪陇县脱贫攻坚领导小组2018年脱贫攻坚工作总结》，内部资料，2019。

第五章

引领型融合治理与脱贫攻坚效能

改革开放以来，仪陇的扶贫开发经历了六个阶段，分别是体制改革推动扶贫阶段、大规模开发式扶贫阶段、八七扶贫攻坚阶段、新世纪十年扶贫开发阶段、秦巴山区连片扶贫开发阶段以及全覆盖精准扶贫精准脱贫阶段。脱贫攻坚期间，仪陇动员全县力量参与脱贫攻坚，坚持问题导向、找准扶贫路径、精准靶向施策，缩小了城乡不平衡不充分发展程度，改善了基础设施、促进了产业发展并提升了社会服务水平，构成了引领型融合治理在基层实践的鲜活样本。仪陇在脱贫攻坚实践中不断探索创新引领型融合治理的具体模式，形成了富有特色、成效显著的基层经验，充分展现了引领型融合治理模式的优势。

第一节　总体理念与战略部署

一　总体理念：五大发展理念引领脱贫攻坚

中央确立的“中央统筹、省负总责、市县抓落实”的工作体系为脱贫攻坚提供了行动指南，为各级政府的脱贫攻坚实践提供了指引。仪陇县在深刻理解中央的脱贫攻坚精神的基础上，以践行“创新、协调、绿色、开放、共享”的新发展理念为指导，积极探索贫困地区持续健康发展的新路径。

其一是坚持创新贫困治理模式，即创新扶贫开发的体制机制、创新扶贫方式和方法。在制度形式上，仪陇成立了脱贫攻坚指挥部，将脱贫攻坚细分为 12 个方面，并成立相应的工作推进组，进而极大提高了治理效率。

同时，通过单位帮扶“1+N”[①]、个人帮扶“6542”[②]的全覆盖网络，确保帮扶力量全部下沉基层。在扶贫机制上，探索了面向解决问题的工作办法，对脱贫攻坚各领域存在的问题进行拉网式大排查。在扶贫资金整合上，按照“多个渠道引水、一个龙头放水”的思路，将统筹资金重点投向交通、水利、产业等关键领域。在扶贫方式上，坚持以党建引领为核心，发挥基层党组织的作用，依托党小组引领产业发展，通过龙头企业、专业合作社、专业大户的辐射带动作用，吸引贫困户以土地、劳动力入股入社等方式，形成多样化的利益联结机制，从而使扶贫方式从“输血”向“造血”转变。

其二是坚持协调发展。仪陇通过各种途径充分调动社会各界力量参与脱贫攻坚的积极性，并致力于建构专业扶贫、行业扶贫、社会扶贫“三位一体”的大扶贫格局，促使扶贫机制从传统救济式扶贫向开发式扶贫转变。仪陇利用东西部扶贫协作和对口支援的政策优势，打通本地与外地在劳务输出、产业扶贫等领域的合作通道，跨区域推进扶贫资源整合、产业结构调整、经济协作，提升了县域的整体脱贫能力。

其三是坚持绿色发展。面对地理环境复杂、生态环境脆弱的现状，仪陇突出“绿色发展”路径，确立“生态立县”战略。一方面，突出“保护生态环境就是保护生产力”，严格执行畜禽禁限养区制度，招引生态企业、发展绿色产业，积极推动农业绿色发展先行区建设，按照“以种定养、以养定种、种养平衡”的原则，实现了县域生态大循环。另一方面，积极开发县内生态旅游资源，开辟旅游扶贫、电商扶贫新模式，推动扶贫开发与生态环境保护相统一、脱贫致富与可持续发展相促进，实现脱贫攻坚与生态文明建设双赢。

其四是坚持开放发展。在学习先进典型的扶贫模式的基础上，仪陇确定了“1+1+3”脱贫攻坚方案，即1个总体规划，1张作战图，另外还有

① 根据《仪陇县推动党的十九大精神落地生根》（省委办公厅《每日要情》2017年增刊第17期），“1+N”是指一个县级部门负责N个贫困乡镇村社。

② 仪陇结合岗位和工作的特殊性合理确定了帮扶户数和入户频次，形成了个人帮扶“6542”结对标准：县级干部帮扶6户、科级干部帮扶5户、一般干部帮扶4户、教师医生企业职工帮扶2户。同时也对帮扶方的入户频次提出了具体要求，国家机关工作人员每月2至4次，教师医生每月1至2次。

保障脱贫任务如期完成的责任分解表、倒排工期表和资金统筹表。这为仪陇的脱贫攻坚提供了行之有效的实施方案，克服了脱贫思路闭门造车的弊端。在脱贫方式上，仪陇着力建构大扶贫开发格局，整合精准扶贫、精准脱贫过程中的项目流、资金流、政策流，形成了强大的聚合效应，吸引了省内外优势产业、资本、技术、人才向县内贫困地区集中。

其五是坚持共享发展。共建共享理念是社会主义制度优越性的集中体现。仪陇紧紧围绕解决贫困户“两不愁三保障”的基本目标，围绕“六个精准”基本要求，实施“五个一批”脱贫路径，加强贫困地区基础设施和公共服务建设，不断完善就业、教育、医疗等社会保障体系，让贫困群众和其他群众一道在经济社会发展中真正收获获得感、幸福感和安全感。

二 战略部署：全方位动员的引领型融合治理体系

中央关于脱贫攻坚的系列新决策和新部署、新思想和新观点，创新性地建构了中国特色的脱贫攻坚制度体系和精准扶贫工作机制，形成了我国贫困治理的引领型融合治理模式。该模式作为国家治理体系的重要组成部分，有力促进了国家贫困治理体系和治理能力的现代化。脱贫攻坚期间，仪陇县建构了以领导力量、帮扶力量、资金力量三大统筹为基础，以目标导向、问题导向、民心导向三大机制为抓手，以督查、考核评估体系为保障的引领型融合治理体系。

（一）基层政权的“引领角色”：三大统筹凝聚脱贫力量

仪陇县在县级层面进一步强化了“县、乡（镇）、村”的三级脱贫攻坚责任体系，充分发挥了基层政权的“引领”角色。

一是领导力量统筹。为破解以往仅仅依靠县扶贫移民局导致扶贫力量不足的困境，仪陇成立了脱贫攻坚指挥部，由县委书记、县长任指挥长，县委副书记任执行副指挥长。在我们调查中，据不完全统计，仅在2018年，该县县委主要领导以会议、调研、走访等方式开展扶贫工作67次，脱贫攻坚成为县委最重要、最关键、最核心的工作。同时，仪陇将脱贫攻坚工作具体划分为12个领域，对应设立由县级领导任组长的12个工作推进组，县4套班子主要领导、11名县委常委分片包干、32名县级干部覆盖联系57个乡镇和285个贫困村。在指挥部运行一段时间后，结合住房保障工作任务重、工作复杂、资金量大等实际情况，[①] 又单独成立了农村住房建设保障指挥部，专司全县农村住房保障工作。依托12个工作小组，仪陇通过"五个一"[②]"三个一"[③] 帮扶力量的全方位统筹，形成了贫困治理的引领力量体系（见图5-1），为精英力量积极参与脱贫攻坚、确保贫困治理效能奠定了坚实基础。

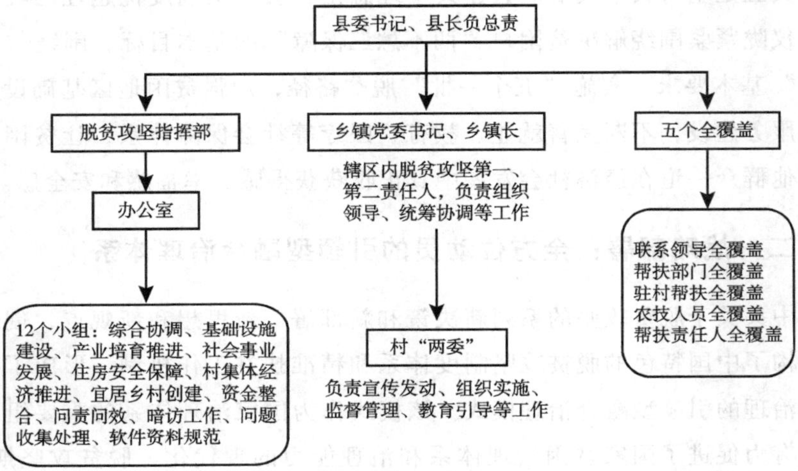

图5-1 仪陇脱贫攻坚的引领力量体系

二是帮扶力量统筹。仪陇面对贫困面宽、量大、程度深的"硬骨头"，除了向285个贫困村派驻帮扶力量外，还通过三方面的全覆盖来加大帮扶力度。首先，薄弱乡镇的帮扶力量全覆盖。将科级后备干部下沉到力量薄弱的乡镇，并专职专司乡镇脱贫攻坚副书记或副乡镇长；同时规定，除极个别技术岗位外，县级部门干部提拔副科级领导干部的，都要有到乡镇专职担任脱贫攻坚副书记或副乡镇长的经历。为此，仪陇遴选了一批优秀干

① 2016年初，仪陇县有土坯房群众住户12万户，2016年至2019年共投入资金20亿元，改造3.6万户群众的住房。

② "五个一"是指在285个建档立卡贫困村下沉帮扶力量，即每村1名联系领导、1个帮扶单位、1名第一书记、1个驻村工作组、1名农技人员。

③ 为确保帮扶全覆盖，仪陇在91个"插花村"下沉"三个一"帮扶力量，指20户以上建档立卡贫困户的非贫困村有1名第一书记、有1个农业技术巡回服务小组与之建立联系、每个贫困户有1名帮扶责任人。

部到边远乡镇和“三边村”（指处于边远、边角、边界的村庄）任职。其次，非贫困村帮扶力量全覆盖。该县3.15万户贫困户除了约五分之二分布在285个贫困村外，剩余的大部分贫困户分布在598个非贫困村。更确切地说，非贫困村贫困人口占比约60%。因此，仪陇也向这些“插花村”下派非贫困村驻村工作组，一个工作组帮扶相邻的1至3个村。最后，贫困人口对口帮扶力量全覆盖。通过“万人帮万户”活动，全县32名县级领导联片包乡推进，333个部门（包括学校、医院、企业）、1.15万名干部职工全覆盖帮扶全县883个有贫困户的行政村以及所有贫困户。通过上述途径，仪陇共选派第一书记768名、农业科技人员296名、驻村工作组700个，形成了对贫困村、贫困户的全覆盖帮扶网络。

三是资金力量统筹。脱贫攻坚期间，仪陇县每年初根据脱贫攻坚的财政需求，将项目资金重点用于重点项目建设。同时，按照统筹协调、归口优先的原则，截长补短编制资金整合方案。脱贫攻坚期间，仪陇统筹用于脱贫攻坚资金49亿多元。[①] 这些资金主要来源于五大类，分别是县本级预算资金、易地扶贫搬迁和危房改造资金、涉农专项资金、农村电网和通讯专项改造资金、对口帮扶及社会捐赠资金。以上五类资金中，除农村电网及通讯专项改造资金、对口帮扶及社会捐赠资金，以及易地扶贫搬迁和危房改造资金外，其余资金安排使用均由县委统筹。仪陇在脱贫攻坚过程中实现了零负债，避免了贫困县“摘帽”后财政“返贫”情况的发生。

（二）三大导向夯实脱贫根基

其一是目标导向找准攻坚方向。目标是战略体系设计和实施的基础。仪陇紧紧瞄准“10.03万人脱贫奔康、285个贫困村有序退出”这一目标，县级领导班子带队向扶贫领域专家学者学习脱贫政策，主动跟国务院扶贫办请教各项脱贫考核指标。仪陇还先后组织150名党员领导干部及各乡镇扶贫专职干部赴省委党校学习国家的扶贫理念、战略部署、项目管理以及国家、省级“三农”政策等内容，现场参观扶贫先进典型乡镇，全面深入了解上级的扶贫政策和脱贫考核体系。同时，还多次邀请专家学者前往仪

① 参见《仪陇县脱贫攻坚情况汇报》，仪陇县委主要负责人在浦东干部学院贫困县党政正职第6期培训班上的发言，内部材料，2018年11月。

陇，向在精准扶贫一线工作的乡镇党委书记、村第一书记、驻村帮扶队人员等开展脱贫政策的讲解和考核评估的培训。

其二是问题导向强化工作实效。“入之愈深，其进愈难。”在脱贫攻坚向纵深推进的过程中，要执行好国家、省、市、县各级脱贫攻坚制度，关键在于有效解决导致贫困发生的各种问题。仪陇坚持问题导向，按照“不回避、不隐瞒、不打折”原则，对摸排发现的问题进行分类汇总、分层研究、分别整改（见“专栏5-1　坚持问题导向助推脱贫摘帽”），问题导向的工作机制成效显著。

其三是民心导向筑牢群众基础。“在扶贫的路上，不能落下一个贫困家庭，丢下一个贫困群众。”脱贫攻坚是以人民为中心发展思想的集中体现。仪陇努力满足贫困群众的物质生活需求，完善贫困地区的水、路、电、网等公共基础设施建设，并在易地扶贫搬迁、危房改造、教育、医疗、卫生等领域持续投入，显著提升了农村公共服务水平，在仪陇历史上首次实现了“幼有所育、学有所教、劳有所得、病有所医、老有所养、住有所居、弱有所扶”。同时，仪陇也注重帮助贫困群众摘除精神贫困的“穷帽”。围绕“遵法守法、习惯养成、感恩奋进”三大主题，组织当地群众深入开展“五学十评两创”教育活动，[①] 消除贫困群众“等靠要”等思想，促进了绝大多数贫困群众从“要我脱贫”到“我要脱贫”的转变，有效激发了脱贫的内生动力。全方位的动员、教化和引导让贫困群众既可以接受技能培训、产业培育指导，也能让他们在思想上实现再社会化，从而为实现全民参与脱贫奠定了社会基础。

（三）督查考核构筑脱贫“防线”

脱贫攻坚把“脱真贫、真脱贫”作为基本的出发点和落脚点。仪陇在督查考核体系建设上也做出了新的探索。首先，多层压实责任。分类制定县级领导、乡镇党委、帮扶单位、驻村工作组、第一书记、农业科技人员、帮扶责任人的考核细则和各方责任，建立“分线分层、统筹闭合”的

① “五学”是指专家进村辅导学、干部入户帮助学、身边典型激励学、新老媒体带动学、村校互动同步学；“十评”是指评模范守法户、清洁家庭户、星级文明户、致富带头户、饮水思源户，评好公婆、好媳妇、好妯娌、好夫妻、好干部；“两创”是指创四好星级农户、创四好幸福新村。

考核体系。通过电话抽查、专项督查、定期考核、交叉评估等方式，对 57 个乡镇、768 个村的帮扶干部责任落实情况进行多轮专项督导。

其次，三重督导机制发力。第一重督导机制是县级领导“32+1”分片督导，由 32 名县级领导牵头，每个月或 2 个月对联系的乡镇开展 1 轮自查。县委则每月定时召开会议听取每位县级领导督导的工作开展情况。第二重督导机制是包乡巡察组“58+1”定点督导。按照每个乡镇一个巡察员的标准，从行业部门抽调业务骨干近 60 人，实行全脱产包乡蹲点，重点巡查阶段工作的落实、帮扶力量的履职和问题整改的落实等方面。巡查组每周向脱贫攻坚指挥部办公室报告巡察情况。第三重督查机制是县委县政府主要领导“2+1”靶向督导。在蹲点督查、包乡自查的基础上，在脱贫攻坚后期，仪陇成立了分别由县委书记、县长带队的两个问题剖析组，针对重点乡镇和存在问题比较多的乡镇进行专项检查，通过“解剖麻雀”的方式发现、解决问题。

最后，奖惩制度作保障。仪陇出台了《重奖重惩脱贫攻坚一线干部十条规定》，形成了“重奖重惩脱贫成绩突出的干部，重罚重惩不作为、慢作为、乱作为干部”的导向。脱贫攻坚期间，仪陇对表现突出、实绩显著、群众满意度高的干部，在评先评优、后备干部培养、提拔任用时优先考虑、量才使用。对进度滞后、情况不清、措施不力、未完成目标任务的责任单位主要领导、分管负责人、驻村帮扶工作队和村第一书记，视情节给予通报批评、书面检讨、警告、记过等组织处理。同时，将考核结果与职务职级晋升、年度评先评优挂钩。其中，第一书记的年度考核优秀等次按 20% 比例进行评选。对于因工作不力被召回处理的，当年的年度考核等级不得评为称职以上。第一书记、驻村工作组的考核结果还纳入派出单位年度考核的重要内容。开展脱贫攻坚期间，仪陇通过督导查找出问题 934 条，2 个单位被红牌警告，24 个单位被责令限期整改，86 名干部被通报批评，2 名第一书记因工作不力被召回，5 名乡镇主要领导被给予组织处理。

同时，脱贫攻坚期间仪陇也提拔重用了脱贫一线干部 273 名（含 58 名第一书记），其中 2 名表现突出的副乡镇长和 1 名第一书记直接提名为乡镇长，65 名优秀干部被择优选拔进入了乡镇领导班子，1 名第一书记被推选为省党代表。当地表现突出的20余名第一书记还被《人民日报》等主流媒体报道。为充分调动事业身份干部的积极性，仪陇县打通事业身份和公务员身份的通道，对在脱贫攻坚中成绩突出的事业单位干部，开辟了可以直接转为公务员甚至担任领导职务的通道。2018年摘帽后，提拔了一批事业单位的干部担任乡镇干部。

第二节　顶层设计与党建引领的政策体系

精准扶贫是脱贫攻坚的基本方略，其要义是“扶持对象精准、项目安排精准、资金使用精准、措施到户精准、因村派人精准、脱贫成效精准”（即“六个精准”）。在具体路径上，中央要求实施“发展生产脱贫一批、易地搬迁脱贫一批、生态补偿脱贫一批、发展教育脱贫一批、社会保障兜底一批”（即“五个一批”），重点解决好“扶持谁”“谁来扶”“怎么扶”“如何退”四个问题。其中，“六个精准”是基本要求，“五个一批”是根本途径，“四个问题”是关键环节。仪陇把握中央关于脱贫攻坚的总体要求和重大部署，结合仪陇区域特征，建构了具有自身特色的贫困治理体系。

一　政策体系：党建引领下的“五个一批”工程

脱贫攻坚期间，仪陇以党建引领为核心，围绕“五个一批”的脱贫路径，搭建了易地扶贫搬迁、教育扶贫、健康扶贫、产业扶贫、就业扶贫、社会兜底扶贫六大领域全面配套的攻坚体系，为顺利脱贫摘帽奠定了坚实基础。

（一）党建引领扶贫

脱贫攻坚在哪里，党的触角就在哪里。仪陇坚持以党建为引领，充分发挥出了党组织的政治优势、组织优势和人才优势。一是发挥基层党组织的战斗堡垒作用，向285个贫困村和91个“插花村”全覆盖派驻帮扶力量，向598个非贫困村派驻工作组，选派139名后备干部入驻“三边村”。全面推行第一书记“带班子强队伍、带群众强主体、带发展强产业、带真情强服务、带新风强治理”的“五带五强”工作方法，让第一书记充分发挥示范作用和引领作用。实施千名人才回引工程和贫困村后备人才培养计划，吸纳优秀人才进入村“两委”班子，充实了脱贫攻坚的“前沿指挥部”。

二是将党小组建在产业链上。以产业链为纽带，打破以地缘、地域结构设置党小组的传统模式，依托产业布局，在产业链上建立党小组。将党员能人聚集在产业链上，以一个党小组引领一个产业、带动一批贫困群众。仪陇在赛金、复兴、双胜等乡镇成立16个脱贫攻坚产业联片联村党总支，推动贫困村抱团式发展、组团式脱贫，在285个贫困村中建立产业党小组527个。

为使“党组织+产业”充分发挥出效能，一方面需要选好党小组负责人。仪陇在选配党小组负责人时注重选用懂经营、会管理的“领导型”能人，善于跑市场、抓客商的“经商型”能人，熟悉实用技术、带头示范的“专业型”能人。另一方面，提高产业党小组的致富带动能力是关键。为提高致富带动能力，产业党小组围绕产业开展“三比三看”活动：“比技术”——看哪个小组产业发展快；“比效益”——看哪个小组带富能力强；“比帮扶”——看哪个小组帮扶的群众多。建在产业链上的党小组实行信息互通、利益共享、风险共担，积极对接市场需求，从而达到了不断更新生产经营理念、创新生产和经营机制的效果。在这种机制下，产业也由传统的一家一户的小农经济模式向市场化、产业化、规模化转变，由单一的种植结构向农、工、贸共同发展，产业得以做大做强，参与者市场经营的能力也得以大幅提高。

三是发挥基层党员的先锋示范作用。以党员精准扶贫示范项目为载体，大力发展种植养殖、农产品加工、产品营销、乡村旅游等产业，以“党支部+龙头企业+合作社+党员示范户+贫困户”的村企、协会联姻和党群联动模式带动贫困群众共同脱贫致富。仪陇实施的“千名农村人才回引计划”和“千名后备干部培养计划”，从“选、育、管、用”四个方面着手，拓宽渠道“选”、丰富途径“育”、建立机制“管”、岗位锻炼“用”，打造了一支年龄结构合理、综合素质优良的村级后备干部队伍。脱贫攻坚期间，仪陇利用换届时机从产业大户、返村大学生和退伍军人中遴选村干部267名，45岁以下年轻村干部数量较换届前提升了18个百分点。

四是突出群众主体地位。脱贫攻坚期间，仪陇开办了农民夜校876所，开辟“五个课堂”，[①] 择优选聘兼职教师5000余名，拓展农民夜校办学模式，将党的精神送到田间地头、农户院坝；累计培训农民25万余人次，动员广大群众自力更生、主动脱贫，为群众脱贫提供精神动力。

（二）易地搬迁式扶贫

易地扶贫搬迁是实施“五个一批”的重要内容，是从根本上解决生活在缺乏基本生存条件地区的群众贫困问题的有效途径。仪陇在易地扶贫搬迁方面的制度性策略主要体现在如下一些方面。一是建立“县、乡镇、村”三级指挥体系，增强统筹协调能力。县级成立农村住房安全保障指挥部，乡镇成立住房安全保障工作推进小组，村级成立村民建房委员会，整合易地扶贫搬迁、农村危房改造和地灾避险搬迁力量。

二是精准识别帮扶对象。严格按照“八步工作法”（即，自我申报—群众评议—乡镇审核—群众再评议—张榜公示—乡镇汇总—县上复查—生成数据），确定易地扶贫搬迁建房对象，做到搬迁对象的认定公平公正、结果群众公认。建立易地扶贫搬迁对象动态管理机制，及时剔除识别不准户，调整重复享受政策户，纳入自然灾害突发户。

三是创新因户施策机制。仪陇根据地理位置、当地生活习惯和生产生活实际，确定了以“分散安置为主”的搬迁方式。在确定人均住房建设面积不超过25平方米的基础上，设计了多种户型由搬迁户自主选择。探索出“统规统建、统规自建、统规代建”三种农村住房建设模式，制订并实施了《仪陇县建档立卡贫困户住房建设“代改建”实施方案》。

---

① “五个课堂”：一是党性课堂。每季度组织党员领导干部、第一书记、党支部书记到夜校讲党课、讲理论。上课前奏唱国歌，课堂宣传党的光辉历史和新时代中国特色社会主义等新思想新观点，教育引导群众知党恩、听党话、跟党走。二是政策课堂。帮扶干部、驻村工作队每周召开院坝会议，向群众讲政策、结穷亲、拉家常、聊心愿，帮助贫困户找准脱贫方向、坚定脱贫信心、解决脱贫问题。三是田间课堂。围绕扶贫产业，组织农技人员走进田间地头，面对面、手把手地讲授群众实用技术、产品销售理念，群众进门学技术、出门搞实践。四是网络课堂。开辟“仪陇党员教育数字点播学习平台”，建立“微信（QQ）交流群”，积极推行“微党课”“微播报”，定期编制推送党务基础知识、实用农业技能、电商创业讲座等精小内容，突破了时间和空间上的限制，方便群众随时随地自主学习。五是新风课堂。开展“法治助力脱贫攻坚”专项宣传活动，巡回宣讲常用法律法规、乡村治理规范等内容，引导广大农民参与基层治理，理性表达诉求，依法维护权益。

四是设施配套，建立脱贫长效机制。仪陇不断完善配套安置区的基础设施和公共服务设施，保障贫困群众的路、水、电、医疗、教育等生产生活需求。为给搬迁户提供就业机会，仪陇通过引进龙头企业，以土地流转、股权量化等方式，引导搬迁群众共建脱贫奔康产业园。同时，通过职业培训机构、农民夜校，免费为他们开展职业技能培训。此外，政府还提供扶贫小额信贷支持有经营能力的搬迁户开展自主创业，保障他们稳得住、能致富。

（三）教育扶贫

为取得教育扶贫成效，仪陇在教育领域实施了若干有力举措。一是紧抓“控辍保学”。通过控辍保学电子平台，建立稳定台账，实施数据动态监测，使全县义务教育阶段适龄儿童少年（6~15 周岁）97105 人（其中建档立卡 11637 人）控辍保学达标率实现 100%。建立稳定控辍保学机制，建立“双线”联控联保，即“乡镇—村社—家庭”和“县级教育部门—片区教育督导组—学校”，避免少年儿童因贫失学、辍学，避免他们因学习困难或厌学而辍学，避免他们因上学远、上学难而辍学。还实行了每名特殊群体学生至少有 1 名教师结对，每月至少开展 2 次学习和心理辅导，每学期至少家访 3 次，以争取做到全面掌握学生的学习动态。

二是全面落实学生资助政策。通过国家资助、地方资助、学校资助、社会资助和扶贫救助等多种举措，2014 年至 2018 年仪陇县累计投入 2.1 亿元资助贫困学生 32 余万人次。2016 年~2018 年 5 月，在建档立卡贫困户学生的特别资助方面，资助本专科和中职学生 2792 人次，资助资金 549 余万元。在教育扶贫救助方面，累计救助家庭经济极度困难的建档立卡学生 5306 人次，资助资金 344 余万元。在助学贷款方面，2014 年至 2018 年仪陇县累计为家庭经济困难的本专科学生和研究生发放生源地信用助学贷款 6558 人次，资金达 5114 余万元。

三是全面增强乡村教育的硬件和软件基础。2014 年至 2018 年 5 月，累计投入资金 2.3 亿元用于农村义务教育校校标准化、农村贫困家庭子女就近上学等达标建设。坚持“扶贫新村建到哪里，乡村校点就布局到哪里；务工人员随迁子女到哪里，学校就建到哪里”的教育均衡发展之路，解决了“入学难”“上学远”等问题。同时，加大师资力量引进力度，在教师选派上优先向乡镇中心校和学科紧缺、年龄结构老化的边远农村学校倾斜。其他增强乡村教育师资力量的举措还包括通过国培、网络研修、工作坊、集中培训等多种形式对全县教师进行培训，结合“支教援教”“送教下乡”等活动，创造条件让乡村与城市共享优质教育资源。

（四）健康扶贫

为确保群众“看得起病、看得好病、看得上病、少生病”，仪陇通过实施系列行动计划，创新治理举措，有效防止了因病致贫、因病返贫。

一是实施“六大”行动计划。该计划具体包括如下方面的行动。其一是医疗扶持行动。组织医疗机构对农村居民患病情况进行摸底，建立重病、大病、慢病等信息台账；通过多种保障政策的组合、叠加，构筑起“基本医保、大病保险、补充保险、民政救助、卫生救助”五重医疗保障网，贫困人口县域内住院自付费用控制在10%以内。其二是公共卫生保障行动。免费提供基本公共服务，对在家贫困人口的免费健康体检率达到100%；按照“一个县级医院医生+一个乡镇卫生院医生、一个护士、一个公卫人员+村医”模式，家庭医生签约覆盖率100%。其三是人才培植行动。加大了高精尖、急需紧缺人才招引力度，组建医疗小分队为基层医疗机构提供技术支持。重点建设县内医院重点科室，满足贫困人口县内就医需求。其四是能力提升行动。新建公立医院，并加强基层医疗机构达标建设，同时积极争取外部资源对本地医疗的支持。其五是计生整治行动。加大对计划生育家庭贫困户的奖励、优待和扶持力度，帮助这类家庭率先脱贫，如对独生子女伤残死亡进行特别扶助。其六是信息化建设行动。依托信息化平台，将乡镇医疗机构介入县级平台，县级平台介入市级平台，实现数据互联互通。同时，依托四川大学华西医院和省人民医院、南充市中心医院等优质资源打造数字医院，合作建设远程会诊和远程教学网络。

二是实施民政医疗救助。实施重特大疾病医疗救助工作方案等政策，将建档立卡贫困人口纳入重点救助对象范围。实施分类救助，对贫困人口中城乡低保对象参加医保的个人缴纳部分给予定额资助。对重点救助对象在定点医疗机构发生的政策范围内住院费用经基本医疗保险、大病保险报销后的个人自付部分，在救助限额内按照不低于70%的比例给予救助。对患重特大疾病且需长期院外治疗的，每人每年给予不超过5000元的门诊医疗救助。对患重度精神病的贫困对象，实行定点医院免费救治，经基本医疗保险和大病保险报销后剩余部分实行全额救助。对突发重特大疾病导致基本生活陷入困境的贫困对象，实施临时困难救助。

三是发挥残联特定救助优势。针对视力残疾、听力言语残疾、肢体残疾、智力残疾、0~6岁残疾儿童、精神病工作等分别展开救助。

（五）产业扶贫

仪陇积极破解产业发展慢和群众增收难两大桎梏，着力增强贫困群众自身“造血”功能，初步走出了一条产业脱贫的新道路。一是科学规划和引领产业发展。仪陇因地制宜确定了在贫困村发展生猪、水（干）果、粮油、蔬菜、有机蚕桑五大主导产业，实行“一村一品、一户一业”的差异化发展思路。脱贫攻坚期间，仪陇针对每户贫困户制定出一套帮扶方案，做到因户施策，引导贫困户增收脱贫。全县建有脱贫奔康产业园349个，还新改建种养业基地56.6万亩。

二是积极培育新兴经营主体。引进陕西海升、广东温氏等45家农业龙头企业，组建专业合作社830个、家庭农场705家，培育种养大户934户。通过“科技人员+贫困户”“专业合作社+贫困户”“公司+贫困户”“公司+基地+贫困户”“公司+家庭农场+贫困户”“公司+专业合作社+贫困户”六大发展模式，通过促进产业市场化来带动贫困户发展，促进了产业由“生产导向”向“销售导向”的转变。

三是创新利益联结机制。贫困户以新型经营主体培育为载体，通过土地经营权租赁、作价入股、经营权托管、技术承包服务、就地务工等方式搭上龙头企业发展快车，建立了利益共同体。通过依托广东温氏集团，建立“公司+家庭农场（托养户+贫困户）”的生猪养殖产业；通过依托浙江中味食品等企业，建立“技术无偿提供、产品保底收购、就业优先安排”的订单农业模式；通过依托陕西海升集团，以“企业+贫困户建示范园”和“农户自建园”的方式建立产业联盟；通过依托香港利达丰集团，采取“基地+贫困户”和“企业+专业合作社+贫困户”的方式，发展了有机桑蚕产业。

四是强化政策支撑。统筹使用财政涉农资金2亿多元用于产业发展，出台贫困户就业创业和发展种养增收奖补政策，落实脱贫贫困户的到户产业发展资金，为每个贫困村提供30万至50万元的产业扶持资金，为贫困户提供小额信贷风险控制基金5088万元，夯实了贫困村产业发展的资本基础。

五是推动群众参与，激发内生动力。仪陇按照“财政投入、量化资产、按股分红、收益保底”的模式，引导各村探索推进财政支农项目资金股权量化改革的扶贫模式，引导贫困户通过土地流转、合作、入股等方式激活生产要素。推动新型经营主体与贫困户建立长期稳定的带动关系，以“龙头企业+贫困户”“农民合作社+贫困户”“家庭农场+贫困户”等模式提高了贫困户创业致富的积极性和主动性。

（六）就业扶贫

就业是最大的民生。仪陇在就业扶贫领域的制度性举措主要包括如下三个方面：一是建立组织领导体系。成立了县级分管领导为组长的就业扶贫工作领导小组，完善了就业扶贫工作的组织、平台、资金、人员和工作体系。具体做法包括按照“一月一梳理、一月一研究、一月一清零”问题导向，统筹推进就业扶贫。通过层层动员、业务培训、电视和网络媒体宣传，提升群众的认知度和参与热情。

二是强化技能培训和典型示范带动。首先，通过实施“实体观摩+技术培训”引导式的培训方式，基于送扶贫专班、送定点学校、送培训进村、送技术进村、送政策入户、送岗位到人等途径，贫困劳动力的就业技能得以显著增强。其次，培育龙头企业，支持企业吸纳、带动贫困劳动力就业，通过创业园、就业车间吸纳贫困户就地就近就业。

三是落实政策扶助，拓宽就业渠道。仪陇践行“鼓励创业一批、产业带动一批、吸纳奖励一批、社保补贴一批”，实施就业创业奖补办法，按年人均纯收入高低给予600至1000元的奖补资金。实施针对农民专业合作社、种养大户、家庭农场、农村电商、贫困劳动力和贫困大学生创业等的认定和吸纳就业奖补举措。通过就业扶贫专场招聘、与发达地区开展劳务协作、给予务工交通补贴等多种方式，促进了劳动力转移就业。此外，仪陇按照“总量控制、严格程序、规范管理”要求，为贫困户提供了产业管护、社会治安协管、乡村道路保洁等公益性岗位。

（七）社会兜底扶贫

在社会兜底扶贫方面，仪陇也做出了一些探索。一是建立领导机构和工作制度。县级成立低保精准识别暨扶贫开发衔接专项工作领导小组，并先后出台系列政策，建立了政府牵头、民政部门指导、乡镇实施的低保精准扶贫联动工作机制。二是健全动态管理机制。严格执行民政专项资金使用管理规定，低保资金在县财政社保专户储存、专账管理、专款专用、封闭运行，直接向低保户发放。对低保救助对象，定期审核、分类救助，建立了进出两通畅的动态管理机制。三是严格监督检查。对低保对象在县、乡（镇）、村（社区）三级进行公示，接受群众监督举报，并以专项纠查等方式纠正认定不准确、动态调整不及时、不按收入补差发放低保金、吃拿卡要、骗取冒领等问题。

二　重点布局：补牢“两不愁三保障”薄弱环节

到2020年稳定实现农村贫困人口不愁吃、不愁穿，义务教育、基本医疗、住房安全有保障，是贫困人口脱贫的基本要求和核心指标。[①] 脱贫攻坚后期，整体来说全国贫困地区的“两不愁”基本得到解决，但“三保障”还存在不少薄弱环节。仪陇县围绕“两不愁三保障”进行了系统部署，通过有效的治理机制，将解决“两不愁三保障”问题的措施落实到村、到户、到人。

（一）奠基：完善“硬件”补短板

面对基础设施长期滞后的脱贫瓶颈，仪陇将交通、水利、电网等基础设施作为脱贫攻坚的“先手棋”。在交通建设方面，围绕“出境通道高速化、干线公路快速化、农村公路网络化”的“三化”目标，大力实施高速公路企地共建、国省干线畅通联网、县乡公路改善提升、通村水泥路建设和交通路网配套“五大工程”，为全县脱贫攻坚奠定坚实的交通基础。2017年，仪陇新建通村组水泥路2623公里，彻底解决了96个村硬化路未达标、185个退出贫困村道路新建问题，实现了285个贫困村硬化路通村率达100%。[②]

---

① 习近平：《在解决“两不愁三保障”突出问题座谈会上的讲话》，《求是》2019年第16期。

② 参见《仪陇县脱贫攻坚领导小组关于2017年度减贫计划完成情况及工作成效的报告》（仪脱贫〔2017〕10号）。

在水利建设方面，仪陇以中型水库为骨干，小型水库、塘堰池为基础，渠系为通道，建设了融供水、防洪、农灌为一体的水利工程体系，安全饮用水工程实现了全覆盖。2018年，仪陇完成油房沟水厂、县城供水二期工程和18条官网延伸工程，新建农村分散人饮工程5158处，有效解决了群众生产生活用水难题。在土地整理方面，实施农村土地整治扶贫项目3个，投资4758万元，建成了高标准农田3.9万亩，新增了耕地面积2900亩。在公共设施方面，提速农村电网建设，完成了251个农村电网改造。实施村级活动阵地标准化建设，设立937个便民代办服务站，新（改）建集文化室、卫生室等于一体的村级活动中心451个。接通285个贫困村光纤宽带，建设“电商驿站”，进行农产品电商推广和农村物流设施建设，打通了农村电商“最后一公里”。①

（二）筑巢：住房改造换新颜

仪陇的住房保障工作任务重、情况复杂、资金量大，是脱贫攻坚中异常艰巨的任务。为此，仪陇在县级层面专门成立了以分管副县长任指挥长的农村住房安全保障指挥部，统筹信息、政策、资金和监督考核。在乡镇层面成立了以乡镇长为组长的农村住房安全保障工作领导小组，负责工程验收、施工质量与安全、建设进度等的监督管理。在村级成立建房委员会（建房小组），负责分户确定房屋新建改建、维修加固方案、施工队监管、工程质量安全巡查等，为住房安全提供了坚实的组织保障。在资金保障上，整合易地搬迁、危房改造、地灾避险、美丽新村等各类资金近20亿元，重点投向住房建设、基础配套。特别是针对贫困群众住房改造，出台了县级资金补助办法，适度提高补助标准。对建档立卡贫困户，在中央和省级补助资金基础上，按难易程度每户再分别给予了2万元、0.95万元、0.6万元的资金补助，保障了贫困群众建房不负债、不返贫。在建设保障上，对农户有能力自建的，统一户型设计、技术指导和进度安排；对于缺乏劳动力自建住房的，出台“代改建”办法，由乡镇（村）成立施工小分队帮助建设。由此，仪陇全面解决了3.6万户农户的住房保障问题。

2014~2018年6月，仪陇累计投入资金6亿余元，完成了13878户建

① 参见《仪陇县2018年脱贫攻坚工作总结》（仪脱贫〔2018〕11号）。

档立卡贫困户的住房改造（其中维修加固 7035 户、新建 5660 户、提升改造 1183 户）以及 23977 户非贫困户的住房改造。[①] 通过脱贫攻坚，仪陇彻底改善了农民尤其是贫困户的住房条件，有效保障了农村住房安全。

（三）添翼：医疗扶贫拔“病根”

脱贫攻坚期间，为确保群众“看得起病、看得好病、看得上病、少生病”，仪陇实施了“医疗扶持行动、公卫保障行动、人才培植行动、能力提升行动、计生整治行动、信息化建设行动”系列行动计划。通过多种保障政策的组合叠加，构筑起了“基本医保、大病保险、补充保险、民政救助、卫生救助”五重医疗保障网，贫困人口县域内住院自付费用控制在 10%以内，11 种慢性病门诊和 21 种重大疾病门诊的报销比例达 90%。投入资金 1818 万元，全额代缴贫困群众基本医疗保险和大病医疗保险，落实了“九免一补助”“先诊疗后结算”等系列惠民政策。组建家庭医生签约服务团队 130 个，采取“1 个县级医院医生+1 个乡镇卫生院医生、1 个护士、1 个公卫人员+1 个村医”模式，实现贫困户常住人口家庭医生服务签约率达 100%。对享受现有医疗保障政策后，个人自付费用仍在 3 万元以上且支付能力差的大病非贫困户，也通过扶持政策予以救助。

2014 年至 2016 年，仪陇实现了 55 个贫困村卫生室的达标建设。2017 年，健康扶贫对象达 10 余万人，130 个贫困村卫生室及 56 个乡镇卫生院达标建设，县人民医院达到三乙，其他 3 家县级医疗机构达到二级水平，并代表南充市创建省级“健康扶贫工程示范县”。2018 年，实现了 91 个贫困村卫生室的达标建设。民政医疗救助上，2015 年至 2018 年 4 月，共救助 26 余万人次，发放救助资金 9461 余万元。[②]

（四）展翅：产业优化成引擎

发展产业并提升贫困户造血能力，是建立脱贫攻坚长效机制的重要基石。仪陇在产业发展方面主要采取了以下举措。

一是统筹产业布局。按照区域化、规模化、集约化的思路，全县规划

---

① 参见《仪陇县脱贫攻坚农村住房安全保障危房改造工作总结》，内部材料，2018 年 6 月。

② 数据来自《仪陇县健康扶贫工作总结》，2018 年 5 月。

11条连片规模种养产业带，大力发展优质粮油、农产品加工、乡村旅游等五大主导产业。同时，在充分尊重群众意愿的基础上，按照每个贫困村确立1至2个主导产业、组建1至2个农民专业合作组织、培育5户以上种养示范大户。二是多方带动培育机制。具体经验包括：以产业园带动，将致富党员、生产要素、贫困群众、政策资源优先向园区集中，采取“畜禽托养、土地托管、返租分成”等方式，在出列贫困村建设脱贫奔小康产业园。以龙头企业带动，引进温氏、中味食品等7家国省农业龙头企业，发展生猪托养、订单农业。以业主大户带动，贫困户出土地、出劳力，业主出资金、出技术、包销售，整合资源，实现共赢。三是创新利益链接。积极探索“新型经营主体+贫困户”“资产量化+贫困户”“金融扶贫+贫困户”等模式，建立“租金收入、劳务收入、固定收入、保底分红、效益分成”等利益链接机制，带动贫困户年均增收5000元以上，既破解了集体经济无来源的问题，又确保了贫困群众家家有股份、个人有就业、年年有分红。

截至2018年，仪陇已引进45家龙头企业，组建专业合作社830个、家庭农场705家，培育种养大户934户；建成生猪托养场302个，建成水果、蚕桑、蔬菜、中药材和水产等产业园349个；新改建种养业基地56.6万亩，其中新改建粮油基地30.2万亩；新改建水果基地8.5万亩，蔬菜基地3万亩，中药材基地5.3万亩；新改建水产基地4万亩；新改建蚕桑基地1.5万亩，花椒基地2.6万亩，核桃基地1.5万亩；发展林下养殖企业37家。通过上述举措，仪陇成功带动2.73万余贫困人口脱贫，[①] 为贫困户增收奠定了坚实的产业基础。

（五）翱翔：智志双扶断“穷根”

除了在义务教育阶段实行严格的控辍保学举措以阻断贫困代际传递外，仪陇还根植深厚的红色文化底蕴，始终把群众教育作为实现“两不愁三保障”“四个好”目标的重要抓手。一是强力推进“遵法守法、习惯养成、感恩奋进”三大主题教育，着力解决部分群众法律意识淡薄、不良生活习惯、“等靠要”思想严重等问题。二是以“五学”活动丰富教育形式。

① 数据来自仪陇县农业局《仪陇县农业产业扶贫工作总结》，内部材料，2018。

以专家进村辅导学、干部入户帮助学、身边典型激励学、新老媒体带动学、村校互动同步学等方式激发群众学习积极性，强化学习效果。三是通过广泛开展“十评”“两创”活动树立典型。通过评模范守法户、清洁家庭户、星级文明户、致富带头户、饮水思源户，评好公婆、好媳妇、好妯娌、好夫妻、好干部的“十评”活动和创四好星级农户、创四好幸福新村的“两创”活动，促进了文明正气新乡风的形成。

第三节　县域引领型融合治理的机制创新

在以引领型融合治理模式推进精准脱贫过程中，仪陇结合县情、民情，创新性地探索了实现脱贫攻坚目标的组织机制、制度机制和文化机制。

一　组织治理创新：再造科层治理机制

（一）治理力量的再组织化

仪陇基于引领型融合治理模式，大力整合资源、吸纳融合诸多治理力量并创新治理方式方法，突破了趋于“悬浮”、日益钝化的传统基层治理模式。引领型融合治理模式包括以脱贫攻坚指挥部为中心统合各行政部门的上层指挥决策机制、融合市场和社会的动员机制、以帮扶力量为核心的“分线分层”渗透整合基层社会治理机制、以激发群众内生动力为目标的基层群众动员机制，以及以巡查、抽查、奖惩为手段的多维督查考核机制，等等。

在引领型融合治理模式下，如何处理政府、市场与社会之间的关系是脱贫攻坚必须面对的一个核心问题。三者关系如果处理不当，易导致“1+1<2”的不利后果，从而影响贫困治理效能。仪陇县实际上是基于组织化途径实现了反贫困的引领型融合治理。其基本做法是，在“精准扶贫”“精准脱贫”理念的指引下，编织脱贫攻坚的组织之网，打造一支全身心投入脱贫攻坚的脱贫共同体。

一是政府内部治理力量的再组织化。脱贫攻坚的复杂性让传统的条块分割的科层体制难以应对。仪陇在脱贫攻坚的前期实施阶段，存在县委主要负责人在访谈时所说的“个别（行政）部门对上沟通不主动、脱贫攻坚未完全落实、部门之间相互沟通不足、个别部门协调意识不够、个别乡镇和部门主观能动性不足”等诸方面问题。对此，仪陇县实行了政府内部治理力量的再组织化，突破了传统常规化的部门分立模式，在县级层面成立了脱贫攻坚指挥部，负责全县脱贫攻坚工作的决策、协调和指挥。脱贫攻坚指挥部由县委书记县长负总责；乡镇党委书记乡镇长为辖区内脱贫攻坚第一、第二责任人，负责组织领导和统筹协调等工作；村“两委”负责宣传发动、组织实施、监督管理、教育引导等工作。设立脱贫攻坚指挥部办公室，下设综合协调组、基础设施建设组、产业培育推进组、社会事业发展组、住房安全保障组、村集体经济推进组、宜居乡村创建组、资金整合组、暗访工作组、问责问效组、问题收集处理组、软件资料规范组。实现五个全覆盖：其一是联系领导全覆盖，即32名县级领导对全县57个乡镇和285个贫困村全覆盖帮扶；其二是帮扶部门全覆盖，即按照“1+1”或“1+N”的方式，全县所有县级部门联系285个贫困村；其三是驻村帮扶全覆盖，即下派由县级部门副职担任队长的驻村工作队285个，选派766名优秀干部担任贫困村和脱贫任务重的非贫困村第一书记；其四是农技人员全覆盖，即选派288名农业科技人员到贫困村驻村帮扶，指导产业扶贫；其五是帮扶责任人全覆盖，即按照县级领导帮扶6户、科级领导帮扶5户、一般干部帮扶4户、教师医生帮扶2户的结对原则，全县1.15万名干部与10.03万贫困人口结对，实现帮扶工作全覆盖。

二是动员市场和社会力量进入脱贫攻坚的治理共同体。脱贫攻坚期间，仪陇县筑巢引凤、引进涉农龙头企业45家，大力发展业主大户、专业合作组织等新型经营主体，建成脱贫奔小康产业园371个、专业合作社830个、家庭农场705家，培育种养大户934户。通过完善利益联结机制，将贫困户与新型经营主体、龙头企业和地方部门“捆绑”在一起，形成利益共同体。在利益联结上，仪陇县探索形成了“三收三分”（即，劳务收入、租金收入、经营收入；固定分红、效益分成、保底分红）和“四个加”（即“新型经营主体+贫困户”“金融扶贫+贫困户”“资产量化+贫困户”“技能培训+贫困户”）等利益联结机制。上述举措让仪陇的贫困人群得以在贫困治理共同体中挖掘、发挥并提升了自身的经济资本、人力资本和社会资本，发展的可持续能力得到切实增强。

动员贫困治理对象主动参与到治理过程，是引领型融合治理促进脱贫攻坚取得成功的一个重要条件。仪陇以上述直接进入村组和贫困户家中的"分线分层"帮扶力量为基础，进行了广泛的群众教育和群众动员，形成了一套激发群众内生动力的社会动员机制。在脱贫攻坚的前期实施阶段，许多贫困户不了解各项脱贫政策，一部分贫困户存在"等要靠"思想。一些贫困户之间、贫困户与非贫困户之间还存在攀比心态，甚至一度出现上访量与日俱增的情况。[①] 为扭转这一状况，仪陇进行了涵盖宣传、教育等多个层面和多种形式的动员活动。具体包括召开座谈会、广播会、开办农民夜校和院坝会进行政策宣传，举办包含法律、卫生、孝道、感恩等多方面内容的活动进行激励。这些活动改变了他们的思想状况，让绝大多数贫困人口转变为脱贫攻坚的主动参与者和积极拥护者，从而奠定了"共建共治"的乡村社会基础。此外，自东西部扶贫协作结对关系调整以后，仪陇县充分利用并发挥了外部力量的作用，将浙川两省和金华、南充两市各项重要部署付诸行动，坚持"产业共建、人才共融、发展共享"的工作思路，融合了更多的治理力量合力攻坚。

脱贫攻坚以前，基层的扶贫部门力量甚微是全国的普遍状况。仪陇莫不例外。该县扶贫移民局共 25 人（机关 14 人，下属事业单位 11 人），其中从事移民工作有 9 人、专职做扶贫工作的仅 16 人。脱贫攻坚期间扶贫的对象范围广、实施内容多、达成标准高，仅仅依靠县扶移局的力量是远远不够的。为此，仪陇首先成立了党政主要负责人为组长的领导小组。但脱贫攻坚领导小组在实际工作中也遇到一些问题：一方面，领导小组从职能层面主要是明确各成员单位的职责，而具体事务需要扶贫部门来操作和落实；另一方面，脱贫攻坚领导小组机构大而全，议事协调很容易产生形式主义。还有其他的一些现实困难，比如，领导小组会议的应参会人员通常很难全部到齐，而在研究特定专题工作时，部分领导

① 参见《仪陇县脱贫攻坚指挥部办公室关于全县脱贫攻坚工作 2016 年工作总结和 2017 年工作打算的报告》，内部材料。

小组成员虽与分管工作无关，也需按要求参会。因此，这种“陪会”现象也分散了工作精力。

面对上述问题，仪陇在体制机制上积极创新，在脱贫攻坚指挥部下设由县级领导任组长的12个工作推进组，分别是综合协调组、基础设施建设组、产业培育推进组、社会事业发展组、住房安全保障组、村集体经济推进组、宜居乡村创建组、资金整合组、问责问效组、暗访工作组、问题收集处理组、软件资料规范组。具体运作机制为：不同领域的工作小组首先研判本领域工作推进中遇到的难题，再将重大问题带到脱贫攻坚领导小组协商。这样有效缩短了疑难问题的解决周期，也提高了工作效率。比如，脱贫攻坚仅涉及住房改造就有4万多条问题，如果每个问题都在领导小组会议上集中研讨，将极大增加领导小组成员部门但业务上不相关的部门的工作量，也将严重阻碍脱贫攻坚整体工作的进度。

值得提及的是，在“书记县长双组长”责任制下，按照职能分工，县长还要主抓项目攻坚、安全生产、改革开放等上级政府重视的工作。因此，在一定程度上给县长“松绑”显得尤为重要。这就要求县委书记必须“真当组长、真下深水”。[①] 通过严格落实脱贫攻坚“双组长”责任制，实行以脱贫攻坚指挥部为中枢的指挥运行机制，执行“重点工作一律主要领导亲自部署，重要决策一律集体会商，重大问题一律当日报告”的“三个一律”工作机制。仪陇形成了“整体推进县委统筹、辖区攻坚乡镇主体、农户脱贫村组落实”的运行机制，再造了政令畅通、推进有力的科层治理体系。

（二）党建引领

党的基层组织是党全部工作和战斗力的基础，党员的引领示范作用也是脱贫攻坚的重要特征。脱贫攻坚期间，仪陇县以全面从严治党为主线，以抓实基层党建为统揽，坚持抓基层打基础夯堡垒，全面提升了基层组织的凝聚力。

首先，仪陇县积极探索创新党员工作机制，充分发挥支部引领、党员

① 来源于对仪陇县委主要领导的访谈记录，2019年8月26日。

示范作用。通过村村设置党员示范岗，着力构建以村党组织为核心的基层治理体系，开展“张思德标兵”评选，建立村级代办服务站，实施党员“带头富、带领富”工程，培育党员精准脱贫示范项目，带动了2.1万余名群众脱贫。同时，通过纵深推进“放管服”和“最多跑一次”改革，深化“共产党员示范行动”，设立党员攻坚小组，开展“党员改革先锋岗”“张思德示范岗”等评比活动，引导党员干部在深化改革中争先锋作示范。通过取消审批环节、精简办事流程，持续深化“不作为、慢作为、乱作为”整治。开办《阳光问政》栏目，切实解决了农民脱贫和发展中的实际问题，获得广大农民的好评。

其次，针对基层党组织的领导弱化淡化虚化问题，深入开展“党员找组织、组织找党员”活动，新建流动党支部、联合党支部；整顿软弱涣散村级党组织，发展青年人才党员作为后备人才，基层党组织由此成为脱贫攻坚一线指挥所。同时，为破解村级治理人才队伍培育难的问题，仪陇通过实施“百名好书记培养引领计划”“千名农村人才回引计划”“千名后备干部培养计划”，采取“结对帮扶培养、定期教育轮训、顶岗跟班学习”等举措，遴选培养优秀基层党支部书记、致富带头人，吸引了返乡创业农民工、退役军人等群体优秀人才，培养了农民工担任村干部955人，担任村党组织书记214人，较好解决了村级组织后继乏人问题。通过支持返乡农民工投身新型农村经营实体，乡村两级在土地流转、项目对接等方面做好协调工作，脱贫攻坚期间农民工创办企业数已达70余家。

最后，围绕县域发展项目选精兵调强将，建立项目人才储备库，并在项目一线成立临时党支部，将最优秀干部选在项目一线的艰苦岗位全力推动项目攻坚，确保项目攻坚到哪里，组织就覆盖到哪里，党员骨干的先锋作用就发挥到哪里。比如，积极引导商会党组织围绕脱贫攻坚和乡村振兴，响应县委“百企联百村·党建助振兴”号召，组织商会企业与全县数百个贫困村签订结对帮扶共建协议。同时，积极开展城乡结对，所有机关企事业单位与行政村全面结对。结对帮扶单位充分发挥职能优势，形成以城带乡、以乡促城、优势互补、共同提高的发展新格局。

此外，通过派驻帮扶力量和工作组等方式，锻炼了能吃苦、作风正的基层干部队伍，夯实了党在农村的执政根基。通过大力实施千名人才回引工程和贫困村后备人才培养计划，鼓励优秀人才进入村“两委”班子，提升了基层党组织的实力。这种“走出去”与“请进来”双向发力的乡村治理人才培养模式，锻造了脱贫攻坚的“前沿指挥部”，也借此再造了贫困治理的基层主体。

总之，仪陇的脱贫攻坚实践创新了当地的基层治理体制，促使传统常规化的科层治理体制向脱贫攻坚时期的引领型融合治理转型。在县域层面，脱贫攻坚的引领型融合治理包括四个主要机制，即以指挥部为中枢的指挥运行机制、以“分线分层”帮扶力量为核心的下渗机制、以宣传和教育等活动为内容的群众动员机制，以及涵盖全过程的督查机制。引领型融合治理解决了科层分立导致的协调难题，将以帮扶力量为代表的治理资源和国家权力直接渗入基层村组和农户家中，彻底扭转了21世纪以来基层社会治理向上“悬浮”的趋势。有效的群众动员机制则改变了贫困人群的“等要靠”和攀比等消极思想，将他们从脱贫的被动承受者转化为治理贫困的重要力量。引领型融合治理还通过督查机制解决了基层干部的激励问题，确保了脱贫项目及时有效推进并执行到位。

二　制度创新：以解决问题为核心的工作抓手

（一）问题解决机制

面对脱贫攻坚出现的多样性、复杂化问题，仪陇采取分级研究、分层审定的办法，探索形成“全面摸排、分类汇总、分级解决”的“4321”问题收集解决机制。具体做法参见专栏5-1。

具体而言，“4”是指在县、乡、村、户四个层面开展撒网式摸排问题。由此发现的问题不仅有修路、兴水、改电等公共问题，也包含农户电视信号不通、洗漱用品不全等涉及一家一户的“小问题”。“3”是指按照问题研究和解决的不同主体，确保每个问题都有研究和解决主体、都能“对号入座”。对于需要县级层面研究解决的问题，县里还会制定直白式、条款式的处理意见，并以文件形式印发，确保共性问题得到有效解决。“2”是指以两个月为1个周期滚动消灭问题。对于个别整改难度大的问题，则限期解决。最后的“1”是指每个乡镇每年落实一笔专款解决个案问题。这种机制让脱贫攻坚中暴露出来的每个问题都有了研究主体、具体解决举措和解决时限，为解决各式各类问题提供了可靠保障。

专栏 5-1 坚持问题导向助推脱贫摘帽

阶段一 发现问题，形成问题清单（20天）

1. 召开会议部署。组织全县乡镇党委书记、行业扶贫部门主要负责人召开问题摸排梳理专题会，县委主要领导对全县脱贫攻坚问题摸排工作进行全面部署，要求按照“不回避、不隐瞒、不打折”的原则，如实上报问题。对摸排问题多、问题实的不追责不问责；对问题摸排少、效果差的纳入督查范畴进行重点督查。

2. 开展入户摸排。乡镇班子成员实行划片包干，统筹乡镇干部，组织帮扶力量，按照户户见面的要求，对照国省脱贫摘帽标准，细化摸排要求，通过看、问、查、算等方式重点摸清基础设施、住房安全、持续增收、惠民政策落实等方面存在的问题；摸排出来的每个问题至少列举1户贫困户的具体情况作为佐证。对贫困户反映不合理的问题不纳入上报范围，并及时做好思想教育和疏导工作。

3. 对标分类汇总。各村将摸排的问题按照原汁原味的要求上报乡镇，乡镇将各村上报的问题按“户脱贫、村退出、乡达标、县摘帽”四个类别进行分类汇总，形成问题清单，由乡镇党委书记、乡镇长同时把关签字后，报送县脱贫攻坚指挥部办公室。

4. 督查摸排效果。县脱贫攻坚指挥部督查组对问题摸排情况进行督查，将摸排问题少、无具体意见建议的乡镇列为督查重点，开展暗访督查，进行“麻雀”解剖。凡问题摸排不深入不细致、工作流于形式的乡镇给予黄牌、红牌警告。

阶段二 研究问题，形成措施清单（10天）

5. 分层分线梳理。指挥部办公室将乡镇上报的问题按照“乡镇村自行研究、县级层面研究、向上汇报请示”三个层级进行分类汇总。

凡政策已经明了，主要因乡镇村推进不力而出现的问题，由乡镇村自行研究解决；凡全县带有共性，需进一步明确政策、明晰流程、厘清职责的问题，由县级层面研究解决；对个别缺少政策支撑或虽有政策但彼此之间存在冲突、基层操作困难的问题，通过向上汇报争取解决。

6. 专题审议定责。县委主要领导组织召开脱贫攻坚指挥部指挥长办公会议审议《县委主要领导主持研究、县委政府分管领导提出意见的问题清单》和《县委政府分管领导研究、县乡共同解决的问题清单》，分条分线明确县级领导、责任单位。

7. 分项研究举措。对乡镇村自行研究解决的问题，及时反馈到乡镇，督促乡镇及时组织研究并及时解决；对县级层面解决的问题，根据指挥长会议，及时将相关问题清单送达县委主要领导、分管领导和县级相关部门；对没有政策支撑、县级权限无法解决的实际问题，反馈至县级行业主管部门及县级分管领导，及时形成专报，报送省市相关部门，县委政府专报省市脱贫攻坚领导小组办公室，恳请帮助指导并给予解决。

8. 形成解决办法。对县级层面解决的问题，采取分类研究、集体审定的方式进行，由县级分管领导分别召集部门及部分乡镇党委书记进行研究，形成处理意见。凡涉及重大事项，需集体会商的由县委县政府主要领导亲自召集研究。问题解决措施在充分听取部门、乡镇意见和建议的基础上，形成傻瓜式、条款式清单，并以脱贫攻坚指挥部及办公室文件形式下发各乡镇和县级部门。

9. 大会逐一解读。及时召开县级领导、乡镇部门主要负责人和村第一书记会议，对问题整改清单逐条进行详细解读，讲明支撑解决办法的具体政策和依据，对有疑问的当场提问、当场解答。

阶段三　解决问题，形成成果清单（30天）

10. 明确整改时限。结合问题措施清单，县级各部门根据行业特点，制定整改任务分配表，明确责任和时限，对本部门任务跟踪落实，对乡镇任务督促指导；乡镇根据存在的问题，结合措施清单及县级部门的任务分配表，将措施与问题一一对应，将整改内容与党委成员一一挂钩，以周为阶段、以月为期限制定整改时间表。

11. 定期反馈进度。乡镇及县级部门每周向指挥部进行问题整改专项报告，报告内容包括上一周整改落实情况、在整改中发现的新问题及意见建议。对乡镇反映的新问题，在县级部门层面不能解决的，并入下一轮问题摸排整改进行解决。

12. 严格跟踪问效。把乡镇自行解决的问题和已有明确解决措施问题的整改落实情况作为督查重点，督查暗访组按照不少于摸排问题总数30%的比例开展问题复查抽验。对问题整改不合格的发回乡镇（部门）重新整改，对个别整改难度大的问题，单列清单，限定时限，持续追踪。凡问题整改行动迟缓、效果不佳的，严格追究乡镇和县级部门主要责任人责任。

2015~2019年，仪陇县1.15万名干部扎根村组，面对问题和诉求“不回避、不隐瞒、不打折”，对照“户脱贫、村退出、乡达标、县摘帽”4个方面的具体标准，与3.15万户贫困户户户见面，共梳理出持续增收、安全住房、医疗等21个方面近2.6万个具体问题。

仪陇这种“和问题对着干”的创新做法，帮助仪陇在贫困治理中找准并解决了存在的问题，也赢得了广泛认可和社会关注。2017年，四川省脱贫攻坚领导小组办公室面向全省宣传并要求各地学习，《人民日报》、中央电视台等媒体也对此工作机制进行了专门报道。

（二）督查考核机制

从全国脱贫攻坚的整体部署看，在国家、省、市、县、乡镇，均有层层压实的督查问责机制。如果仅从督查机制本身来看，仪陇的情况与全国各地并无本质差别。但仪陇的督查机制突破了以往以惩罚为主的导向，张弛有度的激励考核机制成为仪陇顺利脱贫摘帽的手段之一。仪陇具有创新性的多重督查机制的一个重要做法是，通过县级领导带队督查，组织监察局、房管局、国土局、财政局、车管所等业务单位复查，县纪委暗访抽查，实现所有贫困户100%见面、所有临界贫困户100%排查、疑似问题户100%复核，确保扶贫对象“零误差”。

首先，对督查机制进行清晰定位。县级层面的督查是推动各项工作的总抓手。仪陇致力于真正通过督查发现问题、研究问题、解决问题，认真总结各级各类督查的“变味”“变通”带来的一系列负面影响，如外行督查内行导致真实信息误判、过多过滥的督查增加基层工作负担、只听一面之词的督查滋长贫困户投机思想、动辄问责的督查挫伤扶贫干部积极性等问题，因地制宜地制定督查方案。通过统筹各类督查，在很大程度上避免了多头督查、重复督查、频繁督查。

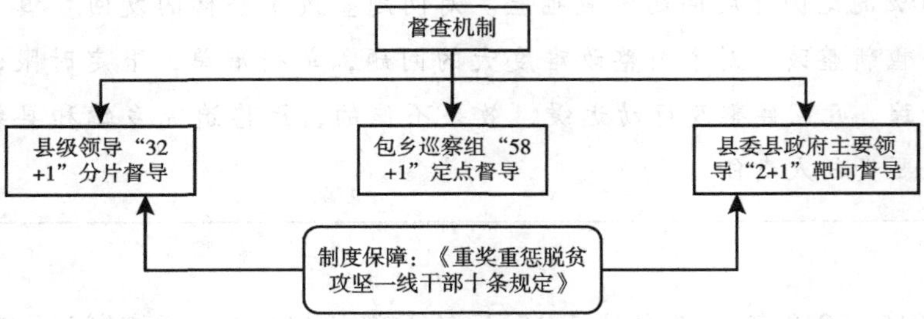

图 5-2　仪陇脱贫攻坚中的多重督查机制

其次，甄选并规范督查人员行为。仪陇按照每个乡镇1名巡察员的标准，从行业部门业务骨干中遴选了58名全脱产定点包乡督导的巡察人员，另外严格甄选督查成员。一方面，通过对督查人员进行专题业务培训、要求他们全程参加县级层面的各类脱贫攻坚会议等方式，让督查人员吃透政策、掌握重点，避免督查过程中发生“形式主义”和“外行指导内行”现象。另一方面，在要求督查人员敢于“唱黑脸”、不折不扣上报问题的同时，也要求他们做到全程跟踪问题并参与整改。此外，如果县级领导抽查、群众反映、媒体报道以及上级巡察督查发现了督查人员没发现的问题，或者督查人员刻意隐瞒不报，督查人员则需承担连带责任。

最后，谨慎应用督查结果。仪陇在督查问责时紧抓精准识别、脱贫成效、问题解决等重要环节，资金使用、工程建设、工作作风等关键领域以及中央省市巡视巡察、督查考核、退出验收等特殊节点。同时，督查问责突出教育警醒、解决问题、推动工作的实效。例如，2017年两个乡镇在督查过程中被发现存在排查问题不深入、上报问题数量少且质量差等问题，在全县万人脱贫攻坚大会上受到红牌、黄牌警告，乡镇党委书记现场领取红黄牌。此外，对核查不实的问题不追责、对非主观原因导致的问题不从严追责，由此保证了干部担当干事的积极性。仪陇出台的《重奖重惩脱贫攻坚一线干部十条规定》，基于奖惩结合，在很大程度上增强了各级干部的主动性和积极性。

> 督查不是问责越多越好、处罚越重越好，既要有警示教育作用，也要真正关心干部。比如，为了确保一次县级交叉检查工作的顺利完成，乡镇干部连续几周没有休息。而在相关工作结束后，县委办公室则打破“惯例”，第一时间通知乡镇干部休息几天。正是在这种既可达到警钟长鸣的效果，又能彰显人性关怀的监督机制下，仪陇的基层干部在脱贫攻坚过程中几乎无人“临阵脱逃”，少部分提出辞职的乡镇干部也都是在脱贫摘帽工作结束之后。（仪陇县委主要负责人访谈—20190826）

基于调查可见，仪陇在县一级的督查机制上有三个特色：一是处理干部时有“复活”机制；二是传导压力；三是干部内部处理占主导。脱贫攻坚期间，全县共有 5 名乡镇党委正职、15 名驻村帮扶干部因工作不力被问责调整，273 名脱贫一线干部得到提拔重用。

三　文化创新：发扬新时代仪陇精神激发脱贫动力

（一）“两德精神”的传承与激活

仪陇由于是老一辈无产阶级革命家朱德和为人民服务的光辉典范张思德同志的故乡，为纪念革命先烈们的英雄事迹，将仪陇儿女不怕牺牲、勇于奋斗的革命精神和战斗精神代代传承，1977 年仪陇县革命委员会批准正式成立张思德纪念馆，1991 年朱德铜像纪念园揭幕。这两处地方后来都成为重要的红色革命教育基地。仪陇还以川陕苏区红色文化资源为基础，以全心全意为人民服务的“两德精神”为依托，创办了张思德干部学院。该学院成为党员干部和各类人才培训的综合性党性教育机构。

从“两德精神”的内涵来看，全心全意为人民服务是其根本。随着时代的进步，“两德精神”在仪陇这片红色土地上不断传承、发扬壮大。30多年来，仪陇人民群众始终保持着艰苦奋斗、自强不息的优良品质，同心同向、众志成城地向贫困宣战，仪陇精神在新时代焕发出更加耀眼的光芒，老、边、穷的革命老区贫困县也终于得以新颜换旧貌。在脱贫攻坚过程中，扶贫干部深入基层、投身一线，用真情和行动践行了全心全意为人民服务的宗旨，化解了曾经存在的干群隔阂，密切了干群关系。在2018年6月由第三方评估考核团队展开的国家考核中，仪陇的群众认可度高达98.68%，表明当地群众对仪陇脱贫攻坚成效和地方干部的高度认可。

脱贫干部除了扎根一线干实事，还注重对贫困群众进行“文化扶贫”和“思想扶贫”。通过农民夜校、广播宣传、院坝会等形式，深入开展“遵法守法、习惯养成、感恩奋进”三大主题群众教育活动；组建文艺宣传队，排练节目，开展脱贫攻坚文艺会演，释放脱贫正能量；以“好媳妇、好妯娌、好公婆、好邻里”，“模范守法户、五星文明户”等“五学十评”活动，创造文明睦邻新乡风。不少贫困群众改变了“等靠要”的懒惰思想，改变了对干部的误解和偏见，主动当起了政策宣传员。比如，赛金镇潮水坝村村民XDY就是典型。他过去是村里出了名的“老顽固”“上访户”，凡事总喜欢与村干部对着干。脱贫攻坚期间，看到村里修公路、兴水利、搞产业，干部群众同心同德，干得热火朝天，XDY也感叹：“干部天天泡在村里搞产业、搞水利、修公路，有时候吃饭都顾不上。干部还是靠得住，真心为老百姓在干实事。”为表达自己的愧疚，他主动把党的政策、村里的变化编成花鼓、快板、三句半唱给老百姓听。

（二）社会力量参与扶贫的新实践

从我国脱贫实践来看，贫困问题的复杂性在于其成因包含微观与宏观、个体与社会、经济与政治诸要素，单一的贫困治理手段往往成效有限。充分发挥中国特色社会主义制度的优势，特别是集中力量办大事的优势，强化政府责任，引导市场、社会协同发力，构建专项扶贫、行业扶贫、社会扶贫互为补充的大扶贫格局，[①] 是打赢脱贫攻坚战的重要保障。

① 黄承伟：《中国扶贫开发道路不断拓展》，《人民日报》2018年8月26日。

仪陇诸多社会力量广泛参与到了扶贫工作中，他们的新实践和新作为创造了具有仪陇特色的大扶贫开发格局。

仪陇县组织社会力量参与扶贫主要有三条路径：一是深入发动、募集社会扶贫资源。开展扶贫日活动，牵头组织各地、各单位、各系统开展科技扶贫、文化扶贫、旅游扶贫、产业扶贫、技能培训扶贫等特色扶贫活动。组织形式多样的扶贫募捐活动，动员各类社会资源和力量支持基础薄弱的教育文化事业、公共卫生等领域。2015 年，在“奉献一份爱心，点燃一盏希望”的主题募捐活动中，5 家企业捐款 132.48 万元，主要用于 190 名贫困大学生、50 名贫困小学生上学读书和仪陇县特殊教育学校的教育教学。二是发动工青妇、残联、老促会等社会团体组织，大力开展“扶贫募捐”“金秋助学”“关爱留守儿童和留守老人”等活动。2015 年，县移民开发协会向社会各界募捐资金 125 万元。其中，募集助学资金 65 万元，资助困难学生 210 人；募集医疗救助资金 50 万元，资助贫困病人 520 人。[①] 三是通过召开乡友会、成功人士座谈会，建立微信群、QQ 群等方式，激发在外乡友、成功人士和爱心企业反哺家乡的热情。

仪陇县各乡镇积极发动社会力量参与扶贫。以复兴镇为例，面对全镇 902 户贫困户 2830 个贫困人口的脱贫任务，镇党委、政府通过多种方式发动社会组织、行业协会、企业等力量参与扶贫。一方面，镇党委、政府发动复兴镇商贸、十字社区 48 名党员干部到石桥河村开展助农助耕结对认亲活动，为贫困户送去生活必需物资，帮对象户抢种抢收。另一方面，努力争取社会企业、爱心人士的支持，动员社会爱心企业和爱心人士在扶贫日活动中捐献爱心基金 273.3 万元。其中，通过开展“扶贫日”现场活动捐款 12.5 万元，通过微信群募集社会扶贫资金 202.3 万元（其中为重病农户筹集爱心捐款 20.3 万元），通过开展各类“坝坝宴”活动募集资金 38.2 万元。

复兴镇玉皇观村是通过“微信工作坊”“坝坝宴”等方式充分动员在外乡友和成功人士反哺家乡、参与扶贫的典型。借助微信用户多、使用便捷等优势，该村“两委”广泛收集乡友联系方式，邀请加入朋友圈，开展

---

① 数据来自仪陇县扶贫和移民开发局的《2015 年工作总结暨 2016 年工作要点》，内部材料。

"掌上宣传"，把家乡政策、发展意愿、引资诚意宣传出去。该村每年组织春节茶话会、重阳聚会联谊，谈家乡变化、说来年愿景，激发乡友反哺奉献的热情。该村还依托微信问计于民，定期发布工作计划、政策执行、任务落实等动态，让外出人员远隔千里也知晓村务，赢得了乡友和外出务工村民对村里的信任和支持。在村干部一心为民的真情和勤勉踏实的工作感染下，2014~2018年玉皇观村通过微信群成功筹款180余万元（见表5-1），为贫困户脱贫和村庄发展提供了有力支撑。此外，玉皇观村的微信群在关键时期还起到"救人于危难"的作用。玉皇观村党支部在2016年11月利用微信群为村里病重的贫困户筹集善款，一天就收到捐款8000多元。2017年3月，为村内身患白血病的贫困户通过微信成功募捐3.8万元。这种互助行为体现了贫困治理对邻里之间互相关爱、相互扶持的传统美德的激活和利用。

表5-1　玉皇观村吸引社会力量帮扶情况（2014~2018年）

资金来源	金额(万元)	资金用途
创业成功人士	112	硬化村道路12.8公里，安装路灯42盏
社会捐资	50	整治蓄水1.8万余方的山坪塘2口(可满足8个社300余亩生产用水)
村级筹款	8	新建文化舞台、村级小食堂、硬化活动室院坝
外地爱心人士	≥13	全村12户困难群众生产发展资金及慰问物资

资料来源：调研团队在仪陇县复兴镇玉皇观村的调查，2019年8月。

第四节　脱贫攻坚的治理效能

"两不愁三保障"是检验贫困户能否脱贫、贫困村能否退出和贫困县能否摘帽的重要指标，是判断一个地区脱贫攻坚工作成效的根本标准。经过脱贫攻坚，仪陇有效解决了建档立卡贫困群众"吃穿不愁、病有所医、住有所居、幼有所教"的脱贫攻坚目标。

一　吃穿不愁：解决"两不愁"问题的成效

2014年，仪陇10.03万建档立卡贫困人口中有技能的劳动力仅为73人，占全县贫困人口的0.08%；普通劳动力45842人，占全县贫困人口的47.1%；弱劳动力或半劳动力6080人，占全县贫困人口的6.25%；丧失劳动力或无劳动力45329人，占全县贫困人口的46.57%。[①] 针对贫困人口的这一状况，仪陇采取发展产业增收、扩展就业帮扶、低保兜底求助等途径，分类、分批解决“两不愁”问题，取得了贫困群众“吃穿不愁”的脱贫成效。

（一）发展产业增收

脱贫攻坚开展之前，仪陇的产业基础薄弱，农业发展缓慢。当地农业主要依靠传统方式进行生产，效益较低；农业产业关联度不高，产业链基本没有形成；农业产业龙头企业规模小、实力弱，经营管理粗放，引领产业发展的能力有限，农民增收较为困难。脱贫攻坚期间，仪陇秉持发展产业带动贫困人口就业和增收的脱贫目标，通过产业发展基金和金融扶贫基金、加大招商引资引进力度和带动创建新型生产经营主体、提升物流网络等途径，促进了产业发展和经济增长。

首先，脱贫攻坚统筹整合了产业发展基金和金融扶贫基金，奠定了产业发展的资本基础。从2014年到2019年，仪陇统筹整合了规模总量达6.94亿元的产业发展资金（见图5-3），打造了“县有‘种植、养殖、加工’三大支柱产业、村有脱贫奔康产业园、户有庭院经济”的产业扶贫网。在县级层面，仪陇引进了海升、温氏、中味等28家大型农业龙头企业和大山米业等23家农业产品深加工企业落户。在村级层面，引导龙头企业、业主大户、专业合作组织等新型经营主体与贫困群众共建脱贫产业奔康园。在贫困户层面，产业发展资金发放到户，支持贫困群众发展小果园、小菜园、小家禽等庭院经济。截至2018年，农业龙头企业在仪陇建成柑橘产业园3.1万亩、加工型蔬菜产业园8.2万亩、生猪托养场302个；建立脱贫奔康产业园285个，形成了贫困村“村村建园”、贫困户“户户入园”的产业格局。同时，发放到户产业资金支持贫困户发展庭院经济。

与此同时，脱贫攻坚还撬动大量金融资本从多方面促进了产业发展。具体包括以扶贫小额信贷、创业担保贷款等方式支持贫困群众发展养殖业和从事个体经营；通过贷款产品和金融服务优先满足参与脱贫攻坚的各类

① 数据来源于仪陇县贫困基础数据库。

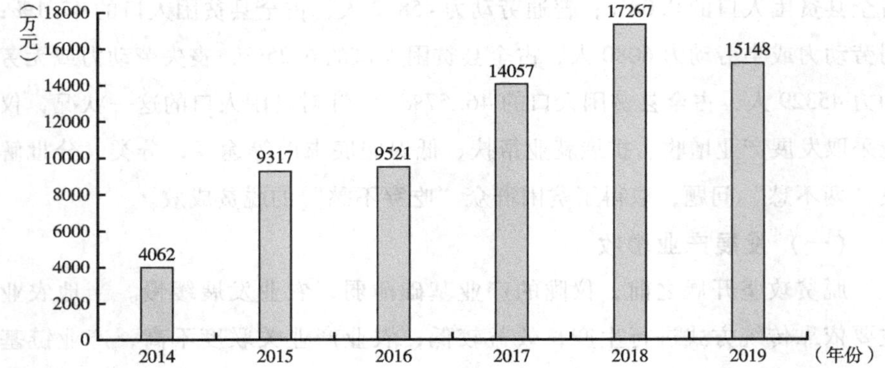

图 5-3　2014~2019 年仪陇脱贫攻坚统筹整合产业发展资金情况

资料来源：《仪陇县 2014~2019 年脱贫攻坚统筹整合情况统计表》，内部材料。

经营主体的资金需求；加强农村信用体系和支付环境建设促进金融资金流动；等等。2014 年至 2018 年，仪陇扶贫小额信贷累计放贷 14560 笔、5.2329 亿元，贷款余额笔数为 5724 笔、1.8374 亿元，共扶持种养大户 200 多户，累计帮助贫困户增加收入达 3 亿元。[①] 仅 2018 年 1 月至 10 月底，仪陇金融机构累计向脱贫奔康产业园、各类专业合作社、家庭农场、龙头企业等新型农业经营主体发放产业精准扶贫贷款近 5 亿元，直接带动贫困户 5251 户。[②] 产业发展基金和金融扶贫基金注入各类经营主体和农户，保障了产业的资金来源，为产业发展和农户增收奠定了最坚实的资本基础。

以产业扶贫为基础，仪陇探索出“四多”利益联结机制，通过发展产业促进贫困群众增收。该做法是通过多业支撑（工业、农业、商业、脱贫奔康产业园、庭院经济等）、多方联动（公司+合作社+贫困户、龙头企业+基地+贫困户、业主大户+贫困户、归雁经济+贫困户、帮扶力量+贫困户等）、多元投入（财政投入、金融扶持、工商资本、社会资金等），以带动贫困户多重受益，即获得劳务收入、租金收入、经营收入、固定分红、效益分成以及保底分红等。

① 参见《仪陇县扶贫小额信贷工作概况》，内部资料，2019。

② 参见《中国人民银行仪陇县支行 2018 年金融专项扶贫总结》，内部资料，2019。

从 2014 年到 2018 年，仪陇的产业扶贫网和“四多”利益联结机制共带动 1.38 万贫困户 2.73 万贫困人口发展种植和养殖业。其中，1.48 万余人以劳动力就业，9500 余人以资金、土地入股专业合作社，3000 余人自主发展产业，总共带动贫困户年均收入增加 6000 元以上。

其次，脱贫攻坚引进和带动创建了一大批新型经营主体，扩大了产业规模并增强了经营活力。据仪陇县 2019 年统计，从 2014 年至 2018 年，仪陇共引进海升、温氏、中味等 45 家农业龙头企业，组建专业合作社 830 个、家庭农场 705 家，培育种养大户 934 户，建成生猪托养场 302 个，建成水果、蚕桑、蔬菜、中药材和水产等产业园 349 个，新改建种养业基地 56.6 万亩。在同一时期，仪陇还加大了工业园区建设，吸引大山米业等 23 家农副产品深加工企业落户，园区入驻企业 89 家，协议投资 150 亿元，初步形成了农副产品精深加工、服装鞋帽、食品医药、机械电子四大支柱产业，并于 2017 年成功创建省级“农副产品深加工特色产业园”，被全省命名为“小企业创业基地”“第二批农产品加工示范基地”。新引进和新创建的一大批新型经营主体不仅带动了贫困人口就业增收，还扩大了产业规模，改进了生产和经营方式，成为仪陇经济增长的新引擎。

最后，脱贫攻坚还建立了一个联通县、乡、村三级区域的物流网络体系，加快了农村电商平台的建立和产品流通的速度，在商品流通环节促进了产业发展。脱贫攻坚期间，仪陇调整和优化了邮运网和投递网，建成了县级冷链物流及分拣配送中心，整合县内 10 余家托运部入驻，实现了货物集中集散。与此同时，以分拣中心为核心，在全县开通了 15 条农村物流配送专线，连通了 57 个乡镇电商物流服务站和 300 个村级电商物流服务点，发展了快递物流企业 19 家、配送站点 183 个，构建了县、乡、村三级电商物流配送体系，解决了农村电商物流“最后一公里”和农产品上行“最初一公里”问题，打通了农产品尤其是贫困户农产品上行快速通道。此外，脱贫攻坚还完善了县城和乡镇的集市设施，扩大了本县产品的销售市场，进一步促进了产业发展和经济增长。

在上述诸多举措和诸多力量共同推动下，仪陇的产业发展较快，经济获得快速增长，无论是城镇还是农村居民的收入都得到持续增加。如

图 5-4所示，从 2014 年到 2018 年，仪陇的地区生产总值从 146.0 亿元增加到 203.8 亿元，年平均增速超过 8%。其中，农业获得稳定的较快增长。在脱贫攻坚持续推进的 5 年间，农业生产总值接近翻倍，从 37.5 亿元增加到 62.3 亿元。在同一时期，仪陇的居民可支配收入以高于地区生产总值的速度持续增长，农民的可支配收入增幅则更大，从 2013 年的 6610 元提高到 2018 年的 11965 元（见表 5-2）。

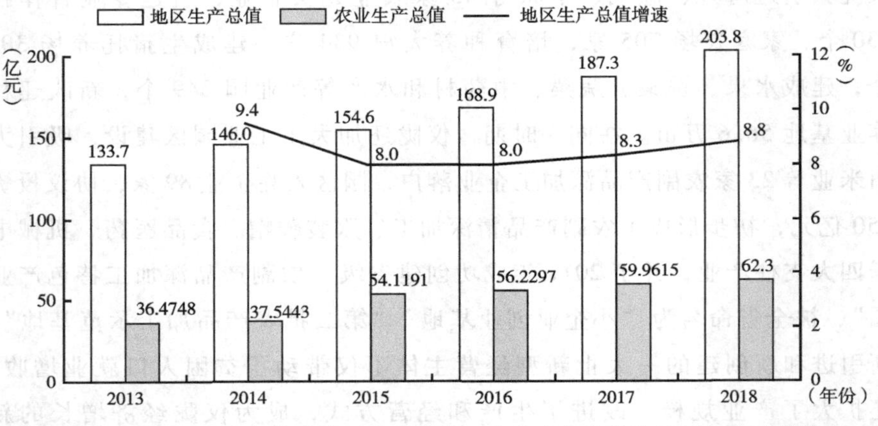

图 5-4　2013～2018 年仪陇地区生产总值、农业生产总值和地区生产总值增速

资料来源：根据《仪陇县统计局 2018 年国民经济和社会发展统计公报（2019 年 4 月 10 日）》《仪陇县统计年鉴（2016）》《仪陇县统计年鉴（2017）》整理。

表 5-2　2013～2018 年仪陇人均可支配收入及增长率

	城镇居民可支配收入（元）	城镇居民可支配收入增长率（%）	农民可支配收入（元）	农民可支配收入增长率（%）
2013	19601	—	6610	—
2014	21724	10.83	7442	12.59
2015	24474	12.66	9051	21.62
2016	26467	8.14	9910	9.49
2017	28779	8.73	10904	10.03
2018	31209	8.44	11965	9.73

资料来源：《仪陇县统计局 2018 年国民经济和社会发展统计公报（2019 年 4 月 10 日）》。

（二）扩展就业帮扶

在发展产业增加贫困人口收入的同时，仪陇还大力扩展就业渠道，通过就业帮扶解决“两不愁”问题。随着脱贫攻坚进入快速推进阶段，从2016年起，仪陇全力整合就业扶贫资金，创新就业扶贫工作方法，针对不同劳动力状况的贫困人口采取技能培训、转移就业、公益岗位安置等就业帮扶渠道，促进他们通过就业实现增收。

首先，从2016年到2018年4月，仪陇通过扶贫专班、定点学校、培训进村等渠道，采取“实体观摩+技术培训”的引导式培训方式，对有意愿参与培训的贫困劳动力进行技术、政策和相关岗位的培训。全县3年时间累计开展扶贫培训48期、共培训4746人次，有效帮助了贫困劳动力掌握就业技能（见表5-3）。

表5-3　仪陇就业扶贫的主要成效

	就业扶贫资金（万元）	培训贫困劳动力（人次）	转移贫困劳动力（万人次）	公益岗位安置贫困劳动力（人次）	各项奖补资金（万元）
2016	330.2	1346	2.1	421	1.0
2017	802.0	2506	2.06	855	107.2
2018	759.0	894	2.2	879	58.4
总计	1891.2	4746	6.36	2155	166.6

注：2018年数据截至当年4月。

资料来源：《仪陇县就业扶贫工作开展情况（2018年5月28日）》。

其次，在同一时期，仪陇还通过开展就业扶贫专场招聘、深化与发达地区的劳务协作、给予外出务工交通补贴等方式，促进贫困劳动力就业。全县3年来共开展就业扶贫专场招聘会近百场，与浙江磐安签订了劳务合作协议，依托商务部“百城万村”家政扶贫项目和四川省家政服务发展示范项目培训家政工，并对接北京、成都等地的家政劳务公司。对参加有组织的跨省贫困劳动力进行一次性单程交通补贴，3年累计转移贫困劳动力达6.36万人次，极大地促进了贫困户的就业和增收。

再次，仪陇还在贫困村开发公益性岗位，进一步安置贫困劳动力就业。按照当年出列贫困村每村5个、其余贫困村每村2个的数量标准和每个岗位每月500元的待遇标准，设置产业管护、社会治安协管、乡村道路保洁等工作内容的公益性岗位。从2016年至2018年，累计安置2155人次的贫困劳动力在公益性岗位就业，实现了部分贫困人口的托底安置就业。

最后，仪陇还出台了一系列奖补政策，鼓励各种生产经营实体吸纳贫困劳动力就业和支持贫困劳动力与贫困大学生创业。从2016年至2018年，仪陇先后奖补了117户吸纳贫困劳动力就业的生产经营实体和种养大户，以及一批就业扶贫示范村、扶贫基地、扶贫车间、参与创业的贫困大学生和通过发展种养增收的贫困户，累计发放奖补资金166.6万元，促进了一部分贫困劳动力的就业和增收。

通过上述技能培训、转移就业、公益岗位安置和吸纳就业奖补等途径，仪陇有力促进了贫困劳动力的就业，带动了有劳动力贫困户家庭的增收。

（三）社会兜底保障

仪陇县贫困基础数据库显示，脱贫攻坚期间仪陇贫困人口中丧失劳动力或无劳动力的数量高达45329人，占全县贫困人口的46.57%。对于无法通过产业扶持增加收入和就业帮扶实现就业的贫困人口，仪陇通过低保兜底、残疾人补助、城乡养老保险等社会兜底保障渠道，进一步解决"两不愁"问题。

脱贫攻坚期间，仪陇在四川省内率先实现农村低保线与贫困线"两线合一"，不断扩大低保兜底救助的贫困户范围，不断增加低保兜底金额，将低保兜底救助与贫困群众的脱贫有效衔接起来。从2014年到2018年，仪陇的农村最低生活保障标准不断提高，2018年为每人每年3720元，即每月310元（见表5-4），已高于动态调整后的国家扶贫标准。按照收入核实、精准认定、科学补差、动态管理的工作方法，仪陇在脱贫攻坚期间逐年扩大了贫困低保户数，5年时间累计对74119户贫困户进行了低保兜底救助，共发放补助资金10490.56万元，有效解决了绝大多数丧失或缺乏劳动力贫困人口的"两不愁"问题。

表 5-4　仪陇低保兜底扶贫的主要成效

年度	最低生活保障标准（元/人/年）	贫困低保户数（户）	补助资金（万元）	特殊补助资金（万元）
2014	2200	8528	297.65	—
2015	2280	9909	1276.47	—
2016	2880	17946	2058.85	317.03
2017	3360	18716	3664.59	—
2018	3720	19020	3193.00	—
总计	—	74119	10490.56	317.03

注：2018 年为 1～3 季度的数据。

资料来源：《仪陇县民政局低保“兜底”扶贫工作总结》，《仪陇县 2018 年社会保障扶贫工作总结》。

在低保兜底救助渠道之外，仪陇还采取发放特殊补助资金、贫困残疾人生活费补贴和困难补贴、代缴贫困户城乡居民养老保险等方式，帮助贫困人口中的特困人员、残疾人、老人等群体，确保丧失或缺乏劳动力的贫困人口的“两不愁”问题得到有效解决。通过上述诸多举措，仪陇彻底解决了“两不愁”问题，保障了贫困人口真正过上“吃穿不愁”的生活。

二　病有所医：健康扶贫的成效

仪陇县贫困基础数据库显示，2014 年仪陇因病致贫的贫困户高达 2.15 万户，占全县贫困户的 68.3%。其中，患长期慢性病的贫困人口为 26728 人，占全县贫困人口的 27.46%；患有大病的 3913 人，占全县贫困人口的 4.02%。贫困人口中还有残疾人口 7414 人，占全县贫困人口的 7.61%。因此，通过健康扶贫让贫困人口病有所医，是脱贫攻坚的重要任务。进入脱贫攻坚的加速推进阶段之后，仪陇不断加强医疗服务体系和公共卫生体系建设，创新健康扶贫的工作方式和方法，通过先诊疗后结算、九免二补助、大病专项治疗等制度和措施，建构了“五重医疗保障网”（即城乡医疗保险基金、大病保险基金、补充医疗商业保险基金、民政医疗救助基金、卫生扶贫救助基金），100%公共卫生覆盖网，达到了“三个一批”的健康扶贫目标，即大病集中救治一批、重病兜底一批、慢性病签约一批。

首先，在医疗服务体系建设方面，构建了县、乡镇、贫困村三级医疗服务平台，提升了医疗服务水平。从2014年至2018年，仪陇县级公立医院实现了院区新迁和硬件升级，建筑面积达15.7万平方米，床位数达2010张，占全县床位总数的44.7%；所有乡镇、贫困村全部建成硬件达标的卫生院和卫生室，还引进一批高层次、紧缺型医疗人才，组建11个专门对基层医疗机构进行技术指导的医疗小分队，并给每个贫困村配备一名合格村医。三级医疗服务平台的建立和服务水平的提升为贫困人口“病有所医”提供了有力保障。

其次，以上述医疗服务体系为基础，仪陇出台的先诊疗后结算、九免二补助、大病专项治疗等制度和措施构筑起了健康扶贫的“五重医疗保障网”，对贫困人口的参保、住院、慢性疾病和重病门诊等进行全方位保障。通过“五重医疗保障网”，贫困人口的医疗参保率达100%，县域内住院、11种慢性病门诊和21种重大疾病门诊的报销比例超过90%，极大减轻了贫困人口的医疗负担。

最后，仪陇还建构了贫困人口健康体检和家庭医生签约的100%基本公共卫生覆盖网，为贫困人口提供基本公共卫生服务，从源头上发现疾病和减少疾病。在健康体检方面，仪陇为贫困人口提供免费健康体检，做到在家贫困人口免费健康体检率100%，电子健康档案建档率100%，外出务工人员基本信息档案建档率100%，色标管理100%，外出人员回家后立即补齐体检项目100%。在家庭医生签约方面，仪陇组建了130个家庭医生签约服务团队，实施了“1+3+1”（即一个县级医院医生+一个乡镇卫生院医生、一个护士、一个公共卫生人员+村医）签约服务模式，做到与贫困村和贫困常住重点人口的签约率均达100%。

通过建构上述三级医疗服务平台、五重医疗保障网和基本公共卫生覆盖网，仪陇健康扶贫取得了显著成效。从2016年至2018年4月，仪陇贫困人口县域内住院的报销总数达82352人次，报销费用达35621.35万元，平均报销比例达97.20%；从2017年至2018年4月，11种慢性病门诊和21种重大疾病门诊的报销人次为2192人，报销费用为437.2万元，报销比例超过90%（见表5-5）。

表 5-5　仪陇健康扶贫的住院和门诊报销情况

年度	县域内住院			11 种慢性病和 21 种重大疾病门诊		
	报销人次（人次）	报销费用（万元）	报销比例（%）	报销人次（人次）	报销费用（万元）	报销比例（%）
2016	26394	10828.48	100.00	—	—	—
2017	42751	19026.19	95.82	1724	392.4	90.04
2018	13207	5766.68	95.78	468	44.8	90.05
总计	82352	35621.35	97.20	2192	437.2	90.04

注：其中 2018 年数据截至当年 4 月。
资料来源：《仪陇县健康扶贫总结》，内部资料，2019。

与此同时，从 2015 年至 2018 年 4 月，仪陇民政医疗救助基金共救助 26.64 万人次，发放救助资金达 9461.55 万元，其中资助参保参合 21.62 万人次，发放资金 1616.93 万元（见图 5-5）。

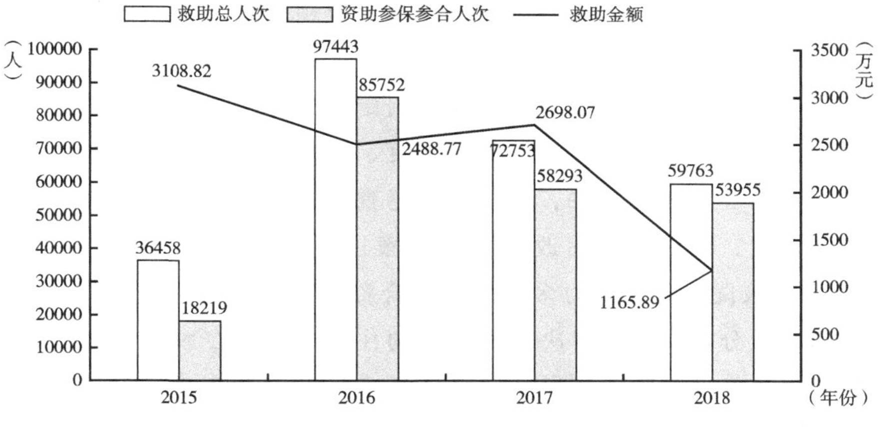

图 5-5　2015~2018 年 4 月仪陇民政医疗救助人次和救助资金情况

资料来源：《仪陇县健康扶贫总结》，内部资料，2019。

此外，自脱贫攻坚开展至 2019 年初，仪陇卫生扶贫救助基金共救助 7252 人，救助金额达 460 万元；其中门诊救助 6492 人，共 375.149 万元；住院救助 760 人，共 129.851 万元。2017 年和 2018 年分别完成贫困人口免费健康体检 58122 人和 61381 人。[①]

仪陇健康扶贫在上述参保参合、住院、慢性病和大病门诊、免费健康体检等方面取得的成效打通了贫困人口的就医渠道，有力减轻了贫困人口的医疗负担，极大降低了因病致贫的贫困人口比例，显著提高了贫困人口的健康水平，实现了“病有所医”的脱贫攻坚目标。

三　住有所居：住房保障的扶贫成效

住房保障是“两不愁三保障”的核心内容之一，“住有所居”也是脱贫攻坚最为艰巨的任务之一。脱贫攻坚开展以前，仪陇上万户贫困户存在住房不稳固、住土坯房、人居环境差、居住地极为偏远落后等一系列住房问题。进入脱贫攻坚加速推进阶段后，仪陇通过危房改造、易地扶贫搬迁等途径，全面解决了贫困户的住房问题，实现了“住有所居”的脱贫攻坚目标。

在解决贫困户住房问题的过程中，仪陇开创了“五个三”工作法，即以县住房安全保障指挥部、乡镇住房工作领导小组和贫困村建房小组为架构的“三级”组织机制，涵盖全县统筹、全员动员、全程指导的“三全”实施方式，以锁定对象、制定改建方式、确定补助标准为核心的“三定”实施策略，以保障制度、保障标准、保障资金为内容的“三保”工作推进方法，以及包括巡查、抽查、督查“三查”的工程监管模式，确保了危房改造和易地搬迁的有效实施。从 2014 年至 2018 年，仪陇举全县之力多方筹集整合资金，通过危房改造、易地搬迁等途径，分类、分批解决贫困群众的住房问题。在脱贫攻坚的前期实施和加速推进阶段，仪陇整合了近 13 亿元资金用于解决贫困群众的住房问题。

以前述“五个三”工作法为基础，经过 5 年脱贫攻坚的艰苦努力，仪陇在危房改造和易地搬迁两个方面取得了以往从未有过的巨大成效。在危房改造方面，从 2014 年至 2018 年，仪陇共完成 37855 户（套）危房改造任务，其中为建档立卡贫困户改造住房 13878 户，包括维修加固住房 7035 户、新建

① 参见《仪陇县健康扶贫政策简介》，内部资料，2019。

住房5660户、提升改造住房1183户，为非贫困户改造住房23977户。[①] 在易地搬迁方面，共完成9503户贫困户的易地搬迁（见表5-6）。

表5-6　仪陇住房保障的资金投入和主要成效

年度	住房保障资金投入（万元）	危房改造数量［户（套）］	易地搬迁数量（户）
2014	3964	4028	0
2015	10309	11211	0
2016	20882	8000	1903
2017	77904	14616	3625
2018	16359	0	3975
合计	129418	37855	9503

资料来源：根据《2014—2019仪陇脱贫攻坚整合使用资金情况统计表》《牢记使命建好房倾力助推摘穷帽——仪陇县脱贫攻坚农村住房安全保障危房改造工作总结》《仪陇县住房和城乡建设规划局2018年农村危房改造工作总结》《仪陇县易地扶贫搬迁工作情况汇报》《仪陇县发展和改革局2018年易地扶贫搬迁工作总结》等资料整理。

经过危房改造和易地搬迁，仪陇全面解决了贫困人口的住房困难问题，改善了人居环境，为其他方面的脱贫攻坚打下了坚实基础。通过危房改造和易地搬迁，贫困群众的住房结构更加安全，住房功能更加齐全，新（改）建房屋实现了生产与生活分离、宿舍与餐厅分离、厨房与卫生间分离，前庭后院得到了整治，配建了便民路，维修了排水沟，设置了生活垃圾处理设施，美化了乡村容貌，农村人居环境得到彻底改善。与此同时，易地搬迁让一部分贫困群众从极端偏远落后和自然灾害频发的农村集中到小城镇，让这部分贫困人群得以摆脱住房、就医、教育、饮水、行路、用电“六难”问题的困扰，并通过新的产业发展和就业途径走向脱贫致富之路。经过脱贫攻坚，仪陇“安得广厦千万间”，全面解决了贫困人群的住房困难问题，实现了“住有所居”的脱贫攻坚目标。

① 参见《牢记使命建好房倾力助推摘穷帽——仪陇县脱贫攻坚农村住房安全保障危房改造工作总结》，内部资料，2019。

四　幼有所教：教育扶贫的成效

仪陇县贫困基础数据库显示，2014 年仪陇共有各级各类建档立卡贫困生 17384 人。其中义务教育阶段贫困生 11637 人，学前教育阶段贫困生 1850 人，高、职中阶段贫困生 2825 人，大学及以上贫困生 1863 人。为了达到“两不愁三保障”中“义务教育有保障”的脱贫攻坚目标，仪陇针对全县上述建档立卡贫困生的状况，整合各级各类资金，通过持续的教育扶贫努力，义务教育阶段建档立卡贫困生无一人因贫辍学、失学，确保了所有贫困家庭子女“幼有所教”。

首先，仪陇创新了一系列控辍保学机制，确保义务教育阶段的建档立卡贫困生不因贫、因学习困难等原因辍学失学。这些机制包括“3 类 4 级”保学平台、“2345”保学方式和“123”师生结对帮扶措施。其中，“3 类 4 级”保学平台是指通过电子平台对 3 类人员的相关信息（即建档立卡贫困生的入学情况、资助情况和义务教育阶段适龄儿童的入学情况）建立县、乡、村、校 4 级台账，对建档立卡贫困生和义务教育阶段学生的信息进行精准管理。“2345”保学方式是指明确行政系统与教育系统“双线”联控联保（即“乡镇—村社—家庭”线和“县级教育部门—片区教育督导组—学校”线），做到影响辍学的因素的“三避免”（即避免因贫失学、辍学，避免因学习困难或厌学而辍学，避免因上学远、上学难而辍学），抓住导致失学事件的“四重点”（即重点时段：3 月和 9 月；重点地区：边远、贫困和流动人口集中区；重点学段：初中；重点群体：贫困家庭等特殊群体），压实“五长”（即县长、乡镇长、校长、村长、家长）的控辍保学责任，确保适龄儿童和少年均有机会接受义务教育。“123”师生结对帮扶模式是指对每名特殊群体学生至少配 1 名教师结对，教师每月至少对该生开展 2 次学习和心理辅导，每学期至少进行 3 次家访，全面掌握学生的学习动态，及时疏导可能的厌学情绪，确保学生劝得来、留得住。

其次，在创新控辍保学机制的同时，仪陇还建立了一套涵盖各级各类建档立卡贫困生的教育扶贫资助体系（见表 5-7），从经济上保障了贫困家庭子女“幼有所教”。如图 5-6 所示，从 2014 年至 2019 年，仪陇用于教育扶贫的资金超过 2 亿元。脱贫攻坚期间，仪陇共资助各级各类建档立卡学生（含部分非建档立卡经济困难生）达 33.0211 万人次，资助总金额高达 2.5626 亿元。

表 5-7　脱贫攻坚期间仪陇教育扶贫资助体系和主要成效（2014 年至 2018 年 4 月）

资助对象	资助内容（项目）	资助人次（万人次）	资助金额（万元）
贫困幼儿及部分非建档立卡困难“三儿”	免除保教费	4.3461	1872.414
贫困义务教育阶段寄宿生	寄宿生生活补助	13.9112	8007.325
贫困普通高中生	免除学费	4.7668	1662.234
	国家助学金	5.8193	5437.735
贫困中职生	免除和减免学费	1.3612	1496.140
	国家助学金	1.3509	1141.925
家庭经济困难的本专科生及研究生	国家生源地助学贷款	0.6558	5114.320
家庭经济极度困难的建档立卡学生	教育扶贫资金救助	0.5306	344.683
需特别资助的建档立卡本专科生和中职生	建档立卡特别资助	0.2792	549.450
合计	—	33.0211	25626.226

资料来源：《仪陇县贫困家庭子女义务教育保障情况》，内部资料，2019。

值得特别注意的是，在幼儿保教费、义务教育阶段寄宿生生活补贴、高中和中职阶段减免学费和发放助学金、大学及研究生阶段生源地贷款等常规化的资助之外，仪陇还专门设立了教育扶贫资助基金和特别资助基金，分别对家庭经济极度困难的建档立卡贫困生和需要特别资助的本专科、中职贫困生进行专项资助。

从 2014 年至 2018 年 4 月，教育扶贫基金共资助家庭经济极度困难的建档立卡学生 5306 人，资助金额达 344.683 万元；特别资助资金共资助特殊建档立卡学生 2792 人，资助金额达 549.450 万元。这些专项资助在教育扶贫工作中体现了“精准扶贫”的要义，确保了特别困难和有特殊需求的贫困家庭子女得到专项资助，有力减轻了这些贫困家庭子女的教育经济负担。

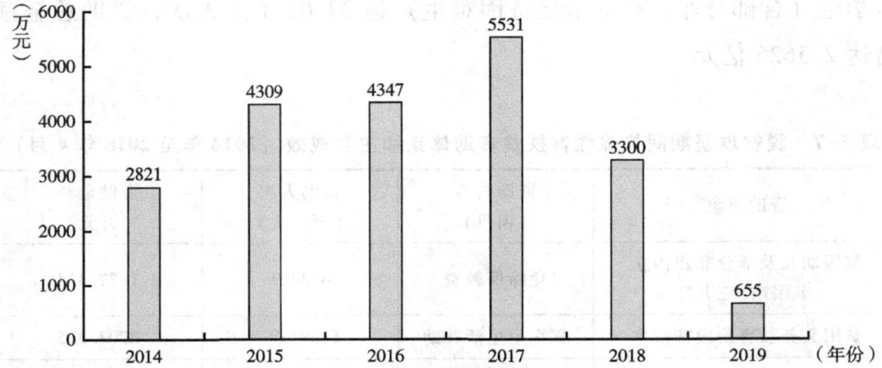

图 5-6　2014~2019 年仪陇教育扶贫资金情况

资料来源：《2014—2019 年脱贫攻坚统筹整合情况按用途情况统计表》，内部资料。

最后，在乡村教育的硬件设施和质量提升方面，仪陇在脱贫攻坚期间完成了乡村标准中心校的建设，开展了乡村教师能力提升工程和教育信息化水平建设，极大地提高了乡村义务教育阶段学校的基础设施和师资力量，提升了农民（工）子女的教育质量，缩小了城乡之间的教育差距，促进了教育的均衡发展。如表 5-8 所示，脱贫攻坚从硬件设施和师资能力两个方面大幅提升了乡村教育质量，基本实现了“乡乡有标准中心校、农村校校标准化、农民（工）子女就近上好学”的目标，县城教育机会、农村教师数量、教师的待遇和业务能力均呈现显著提升的趋势。

表 5-8　2014~2018 年仪陇教育扶贫质量提升工程和主要成效

类别	项目	完成情况	主要成效
硬件设施提升	乡村标准中心校建设	校舍:95541 平方米	乡乡有标准中心校，农村校校标准化，贫困家庭子女就近上好学
		运动场:113500 平方米	
		课桌凳:20000 套	
		计算机:3725 台	
		多媒体班班通:558 套	
	城镇学校建设	新建高中/职中:各 1 所	向随迁子女扩展城镇优质教育资源
		新建小学:1 所	
		新建幼儿园:2 所	
	信息化水平提升	中小学互联网接入率:100%	共享教育资源，提高教育效率
		生机比:初中 0.08 台/人，小学 0.06 台/人	

续表

类别	项目	完成情况	主要成效
师资能力提升	补充师资	公招教师:769 名	义务教育招录教师全部到乡镇、边远学校任教
		特岗教师:488 名	
		定向培养免费师范生:122 名	
	提高待遇	农村义务教育教师生活补助:400 元/月	提高待遇,稳定农村教师队伍
		乡镇工作补助:200 元/月	
		薪级工资:高靠一档	
		评优评先评职:优先倾斜	
	提升能力	乡村教师培训:3 万人次	提升教师素质,均衡校际师资力量
		县城教师支援:骨干教师、名师轮岗与交流	

资料来源:《仪陇县贫困家庭子女义务教育保障工程》,内部资料,2019。

经过脱贫攻坚在控辍保学、各层次与各层面的学生资助以及在教育硬件和师资能力上的巨大投入,从 2014 至 2018 年,仪陇的普通高中和大学录取率均有持续稳步的显著提升(见图 5-7)。

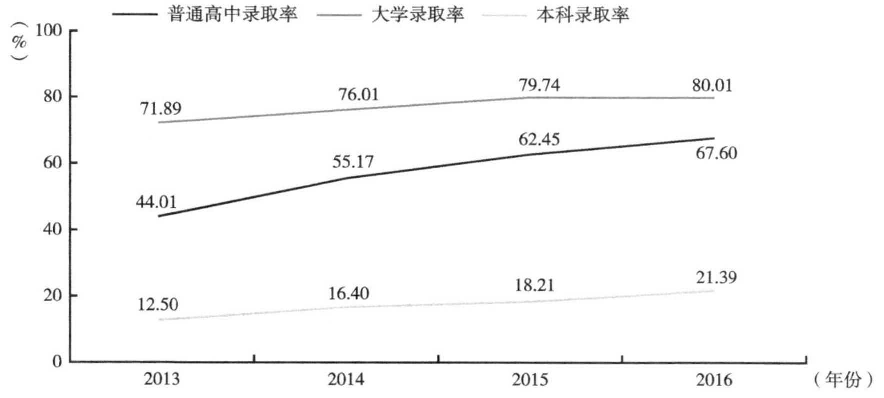

图 5-7　2013~2016 年仪陇普通高中、大学和本科录取率的增长

注:大学录取率是指仪陇当年所有参加高考的人数中被大学(包括本科和大专)录取的比例,本科录取率则专指本科(包含重点本科)录取的比例。

资料来源:根据《仪陇县统计年鉴(2015)》《仪陇县统计年鉴(2016)》《仪陇县统计年鉴(2017)》相关数据制作。

通过上述教育扶贫的诸多举措，[①] 仪陇不仅实现了义务教育阶段贫困家庭子女无一辍学和失学的目标，极大地减轻了贫困家庭子女受教育的经济负担，还大幅提高了多数贫困家庭子女入读的乡村学校的教育质量，实现了贫困家庭子女“义务教育有保障”和“学得好、上好学、有发展”的“幼有所教”目标。

五　基础设施的改善

脱贫攻坚极大地改变了仪陇乡村基础设施薄弱的状况，大幅提升了乡村道路、水利、电力、网络、房屋等基础设施建设水平，为实施乡村振兴战略打下了坚实基础。基础设施薄弱是制约仪陇经济社会发展和形成“贫困牢笼”的主要因素之一。在脱贫攻坚开展之前，仪陇境内无港口、无航运码头、无铁路，高速公路里程短，部分乡村道路等级低、路况差，交通网络不够完善，通行能力弱，群众出行、物资运输比较困难。截至 2013 年底，仪陇全县的通村道路里程仅为 1661.748 公里。基础设施薄弱严重制约了农业和农村发展，也直接限制了贫困治理效能。

自 2014 年脱贫攻坚开展至 2019 年初，仪陇在基础设施建设领域投入巨额资金，力图从交通、水利等方面大幅提升基础设施建设水平。如表 5-9所示，6 年间仪陇共整合各项基础设施建设资金高达 20 多亿元，其中交通设施建设近 11 亿元，水利设施建设近 7 亿元，生产便道、生活便民路等其他基础设施建设 2 亿多元。在上述巨额资金投入和引领型融合治理的运作下，仪陇的交通、水利、电力、网络等基础设施在脱贫攻坚期间获得了根本改善。

在交通设施方面，过境高速、国道、省道、县乡公路都得到全面提升，形成了“出境公路高速化、干线公路快速化、农村公路网络化”的交通格局。其中，成巴、巴南广等高速建成通车，国、省道路实现改造升级，县、乡公路快速增长。从 2014 年至 2019 年初，仪陇的通村通组道路里程从 1661.748 公里，增加到 5300 公里（包括水泥路 4500 公里、泥结碎

① 其他教育扶贫举措还包括对 156 名不宜和无法进入学校就读的重度残疾和多重残疾适龄儿童的送教上门工作、加强对县特殊教育学校的投入、扩大县中职学校的招生规模等一系列工作，兹不赘述。——笔者注

石路800公里）。新建通村通组水泥公路2800余公里（见图5-8），实现了全县“村村通水泥路”的目标，其中75%的村组建成了通组道路。

表5-9　2014~2019年初仪陇脱贫攻坚统筹整合基础设施建设资金情况

单位：万元

年度	交通设施	水利设施	生活、生产便道等其他基础设施
2014	25309	5987	5499
2015	10870	6359	2826
2016	22993	16254	2026
2017	24976	25297	7501
2018	9227	8508	3851
2019	14691	6020	2847
总计	108066	68425	24550

资料来源：根据《仪陇县2014—2019年脱贫攻坚统筹整合情况按用途情况统计表》整理，内部材料。

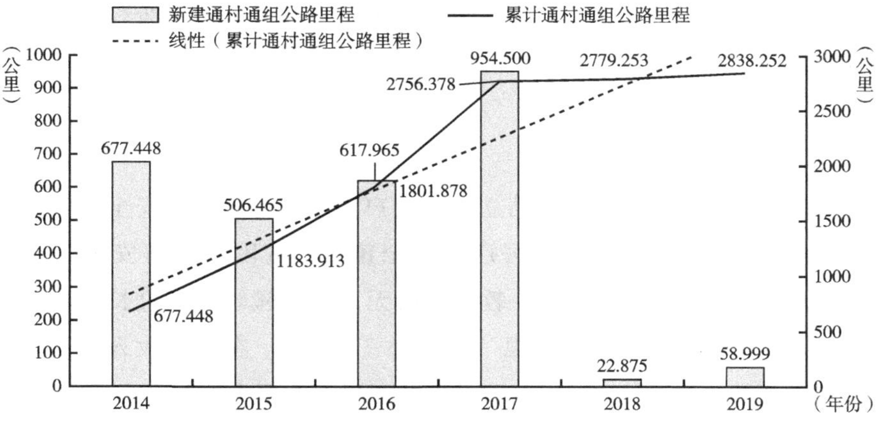

图5-8　2014~2019年初仪陇通村通组公路里程数量

资料来源：《仪陇县2014—2019年脱贫攻坚统筹整合情况按用途情况统计表》《仪陇县贫困基础数据》，内部资料。

在水利设施建设方面，仪陇大力开展水库建设、河道治理、饮水工程施工等水利提升工程，有效解决了用水难题，大水利格局基本形成。脱贫攻坚开展之前，仪陇季节性缺水较为突出，水利工程较少，蓄水能力较差，水资源严重缺乏。自脱贫攻坚开展以来至2018年底，仪陇大力推进了一系列水利基础设施建设，先后新建千吨万人以上规模化水厂5处、供水总规模达6.9万吨/天，实施管网延伸工程51条，新建农村分散人饮工程2.08万处，解决了54个场镇210个村居43.15万人（其中贫困人口7.33万人）的饮水不安全问题，大幅提升了全县尤其是贫困人口聚集区的水利设施水平。

此外，脱贫攻坚还完善了乡村电力、网络、农田、生产便道、便民服务中心等其他基础设施建设，为村民生活、产业发展和乡村振兴打下了坚实基础。到2018年，仪陇已接通285个贫困村的光纤宽带，完成了251个村的电网改造，建成了高标准农田18.9万亩，配套生产便道353公里，建成89个乡镇便民服务站和451个村级服务中心，极大地提升了乡村社会的生产生活基础设施水平。

总之，脱贫攻坚跨历史地大幅提升了仪陇的交通、水利、电力、网络、农田等基础设施水平，彻底解决了脱贫攻坚前当地交通闭塞、水资源短缺、乡村基础设施薄弱等问题，为农业农村发展和农民增收致富创造了良好的外部条件。

六　小结

经过脱贫攻坚，仪陇县建档立卡贫困户实现吃穿不愁，安全饮水达标率和医保参保率100%，大病医疗保险全覆盖；贫困户住房安全比例为99.9%，贫困家庭学生九年义务教育阶段无人因贫辍学，经过长期艰苦奋斗和脱贫攻坚，仪陇县稳定实现“两不愁三保障”。在人均收入方面，经过长期艰苦奋斗和脱贫攻坚，仪陇县农村居民人均可支配收入由2014年的7742元增加到2018年的11965元，保持年均10%以上增长率；贫困人口人均可支配收入由2014年的2606.3元增加到2018年的5995.5元，实现人均收入稳定增长。在基础设施方面，贫困村通村公路硬化率100%，贫困村综合性文化活动场所（地）覆盖率100%，贫困村开通客运班车比例84%，贫困村卫生室达标率100%，人居环境得到有效改善，村容村貌发生明显变化，有效满足了农村群众的基本需求。2018年6月，仪陇县以“零漏评、零错退”的成绩顺利通过国家评估验收，贫困村由 285 个减少至 9 个，贫困人口由 10.01 万人减少至 335 人，贫困发生率由 10.6% 降至 0.04%。2018 年 8 月，四川省人民政府正式批准仪陇县退出国家贫困县序列，仪陇自此成功摘掉千年“穷帽”。

基于前文对仪陇县脱贫攻坚顶层设计与制度体系的阐述可以看出，仪陇的脱贫路径和脱贫方案正是引领型融合治理模式的生动样板和典型案例，脱贫攻坚治理效能则体现了引领型融合治理在实践中的效用。我们从整体上建构了一个具有仪陇地方特色的引领型融合治理体系（见图 5-9）。仪陇县致力于打造的是全社会共同参与的贫困治理共同体，以此为基础，再不断构建政府、市场、社会互动和专项扶贫、行业扶贫、社会扶贫联动的大扶贫格局，形塑了交互影响、相辅相成的贫困治理共同体。贫困治理共同体的形成，为脱贫攻坚政策体系的落实提供了核心动力。

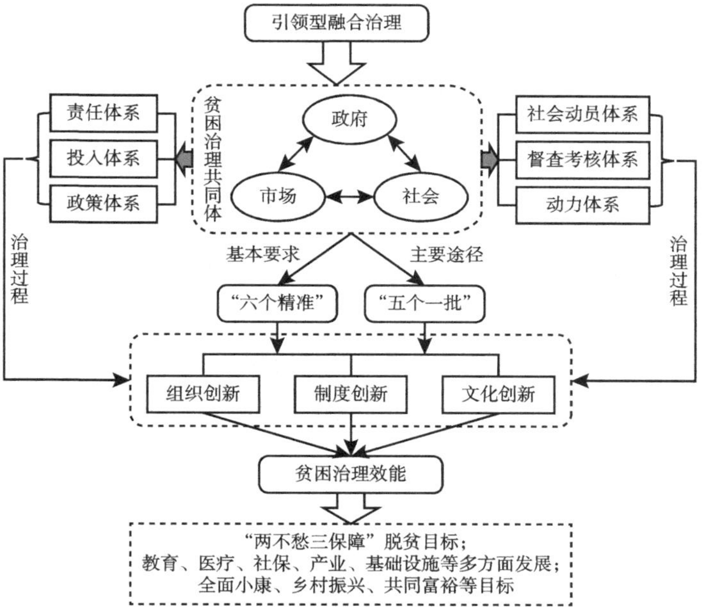

图 5-9　仪陇县的引领型融合治理体系

仪陇县脱贫攻坚的系列部署可归纳为六大制度体系，即责任体系、政策体系、投入体系、社会动员体系、督查考核体系、动力体系。

在责任体系上，为与“中央统筹、省负总责、市县抓落实”体制机制相适应，仪陇县在县级层面创新性地成立了脱贫攻坚指挥部，下设12个小组，为真正落实“五级书记抓扶贫、全党动员促攻坚”局面的形成提供了强有力的领导力量，建构了各负其责合力攻坚的责任体系。

在政策体系上，国家层面出台了数百个扶贫政策文件或实施方案，在顶层设计上做出了完善部署。仪陇在严格贯彻落实上级脱贫战略部署的基础上，相继出台和完善了符合仪陇实情的脱贫攻坚系列文件，巩固了基础设施、公共服务、产业就业、生态建设、社会保障等重点领域的施政基础，顺利实现资金、土地、科技、人才的支撑，为脱贫攻坚战中的“硬骨头”提供了有针对性的举措。

在投入体系上，仪陇建构了资金整合与高效使用相结合的投入体系。一方面，按照“多个渠道引水、一个龙头放水”的思路，大力整合上级源头资金、本级投入资金、社会捐助资金，重点投向住房、交通、产业等关键领域，夯实了脱贫攻坚的薄弱环节；另一方面，对涉农资金采用“大类间打通、跨类别使用”的方式，实行扶贫资金专人管理、专账核算、专款专用，确保了资金高效率使用。

在社会动员体系方面，通过深入发动、募集社会扶贫资金，发动工青妇、残联、老促会等社会团体组织的募集优势，全方位动员在外乡友、成功人士、爱心企业反哺家乡，形成了全民、全域、全面参与扶贫的大格局。

在督查考核体系上，除了迎接上级政府层面的严密考核外，仪陇建构了“县级领导分片督导、包乡巡查组定点督导、县委县政府主要领导靶向督导”的三级督查机制，并在重奖重惩制度的机制保障下，形成了张弛有度的监督考核机制。

最后，在精神动力体系方面，仪陇根植于革命老区的历史传统和“两德”故里的红色文化基因，激活了传统文化资源对脱贫内生动力提升的引领作用。

基于以党的领导为核心的六大脱贫制度体系，仪陇紧紧围绕“两不愁三保障”的主要目标，严格遵循“六个精准”的基本要求，全力实施“五个一批”的主要途径，精准回答“扶持谁、怎么扶、谁来扶、如何退”四个问题，建构了多维、综合的脱贫攻坚政策体系。而在脱贫攻坚系列政策、制度、行动策略持续落地的过程中，还形成了组织创新、制度创新、文化创新等贫困治理的溢出效应。脱贫攻坚的引领型融合治理模式及其系列制度机制则是实现从国家制度优势向贫困治理效能转化的关键。

第六章

产业扶贫的多元协同

地方拥有蓬勃发展、能提供丰富就业岗位的产业，既是贫困地区经济社会发展获得可持续性的重要基础，也是贫困户稳定脱贫的可靠保障。产业扶贫是稳定脱贫的重要途径。在产业扶贫方面，仪陇县探索出了一条政府引领、企业和市场带动与农户响应相衔接的多元协同之路。仪陇县的产业扶贫实践既带动贫困户摆脱了贫困，又促进了农村产业的转型升级，为当地乡村产业振兴打下了良好基础。

第一节　资源禀赋与产业选择

如何减少贫困并可持续地发展经济，缩小与发达国家和地区之间的差距，一直是发展经济学关注的焦点问题。“二战”后，一些后发国家和地区如新加坡、日本、韩国等实现了经济腾飞，而另一些国家如俄罗斯、波兰等则经历了痛苦的经济挫折。为什么同属后发国家，有的顺利实现经济腾飞，而有的则陷入欠发达的恶性循环之中？回应这一现实问题的传统的发展经济学主要有两大理论资源：一是旧结构经济学；二是新自由主义经济学。新自由主义经济学理论认为，发展中国家与发达国家之间在经济发展的路径上并无不同，只要建立私有产权、自由市场与法制社会，由此形成自生自发秩序，经济就能发展起来。[①] 旧结构经济学的理论基础是发展中国家与发达国家之间经济结构的差异，认为在经济从较低阶段向较高阶

① 〔英〕冯·哈耶克：《知识的僭妄——哈耶克哲学、社会科学论文集》，邓正来译北京：首都经济贸易大学出版社，2014，第 169~188 页。

段发展时，政府可以起到积极作用。这也是“新”与“旧”结构经济学的相同之处。不同之处在于，旧结构经济学建议发展中国家的政府通过直接的行政手段和价格扭曲来优先发展先进的资本密集型产业；而新结构经济学则强调市场在资源配置中的核心作用，认为政府应该解决外部性问题和协调问题，以帮助企业进行产业升级。[①]

新结构经济学旨在将结构转变重新带回经济发展研究的核心，认为一个经济体的经济结构内生于它的要素禀赋结构，持续的经济发展是由要素禀赋的变化和持续的技术创新推动的。而禀赋结构升级的最佳方法，是在任一特定时刻根据它当时给定的禀赋结构所决定的比较优势发展其产业。这种理论思路实际上突出了政府的引领角色在促进经济发展过程中所发挥的重要作用。

经济发展的起点是经济资源的禀赋特征。一个地区的经济禀赋总和构成禀赋结构，其特征在任何给定时间是相对固定的，但会随着时间推移而变化。[②] 资源禀赋既包括土地（或自然资源）、劳动力和资本（包括物资和人力资本），也包括基础设施（包括硬件基础设施与软件基础设施）。具体到县域脱贫攻坚与经济发展，可以将资源禀赋类型化为三个基本方面，即自然生态禀赋、基础设施禀赋和产业基础禀赋。仪陇县的资源禀赋既有独特性和优势的方面，但更多的是资源禀赋的欠缺和不足。

在自然生态禀赋方面，仪陇县属于中国14个集中连片特困地区的秦巴山区，全县幅员面积为1788平方公里，低山占幅员面积的65.46%，丘陵占32.85%，平坝占1.69%。仪陇土地贫瘠，人均耕地占有率仅为全国平均水平的48.6%，人多地少矛盾突出。全县位处秦巴干旱走廊和嘉陵江、渠江分水岭，降雨时空分布不均，主要河流嘉陵江流经段仅2.3公里，季节性缺水较为突出。该县常年出现自然灾害性天气，干旱最多，因此素有“十年九旱”之说。[③]

① 林毅夫：《新结构经济学——反思经济发展与政策的理论框架》，北京：北京大学出版社，2012，第26~27页。

② 林毅夫：《新结构经济学——反思经济发展与政策的理论框架》，北京：北京大学出版社，2012，第19~20页。

③ 仪陇县地方志编撰委员会：《仪陇县志》，成都：四川科学技术出版社，2007，第1~3页。

就硬件方面的基础设施禀赋而言，仪陇县境内无港口、无航运码头、无铁路，高速公路里程短，县乡公路等级低，离成都、重庆均超过200公里，交通条件差，很难享受到大城市经济发展的红利。县政府原驻地为金城镇，位于省道成南公路（成都至南江）线上，距南充市150公里。但金城镇受地理条件限制，不可能承载政治、经济、文化中心的城市功能。2005年将县政府驻地迁至嘉陵江边的新政镇，县府驻地作为县域经济中心的辐射作用才得以逐渐展现。

在产业基础禀赋方面，仪陇县是农业大县。农业人口占总人口80%以上，农业产值占总产值70%以上。2003年全县农业生产总值达到117758万元（不变价），是1985年15334万元的6.68倍，粮、油总产量分别达到44923.1万公斤和4603.8万公斤，比1985年分别增加15307.1万公斤和2900.4万公斤，农民人均占有粮食515公斤，比1985年的308.5公斤增加66.94%。发展较快的是畜牧业，2003年全县出栏生猪91.11万头，比1985年出栏35.55万头增长1.56倍；出栏肉牛32210头，比1985年出栏3490头增长8.23倍；出栏肉羊10.7万头，比1985年出栏3695头增加27.96倍；出栏肉兔65万只；出栏家禽156万只。2003年畜牧业总产值达66492万元，占全县农业总产值的56.4%，比1985年的3030万元增长20.94倍。由于农业工业基础都十分薄弱，当地主要工业产品也仅是农业的简单延伸（见表6-1）。

表6-1　1985~2003年仪陇县主要产品产量（部分）

年份	布（万米）	丝（吨）	饮料酒（吨）	铁制农具（万件）	食用植物油（吨）
1985	77	83	3427	25	3600
1988	138	93	3551	45	3437
1990	76	98	4300	42	4166
1995	42	139	4069	62.99	1889
1996	42.16	104	3083	16.54	1625
1997	32	54	2320	17.31	720
1998	26	73	2115	16.11	2537
1999	20	31	2803	16.27	2593
2000	23	102	3944	16.27	2686

续表

年份	布（万米）	丝（吨）	饮料酒（吨）	铁制农具（万件）	食用植物油（吨）
2001	26	107	4417	16.27	3178
2002	8	107	4041	16.27	1029
2003	45	128	3675	—	1557

资料来源：仪陇县地方志编撰委员会：《仪陇县志》，成都：四川科学技术出版社，2007，第440页。

总之，仪陇县产业发展基础在农业。到2014年，工业产品作为农业的延伸与拓展这一趋势仍然没有改变（见表6-2）。脱贫攻坚开始之前，仪陇县农业发展的特点是"小、散、弱"。对贫困户来说，自给自足的小农经济状态依旧普遍存在。在此情势下，贫困户自生能力是严重缺乏的。所谓"自生能力"，即在一个开放、竞争的市场中，只要有着正常的管理，就可以预期这个企业可以在没有政府或其他外力的扶持或保护的情况下，获得市场上可以接受的正常利润率。[①] 即使是农业企业进入贫困地区，由于基础设施等方面的约束，其自生能力也会受到限制。如果产业没有发生结构上的转变，贫困地区持续的经济增长将无法实现。

表6-2 2014年仪陇县主要产品产量（部分）

类别	计量单位	2014年	比上年(+/-)%
大米	万吨	5.6	7.4
挂面	万吨	6.323	9.4
食用植物油	吨	7323	5.8
饮料酒	吨	15258	10.8
白酒	吨	6514	6.4
鲜冻畜禽肉	吨	11777	6.7
布	万米	4090	9.2
砖	万块	86260	6.2

资料来源：仪陇年鉴编撰委员会：《仪陇年鉴（2015）》，第471页。

① 林毅夫：《自生能力、经济转型与新古典经济学的反思》，《经济研究》2002年第12期。

对地方政府来说，如何促进贫困户自生能力的发展成为第一要务。简单来说，地方政府可以选择的政策工具主要有直接治理和间接治理两种方式。在直接治理方面，体现为地方政府为贫困地区（如贫困村）或贫困户“输血”；在间接治理方面，体现为透过市场（企业）来进行治理。直接治理有其必要性，一般具有立竿见影的效果，但对于贫困户可持续脱贫的治理效能却是存疑的。相对于直接治理，间接治理具有更大的经济效能，但其社会效能（即带动贫困户可持续脱贫）究竟如何却取决于制度设计的有效性。对于仪陇来说，将直接治理与间接治理结合起来成为地方政府的明智选择。即将政府的“扶持之手”、市场的“无形之手”与贫困户的“勤劳之手”结合起来，通过三只“手”摆脱单打独斗、抱团发展凝聚力量才能从根本上促进贫困地区的产业发展，从而带动贫困户脱贫。

脱贫攻坚期间，仪陇县始终力图通过“县有支柱、乡有产业、村有特色、户有门路”来帮助当地群众稳定增收致富。立足全省农产品主产区功能定位，仪陇依托本地阳光充足、无霜期长的气候条件和天然、绿色、纯净的自然环境，大力发展有机农业、现代农业，着力建设国家优质生猪战略保障基地县、全国绿色食品原料基地县、全省农产品安全监管示范县，不断厘清思路、明确目标。依据本地的资源禀赋，仪陇县在脱贫攻坚期间厘清了产业发展思路，确定了产业发展的主攻方向。

第二节　产业扶贫中的政府引领

对于乡村产业发展，尤其是贫困地区产业发展来说，其自生能力是严重缺乏的。这一方面源于农业产业自身的脆弱性，农业生产投入大、生产周期长、市场波动性强；另一方面，与发达地区农业产业相比，贫困地区农业产业呈现“小、散、差”的局面，产业竞争力不强。基于此，发挥地方政府在产业发展中的“扶持之手”作用，引领产业发展方向便显得尤为紧要。仪陇政府引领扶贫产业发展的作用主要体现在：坚持规划先行，并在规划的指引下逐年细化工作方案；构筑稳定的资金投入与政策保障机制，从而为产业发展提供了良好的经济与社会基础。

一　规划先行

2015年初，仪陇县根据中央一号文件精神和四川省政府关于农产品主产区产业发展的要求发出了《关于抓好2015年农业优势主导产业发展的通知》（仪府发〔2015〕3号），要求稳步发展粮油生产、突出发展生猪产业、大力发展经济种植、巩固发展草食牲畜、积极发展蚕桑产业。面对脱贫攻坚的新形势，同年仪陇又发布了《仪陇县2015—2020年农业产业扶贫规划》（以下简称《规划》）。针对该县农业产业发展的有利条件与制约因素，仪陇县规划了重点建设任务，提出了发展种植产业、畜禽养殖产业、水产养殖业和蚕桑产业四大主导产业的思路。

在种植产业方面，重点发展粮油产业、商品蔬菜产业、水果产业和中药材产业。对于水果产业，《规划》要求在全县的100个贫困村新建柑橘园5万亩，改造低劣果园5万亩，加大现有果树管护力度，到2020年建成现代柑橘产业生产基地10万亩，产量达到10万吨。组建40个专业柑橘合作社，引进3~5家柑橘、柠檬生产加工企业，逐步建立“公司+基地+专业合作社+农户”的产业发展模式，实现果业生产、储存、包装、销售、加工一体化。

在畜禽养殖产业方面，重点发展生猪产业、肉牛产业、肉羊产业及小家禽产业等。对于生猪产业发展，《规划》要求按照“相对分散、规模适度”的原则，在全县285个贫困村培育年出栏生猪20头以上的农户150户，新改扩建标准化圈舍0.5万平方米，培训生态养猪技术300人次。户均养猪收入达到3.8万元，人均收入0.7万元。

在水产养殖方面，要求推动健康养殖示范基地建设。建设1000亩标准化健康养殖示范基地，对檬垭乡兴隆、三蛟镇仙山、新政镇亮垭、金城镇金印村和日兴镇的白塔、星星、燎原等村1000亩鱼池进行升级改造，建设标准化养殖示范基地。大力发展设施渔业，重点打造现代生态渔业示范园，积极发展休闲渔业。把现代渔业与旅游观光有机结合，带动周边渔业经济发展。

在蚕桑产业方面，《规划》要求在柴井乡、铜鼓乡等乡镇建优质有机桑园5000亩（其中果叶兼用桑2000亩），补植补栽桑苗50万株，配套养蚕、共育室等设施，完善桑园内路、渠基础设施，添置果桑加工设备一套，打造一个集生产、加工、销售、经营于一体的蚕桑产业示范区。

除了对重点发展的农业产业进行规划外，对于品牌农业建设、新型农业经营主体培育、农业信息化示范基地建设、农业基础设施建设、新型农民技能培训、农产品质量安全体系建设、产业布局等配套和保障措施，《规划》也进行了详细说明。

在《规划》的基础上，仪陇县聘请中国农科院、四川农业大学、省农科院等科研机构与高等院校的规划专家团队，先后编制了《仪陇县现代农业发展规划》《仪陇县现代畜牧业绿色发展规划》《仪陇县现代柑橘产业发展规划》等农业专项发展规划，进一步细化了发展目标、阶段目标、建设重点和保障措施，凸显了规划先行、规划引领。

在规划的引领下，仪陇县进一步厘清了产业发展的方向和步骤。以此为基础，仪陇县根据交通条件、区位优势、种养习惯，优化调整了产业布局，确立了现代农业发展的“3351”战略。该战略是指围绕该县的3个乡镇，即新政、马鞍、赛金打造“三大组团”，围绕新马线、金马线、仪北线创造“三线连片”，建成一个百公里循环农业示范带。通过重点发展生猪、水果、粮油、蔬菜、蚕桑“五大基地”，优化产业空间布局。同时，根据特色农产品优势区域发展规划打造“一带三线五大基地十个园区”。

二　资金投入

规划厘定了产业发展的蓝图，接下来就是基于路线图的具体实施。路线图要成为现实，首先离不开大量的资金投入。脱贫攻坚期间，仪陇县在统筹整合资金的基础上重点投向基础设施建设、产业发展、民生改善和公共服务四大方面。2014年至2018年，仪陇的基础设施建设共投入177483万元，产业发展共投入54224万元，民生改善共投入186302万元，公共服务共投入10亿多元（见表6-3）。从表中可以看出，为了推动仪陇县的脱贫攻坚，仪陇县2014~2018年共统筹整合资金近52亿元。大量的资金投入既解决了贫困户的“两不愁三保障”问题，也改善了农村的基础设施。以基础设施为例。仪陇县突出“产业发展到哪里、基础设施就配套到哪里”。仪陇县配套脱贫奔康产业园的产业道路体系和灌溉等基础设施，为产业园配套建设高标准农田5.8万亩，新改建提灌站82座。新建通村水泥路1300余公里、产业便道200公里，整治山坪塘1058口，实施215个贫困村电网升级改造，延伸贫困村供水管网 37 条 260 公里。上述基础设施建设极大地消除了制约农村发展产业的自然条件阻碍，在一定程度上创造了让产业引得进来、发展得起来、走得出去的有利条件。

为了充分调动贫困户、贫困村和企业的主体性与能动性，仪陇县实施了强激励举措。2017 年 6 月，印发了《仪陇县建档立卡贫困户就业创业和发展种养业增收奖补实施方案》（仪脱指办〔2017〕18 号）。根据奖补实施方案标准，建档立卡贫困户家庭年人均纯收入在 2000~3000 元（含 3000 元）的，可以获得县财政奖补 600 元；家庭年人均纯收入在 3000~4000 元（含 4000 元）的，可以获得 800 元奖补；家庭年人均纯收入在 4000 元以上的，可以获得 1000 元奖补。除了进行奖补之外，仪陇县还为贫困村提供产业扶持基金，助力贫困户发展。脱贫攻坚期间，仪陇为全县 285 个贫困村安排了 30 万~50 万元不等的贫困村产业扶持基金（以下简称“基金”），共计安排 8610 万元，专项用于支持贫困户发展家庭种植业、养殖业、乡村旅游业、民族手工业、农村电商等增收项目。截至 2019 年 6 月，累计使用 3935 笔，金额 4983.64 万元。其中，贫困户个人借款 3730 笔 2654.47 万元；贫困村集体使用 205 笔 2329.17 万元；贫困户借款已回收 376 笔 224.32 万元；村集体使用资金已归还 18 笔 96 万元。通过“基金”的使用，贫困人口年均增收 1000 元以上，村集体年均收入 5600 元左右。为了破解贫困户产业发展资金短缺难题，仪陇还通过积极向上争取、本级统筹整合等方式，建立扶贫小额信贷风险基金 5088 万元，为有产业发展意愿的贫困户发放扶贫小额信贷 8406 笔 27298 万元。其中，每户贫困户可以申请小额信贷资金 1 万~5 万元，政府给予 3 年内贴息补助。

在扶持企业发展方面，早在 2015 年 7 月仪陇县委、县政府便发布了《关于加强和改进投资促进工作的若干意见》（仪委发〔2015〕21 号），对农业项目给予扶持。具体包括土地流转补助、钢化大棚补助、养殖用房补助、环保设施补助和种苗及疫苗扶持等。以土地流转补助为例。对租用土地（含耕地、林地）连片种植粮、油不低于 30 亩，新栽水果或药材不低于 100 亩，签订 5 年及以上土地承包经营权出租合同的，按照第一年 100 元/亩、第二年 150 元/亩、第三年 200 元/亩的标准给予土地流转补助。

表 6-3　2014~2018 年仪陇脱贫攻坚统筹整合资金的用途情况

单位：万元

年度	合计	基础设施建设				产业发展	民生改善			公共服务				
		小计	交通	水利	其他基础设施		小计	住房保障	新村建设、乡镇补短等其他	小计	教育	卫生	文化	民政等其他社会保障
2014	54579	36795	25309	5987	5499	4062	4838	3964	874	8884	2821	—	—	6063
2015	60293	20055	10870	6359	2826	9317	19255	10309	8946	11666	4309	49	—	7308
2016	103080	41273	22993	16254	2026	9521	32018	20882	11136	20268	4347	287	546	15088
2017	213239	57774	24976	25297	7501	14057	97874	77904	19970	43534	5531	1351	797	35855
2018	87159	21586	9227	8508	3851	17267	32317	16359	15958	15989	3300	1277	1056	10356
总计	518350	177483	93375	62405	21703	54224	186302	129418	56884	100341	20308	2964	2399	74670

注：“—”为相关数据缺失。

资料来源：仪陇县农业农村局。

总之，脱贫攻坚期间仪陇县通过强激励的方式“筑巢引凤”，吸引龙头企业扎根仪陇发展；与此同时，又对贫困户“自生能力”的提升提供支持，较为显著地增强了产业发展的基础和经营主体的发展潜力。

三　模式探索

仪陇县在进行了周密政策规划之后，如何在脱贫实践中摸索并提炼具体的经验与模式，并适时向全县推广成为重要任务。2015 年 4 月仪陇县委、县政府发布的《关于扎实推进减贫攻坚及精准扶贫工作的实施意见》（仪委〔2015〕20 号）提出要大力推广“企业+合作社+农户”“支部+合作社+农户”和股份合作等多种经营模式，着力培育扶贫龙头企业、专合组织、家庭农场和新型职业农民，最大限度带动贫困农户发展现代农业，实现快速增收致富。

随着脱贫攻坚实践的不断进行，仪陇县又进行了适时总结。按照“政府引导、农民主体、龙头带动、金融支持、合作社组织”的思路，通过“传、帮、带”三大举措发展脱贫奔康产业，探索出“科技人员+贫困户”“专业合作社+贫困户”“公司+贫困户”“公司+基地+贫困户”“公司+家庭农场+贫困户”“公司+专业合作社+贫困户”等六大扶贫产业的组织模式，简称“一传二帮三带”。

“科技人员+贫困户”传技术的组织模式。政府牵线引进农业领域的专家教授，将仪陇县作为科技成果试验、示范和转化基地。同时派出农业科技人员到贫困村、贫困户指导实用技术，提升农户科学种养水平。例如，引进川农大施友均教授在光华乡枣子沟村建樱脆李产业示范园，采取“业主带项目、出资金、出技术，农户出土地，整村连片推进”的方式带动贫困户户均年增收 1.5 万元以上。288 名技术员进村入户、进场入田，了解群众意愿，规划入户产业，开展技术培训，做好现场示范，加大推广力度，把新型实用技术传到田间地头、养殖场所，让群众至少掌握一项实用技术，一项增收产业，一个可以依托的新型经营主体。

“专业合作社+贫困户”帮资金的组织模式。贫困农户以土地、劳力等入股成立专业合作社，专业合作社以生产设备为抵押贷款发展种养业。专业合作社统一还款，降低贫困农户经营风险。例如，大山绿、川北客家、四颗米等企业创建营销体系，全托管与半托管贫困户土地，建优质粮油基地8.5万亩，为贫困户垫资提供农资，实行保底价订单收购，实现粮油产业贫困户全覆盖。市场价高于保护价的部分可以参与二次分红，促进了贫困户稳定增收。全县的“专业合作社+贫困户”模式带动贫困户0.16万户，户均增收0.8万元左右。

“公司+基地+贫困户”帮市场的组织模式。贫困户将土地全托管或半托管给企业，在贫困村建立粮油、水果基地。企业实行基地统建、农资统供、技术统训、病虫统防、产品统销，为贫困户打通销售渠道。例如，马鞍镇险岩村引导36户建卡贫困户加入众鑫食用菌专业合作社，以生产设备作抵押，每户贫困户贷款3万至5万元，合作社统一清偿贷款。专业合作社建生产大棚80亩，户均年可生产食用菌4吨，年销售收入达16万元。全县“公司+基地+贫困户”模式带动了贫困户0.58万户，户均增收0.3万元左右。

“公司+贫困户”带动贫困户发展的组织模式。公司通过建立种养示范基地，在立山、瓦子、三河等乡镇与贫困户实行代种、代养，赊种、赊养，合作种养，实行保底价回收，确保贫困农户获得收益。例如，三溪农业发展肉牛、肉羊、稻田鱼、蔬菜、林下鸡和白酒产业，实现了循环种养。全县“公司+贫困户”模式带动贫困户0.23万户，户均增收0.5万元左右。

“公司+家庭农场”带动贫困户发展的组织模式。公司带动家庭农场建立标准化生产基地，贫困户以土地、信贷资金入股家庭农场，贫困户通过股本保底分红和务工获得收益。例如，全县已培育温氏生猪养殖家庭农场302家，带动贫困户1050户，年出栏肉猪30万头，户均年增收1.3万元左右。全县“公司+家庭农场+贫困户”模式带动贫困户0.17万户，户均增收0.8万元左右。

“公司+专业合作社”带动贫困户发展的组织模式。公司与贫困户共同组建专业合作社，由公司担保、政府贴息贷款入股，由公司控股建立产品营销渠道，贫困户通过入股保底分红、二次分红、务工等获得收益。例如，中帅果业在全县流转土地7000亩，成立专业合作社，发展柑橘、桃、李产业，将部分果园反租倒包、无偿返还给贫困户。贫困户则通过土地出租、务工、果园行间免费利用等方式获得收益，带动贫困户 1162 户，户均增收 0.5 万元以上。全县“公司+专业合作社+贫困户”模式带动贫困户 0.37 万户，户均增收 0.3 万元左右。

四　服务保障

产业扶贫是一项复杂的系统工程，既涉及政府部门之间的“块块”关系，又涉及不同政府层级之间的“条条”关系，还涉及政府—市场—贫困户之间关系的调试。归根结底，产业扶贫要求能使产业提质增效、贫困户脱贫解困。为了达成此目标，除了上述举措以外，相关的服务保障措施也必不可少。仪陇为此在夯实科技力量支撑、强化绿色发展和创建农业品牌上开展了系列行动。

（一）夯实科技力量

产业的发展离不开科技的支撑，为此仪陇县派出三支科技力量支援脱贫攻坚的产业发展。一是驻村农技员。脱贫攻坚期间，仪陇县农业农村局向全县 285 个贫困村选派 296 名驻村农技员，其中省级 1 名，市级 11 名，县级 43 名。农技员开展“一对一”技术扶贫行动，提升了农业产业扶贫的技术支撑能力。二是专家服务团队。2016 年，共向全县 11 个片区选派专家服务团队 11 个，每个团队 3 人，共计 33 人。2017 年，增加粮油、畜牧、果树、蚕桑方面的 4 个县级专家团队，优化调整了人员组成，技术服务团队人数达 48 人。2018 年，继续优化调整人员组成，增派 21 人，技术服务团队人数增加至 69 人。三是农业技术巡回服务小组。2017 年，针对全县 483 个插花贫困村选派了 58 个农业技术巡回服务小组，由农业、畜牧、林业领域专业技术人员组成，人数规模达 580 人。

（二）强化绿色发展

仪陇县始终秉持农业绿色发展的基本理念，推行农牧结合、粮经饲统筹、种养加工一体、一二三产业融合发展，建设种养循环农业示范园区，保护和恢复农业生态，实现县域大循环。为此，该县先后出台了《仪陇县开展国家畜牧业绿色发展示范县创建活动实施方案》（仪府办发〔2017〕64 号）、《仪陇县畜禽禁养区养殖场关停实施方案》（仪府办发〔2017〕65 号）、《关于进一步强化畜禽养殖污染治理监管长效机制的通知》（仪农牧发〔2018〕55号）等相关文件。

在污染防治上，仪陇县政府出台了《关于加强农业面源污染防治实施农业绿色发展七大行动的通知》（仪府办发〔2018〕46号）。“七大行动”包括：一是畜禽粪污资源化利用行动；二是秸秆资源化利用行动；三是化肥零增长行动；四是农药零增长行动；五是解决农田残膜污染行动；六是水产健康养殖工程行动；七是联合执法综合监管行动。以农药零增长行动为例，为促进农业绿色发展，仪陇升级完善智能化、网络化有害生物监测预警系统。实施物理防控、生物防控和生物多样性调控等绿色防控技术，利用高效施药器械和安全用药等综合措施，建立了示范基地10万亩。通过推进专业化统防统治与绿色防控模式融合，实现了化学农药减量控害。通过对农业铝箔混合袋、塑料瓶、玻璃瓶等废弃物进行分类，生产经营企业负责收集，专业公司负责集中处理，废弃物回收量达到了85%以上。

2019年，仪陇县人民政府还向南充市农业农村局呈报《仪陇县创建国家农业绿色发展先行区项目申报书》（仪府函〔2019〕57号）。由此可见，仪陇县精准把握了农业绿色发展的趋势，将农业发展逐渐引领到了农业绿色、生态与循环经济发展的轨道上。

（三）创建品牌农业

品牌化是提升产品价值的必要环节，是价值增值的助推剂。只有塑造出产品品牌，并使消费者（购买者）形成对品牌的认同，农业产品才具备价值增值的潜力。脱贫攻坚期间，仪陇县加强农畜产品市场检测和例行抽查，努力创建生态、绿色的农产品品牌。截至2018年底，仪陇县完成了63.7万亩无公害农产品生产基地整体认定和25万亩水稻、18万亩油菜全国绿色食品原料标准化生产基地认证。2018年创建了“三品一标”21个，有机大米品牌1个、绿色食品品牌7个、无公害农产品品牌13个。

在种植业方面，仪陇县高新作物种植农民专业合作社、穗庆果树种植农民专业合作社、容华水果种植农民专业合作社的3个产品获无公害农产品认证。四川省旺平食品有限责任公司生产的仪陇酱瓜、仪陇胭脂萝卜、吉星生下饭菜（香辣型、泡菜型）等4个产品获绿色食品认证。四川仪陇大山米业有限公司生产的大山香米、仪陇贡米、仪陇长粒香米3个产品获得绿色食品认证。仪陇县四颗米农业开发有限公司生产的四颗米香米获得有机转换认证。此外，养殖业还有10个品牌获得相关认证。可见，脱贫攻坚期间仪陇的农业产品品牌化取得较为显著的成效，而这也提升了当地农业产业的经济社会效益。

第三节　企业、市场与农户的互动

在产业扶贫过程中，除了政府的引领作用，企业、市场与农户的互动十分关键。换句话说，面向市场的企业带动作用和贫困户响应不可或缺。对于一些思想观念落后的贫困户来说，只有他们破除“靠着墙根晒太阳，等着政府送小康”的消极心态，对政府引领和企业带动予以积极响应，通过紧密互动、抱团发展才能汇聚出脱贫攻坚的强大力量，产业脱贫之路才更具有可持续性。

一　产业扶贫中的龙头企业带动

创建脱贫奔康产业园，引进、培育龙头企业进而通过龙头企业带动贫困户脱贫，是仪陇开展产业扶贫的重要方式。通过“筑巢引凤”，仪陇引进了陕西海升、广东温氏、香港利达丰等28家农业龙头企业。通过改造升级、新发展达标生猪托养场64家，生猪托养场的总量稳定在300家以上，从而保障了全县年出栏生猪达80万头以上。通过订单种植发展了加工型蔬菜7万亩，建设了有机蚕桑基地5万亩。当地不断拓展的基地规模成功吸引大山米业等23家农副产品加工企业落户。依托日益壮实的产业基础，仪陇县积极开展国家、省级现代农业园区创建，在一定程度上推动了全县的农业产业振兴，带动了贫困户脱贫增收。

产业扶贫中的龙头企业带动是促进贫困户实现可持续脱贫的重要途径，本质上是以企业为中心，通过龙头企业的发展来带动、促进小农户与现代农业发展有机衔接，进而既实现贫困户脱贫，也同时促进农业产业化发展。下面呈现仪陇产业扶贫实践中龙头企业带动的四个案例。

案例1：海升集团

海升集团成立于1996年，2002年被评为国家级农业产业化龙头企业，2005年中国海升果汁控股集团公司在香港联交所主板上市。该集团在全国建有果蔬种植基地60余处约10万亩，旗下战略布局加工企业10家，年加工水果能力280万吨。集团拥有品牌果汁饮料系列和果酒、果胶等终端消费产品，是全球最大的浓缩果汁生产企业及出口商，销售网络遍布全球30多个国家和地区。2016年11月，海升集团来仪陇投资成立仪陇海越农业有限公司，计划建设3万亩高标准现代柑橘产业示范园，打造集柑橘苗木繁育、果品分选仓储、冷链物流、塑框配套、精深加工、柑研中心于一体的全产业链项目。

脱贫攻坚期间，海升集团现代柑橘产业园采取“公司+基地+农户”模式，带动园区贫困户及周边群众7136户、21856人发展产业。其中贫困户852户3012人，户均实现年增收1万元以上。该产业园带动农户增收的途径主要包括如下一些举措。

其一是返租倒包。公司将果园建好后，承包给农户，由农户按照公司的管理规范和技术要求进行托管：挂果前，按1元/月/株（每亩60株，720元/年/亩），农户按5亩起租，一般农户租管20亩；挂果后第一年1000公斤/亩交产量，每公斤拨管理费2元，超出部分农户与公司4∶6分成。第二年按1500公斤/亩交产量，每公斤拨管理费2元，超出部分农户与公司4∶6分成；第三年按2000公斤/亩交产量，每公斤拨管理费2元，超出部分农户与公司4∶6分成；第四年及以后按2500公斤/亩交产量，每公斤拨管理费2元，超出部分农户与公司4∶6分成。其二是股权量化。对政府投入海升园区基础设施建设资金进行股权量化，当年开始按每村每年2万元返还村集体，从第五年起按100元/年/亩返还给村集体作为村集体经济收入。其三是股本分红。贫困户以小额信贷资金入股，每户5万元，年分红1万元。其四是协助农民自建果园。由政府配套基础设施，农户参照公司标准利用坡台地和自留地发展柑橘，由海升集团提供技术支持和包销服务，收益归农户所有。其五是提供劳务机会。公司提供当地农户（贫困户优先）到园区和海升集团陕西基地务工的机会，体力较好者年收入可达2万元以上。其六是提供租金收入机会。村民土地按500元/年/亩流转，每满5年，租金上浮5%。

案例2：仪陇中味食品有限公司

仪陇中味食品有限公司坐落于仪陇县工业园内，是一家从事食品酿造业的农产品深加工企业。公司总注册资金为2088万元，总资产18600万元，占地面积128亩。公司加工经营的产品已形成中味牌辣椒酱、酱油、酱菜等七大系列，160多个品种。调味品的年生产能力可达到5万吨以上，其中黄樱椒系列产品生产能力已达5000吨。该公司先后被评为“市级重点骨干农业龙头企业”“南充市农业科技型企业”“省级农产品加工示范企业”，连续5年被评为“信用AAA级企业”。公司的辣椒酱系列产品被评为“国家级无公害农产品”“绿色食品”，同时连续两年在西博会上被评为“金奖”。

脱贫攻坚期间，中味食品在仪陇县已培育加工型蔬菜生产大户和家庭农场73户、合作社5家，在铜鼓、周河、双胜等18个乡镇132个村建立订单榨菜基地5万亩、辣椒基地1.5万亩。其中，发展效果显著的周河镇众合农牧公司生产基地规模达到5000亩，双胜镇勇旗蔬菜合作社生产基地规模达到2000亩。公司基地生产的蔬菜产品除部分满足市场鲜销外，还可满足公司生产加工型蔬菜产品5万吨，生产榨菜、辣椒酱、豆瓣酱、料酒等七大系列品牌商品3万吨，年销售收入达1.7亿元，实现税后年利润1200万元以上。

在带动贫困户脱贫上，通过技能培训，中味食品优先录用贫困人口到工厂务工，月收入达1500~2500元。与此同时，该公司以“公司+基地+农户”的经营模式在具备条件的贫困村重点发展榨菜和辣椒订单生产，免费为贫困户提供种子、肥料，手把手为农户进行技术指导与培训，帮助3200余户贫困户发展加工型蔬菜7500亩，形成了“产、加、销”一体化生产经营模式，实现亩均增收900余元，脱贫增收效果显著。

案例3：标准化蚕桑产业基地

脱贫攻坚期间，仪陇县标准化蚕桑产业基地在柴井乡狮子头村等10多个村庄流转土地，建成有机蚕桑基地1.2万亩。其中有机桑园（含转换期）认证面积新增5520亩，现代蚕桑基地扩大到3.1万亩，培育养蚕大户32户。另外，基地还积极创新帮扶农民特别是贫困户增收的利益分配机制，主要包括以下几个方面。

其一是“返租倒包”。公司采取“返租倒包”模式将桑园、蚕房建设好后，再倒包给有意愿、有技术的农户（贫困户）管桑养蚕。同时，公司对贫困户交售蚕茧时给予保护价收购，或者提供更加优惠的政策，吸引贫困户参与产业发展，让贫困户变被动输血为主动造血，增强贫困户的内生动力。其二是帮助农民自建桑园。规划村社范围内蚕桑生产基地以外的其他土地。如有业主大户自愿联合发展蚕桑种养基地的，由公司指导建园，并适时提供同质同价种苗，免费进行技术指导，并在符合收购标准情况下提供最低保护价或按市场价格收茧。其三是固定分红。针对部分无劳动力的贫困户，公司采取租金收入、土地入股、扶贫基金入股、专项资金配股等方式进行固定分红。其五是发展村集体经济。公司从基地开始建设的第五年起，将国家投入资金的1%每年固定分红给所在村的村集体经济组织，增强村集体经济的发展活力和动力。其六是利润分红。从基地开始建设的第三年起，公司将提取收售茧利润的10%支持村集体经济组织和贫困户。其中，1%分红给所在村的村集体经济组织，2%作为实施地村集体经济组织扶贫基金积累，7%作为固定分红分给当地贫困户。

案例 4：温氏畜牧有限公司

2012 年，温氏集团正式入驻仪陇，成立了仪陇温氏畜牧有限公司。公司依托 30 万头生猪产业一体化项目，带动地方投资 3.1 亿元，建设年出栏肉猪千头以上的家庭农场（托养户）300 户以上。比如，双胜仔猪繁育场 2014 年 10 月竣工投产，年产仔猪 13 万头；福临仔猪繁育场于 2017 年 6 月建成投产，年产仔猪 8 万头。仪陇温氏畜牧有限公司采取“公司+家庭农场（托养户）”模式，在各乡镇建设年出栏肉猪千头以上的家庭农场（托养户）302 户，标准化圈舍 33.8 万平方米，极大地促进了当地生猪托养事业的发展。2017 年上市肉猪 30 万头，托养户户均获利 20.05 万元。

该公司创新融合发展的利益机制，采取“公司+家庭农场+贫困户”的运行模式，实行“五包一保证”，即包仔猪、饲料、防疫、技术指导、商品猪销售，保证托养生猪平均利润不低于 170 元/头。企业不仅承担了家庭农场、专业合作社、养殖业主的流动资金投入，且帮其规避了市场风险和疫病风险，解决了农户缺资金、无技术、卖猪难的问题，实现了企业、新型经营主体和贫困户的“多赢”目标。

公司具体的帮扶举措包括：（1）提供猪苗。农户按公司指导和要求建好猪场后，每头猪苗交 100 元押金，与公司签订委托养殖合同和质量安全承诺书，公司按养户订苗时间的先后投放猪苗。（2）提供饲料。在饲养过程中，托养农户通过电脑记账不付现金的方式，在公司领取全价配合饲料，等本批猪出栏后再进行统一结算。（3）提供药品疫苗。公司提供疫苗和药品，托养农户接受公司管理员的技术指导和服务，按公司的有关规定自觉做好卫生防疫、疫苗注射和饲养管理工作。（4）提供技术指导。公司安排技术人员对托养农户的猪场建设、肉猪饲养管理、疫病防控等方面进行技术指导，确保科学饲养，提高养猪效益。（5）提供肉猪回收。采用全进全出方式，饲养5个月后，整批肉猪全部出栏，公司负责上门收购，三天后养殖户到公司财务部进行结算。（6）保证合理利润。公司根据托养农户饲养成绩进行合理结算，并保证托养农户平均结算利润每头不低于170元。

脱贫攻坚期间，在对贫困户的具体帮扶机制上，仪陇温氏畜牧有限公司主要在如下三方面进行了探索：一是企业帮扶发展。公司采取“公司+贫困户”模式，聘用贫困家庭人口67名，月人均工资3000元以上，带动64户贫困户脱贫致富。二是业主帮扶发展。按照“公司+家庭农场+贫困户”的模式，贫困户280人进场务工，月人均工资2000元以上。162户贫困户用政府贴息贷款和小额信贷进场入股，获得8%至15%不等的分红收入。三是助力贫困户自我发展。贫困户利用公司提供圈舍设施设备和政府贴息贷款自建养殖场43个，实现贫困户与贫困户、贫困户与非贫困户共同建厂抱团发展，带动了210户贫困户增收脱贫。

除了上述龙头企业之外，仪陇还有带动贫困户脱贫的诸多企业典型。例如，四川三溪农业发展有限公司是能人返乡创业、带动贫困户脱贫的典型。脱贫攻坚期间，仪陇县成功探索出利益联结机制的多种制度举措，包括“三收三分”机制，即劳务收入、租金收入、经营收入，固定分红、效益分成、保底分成，以及“四个加”机制，即“新型经营主体+贫困户”“金融扶贫+贫困户”“资产量化+贫困户”“技能培训+贫困户”，稳定的利益联结机制成为带动贫困户脱贫增收的重要途径。

二　产业扶贫中的贫困户

要使贫困户摆脱“贫困陷阱”，单靠政府引领和企业带动是远远不够的，贫困户首创精神和主体作用的发挥是关键。如何激发贫困户脱贫致富的首创精神和主体作用，锻造自我发展的内生动力是各地脱贫攻坚中普遍面临的棘手问题。在脱贫攻坚过程中，仪陇注重典型示范和龙头引领作用，让贫困户看到实实在在的收益和奔头，探索了如何促进贫困户实现从“要我脱贫”到“我要脱贫”的转变。

仪陇县强化示范典型引领，组织贫困人群到脱贫奔康产业园、专业合作社等新型经营主体参观考察，学习新型农业生产技术和经营模式。通过现场看、大家评、细算账，让他们亲身感受发展产业带来的好处和收益，激发他们主动发展产业脱贫致富的愿望和内生动力。鼓励新型经营主体与贫困户建立长期稳定的带动关系，引导贫困人口以资金、土地、劳动力等要素入股脱贫奔康产业园、专业合作社，让其成为产业的投资者、生产者、管理者和受益者。通过高效、便捷、长期的利益链接机制，打消他们不敢发展、不会发展产业的顾虑，从而提高他们创业致富的积极性和主动性。通过政府引导和各种形式的利益链接机制，仪陇发动有劳动能力的贫困人口 1.7 万余人发展种养业。其中以劳动力就业 1.48 万余人，以资金、土地入股专业合作社 8000 余人，自主发展产业 2000 余人。

仪陇建设的脱贫奔康连片柑橘产业园包括 5 个乡镇、40 个行政村，其中贫困村 12 个，贫困农户 2745 户，贫困人口 8567 人。以日兴镇黎明村为例，该村柑橘产业园采取“业主+农户”模式，规模化、标准化栽植，培育柑橘产业 1000 亩，带动 27 户贫困户通过土地流转、园区务工、入股分红等途径达到户年均收益 1 万元。黎明村食用菌产业园占地 30 亩，建有 3 个先进的香菇种植智能控温玻璃大棚。大棚建筑面积 6000 平方米，可容纳 45 万个菌袋、年产 75 万斤香菇，年产值 300 余万元。产业园采取“公司+合作社+农户”模式，贫困户通过扶贫小额信贷入股 5 万元，并参与种植获得收益，仅入股的每年保底分红 7000 元，入股并参与种植的农户每年可获得收益 3 万~5 万元。黎明村莲藕产业园 300 亩，采取“业主+农户”模式，村民可入股参加农民合作社，年底分红。也可在该产业园务工，以此实现增收。

传统农村产业发展慢、效率低、收益小，主要是生产技术、经营模式等方面极为落后。仪陇通过深化龙头企业与贫困户产业对接，将农户的土地资源、人力、物力等生产要素融入龙头企业产业链、效益链和就业链，通过龙头企业规模化、集约化和专业化发展方式，建立高标准的蔬菜、水（干）果、粮油等农产品生产基地，直接带动贫困户实现持续稳定增收。截至2019年上半年，全县流转土地35万亩，建立标准化种养业生产基地28.5万亩，带动6500余户贫困群众年户均增收近5000元。创新企业与贫困户利益链接机制，利用龙头企业成熟的发展经验、先进的生产技术、完善的管理模式，培育扶持一批脱贫奔康产业园、专业合作社、家庭农场等新型经营主体，间接带动贫困户采取适度规模来自主发展产业，实现了经济效益和自主发展能力的“双提升”。产业园建成后，贫困户通过土地流转、园区务工、入股分红和发展自建园等方式，实现户均年增收1万元以上。通过企业带动，全县组建专业合作社830个、家庭农场705家，培育种养大户934户，极大地提高了农户的自主发展能力。

三　产业扶贫经验

产业扶贫是扶贫开发的重点，是实现精准扶贫的重要举措。仪陇县基于“一个龙头企业带动一项产业”的发展思路，大力引进龙头企业，探索产业扶贫多元协同的发展路径，取得了较好的产业扶贫效能。

依托广东温氏集团，采取“公司+家庭农场（托养户）”模式，建成生猪托养场302个；依托陕西海升集团，采取“企业建示范园”“农户自建园”的方式建立产业联盟，联片发展晚熟柑橘3万亩，带动全县发展20万亩；依托浙江中味食品公司，通过订单种植发展加工型蔬菜5万亩；依托香港利达丰集团，建设蚕桑基地3万亩；依托大山米业，建成有机大米基地2万亩。除此之外，还在全县建成标准化果园8.5万亩，新改建粮油基地30余万亩，辐射带动贫困人口22000余人年均纯收入达3000元以上，为打赢脱贫攻坚战奠定了坚实的产业基础。

通过脱贫攻坚的产业扶贫实践，仪陇通过探索治理模式创新也沉淀了若干制度“财富”。比如，温氏养殖业带动模式；海升的示范园与自建园结合模式；中味的加工型订单模式；绿科禽业的扶贫模式；马鞍镇险岩村食用菌股份合作模式；中帅果业果园返租倒包模式；新政镇石板梁等村“68—30—2”（业主、农户、村集体各占股份68%、30%、2%的简称）的青花椒种植分配模式。所有产业都推行期货加保险的风险防控措施，产业扶贫带动参与的贫困户和农户每月劳务收入都在1000元以上。

仪陇县将创新产业扶贫新模式作为产业发展的重点之一，构建了更紧密的利益联结机制，实现了“资源变股权、资金变股金、农民变股东”，带动贫困人口实现稳定增收脱贫。仪陇产业扶贫的基本经验可以概括为如下三个方面。

其一是以大带小，龙头帮领增动力。贫困户通过土地经营权租赁、作价入股、经营权托管、技术承包服务、就地务工等方式搭上龙头企业发展快车，建立利益共同体，实现企业销售规模与个人收入水平同步增长，从而充分调动贫困户参与土地集中经营的积极性，有效促进了企业发展、群众致富。

其二是以强扶弱，订单种植添活力。通过先找市场、再抓生产、产销挂钩、以销定产，通过推广“订单农业”，采取贫困户与农业产业化龙头企业签订农产品购销合同的方式，协定产品收购数量、质量和最低保护价，再由企业统一销售，有效避免了“谷贱伤民”“丰产不丰收”，实现了增产增收又增效。依托绿色食品原料标准化生产基地，引进黑龙江北大荒集团、浙江中味食品公司发展订单农业，采取“技术无偿提供、产品保底收购、就业优先安排”等方式，发展优质稻、油菜、蔬菜等订单农业，取得了产业和农户双赢的效果。

其三是以少聚多，产业联盟强实力。龙头企业与农户签订产业联盟协议，农户成为企业的产业联盟成员。企业将农户零散土地租赁后，以“小块并大块”的方式进行连片整理，统一规划后把“大块”土地进行连片种植，实施统一种苗供应、技术培训、农资供应、销售管理。农户不仅可以入园务工赚取收益，同时也能利用企业提供的免费技术培训和包销服务，在自留地发展农业产业，一切收入都归农户所有。比如，以雷家坝村为核心，建成辐射周边20余个乡镇的5万亩柑橘产业园，带动周边2万户群众户均年增收1万元以上。

总之，仪陇县成功探索出了一条政府引领、市场带动和贫困户响应的多元协同发展之路，使贫困户实现了可持续脱贫。在仪陇县产业发展实践中，其重要经验是通过比较优势选准发展产业，致力于贫困户“自生能力”的培养，而不是让贫困户以个体方式来发展生产，也不是简单的政府“输血”行为。通过“筑巢引凤”，即通过构筑脱贫奔康产业园来引进龙头企业。再以龙头企业为基地整合贫困户，以组织化的方式来带动贫困户脱贫。这一模式注重龙头企业的规模优势，又在制度上建立了成熟的生产经营机制和利益联结机制（即“三收三分”“四个加”）。在此基础上，充分发挥市场和贫困户的主体性，构筑起了产业脱贫和产业发展的共同体，从而较为有效地带动了贫困户脱贫。

可以说，仪陇县的产业扶贫充分发挥了政府的“有形之手”、市场的“无形的手”和贫困户的“勤劳之手”，形成了一种可称之为“引领型市场体制”的独特体制。[①] 这一市场体制所对应的产业扶贫场域中的引领型融合治理，则是中国特色社会主义制度的优势在产业扶贫领域的集中体现。

---

① 符平：《市场体制与产业优势——农业产业化地区差异形成的社会学研究》，《社会学研究》2018 年第 1 期。

第七章

就业扶贫的多元建构

仪陇县是四川的劳务输出大县，每年输出劳动人口约38万人，其中贫困劳动人口约占5%。当地劳动人口的就业途径较为单一，多以“亲靠亲、友靠友”方式外出务工，因而从事的行业同质性较高，多以建筑、服装鞋帽加工、数控机械、电子产品生产为主。就当地贫困劳动力而言，技术匮乏和劳务信息不对称是大多数贫困户长期无法脱贫的根本原因。数据表明，除因病因残致贫外，缺技术（技能）是阻碍当地贫困劳动力脱贫的主要因素，此类贫困户占仪陇贫困户总量的11.03%。① 如何通过就业扶贫为贫困人口创造就业机会和就业平台，仪陇在脱贫攻坚期间进行了从匹配岗位需求到打造劳务输出品牌等诸多探索。

第一节　贫困人口的就业困境

一　技能匮乏阻碍劳务输出

在2014年之前，仪陇县内的贫困劳动力大多受制于技术和能力的匮乏，只具备十分有限的自我发展能力。该县2014年贫困人口统计数据显示，该县10.03万贫困人口中具备职业技能的劳动力人口仅有73人，占比仅为0.08%。然而，贫困人口中具备劳动能力的人数多达4.58万人，占贫困人口的47.1%。这两项数据表明，2014年以前仪陇县虽有近一半贫困人口具备劳动能力，但与此同时这些劳动力却普遍不具备职业技术技能。显

① 此处劳务输出的数据来源于地方县志数据的统计，贫困户致贫原因及之后所提及的数据均来源于全国扶贫开发信息系统业务管理子系统（2019年）。

而易见，在仪陇县的贫困劳动力中普遍存在技能匮乏的情况。尽管县里的就业训练中心每年能培训近9000人，但实际可能并未有效地涵盖缺乏技能的贫困人口。

在这些缺乏技能的贫困劳动力中，既有在家务农的也有外出务工的。事实上，不论是务农还是务工，职业农民和技术劳工在市场竞争与劳动增收等方面都比不具备技能的普通农民和劳工有更为明显优势。[①] 不具备技术（技能）的贫困劳动力在“二元分割”的劳动力市场中，大多只能从事体力劳动型工作。[②] 他们难以在劳动力市场上与有技术技能的劳动力进行竞争，无法获得同样的工作机会和报酬，因而其总体劳动收入水平要明显偏低。[③]

此外，当这些缺乏技能的贫困劳动力在同一市场中与非贫困劳动力竞争时，其本身的种种劣势可能会加剧贫困劳动力在劳动力市场中的困境。诸多既有研究表明，中国农村存在促使贫困劳动力向外流动的“推力”，而城市则具备吸引贫困劳动力向其流动的“拉力”。[④] 进城务工是贫困人口改善生活质量的有效途径，但是贫困劳动力在技能上的匮乏降低了其在劳动力市场中的竞争力，因而存在即使外出务工却依然无法获得工作从而陷入困境的风险。在这一背景下，对仪陇县而言，技能的缺失不仅是其贫困劳动力存在弱竞争力的表现，也是阻碍贫困人口通过就业实现脱贫的重要因素。

二　缺乏健全的贫困人口就业平台

尽管仪陇县是劳务输出大县，但其贫困人口在劳务输出路径上大多习惯依靠外出务工的亲戚和朋友带动的方式。换言之，贫困劳动力是以各种社会关系为基础建立起来的既有路径实现转移就业的，即沿着涵盖血缘、

① 王春超：《农村土地流转、劳动力资源配置与农民收入增长：基于中国17省份农户调查的实证研究》，《农业技术经济》2011年第1期。

② 参见蔡昉、都阳、王美艳《农村劳动力流动的政治经济学》，上海：上海三联书店，2003。

③ 梁海兵：《议价行为与农民工工资增长：“技能资本—社会关系”替代视角》，《农业经济问题》2018年第12期。

④ 盛来运：《中国农村劳动力外出的影响因素分析》，《中国农村观察》2007年第3期。

地缘和业缘的人际关系网络向外流动。[①] 这种路径依赖式劳动力的输出方式造成的后果之一是，当地劳动力在所从事的行业、就业信息获取等方面具有较高的同质性。

短期来看，依靠人际关系网络找工作的模式解决了贫困劳动力转移就业的问题，并有利于其劳动增收。但从长远来看，这种模式也有其局限性。主要体现在，一方面是其带来的职业的同质化本身意味着劳动力市场将面临更加激烈的竞争。一旦该行业市场的劳动力需求出现饱和，许多人便会面临失业的风险。另一方面是缺乏技术技能的贫困劳动力难以借助这种方式实现人力资本的提升，相反还会因同质化而将自己局限于低收入、高强度的劳动力市场中，从而不利于自身的发展。那么，仪陇县的劳务输出为何会依赖人际关系网络的模式而不是通过现有的就业平台实现转移就业呢？

首先，事实上仪陇县这种劳务输出模式的形成在某种程度上要归因于地方就业平台的不够完善。而该平台之所以未能有效发挥促进贫困劳动力就业的作用，其中一个重要原因便是缺乏精准识别贫困劳动力的技术工具。前文提到，技能的匮乏会限制贫困劳动力的劳务输出。而导致其技能匮乏的一个重要原因便是技能培训的缺位，或者更准确地讲，是政府未能精准识别出贫困劳动力的致贫原因以及对于技能的具体需求。

其次，在对口帮扶、结对支援的扶贫战略实施前，仪陇县的贫困劳动力市场一直缺乏能进行长期劳务协作的合作对象。结对支援战略实施后，尤其是 2018 年与浙江省磐安县在多个方面达成合作共识，并签订了相关的劳务协作协议后，仪陇县不仅实现了县内部分剩余贫困劳动力的转移就业，而且劳动增收效果明显。对于贫困劳动力而言，如果借助政府组织的专场招聘、就业推荐等方式能连接到大企业和优质的就业平台，从而获得较好的就业机会，那么他们在择业时就不会只选择依靠既有人际关系，而更可能是采取混合的方式来寻找工作。因此，是否拥有良好的合作对象对于就业平台的运行而言十分重要。

最后，仪陇县前期对于贫困劳动力的支持力度不够，除常规的就业培

① 张永丽、黄祖辉：《中国农村劳动力流动研究述评》，《中国农村观察》2008 年第 1 期。

训补贴外，便少有鼓励贫困劳动力就业创业的补贴。脱贫攻坚开始后，这类奖补政策便多了起来。以转移就业的交通补贴为例，为推动仪陇县贫困劳动力有效转移，促进在浙江省务工贫困劳动力稳岗就业，仪陇县规定，凡该县户籍年满16周岁至60周岁在浙江省务工的贫困劳动力，由政府一次性给予单程铁路、公路或水运（路）交通补贴，凭票实名打卡到个人。

以上所阐释的三个原因以及前后现状的比对表明，仪陇县在精准扶贫工作开展之前就业平台运行并不完善，由此导致县内大多数贫困劳动力只能借助人际关系来找工作。

总体而言，贫困劳动力在实现就业方面面临着两大困境：缺技术技能和缺平台资源。更准确地讲，一个是人力资本匮乏影响个人就业，另一个是社会资源短缺致使个人无法获得优质岗位信息。因此，一方面，由于仪陇县绝大多数贫困劳动力面临着技术技能缺失的问题，如能解决这一部分人技术技能缺失的问题，近一半的贫困人口便可提升人力资本，进而提升其在劳动力市场上的竞争力并增加获得优质工作的机会。另一方面，完善就业服务平台对于实现贫困劳动力转移就业也十分必要。就业平台的完善不仅能让贫困劳动力获取更加全面、及时的就业信息，还能直接连接到企业，给贫困劳动力提供推荐就业的机会。换言之，技能培训与就业服务平台的完善是帮助贫困劳动力实现稳定就业进而脱贫的必经之路。然而，在贫困劳动力可能参与其中的劳动力市场，市场无法自发帮助贫困劳动力提升人力资本，也无法自动实现劳动力这一资源要素的最优配置。要解决这一问题，便需要当地政府适时且恰切地介入。

第二节　政府的“扶持之手”与就业困境的破解

一　政府的“扶持之手”：角色与效应

在贫困地区，“领导者的责任，主要是解决‘桥’和‘路’的问题。‘桥’，即搭桥，为群众发展商品生产疏通渠道，架设桥梁。比如，对全区经济合理布局，正确指导，提供有效服务……至于‘路’，就是确定本地经济发展的路子，要从中央和省里的总体部署，从全局工作的大背景、大前提和本地区的实际情况来考虑”。[①] 这就要求贫困地区的地方政府落实好架“桥”造“路”的工作，充分发挥实现资源互通的桥梁作用和引导地方经济发展的作用。

对仪陇本地而言，大量劳务输出表明当地的资源禀赋之一是拥有充足的剩余劳动力。因而，帮助剩余贫困劳动力实现高质量的转移就业可以成为促进地方经济社会发展的重要举措。事实上，仪陇在确定经济发展路径时，也的确将贫困劳动力这一要素考虑进去了。帮助贫困劳动力实现就业的就业平台，是架接劳动力供给与市场需求的一个“桥梁”。地方政府的作用便是“修建”这一桥梁，扮演“扶持之手”的角色，从而确保当地的贫困劳动力顺利实现转移就业。

从调研来看，在仪陇县人力资源和社会保障局（以下简称“人社局”）与下属二级单位就业服务管理局（以下简称“就业局”）的努力下，仪陇县开展的就业扶贫取得了良好的成效。具体而言，从 2016 年到 2019 年上半年，仪陇县每年转移贫困劳动力就业约 2.1 万人，总计转移超过 8 万人次贫困劳动力（见图 7-1）。以 2018 年为例，仪陇县充分发挥农民夜校、职业教育等载体作用，共组织技能培训 894 人，转移贫困劳动力就业 2.2 万人，公益性岗位安置贫困劳动力就业 879 人。由此来看，仪陇县人社局和就业局在架“桥”造“路”工作上落实到位，帮助当地的贫困劳动力实现了就业和劳动增收，进而助其实现了脱贫。

具体而言，针对县内贫困劳动力在就业上所面临的两大困境，人社局和就业局积极采取针对性举措，以期充分发挥其架“桥”造“路”的作用。一是完善已有就业平台以满足仪陇县的贫困劳动力就业的实际需求。这一常规做法主要基于就业局在就业咨询、培训方面的基础服务，从而在落实就业扶贫的相关政策过程中起到“中介”和桥梁的作用。二是整合各类资源帮助贫困劳动力实现就业。这其中最重要的举措便是借助东西部扶贫协作和对口支援的战略部署，最大限度地整合两地就业扶贫的资源，并借此打造具有地方特色的劳务品牌，进而帮助县内贫困劳动力实现高质量就业。

---

① 习近平：《摆脱贫困》，福州：福建人民出版社，1992，第 58 页。

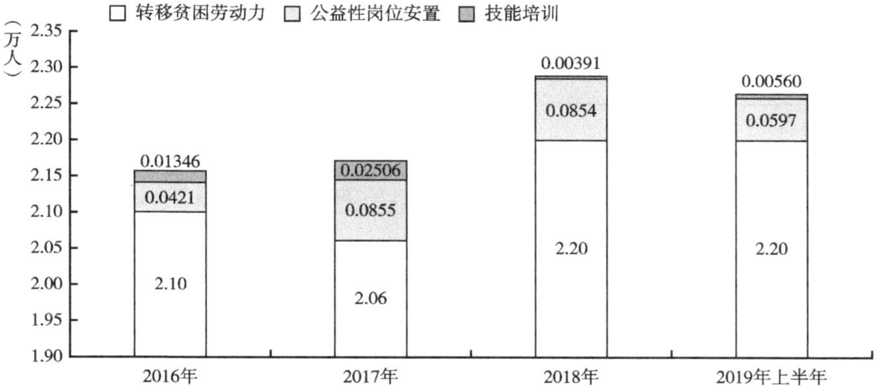

图 7-1　2016~2019 年（上半年）仪陇县贫困劳动力的就业情况

资料来源：根据仪陇县人社局 2016~2019 年（上半年）的就业扶贫工作总结整理。

为了更好地发挥这两项举措的实际作用，人社局还配套了两项保障机制：一是就业扶贫中专项资金的拨付为各类就业扶贫政策的落实提供了经费保障。比如每年的专项资金约六成用于公益性安置岗位补贴，其余用于就业培训和各类政策奖补（见图 7-2、图 7-3）。奖补资金的发放依据就业创业方面的奖补激励政策执行，如对吸纳贫困劳动力的企业按照 1000 元/人的标准进行奖补；对在县内创办或领办创业实体的贫困劳动力给予一次性 1 万元创业奖励；公益性安置岗位资金拨付标准为每人 500 元/月；等等。二是仪陇县人社局等部门联合建立了贫困劳动力数据库，用以精准识别贫困人口。精准的信息为就业扶贫政策的落实提供了数据保障，从而能更加有效地帮助贫困人口实现脱贫。

好的政策要发挥出其应有的政策效应，关键在于落到实处。在就业培训这一环节，县人社局等部门本着“缺啥补啥、愿学啥培训啥”的原则，有针对性地强化对贫困劳动力的技术技能培训。首先是在培训中心开设课程、设立扶贫专班，组织有技能培训需求的贫困劳动力参加培训，并进行交通、餐费等补贴。其次，人社局还组织送“流动课堂”下乡进村，让贫困劳动力能就近进行技能培训。在政策实施环节，县人社局基于县内贫困人口的实际情况，往往能够采取灵活的策略来执行政策。这样既能保证上级政策的有效落实，也能顾及贫困人口的实际需要，确保政策实施真正服

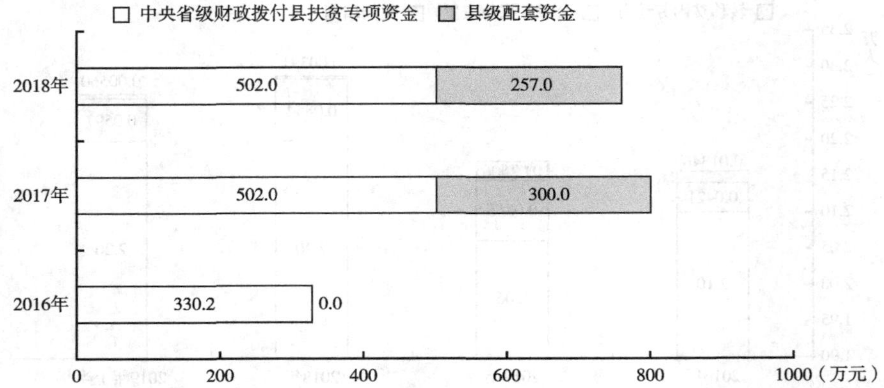

图 7-2　2016~2018 年仪陇县就业扶贫专项资金配置情况

资料来源：根据仪陇县人社局 2016~2019 年（上半年）的就业扶贫工作总结整理。

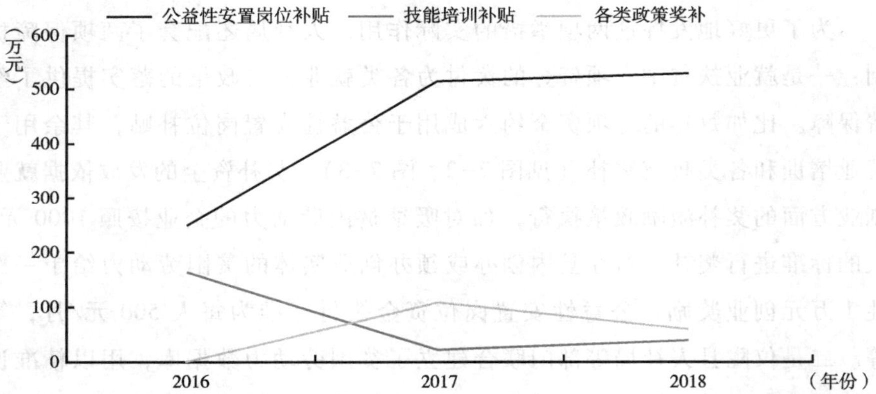

图 7-3　2016~2018 年仪陇县就业扶贫专项资金使用情况

资料来源：根据仪陇县人社局 2016~2019 年（上半年）的就业扶贫工作总结整理。

务于贫困人口。正基于此，仪陇逐步实现了“培训一人、就业一人、脱贫一户、带动一片”的就业扶贫目标。

二　完善就业平台：精准把握企业需求与劳动力需求

政府“扶持之手”的有效发挥也要求将市场的事交给市场，政府只需负责提供良好的营商环境和市场发展的基础性平台。考虑到县内就业平台尚不完善的情况，仪陇县人社局首先从完善贫困劳动力就业平台入手，积极做好联结企业和贫困劳动力的桥梁工作，并引入劳动力市场和劳动力竞争等市场要素。一般而言，劳动力市场主要包括三个行为主体，即企业、政府与劳动力。企业有自己特殊的用工需求，劳动力也有自身特点。企业要发展就必须保持自己的竞争力，劳动力要获得工作也必须要有足以胜任岗位的相应能力，政府则在其中发挥着牵线搭桥的联结作用。事实上，仪陇县就业扶贫工作之所以能取得显著的成效，其中的重要原因是县人社局充分协调了企业与劳动力双方的供求关系，并在与企业和贫困劳动力互动的过程当中精准把握了双方各自的多样化需求，从而有效提供了各种实实在在的激励与帮扶。

（一）“贫困户-政府”互动

县人社局在解决贫困劳动力的就业技能匮乏的问题时，主要采取技能培训和就业推荐两种方式。就业技能的培训本质上是对人力资本的提升，正如人力资本理论所强调的，人能够对自身进行投资并产生经济回报。研究表明，人力资本中的教育年限、培训等变量对农民工的工资有显著的正向影响。[①] 也就是说，对于外出务工的农村劳动力而言，掌握技能比无技能的纯体力劳动获取的工作报酬更高。既然提升人力资本有利于提高劳动力的劳动报酬，那在帮助贫困劳动力解决就业问题时理应将“如何提升劳动力的人力资本”作为重点问题来解决。正是基于这一考虑，县人社局采取了三种灵活培训的方式，即分别将扶贫专班、定点学校、技能培训送进各村，满足贫困人口多元的培训需求，同时将培训的内容由纯粹的技术技能培训拓展至技术和政策培训，并直接将岗位信息匹配到个人。通过上述举措，人社局得以确保每一个贫困家庭劳动者至少掌握一门致富技术技能。这不仅实现了以技能促就业、以就业助脱贫的目标，还帮助贫困劳动力提升了人力资本，从而使他们具备更强的市场竞争力。

在与贫困劳动力互动的过程中，县人社局主要采取两种方式来促进贫困劳动力就业，一是就近就业，二是转移就业。不论是就近就业还是转移就业，县人社局都会为帮助贫困劳动力提升人力资本而开展技能培训，并

---

① 刘林平、张春泥：《农民工工资：人力资本、社会资本、企业制度还是社会环境？——珠江三角洲农民工工资的决定模型》，《社会学研究》2007 年第 6 期。

且始终秉承“缺什么补什么、愿意学什么就培训什么”的原则。通过实施“观摩式技术培训”来引导贫困劳动力的技能学习，即努力做到让贫困劳动力临近现场，通过技术人员的示范拓宽贫困劳动力的眼界。县人社局负责人表示，仅在2018年该局便在全县范围内开展扶贫培训48期，累计培训4243人次，有效帮助了贫困劳动力掌握就业技能，受到了群众普遍欢迎。

具体而言，在帮助实现就近就业时，县人社局主要将贫困劳动力分为农业劳动力与非农业劳动力，并按照各自所需技能的不同而提供差异化的培训。对于务农的贫困劳动力而言，职业农民是其发展的方向。为了实现其技能培训，县人社局主要依托各镇政府开设的农民夜校，以此作为专业化农民的培训场所。据其中一位农民夜校校长介绍了下面这些内容。

> （农民夜校首先会）对各分校的校长及师资力量进行专题培训，各分校再建立“课程菜单”，内容涵盖种养技术、教育医疗、感恩教育等，根据村民“点菜”授课。（仪陇农民夜校访谈—201908）

在调研中，基层乡镇负责人也表示，就业培训工作主要遵循“农户需要什么学什么、缺什么补什么”原则。只有符合农户的培训预期，课程讲授的内容才有吸引力，才能真正引导农户做到学以致用。

对于有务工需要的贫困劳动力，县人社局通过上述三种灵活培训的方式，将培训送至各村，确保贫困劳动力就近学习。培训之后，县人社局会推荐有能力外出且有外出意愿的贫困劳动力到合作单位就业，同时推荐剩余的贫困劳动力到县内、镇上或村里的产业园、扶贫车间上班。以2018年为例，当年通过劳务协作共转移就业433人，其中贫困人口375人，转移到对口帮扶省份70人，本省浙企吸纳就业80人，全年共开展技能培训275人。[①] 总之，县人社局会根据贫困户的需求提供差异化的培训计划，并组织其实现最为合理的就业。

① 该数据根据仪陇县人社局提供的统计数据（2014~2018年）整理。

（二）“政府-企业”互动

围绕就业扶贫的政府与企业互动，主要体现在政府通过政策来激励企业吸纳贫困人口就业的行为上。省级就业创业补助资金管理使用办法规定，财政补助资金包括对个人、单位和大学生职业培训和创业等方面。比如，中央财政补助资金用于对个人和单位的补贴（包括职业培训补贴、职业技能鉴定补贴、社会保险补贴、公益性岗位补贴、就业见习补贴和求职创业补贴等支出）……还可用于非毕业年度在校大学生职业培训补贴、农民工劳务品牌培训补贴、返乡农民工创业培训补贴、大学生创业补贴。四川省人力资源和社会保障厅对专场招聘中吸纳贫困劳动力的企业有着更加具体的奖补措施，如对于吸纳贫困家庭劳动力就业的企业，如果签订了1年以上劳动合同并参加社会保险的，给予企业1000元/人的奖补；对于新吸纳10个以上贫困家庭劳动力的可评为扶贫基地，并获得不低于5万元的奖励；等等。县人社局在帮助贫困劳动力实现就业时，也是通过政策来积极动员企业参与提供贫困劳动力的就业岗位。为此，县人社局主要是以奖补政策来激发企业和贫困户就业创业的内生动力，包括对企业吸纳贫困劳动力就业的资金补贴、贫困户创业的奖补等。

在具体落实中，县人社局着力落实“四种类型”（即农民合作社、种养大户、家庭农场、农村电商）大户的认定、吸纳贫困劳动力的就业奖补，以及贫困劳动力和贫困大学生创业的认定奖励。2018年，县人社局先后奖补生产经营实体及种养吸纳大户117户，兑付资金77.2万元；兑现贫困家庭大学生创业奖励4万元，并奖补就业扶贫基地5万元、扶贫车间2万元。① 从奖补政策落实情况看，县人社局在动员企业吸纳贫困劳动力和鼓励贫困劳动力创业方面效果较为显著。除了奖补政策外，县人社局也在全县开展“示范建设”，期望树立典型企业、创业园区来带动更多的企业和园区建设，并充分调动其在吸纳贫困劳动力方面的积极性。

总之，县人社局主要以奖补政策落实的方式鼓励县内的龙头企业、产业园区、种养大户、农民合作社积极吸纳贫困劳动力，达到了既能解决贫困劳动力的就业又可满足企业用工需求的双重目标。

---

① 该数据根据仪陇县人社局提供的统计数据（2014~2018年）整理。

（三）“贫困户-政府-企业”互动

县人社局在与贫困户、企业互动过程中主要扮演着“桥梁”的角色，一方面将县内贫困劳动力就业与企业用工的需求串联起来，另一方面还为贫困劳动力市场提供制度支持，如上述奖补政策。换言之，企业用工需求和贫困劳动力就业之间的信息匹配是借助县人社局完成的。那么，如何实现二者之间的信息匹配？县人社局的具体做法包括如下若干方面。

首先，建立和完善“农村贫困劳动力实名制登记数据库”，并做好贫困劳动力数据的更新工作。县人社局着力摸清全县贫困劳动力基本信息，并通过层层上报的情况收集和比对扶贫移民局数据库里的贫困劳动力信息，进而建立起了“农村贫困劳动力实名制登记数据库”和贫困家庭劳动者信息名单、就业培训名单、创业名单、转移就业名单、公益性岗位安置名单。建立了数据库之后，人社局还会定时更新贫困劳动力的就业情况，确保数据精准、真实。脱贫攻坚期间，全县共实名制登记贫困劳动力数据6万余条，并坚持了基本信息每季度更新，更新率居全市前列。基于这一数据库，县人社局得以精准识别县内贫困劳动力及其在就业方面的需求，为提供有针对性的技能培训和就业推荐提供了数据支撑。

其次，县人社局为贫困劳动力也提供了一套奖励和兜底政策。就奖补政策而言，对贫困户通过务工、就业创业实现增收，家庭年人均纯收入达到2000元以上的按户给予600~1000元的奖励。其中，家庭年人均纯收入2000~3000元的奖600元；家庭年人均纯收入3000~4000元的奖800元；家庭年人均纯收入4000元以上的奖1000元。通过鼓励贫困劳动力发展的奖补政策，县人社局有效激发了贫困劳动力的内生动力。

此外，县人社局通过开发公益岗位，对贫困劳动力实施兜底援助。根据《南充市人力资源和社会保障局关于进一步做好贫困村公益性岗位援助就业有关问题的通知》的文件精神，公益性安置岗位主要针对贫困户中16~60岁的具备劳动能力和有劳动意愿的家庭成员，并按照“总量控制、严格程序、规范管理”的要求，对当年出列贫困村按每村5个、其余贫困村每村2个，每月500元的标准开发了产业管护、社会治安协管、乡村道路保洁等方面的公益性岗位。人社局严格资金拨付，采取按季度预拨乡镇，乡镇村考核后打卡直发个人的方式发放到位。总的来看，县人社局通过实施公益性岗位安置政策实现了对贫困劳动力就业的兜底。

最后一步则是建立和完善就业平台。此前，地方招商引资十分困难，对贫困劳动力的识别也不够精准，导致就业服务管理局这一就业平台未能被有效利用。脱贫攻坚期间，县人社局在精准识别贫困劳动力的前提下，充分利用并发挥了就业服务管理局这一就业平台的作用。具体而言，一是组织就业扶贫专场招聘，促进农村剩余贫困劳动力转移就业。在专场招聘会上，县人社局和就业服务管理局将企业和贫困劳动力置于同一平台，双方得以充分沟通，从而达成双向选择。二是深化与发达地区的劳务协作，有序组织劳务输出就业。县人社局通过与发达地区签订劳务协作合同，既能保证贫困劳动力实现就业，也能最大限度保障其合法权益，如避免拖欠工资等。三是给予外出务工的贫困劳动力交通补贴，对贫困劳动力参加有组织跨省劳务输出的，一次性给予单程铁路、公路或水运（路）交通补贴，促进转移就业。总之，县人社局借助就业平台充分发挥“桥梁”作用，实现了企业用工需求和贫困劳动力就业之间的信息匹配，帮助贫困劳动力实现了就业。

三　打造劳务品牌：劳动力资源的高质量开发

除了架“桥”，贫困地区的地方政府还需要根据地方特色和中央及省级的工作部署，为当地造一条适合自身发展的“路”。同时，仅仅依靠市场难以形成本土的劳务品牌，因而县人社局在通过职业技能培训以提升贫困劳动力的人力资本的同时，也试图打造具有本土特色的劳务品牌，以期通过品牌效应帮助转移就业的贫困劳动力获得更多的劳动溢价，从而帮助贫困劳动力实现高质量的就业。依此目标，仪陇县人社局借助东西部协作和结对支援战略部署的契机，努力打造具有仪陇特色的劳动力输出品牌，从而进一步巩固提升脱贫成效。

（一）借政策东风：结对支援与就业扶贫

中央曾要求东西部扶贫协作完善结对、深化帮扶和明确重点、精准聚焦。具体而言，完善结对、深化帮扶要求工作开展过程中要完善省际结对关系，并在此基础上着力推动县域间的精准对接；明确重点、精准聚焦要着眼于增加就业，建立和完善劳务输出对接机制，提高劳务输出脱贫的组织化程度。[1] 在此背景下，作为县域间东西部协作和结对支援的一个结对关系，浙江省磐安县和四川省仪陇县双方按照“资源共享、优势互补、友好协商、协作共赢”的原则，全领域、全时段、全方位、全覆盖交流合作，找准合作共赢切入点，强化人才引领，走出了一条符合仪陇和磐安特色的东西部扶贫协作之路。[2]

地方经济的协同发展得益于双方优势资源的互补，因而如何让两地的优势资源实现互通、互补便是两地合作首先需要解决的问题。为此，协作双方需要组织好精准对接。通过协作双方充分沟通，在把东部发达地区的优势资源利用好的同时，也要把西部贫困地区的优势资源开发好。自2018年仪陇、磐安两县确定了结对关系后，双方均成立了以县委、县政府主要负责同志任“双组长”的东西部扶贫协作工作领导小组，并先后多次派出党政代表团进行互访。在互访过程中，双方逐步明确了各自发展优势，并在产业发展和就业帮扶带动脱贫等方面达成了战略合作。仪陇县域内可资利用的非耕地资源多，且气候、土壤都较为适合中药材的种植。而磐安县内的传统优势产业正是中药材产业，得天独厚的自然条件使其成为“天然的中药材资源宝库”，并被国务院发展研究中心等单位命名为“中国药材之乡”，因而种植中药材可实现结对支援的两县资源优势的互补。换言之，在仪陇县发展中药材的种植产业以及衍生产业的潜力巨大。

基于上述资源互补，结对支援的两县在整合各自资源的过程中逐步明确了“点药成金”的扶贫思路，即发展中药材产业及其衍生的产业助力仪陇县的贫困人口实现脱贫。仪陇县人社局依循“点药成金”的扶贫思路，从“药”出发帮助贫困劳动力实现就业。就中药材种植产业而言，有着专业种植技术的职业农民必不可少，因而需要对务农的贫困劳动力进行技能培训。在接受中药材种植技术培训后，这批职业农民便可开展中药材的种植工作，从而自然实现了就近就业，并由此获得劳动增收。第一批从事药材养殖技术培训的人才队伍主要由磐安县人社局等部门牵头负责组织，而

---

① 习近平：《切实做好新形势下东西部扶贫协作》，《中国青年报》2016年7月22日。
② 南充市人民政府：《东西部协作：磐安仪陇携手念好“人才经”》，四川在线2018年12月13日。

贫困人口的信息搜集和培训组织工作则由更为熟悉贫困户情况的仪陇县人社局负责。

除此之外，两县也积极探索如何发展与中药材相关的服务产业，以此带动更多的贫困劳动力就业。其中，最具品牌特色的项目是由双方人社局牵头组织的“药乡月嫂”培训计划。简言之，该培训计划是培训同时具备中药材知识和家政服务的新型月嫂。一方面是为了实现县内闲置劳动力的充分就业，另一方面则能够提高劳动力在同类市场中的竞争力。正是在“点药成金”的结对支援思路指导下，仪陇县人社局与磐安县人社局等部门针对当地从事农业和服务业的贫困劳动力的实际需要，主动提供与中药材相关的技能培训，帮助其实现就业。

总之，仪陇县借助与磐安县结对支援的契机，共同协作探索出了“点药扶贫”的扶贫思路，并在这一思路的指导下开展了中药材种植及衍生服务的技能培训工作。接受这方面技能培训的贫困劳动力基本都实现了就业，劳动增收效果明显，最终都达到了脱贫的标准。

（二）挖掘本土劳动力优势：“药乡月嫂”的品牌打造

仪陇县人社局在综合考虑本县贫困人口的结构性特征和结对县发展优势的情况下，与磐安县人社局合作打造了“药乡月嫂”培训的就业扶贫品牌。该培训主要锚定县内贫困人口中的女性剩余劳动力，选择将其转移至家政服务行业以实现就业。具体做法是先组织技能培训以提升女性贫困劳动力的人力资本，并在劳务输出过程中打造职业能人、正向的品牌形象，从而带动县内剩余劳动力就业。

仪陇县之所以选择与磐安县在家政服务行业进行合作，其中一个原因是考虑到县内剩余劳动力的结构性特征，即既有贫困人口也有非贫困人口。现实中，随着农村青壮年大量涌入城市，中国农村普遍存在人力资源空心化的问题，许多农村已然成为一个个“空心村”。在外出人口中，多是 18 至 60 周岁的青壮年，甚至有些村的外出人口全部是青壮年。由于农村青壮年劳动力的流出，农村留守的多是无法外出的老弱妇幼。①

---

① 胡玉坤：《转型期中国的“三农”危机与社会性别问题——基于全球化视角的探究》，《清华大学学报》（哲学社会科学版）2009 年第 6 期。

同时，从农村人口的结构性特征来看，在占中国人口总数三分之二以上的农业人口中，妇女本就占了“半边天”。因而从农业劳动力来说，伴随越来越多男性就地或异地非农转移，农业主劳力的女性化从来没有像今天这么凸显。① 当然，仪陇县也存在人力资源空心化的问题，且贫困人口中的情况也是如此。当地人社局的相关部门负责人介绍，仪陇县内剩余的贫困劳动力基本都是妇女和老人。② 换言之，仪陇县内剩余的贫困劳动力以女性劳动力为主。事实上，只要符合本地的实际情况，能够体现当地的发展优势，凡是有特色的事物皆可当作品牌来打造。在这一意义上，仪陇县内贫困劳动力以妇女和老人为主的结构性特征既是其基本县情，也可视作其发展的特色资源。以此培育本土特色的劳动人才，进而打造本土劳务品牌，不失为一条创新路径。如能解决县内剩余女性贫困劳动力的就业问题，不仅能帮助留守县内的贫困劳动力实现增收，也可为其他地区提供可供借鉴的经验和做法。

针对县内剩余贫困劳动力以妇女和老人为主这一事实，仪陇县人社局“以就业带脱贫”的工作目标有一部分便具体化为“如何精准帮扶农村贫困人口中的弱势群体实现就业”。需要指出的是，对县内无劳动力或弱劳动力的贫困人口的帮扶主要是通过补贴、补助等方式实现政策兜底，因而这里要解决的弱势群体的就业问题，实际上是指贫困人口中具备劳动能力的妇女和老人的就业问题。当然，这一问题的解决其实也是打赢脱贫攻坚战的必要之举。

在脱贫攻坚中，贫困户的精准识别是基础。地方政府要能够精准识别贫困劳动力的致贫原因，从而针对群体内部的差异化需求采取更加契合地方实际的扶贫举措。为帮助剩余贫困劳动力实现就业，仪陇县分别采取了不同的帮扶措施。其中，在帮扶贫困人口中有劳动能力的妇女群体时，人社局主要通过技能培训和推荐就业的方式帮助其更好地就业；而对于贫困人口中的老人群体，人社局主要通过公益性岗位安置的方式帮助其就业。

---

① 边燕杰、张文宏：《经济体制、社会网络与职业流动》，《中国社会科学》2001 年第 2 期。

② 与就业局的部门负责人访谈中了解到，该地贫困劳动力中 40~60 周岁的妇女因为专业技能匮乏而无法外出就业的情况十分普遍。也正是考虑到这一现实因素，仪陇县人社局在与磐安县寻求劳务协作时更加倾向关注留守的女性贫困劳动力。——笔者注

在解决女性贫困劳动力的转移就业问题上，仪陇县与磐安县共同打造的“药乡月嫂”培训计划取得了不错的效果。在 2018 年 10 月下旬，仪陇县和磐安县借着东西部扶贫协作、结对支援的战略合作机会，在仪陇县开展了首期“药乡月嫂”定向培训活动。首期活动中一共有 42 名本地留守妇女免费参加培训，其中，33 名月嫂获得母婴护理（初级）证书，并成功在合作的浙江二级甲等以上医院上岗。另有 8 名优秀学员被送到浙江省东阳市的妇幼保健院进行实操培训，培训后有 6 人通过考核并顺利与当地的月嫂公司签订劳动合同，平均月工资达到 6000 元。重要的是，首期培训的妇女中还有一名建档立卡贫困户，其在浙江执证上岗一年后便跻身当地的“十佳月嫂”，月薪最高时达到 12000 元/月。该贫困户的成功事例表明，通过技能培训实现贫困劳动力的就业进而实现脱贫的扶贫举措是可行的、有效的。从培训的结果来看，“药乡月嫂”培训计划对于实现女性剩余劳动力的转移就业成效显著。尽管女性贫困劳动力在首期活动中参与人数少，但这一行动不仅帮助她们实现了脱贫，也为其他贫困劳动力提供了脱贫的鲜活榜样。正如仪陇县就业局的一位负责人所谈及的。

通过第一批月嫂培训后就业的示范效果，尤其是建档立卡贫困户借此成功脱贫的案例，越来越多的仪陇妇女（贫困）劳动力想参加这一培训。（仪陇就业服务管理局访谈—201908）

事实上，首期“药乡月嫂”培训的成功开展，得益于仪陇县与磐安县两地在市场供需关系上的高度契合。一方面，仪陇县县内剩余的贫困劳动力以女性为主，而磐安县已先行探索一条能够结合中药材和月嫂培训的人才培育道路，即培育一批以“中医药保健+母婴护理”为特色的月嫂。

双方在这类特殊劳动力市场上的合作具有天然的结构性互补优势。仪陇具有较为丰富的剩余劳动力资源，而磐安正好需要一批劳动力来通过完成培训后输入家政服务市场。月嫂作为家政服务的重要组成部分，在当下有着旺盛的市场需求，月嫂越来越成为紧缺型人才。数据显示，在南京、无锡、广州、佛山四地的家政服务行业中，月嫂收入是最高的，月工资平均达到 10311 元。但与此同时，在职业技能培训方面，月嫂或育儿嫂接受过母婴护理、育婴师等照料培训的比例仅约五成。在此市场需求下，“药乡月嫂”培训不仅培训月嫂的基本技能，还能将其培育成具备药膳知识的专业型人才，提升了其在月嫂市场的竞争力，因而该培训所提供的技能也能满足月嫂市场的需求。

此外，两地在劳务协作上有着明确的分工，确保“药乡月嫂”培训能够长期有效地开展。根据劳务协作规定，仪陇县人社局主要负责就业扶贫政策的落实工作，具体做好与贫困劳动者就业企业沟通衔接，共同维护贫困劳动者合法权益。磐安县人社局主要负责和仪陇县合作培养“药乡月嫂”，并推介培训学员去浙江就业，且确保月工资不低于4000元/月。正是由于结对支援的双方在资源上的互补，且培训的人才契合市场需求，“药乡月嫂”培训才得以顺利开展，并逐步成为当地极具特色的服务人才培训品牌。经此培训的贫困劳动力的增收效果明显，实现了高收入、有保障的就业。

概言之，仪陇县人社局通过技能培训、政策奖补和推荐就业的举措帮助绝大多数贫困劳动力实现了转移就业，又通过“药乡月嫂”的技能培训帮助剩余的女性贫困劳动力实现了就业。在这一过程中，仪陇县人社局充分发挥了“桥梁”作用，利用就业平台帮助有用工需求的企业和贫困劳动力实现了合理匹配。此外，通过结合本地贫困劳动力结构性特征和劳动力市场的实际需要，仪陇县人社局打造出以“药乡月嫂”项目为代表的劳动力品牌。这一适合本地发展的就业之“路”借由开展相应的培训和专场招聘活动帮助本地贫困劳动力实现就业，并在此基础上在就业地积累良好的口碑和美誉。仪陇打造的本土特色劳务品牌，不仅在本地还未实现就业的贫困劳动力中起到了示范带动作用，也为后续的贫困劳动力输出提供了良好的就业平台。

第三节　就业扶贫与贫困劳动力市场的培育

一　地方政府角色与劳动力市场完善

在开展扶贫攻坚时，“贫困地区完全可能依靠自身的努力、政策、长处、优势在特定领域‘先飞’，以弥补贫困带来的劣势”。[①] 由于仪陇县内

① 习近平：《摆脱贫困》，福州：福建人民出版社，1992，第2页。

的贫困人口普遍面临技术（技能）匮乏和就业平台不完善的困境，加之县内并未形成能够有效实现资源配置的贫困劳动力市场，闲置了许多贫困劳动力，而这些劳动力所具有的发展潜力便是实现脱贫的一把重要的钥匙。因此，仪陇县人社局面临的首要任务便是实现剩余贫困劳动力的充分就业，进而帮助贫困人口实现脱贫。

仪陇县劳务输出的主要途径是依靠个人的社会关系网络，即“亲靠亲、友靠友”。事实上，改革开放之后，中国农村社会普遍存在农民利用个人的社会关系网络实现转移就业的问题。具体而言，在农村劳动力流动过程中，农村劳动力主要是依靠其亲属或社会关系寻找外出务工的机会，很少会借助地方政府提供的就业平台进行劳务输出。但实际上，不管是依靠个人的社会关系网络还是就业平台，劳动力都能借此在市场中获得职位信息并实现自身就业。

学界对于社会关系网络之于劳动力市场的作用有着较为一致的意见，即都认为社会网络会影响个体求职的结果及其他的经济回报，但在认识社会网络中关系强弱的实际作用方面仍存在分歧。这种分歧大致可分为两类：一类强调社会关系网络中的“弱关系优势”。持此观点的学者认为社会关系网络是信息传递的桥梁，而在市场中存在信息不对称的情况下，社会网络作为一种群体间的联系纽带，传递着异质性的职位信息，因而增加了劳动者找到工作的概率。在此基础上，格兰诺维特（Mark Granovetter）提出了“弱关系假设”，认为具备“认识时间短、互动频率低、亲密性弱和互惠性内容少”等特征的弱关系（如相识的人之间的关系）作为沟通不同群体的信息桥在求职过程中起着更大的作用。[①] 另一类则是强调“强关系优势”的社会资源和社会资本理论。[②] 对强关系优势（如亲属、熟人间的关系）的强调主要是考虑到中国社会中人情文化（资源）在信息传递方

① Granovetter, M., “The Strength of Weak Ties,” *American Journal of Sociology*, Vol. 78, No. 6, 1973.

② 根据林南的观点，社会资源与社会资本理论是平行发展的关系。从广义上来看，社会资本主要指社会网络中的资源及对资源的工具性使用，而社会资源指涉依附于社会特定位置的有价值的资源，分为个人资源和社会资源（个人借用社会网络的他人资源的能力和机会），因而二者具有一定的亲和性。参见林南、俞弘强《社会网络与地位获得》，《马克思主义与现实》2003 年第 2 期。

面的重要作用，因而认为“弱关系优势”的解释过于强调松散的社会关系网络在异质性信息传播上的作用，而忽略了人情在劳动力市场中发挥的重要影响。[①]

实际上，不论是“弱关系优势”还是“强关系优势”，都是讨论建立的关系本身，从而有意无意地忽视了建立关系的主体间的社会特征之于关系本身的影响。就关系主体的社会特征的同质性程度（如社会地位、价值观等相近的程度）而言，同质性程度高则个体间更可能是强关系发挥作用，而异质性程度高的个体间则强关系可能难以发挥作用。[②] 总之，个人的社会关系网络不论强弱对其获得职位都有帮助，但这种帮助的效果取决于其他社会因素。

从就业平台来看，平台在发挥匹配劳动力与职位的作用上主要取决于地方政府的角色扮演效果。为分析便利，以仪陇县内的贫困劳动力市场为例，其行动主体互动的场所可化约为三个：一是企业或其他提供就业岗位的组织，二是贫困劳动力，三是地方政府。在贫困劳动力市场中，当贫困劳动力在企业等组织中实现就业时，贫困劳动力能够获得较为稳定的经济收入，从而实现经济上的脱贫。但需要注意的是，双方要实现劳动力就业首先需要克服两大困境——缺技术技能和缺平台资源。前者会因自身劳动力资源的匮乏而影响个人就业，后者则因市场中社会资源短缺致使劳动力与职位之间难以自行实现最优配置。事实上，平台资源的缺失部分表明市场在资源配置时出现了失灵的情况，而要解决市场的失灵则需要地方政府适时介入以弥补市场的缺位。那么，地方政府如何介入市场才能称之为适宜呢？就市场与政府关系而言，地方政府应充当“扶持之手”的角色，从而弥补市场失灵。

地方政府需要顺势而为，提供制度上的激励机制，才能形成政府与市场的良性互动。[③] 换言之，地方政府作为外在于市场的制度环境，只有充

① Bian, Yanjie, “Bringing Strong Ties back in: Indirect Ties, Network Bridges, and Job Searches in China,” *American Sociological Review*, Vol. 62, No. 3, 1997；邱泽奇、乔天宇：《强弱关系，还是关系人的特征同质性?》，《社会学评论》2018 年第 1 期。

② Van Brabant, Jozef M., “The Grabbing Hand-government Pathologies and Their Cures,” *Comparative Economic Studies*, Vol. 42, No. 3, 2000.

③ 符平：《地方市场发展中的适应型政府》，《人文杂志》2014 年第 2 期。

当好适应发展的“扶持之手”的角色方可为市场正常运作提供制度保障。就业扶贫背景下，地方政府主要是帮助培育和完善贫困劳动力市场，确保就业信息借助就业平台实现有效传播，从而实现劳动力和市场职位间的合理匹配，进而帮助贫困劳动力实现就业、实现脱贫。因而，就业平台所具备的链接信息资源的作用是匹配劳动力与职位的关键。

脱贫攻坚期间，仪陇县政府各部门始终坚持做到“把扶贫开发工作抓紧抓紧再抓紧、做实做实再做实，真正使贫困地区群众不断得到真实惠”。[①] 就业扶贫主要由人力资源和社会保障局牵头落实，为努力达到“培训一人、就业一人、脱贫一户”的目标，其主要采取两种途径帮助贫困劳动力实现就业和脱贫：一是为依靠“亲靠亲、友靠友”的社会关系网络实现就业的贫困劳动力提供政策帮扶，通过技能培训、政策补贴等一系列方式为贫困劳动力提供帮助；二是基于县内剩余贫困劳动力的结构性特点打造适宜的就业服务平台，帮助剩余劳动力实现高质量就业，形成劳动力的品牌竞争力，从而完善贫困劳动力市场。

二　动态统筹把脉贫困劳动力市场

在贫困劳动力市场中，如何准确、有效地实现劳动力和市场职位之间的信息匹配是首先需要解决的问题。仪陇县所采取的策略是用数据引导信息间的匹配，一方面是通过收集贫困劳动力的基本信息，再结合市场用工需求，给予贫困劳动力实用的技能培训；另一方面是通过奖补当地的企业以激励其吸纳贫困劳动力。

（一）贫困劳动力数据的收集与更新

为动态掌握贫困劳动力的基本情况、技能水平和就业愿望，并有针对性地组织开展就业培训、促进转移就业和安置公益性岗位，从而有效实现就业扶贫，四川省人社厅于 2016 年便下发了《四川省人力资源和社会保障厅关于印发就业扶贫“五个办法”的通知》，旨在组织推动建立贫困劳动力实名登记的数据库。该库中包括贫困劳动力的基础信息、就业培训、

① 中共中央党史和文献研究院编《习近平扶贫论述摘编》，北京：中央文献出版社，2008，第 104 页。

转移就业、自主创业、公益性岗位安置等五类人员名单，当地称之为“一库五名单”。

自2016年开展贫困劳动力数据库建设工作以来，仪陇县每年都会对县内贫困劳动力进行数据比对和全面摸查。具体做法是，首先由贫困村第一书记、劳动保障协理员进村入户开展入户调查，搜集贫困劳动力的基本信息并录入数据库。其次，数据录入数据库系统之后由县人社局开展数据比对工作，从而精准识别贫困劳动力的基本情况、就业需求等信息，并为后续就业扶贫的工作提供数据支撑。此外，贫困村第一书记、劳动保障协理员还要及时更新贫困劳动力的信息，确保数据的准确性和实效性。最后，将就业补助资金内的部分专项经费用于建立和更新“一库五名单”的相关工作，以保障数据的及时收集和更新。借助对比“一库五名单”内的动态数据，仪陇县人社局等部门得以及时调整就业扶贫工作方式，更精准地提供贫困劳动力生存和发展所需资源，如提供更符合地方劳动力市场需要的技能培训、专场招聘、公益性安置岗位等。

从仪陇县统计的贫困劳动力数据来看，截至2018年11月，该县有贫困劳动力2.47万人，其中外出务工22478人、赋闲在家2254人（120人有转移就业意愿）。另有统计数据表明，2016~2018年，仪陇县每年转移贫困劳动力就业的人数都在2万人左右，总共实现6.2万人次的转移就业。[①] 这说明，仪陇县基本能够全面实现贫困劳动力的转移就业。此外，仪陇县人社局还会搜集未就业的贫困劳动力的就业意愿，并通过开展具有针对性的技能培训和专场招聘活动来帮助赋闲劳动力实现就业。因此，仪陇县人社局等部门对定期收集的贫困劳动力数据的分析和利用，在实现贫困劳动力的转移就业方面作用十分显著。

（二）因地制宜落实就业扶贫政策

除精确和实效的数据搜集和利用外，仪陇县人社局在政策执行过程中灵活、务实的工作方法是有效促进贫困劳动力就业的又一法宝。以公益岗位安置政策的落实为例，2014年以来，四川省内从省到市分别下发了《中共四川省委办公厅、四川省人民政府办公厅关于印发17个扶贫专项2016

① 两项统计数据皆根据仪陇县人社局提供的统计数据（2014~2018年）整理而来。

工作计划的通知》（川委厅〔2016〕9号）、《南充市人力资源和社会保障局关于印发〈南充市就业精准扶贫实施方案〉的通知》（南人社通〔2021〕91号）和《南充市人力资源和社会保障局关于进一步做好贫困村公益性岗位援助就业有关问题的通知》等文件，主要针对贫困户中16～60岁具备劳动能力的家庭成员，以期通过实施公益性岗位安置解决他们的就业问题。但实际上，2014年之前，仪陇县剩余的贫困人口中无劳动力的有4.2万人，占全县贫困人口的42.63%。其中，60岁以上贫困人口有3.1万人，占无劳动力人口的73.6%，其在总贫困人口中占比也高达31.4%。从人口结构来看，全县60岁以上的贫困人口数量庞大。相较于弱劳动力和半劳动力贫困人口，无劳动力的贫困人口更难通过就业来实现脱贫。加之前面政策文件中规定的援助就业的年龄划分与县里贫困人口的年龄结构存在较大的差异，因而如何用好援助就业政策，让这部分规模甚大的贫困人群脱贫是仪陇县面临的又一难题。

为解决这一难题，仪陇县根据贫困人口的结构性特征灵活执行公益性岗位安置政策。在推进精准脱贫的具体工作中，县人社局主要按照“五加五”模式实施公益性岗位安置政策。对每个拟出列的贫困村托底安置5个公益性岗位，每个公益性岗位就业人员每月待遇不低于500元。公益性岗位以贫困村孤寡老人和留守儿童看护、社会治安协管、乡村道路维护、乡村环卫等为主。同时，县人社局在安置公益性岗位时也有意将贫困户中家庭成员的年龄适当放宽，从而让数量庞大的60岁以上的老年贫困人口得以获得公益性岗位的援助，如此一来便能有效实现无技术、无劳动能力的贫困人员脱贫。[①] 通过这种灵活的方式落实政策，不仅帮扶了政策范围内60岁以下有劳动能力的贫困户中的家庭成员，也兼顾了现实中60岁以上无劳动力的贫困户中的家庭成员，因而在政策上真正做到了精准识别贫困人口。

另一个例子是对吸纳贫困劳动力就业的扶贫基地所实施的奖补政策。原则上，该政策规定需新吸纳10个以上贫困家庭劳动力才能被认定为扶贫

① 在我们的调查中，仪陇农业农村局的一位党组成员描述，实际上在当地“凡是在家的50至80岁（的人），身体健康的话都可以就近挣钱”。——笔者注

基地，从而才可获得不低于5万元的奖励。但在实际情况中，小本经营的企业或商户难以吸纳10个及以上的贫困劳动力，一是镇上或村子里的贫困劳动力本身数量不多（多数外出就业），二是不少个体户和小微企业本身难以负担10个甚至更多的劳动力。基于此，仪陇县人社局在认定扶贫基地时，会根据个体户和小微企业的实际以及贫困劳动力的情况适当放宽认定条件，从而保证贫困劳动力顺利实现就业。

总体而言，建立贫困劳动力实名制数据库和灵活落实就业帮扶政策是相辅相成的两个环节。在准确把握县内贫困劳动力的基本情况之后，仪陇县人社局得以调整就业帮扶的相关政策，从而更加有效地帮助贫困劳动力实现就业。

三 品牌打造助力贫困劳动力发展

摸清贫困劳动力及其市场的基本情况，是开展就业扶贫工作的必要之举，只有达到精准识别才能做到有效帮扶。巩固就业扶贫成果是稳定脱贫的“压舱石”，只有形成长期稳定的帮扶机制才能巩固提升脱贫成效。为此，仪陇县人社局借助东西部协作和结对支援战略部署的东风，不仅帮助贫困劳动力实现就业，还借此打造了具有仪陇特色的劳动力输出品牌，以此提高贫困劳动力的就业质量。

近些年，中国农村普遍存在人力资源空心化的现象。就农业而言，农业中主要劳动力的女性化现象越来越普遍。仪陇县也不例外，男性和女性在个人社会关系网络的构成上有较大差异。其中，女性与非亲属的联系较少，与亲属的联系较多，而男性网络则以同事、朋友为主。换言之，女性较少能够运用个人关系网络资源达到求职等工具性目的，因而在帮扶贫困人口中的妇女群体时，更多地需要借助平台的力量。要帮助女性贫困劳动力群体实现脱贫，首先需要精准识别出该群体的就业需求，且所采取的帮扶措施还需要契合该群体的差异化需求。仪陇县对此的一个重要经验是针对贫困劳动力的需求进行多样化技能培训。而培训的方式也十分多样，包括设立扶贫专班、开展流动课堂和借助农民夜校平台等，遵循“缺啥补啥”的原则，为贫困劳动力提供最合适的技能培训。正是在此背景下，仪陇县人社局与磐安县人社局借助结对支援的机会达成合作，并共同组织开展了“药乡月嫂”的技能培训活动，共同打造出了具有地方特色的劳务品牌。

品牌战略多用于研究企业发展，在这里主要是借鉴其发展的策略和机制来类比仪陇县帮助贫困劳动力发展的做法和经验。品牌战略主要涉及品牌知名度和美誉度的提升。其中，知名度提升讲究以精准划分市场的方式来确定自身的地位，而美誉度则强调服务质量和品牌形象。① "药乡月嫂"培训计划针对的是近年来需求较大的家政服务行业，同时兼顾人们日益看重的健康、养生问题，因而市场潜力巨大。第一批输出的"月嫂"所树立的良好品牌形象也为之后的贫困劳动力输出破除了市场壁垒、积累了口碑。总之，仪陇县人社局通过"药乡月嫂"的技能培训，帮助剩余的贫困劳动力实现了就业。同时又依靠这一批贫困劳动力的劳务输出在就业地积累了口碑和美誉，形成了本土特色的劳动力品牌，为当地未就业的贫困劳动力提供了可供借鉴的模板，很好地发挥了政府"扶持之手"的作用。

综上所述，由于市场失灵的存在，其在实现资源要素的最优配置上存在缺陷，政府需要适时介入以弥补市场失灵，而这一做法正是政府发挥"扶持之手"作用的体现。因而可以说，仪陇在就业扶贫方面所取得的成就离不开其"扶持之手"作用的发挥，离不开政府在就业扶贫过程中起到的架"桥"造"路"的作用。具体而言，尽管贫困劳动力实现就业的渠道有两类——个人社会关系网络和就业平台，但其逻辑起点仍然是实现信息匹配。

因而，对于仪陇而言，如何有效整合贫困劳动力的社会关系网络和就业平台所涵盖的资源来帮助贫困劳动力实现就业是其工作的重心。为此，一方面，仪陇县人社局建立起贫困劳动力的信息数据库，以此精准识别贫困劳动力的关系资源及其就业需求，并在此基础上采取灵活的政策落实策略帮助贫困劳动力实现就业。另一方面，县人社局努力完善已有的就业平台，并借此打造具有良好口碑的劳务品牌。基于此，仪陇县相关部门培育和完善了地方贫困劳动力市场，实现了贫困劳动力与就业市场的合理匹配，兑现了"培训一个、就业一个、脱贫一户"的就业扶贫目标。

---

① 张新锐、杨晓铮：《品牌阶梯——品牌知名度、美誉度、忠诚度》，《经济管理》2002年第21期。

第八章

健康扶贫的医民融合

第一节 健康扶贫的理论与实践

一 健康扶贫的理论基础

疾病与幸福感之间存在高度的正相关。研究表明，疾病主要通过两种路径影响幸福感：一是疾病产生的生理痛苦直接影响幸福感；二是生理疾病产生的心理压力影响幸福感，如出现焦虑、抑郁等心理问题。① 生理痛苦和心理压力间还可能发生交互而形成恶性循环，最终共同影响人们的幸福感。② 联合国发展署的《人类发展报告（1990）》指出，人类发展所要扩展的三大最关键选择是：长寿且健康的生活、获得教育以及获得确保体面生活所必需的资料。这说明健康是人类最基本的生存和发展需求。健康对幸福感有显著影响，更差的身体状况与更低的幸福感相联系，③ 身体健康状况对幸福感的影响甚至比收入还要大。④

毫无疑问，疾病与贫困的产生也存在高度的相关关系。贫困是指缺乏

---

① 杨智辉、王建平：《癌症患者情绪状况及其影响因素分析》，《中国临床心理学杂志》2011 年第 1 期。

② 王玉婷、朱熊兆、唐利立：《焦虑敏感指数-3 中文版在乳腺癌患者中的应用》，《中国临床心理学杂志》2013 年第 6 期；史继红、王昆、李成文：《慢性广泛性疼痛患者的临床特征、焦虑抑郁及述情障碍》，《中国临床心理学杂志》2014 年第 1 期。

③ John, F. Helliwell, "How's Life? Combining Individual and National Variables to Explain Subjective Well-Being," Cambridge, MA: *Economic Modeling*, 2002, pp. 331-360.

④ Graham, C. "Happiness and Health: Lessons and Questions for Public Policy," Maryland: *Health Affairs*, 2008, pp. 72-87.

维持个人或家庭最低生活水准的能力。[①] 产生贫困问题的原因是多方面的，一些是制度性、社会性的。比如，一些弱势群体由于能力薄弱、制度缺陷、政策倾斜等原因导致某些社会权利缺失，这进而导致他们在资源分配、就业机会、社会保障等方面无法获得平等的机会和权利，从而丧失了维持基本生活水平的能力，最终陷入贫困。[②] 另一些原因则是个体性的。目前，疾病导致的健康权利的缺失便是贫困产生的一个重要的个体性原因。有学者对中国农村的研究发现，家庭成员的健康状况不佳是导致一个家庭长期贫困的重要因素。[③] 疾病会导致一个家庭丧失劳动力和治疗费用增加，从而降低收入，使得原本有收入的成员变成家庭负担。贫困和疾病一般通过多重联结相互影响，形成"贫困—疾病—贫困"的恶性循环，表现为因贫致病、因病致贫、因病返贫三种形式的相互作用、循环影响（见图 8-1）。要解决因病致贫的难题，就得拔掉"穷根"，根治"病根"，厘清疾病与贫困问题的生成机制，实现可持续健康扶贫的源头和过程管理。

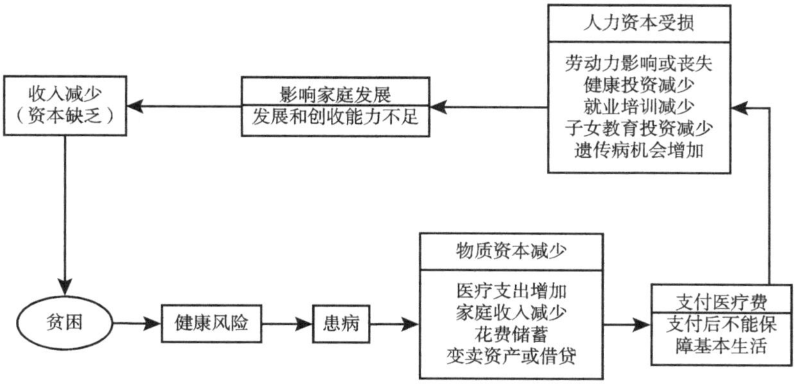

图 8-1　"贫困—疾病—贫困"恶性循环框架

① 关信平：《中国城市贫困问题研究》，长沙：湖南人民出版社，1999，第 25 页。

② 任田、张媚：《与贫困和疾病有关的健康扶贫政策分析》，《中国医疗管理科学》2017 年第 6 期。

③ Jalan, J. Martin R. *Determinants of Transient and Chronic Poverty*: *Evidence from Rural China*: Social Science Electronic Publishing, 2016, Doi: http: //dx. doi. org/.

第一，经济发展在很大程度上可以促进人们整体健康水平的提高。经济发展通过促进医疗卫生资源配置和医疗保险投入增多为健康提供基础条件。首先，经济发展可促进医院相关资源配置更均等化。病床数量增多、医护工作者数量扩大、医护人员受教育程度提高、医疗事业发展、先进机器设备引入等有利条件的出现，都依赖经济的发展。其次，经济发展可促进公共卫生的投入力度加大。而公共卫生的投入水平与经济发展水平紧密相关。此外，经济发展能促进医疗保险投入增多，扩大覆盖范围。以新型农村合作医疗（以下简称“新农合”）为例。“新农合”自2003年初试点以来，无论是筹资水平还是覆盖面都有较大提高。截至2014年，“新农合”覆盖8.02亿人，农村人口基本覆盖。[①] 政府在新农合制度的筹资上承担了大部分责任，这就需要政府有充足的资金作后盾。在保障机制上，“新农合”以大病统筹为主，有效促进了农民自己互助共济，在保障农民获得基本卫生服务、缓解农村人民因病致贫和因病返贫方面发挥了重要的作用，真正促进了农村居民健康水平的提高。

第二，经济发展能够推动其他条件的改善，间接促进健康水平的发展。[②] 首先，经济发展能促进基础设施尤其是交通的发展，为健康创造有利环境。在交通不便的农村，交通可达性成了制约就医的关键因素。尤其在山区农村，村卫生所和乡镇卫生院遇到无法治疗的紧急病例时，由于交通受限会错过治疗的最佳时机。研究案例显示，云南省玉龙县婴儿死亡率高，主要原因是山区交通不便，乡镇卫生院到市区所需时间较长，孕妇出现紧急情况耽误了抢救。[③] 其次，经济发展通过教育间接影响健康。经济发展水平高的地区，人们接受教育水平更高，对健康的认知水平也更高，更利于养成健康行为和培养健康的意识和生活方式，而且收入水平更高，承担医疗费用的能力更强。

与此同时，健康对经济也具有正向促进作用。人均寿命的增长能增加

---

① 参见中国网 http：//news.china.com.cn/2014lianghui/2014-03/06/content_ 31697696.htm，最后访问时期：2021年3月8日。根据财政部、国家卫生计生委、人力资源和社会保障部2014年发布的《关于提高2014年新型农村合作医疗和城镇居民基本医疗保险筹资标准的通知》，城镇居民基本医疗保险和新型农村合作医疗逐渐合并为城乡居民医疗保险。

② 张颖：《经济发展与健康的关系初探》，《经济视角》（中旬）2012年第4期。

③ 钟晓妮、周燕荣：《健康与社会经济发展关系研究》，《现代预防医学》2007年第4期。

社会劳动力。健康水平的提高能够促进人们平均寿命的增长，这样的情况下经济发展就有了更多的劳动力保障。退休年龄的提高，也能够为企业提供更多经验丰富的一线工作人员，相对节约新员工的培训费，减少繁杂的人员调动带来的误工费。此外，健康水平的提高还能减少社会对老年人的抚养费，资金可以投入其他方面而带来经济收益。据人力资源和社会保障部测算，延迟退休 1 年可以使我国养老统筹基金增加 40 亿元、减支 160 亿元，减缓基金缺口约 200 亿元。[①]

因此，国民健康是推动经济发展的重要力量。20 世纪 50~70 年代，日本和德国经济的腾飞跟两国国民身体素质过硬不无关系。诺贝尔经济学奖获得者福格尔认为，在 1790 年至 1980 年，西欧人均经济增长的贡献中，有 30%以上来自健康方面的改善。美国经济学家丹尼森、舒尔滋等发现，健康的人力资源作为一种生产要素对美国经济增长的贡献超过了其他一切形态的资源。[②]

二 健康扶贫背景与扶贫理念

“健康扶贫”是在脱贫攻坚的背景下，国家为了解决大量“因病致贫”和“因病返贫”问题而提出的一项贫困治理方案，同时也是“健康中国2030 战略”在农村地区布局的重要组成部分。农村健康扶贫政策不仅有利于巩固“精准扶贫”的脱贫效果，同时也能助推“健康中国”这一重大战略部署的实现。

从中央到地方的各级政府对健康扶贫均高度重视。2016 年，国家卫计委等 15 个部门联合印发了《关于实施健康扶贫工程的指导意见》（国卫财务发〔2016〕26 号）。2017 年 2 月，习近平总书记在中央政治局第 39 次集中学习时指出：“要落实教育扶贫和健康扶贫政策，突出解决贫困家庭大病、慢性病和学生上学等问题。”[③] 同年，四川省委一号文件也提出了“深入推进健康扶贫行动”。南充市则对基层医疗服务、医疗救助、控费等方面作出规定，要求贫困人口在县域内住院自付费用控制在 10%以内，这

① 李珍：《社会保障理论》，北京：中国劳动社会保障出版社，2007，第 97 页。

② 程晓明：《卫生经济学》（第 2 版），北京：人民卫生出版社，2007，第 78 页。

③ 参见中国政府网 http：//www. gov. cn/xinwen/2017-02/22/content_ 5170078. htm，最后访问日期：2021 年 12 月 4 日。

大大减轻了贫困人口的就医负担。仪陇县在脱贫攻坚工作中，紧紧围绕提高贫困人口健康水平，切实减轻群众看病就医负担，以医疗扶贫为支点撬动了精准扶贫工作。

仪陇县独特的气候地貌条件是其健康扶贫不可忽视的背景条件。首先，由于山地地形导致的信息闭塞、交通不便，这使得居住在山区内的居民即使患了病，也无法得到及时的救治。延迟治疗又会导致疾病恶化，带来更重的医疗费用负担。其次，干旱等自然灾害和山区易发地质灾害易引起各类疾病如肠道传染病的暴发，影响仪陇县人民的健康状况。另外，仪陇县地处偏僻，当地许多人的生活方式不健康，关于健康生活的知识积累和素养不高，因病致贫返贫比例较高。

仪陇县健康扶贫的治理理念可以概括为四个主要方面。其一是以人民健康为中心的新发展模式。2016 年，习近平总书记在全国卫生与健康大会上发表重要讲话，强调"没有全民健康，就没有全面小康"，[①] 此举将"健康中国"上升为国策。鉴于中国社会主要矛盾的转化，新时代人民生活逐渐富裕，老百姓最重要的关切之一是怎么能够更加健康，关注空气、水、食品等和健康相关联的所有领域。党和政府把握民意、顺应时代潮流，将"健康中国"上升至优先发展战略。"健康中国"是新的发展理念，即以人民健康为中心的新发展模式，这也是卫生健康领域贯彻落实以人民为中心执政理念的必然要求。

其二是将健康理念融入所有政策的治理模式。"健康中国"的概念不只是治病，更是全方位、全领域的发展战略。在健康中国和健康扶贫的实施中，党和政府动员的力度前所未有，包括以健康作为考核政府经济、社会、文化、生态发展的一个新的考核指标，将健康作为制定实施各项公共政策的重要考量因素。仪陇县秉承将健康融入所有政策的治理模式，普及健康生活、优化健康服务、完善健康保障、建设健康环境、发展健康产业，努力全方位、全周期保障人民健康。该县把政策重点放在保障每个居民获得安全饮用水、卫生设施、均衡营养以及疾病预防控制措施

① 《习近平在全国卫生与健康大会上强调　把人民健康放在优先发展战略地位　努力全方位全周期保障人民健康》，《人民日报》2016 年 8 月 21 日。

等与健康相关的社会政策方面，开辟了一条符合仪陇县情的卫生与健康发展道路。

其三是视全民幸福为目标的服务理念。我国广大卫生与健康工作者弘扬“敬佑生命、救死扶伤、甘于奉献、大爱无疆”的精神，特别是在面对重大传染病威胁、抗击重大自然灾害时，临危不惧、义无反顾、勇往直前、舍己救人，赢得了全社会的赞誉。新时期的卫生与健康方针是以基层为重点，以基层为重点就是基本医疗卫生、基本卫生服务要全民共享。仪陇县的健康扶贫坚持基本医疗卫生事业的公益性，坚守党和政府对人民的承诺，即以基层为重点、以百姓幸福为目标，多途径、多举措保障老百姓的健康和幸福，让每个人得到基本医疗卫生服务。

其四是针对因病致贫精准干预的理念。仪陇县健康扶贫治理以“摸清因病致贫逻辑情境—判别因病致贫情形—发现可干预点—采取适当措施”的路径来制定相关措施。一般情况下，贫困的家庭条件更容易引起家庭成员发生疾病，或者家庭因为贫困减少了家庭成员营养、子女教育等投入，陷入“贫困—疾病—贫困”的持续循环。从大病致贫的逻辑可确定在大病致贫情境中的可干预之处（见图 8-2）。图 8-2 标出的序号即为可干预点。干预点 1 指疾病发生前，提高健康常识、养成健康行为和改善健康环境能减少疾病的发生。干预点 2 指疾病发生后，在小病到大病过程中，健康教育、健康意识和及时治疗可以避免疾病的恶化。该干预点尤其针对出于对医疗费用的忧虑及周围类似疾病患者死亡而产生恐惧，不选择直接治疗而选择偏方的人群。干预点 3 指提高本地医疗服务能力，减少其外出就诊产生的费用。干预点 4 指外出就诊报销比例低的情况，通过异地医保报销结算来干预。干预点 5 指创造或增加家庭生活来源，如鼓励病患家属参与适合的工作，联合就业扶贫进行干预。干预点 6 指报销后仍然发生较高的医疗费用，则需进一步完善救助体系，减少医疗自付费用。干预点 7 针对后期门诊治疗压力大的情形，此部分也是健康扶贫可以干预之处。干预点 8 指帮助家庭提高抵抗风险的能力，例如意外事故的防范宣传、鼓励购买意外保险等。干预点 9 指帮助治愈患者返回劳动岗位，联合产业扶贫对接干预。

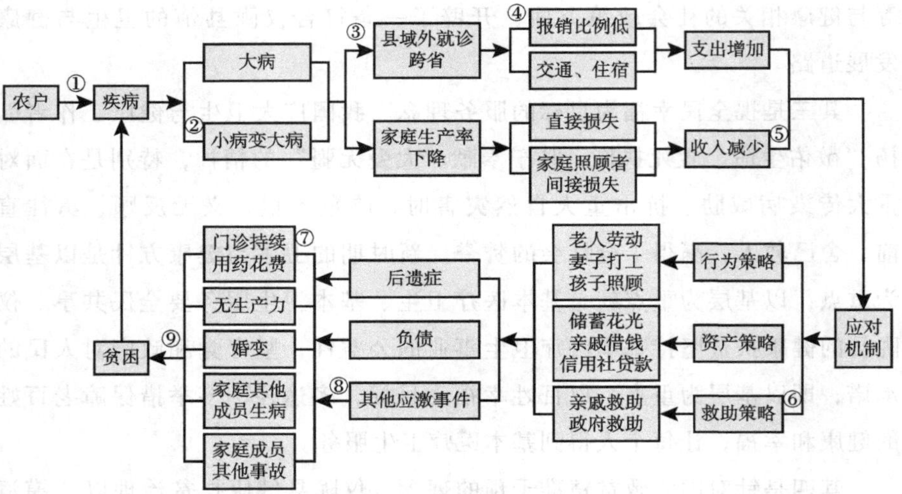

图 8-2 因病致贫逻辑情境与可干预之处

资料来源：根据实地访谈及文献（参见陈楚、潘杰《健康扶贫政策目标与因病致贫情境的确认评价——以贵州省赤水市健康扶贫实践为例》，《中国卫生政策研究》2019 年第 4 期）制作。

第二节 健康扶贫的治理体系与运行机制

一 健康扶贫的治理体系

健康中国战略要走出中国特色，需将健康融入所有的政策，营造有利于人民健康的经济、社会、文化、生态、环境等，建立一条中国特色的健康治理体系、监督管理体系和筹资体系。仪陇县在健康扶贫过程中，抢抓健康中国建设契机，政府、社会、个人齐发力，从医疗健康业供需失衡的主要矛盾出发，充分利用各级力量，从“需求体系—就医通道—供给体系—运行保障”机制等角度出发，初步构建起了仪陇县的健康治理体系（见图 8-3）。

（一）以公平为导向的需求群体全覆盖

公平正义理论是基本公共服务均等化的社会学理论基础，基本公共服务均等化也是社会公平公正的具体体现，[①] 公平公正是健康中国的重要原

① 参见涛慕思·博格《罗尔斯：生平与正义理论》，顾肃、刘雪梅译，北京：中国人民大学出版社，2010。

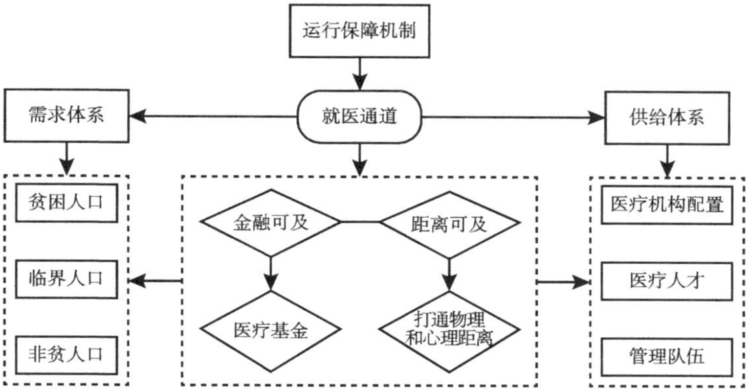

图 8-3　仪陇县健康治理体系的逻辑

则。公平是指公共服务或者公共资源分配是否公平，居民是否能够享受同等的公共服务，强调的是居民的分享权利。健康贫困意味着参与医疗保障和享受基本公共卫生服务的机会丧失、健康水平下降、参与经济活动的能力被剥夺以及随之而来的贫困发生或加剧等问题。① 所以，在减轻贫困医疗负担的同时，应提升医疗服务公平性。我国由于东中西部地区发展条件差异巨大，不同地区面临差异化的发展机会，形成了差异化的健康保障水平。在健康扶贫中必须改变这种差异化的不平等，更好地满足偏远地区、贫困地区人口的医疗需求，才能更加体现健康中国战略和健康扶贫政策的公平公正和共建共享原则。

对于贫困人口来说，其之所以贫困本来就可能是患有重大疾病，因重大疾病而致贫，又因重大疾病而难以脱贫。因此需要将普遍支持的政策和项目向贫困人口和该人群所患的重点病种倾斜，优先考虑贫困人口重点疾病补偿。针对临界人口，应建立专门的医疗救助政策防止其因病致贫，保障其享有针对性的医疗救助。非贫困人口虽然在现状条件下没有达到贫困户的标准，但是其也可能在面对大病时因病致贫，对于非贫困人口也应考虑大病医疗救助的需求。

---

① 王三秀、刘亚孔：《论我国农村健康扶贫策略之重构》，《苏州大学学报》（哲学社会科学版）2018 年第 11 期。

（二）以均等化为目的的供给资源配置

均等化是一个关于平等的概念，简单的定义就是人人都能享受公共服务，享受的机会是平等的。[①] 公共服务均等化的主要特征包括如下一些方面：公共服务均等化不是平均主义，不是完全等同，而是大体上的相等和可比较，差异不影响社会公平和公正；承认客观差异前提下的均等化；发展必须有所侧重，在保证社会居民基本健康和生存的前提下更加关注弱势群体。[②] 均等化在承认地区、城乡、人群存在差别的前提下，保障所有公民都享有一定标准之上的基本公共服务，因而是机会均等、制度共享的意涵。在当今中国农村公共医疗设施服务供给质量失衡情况下，医疗资源的质量均等化成了提升农村居民尤其是农村贫困人口获得感的重要方面。医疗资源配置均等化也是促进社会公平，逐步缩小城乡、地区、人群间差异的必然要求。

国家在基本医疗卫生制度筹资方面，使更多的卫生资源转移到贫困地区，以缩小地区之间医疗卫生服务和健康差距，促进基本医疗卫生服务均等化的有效实现。公共医疗资源均等化供给包括医疗设备供给、医疗技术提升、医疗人才供给、医疗服务和医疗救助等多方面内容。就医疗设备而言，需要为贫困地区配置针对贫困地区的特殊慢性疾病和重大疾病的医疗设备。在增加医疗设备数量的同时，提高医疗设备质量。医疗技术的提升主要通过医疗设备的提升和医疗人才的引进实现。对于医疗人才供给，贫困地区除了要加快医疗人才的培养、各级医疗机构相互协作、实现医疗人才的适时流动外，也要加强自身的人才培养和人才引进。在医疗救助方面，需形成多渠道、多形式、多种类的医疗救助体系，为贫困人口医疗救助提供全方位的保护网。

（三）以人为本的一条龙服务体系设计

“以人为本的一体化卫生服务”（People-Centered and Integrated Health Care，PCIC）最早是由世界卫生组织（WHO）在2015年提出的，指将包

---

① 中国（海南）改革发展研究院：《民生之路——惠及13亿人的基本公共服务》，北京：中国经济出版社，2008，第3~29页。

② 田玲玲：《江汉平原农村基本公共服务均等化与空间优化研究——以仙桃市为例》，华中师范大学博士学位论文，2017，第18页。

括促进健康、疾病的预防和治疗等在内的医疗卫生服务管理和服务进行整合，协调各级各类医疗机构为患者提供连贯的服务。① 2016 年 7 月，我国财政部、卫生健康委和人社部发布医改联合研究报告，提出的一系列改革措施大量涉及以人为本的一体化卫生服务。《“健康中国 2030”规划纲要》也提到 2030 年要建立优质高效的医疗卫生服务体系。健康是人类的基本权利，是促进人的全面发展的必然要求，是经济社会发展的基础条件。该纲要明确提出以显著提高人均健康预期寿命、降低婴儿死亡率和孕妇死亡率等为具体目标，重点突出了对人本身健康和可持续发展的关注。以人为本就是要不断满足人的全面需求，促进人的全面发展。在健康扶贫中融入以人为本的理念，也回应了我国精准扶贫和精准脱贫的出发点和落脚点。

在健康扶贫的实践中，仪陇县制定了以人为本的“卫生服务计划”，包括贫困人群急症管理服务、对特殊疾病建立标准化服务流程、成立村或个人的康复支持团队等。同时，也实施一些配套项目，包括建立电子医疗档案系统、电子转诊系统、与四川和南充等地的医疗服务机构建立联盟等。以人为本的一条龙服务体系设计提高了患者和农村居民对医疗服务的满意度，增进了他们与服务供给方即医疗机构和政府管理人员的密切联系，提高了人民群众的健康素养及与健康相关的自我决策、参与服务制定的能力等。

（四）以可持续为目标的保障机制设置

健康扶贫不是简单地减轻贫困者的医疗负担，而应从根本上消除其健康贫困问题。因贫致病、因病致贫是一个循环往复的过程，为了切断恶性循环的链条，要设置以可持续为目标的保障机制，防止因病再次返贫现象的出现。事实上，脱贫攻坚全面胜利后健康扶贫在可持续方面仍面临诸多考验。例如，在健康扶贫实践过程中地方的救助能力和条件“先天不足”却仍然“超能力”实施救助政策，可能导致将来在返贫对象的支持力度和尺度以及支持效果上后劲不足。

可持续的保障机制是指一方面要切断因病致贫、因病返贫的恶性循环

① World Health Organization，“WHO Global Strategy on People-centred and Integrated Health Services：Interim Report，” 2015 年 6 月 10 日，https：//apps.who.int/iris/handle/10665/155002，最后访问日期：2021 年 12 月 4 日。

链，另一方面要建立健康保障链，从时间过程角度能对医疗保障体系进行时序管理，从空间的角度又能为农民提供不同层次的医疗保障。仪陇县以可持续为目标的保障机制包括疾病预防机制、疾病救治机制、医疗补助机制和后期康复机制等一系列的机制设置，以保障健康扶贫的每一个环节落到实处。疾病预防机制包括培育正确的健康观念、养成良好的卫生习惯和健康生活方式、创造安全健康的生产生活环境等；疾病救治机制包括疾病应急救助、大病救治、慢性病救治等；医疗补助机制主要指基本医疗保险、大病保险、补充保险、民政医疗救助、临时救助、慈善救助等；后期康复机制包括各级医院提供的康复治疗、社会福利机构提供的康复救助和个体自身的康复行为等。

二　健康扶贫的运行机制

（一）顶层设计

脱贫攻坚以前，“因病致贫、因病返贫”是很多贫困地区的普遍现象，而“因病致贫、因贫致病”形成的恶性循环则构成精准脱贫的严重阻碍。因此，脱贫攻坚期间实施健康扶贫工程对于保障农村贫困人口享有基本医疗卫生服务，防止因病致贫、因病返贫，实现到2020年让农村贫困人口摆脱贫困目标具有重要意义。脱贫攻坚期间，国家要求精准扶贫、精准脱贫与深化医药卫生体制改革紧密结合，针对农村贫困人口因病致贫、因病返贫问题，突出重点地区、重点人群、重点病种，加强统筹协调和资源整合，采取有效措施提升农村贫困人口医疗保障水平和贫困地区医疗卫生服务能力，全面提高农村贫困人口健康水平。①

仪陇县为贯彻落实党中央、国务院关于打赢脱贫攻坚战的重要战略部署，贯彻落实《关于实施健康扶贫工程的指导意见》和《“健康中国2030”规划纲要》的指导思想，打造了结合仪陇县精准脱贫实际情况的顶层设计。脱贫攻坚期间，县委、县政府始终将健康扶贫纳入总体扶贫规划，统一部署、统一实施、统一考核、统一督察，人大、政协围绕健康扶

① 《关于实施健康扶贫工程的指导意见》（国卫财务发〔2016〕26号），http：//www.gov.cn/xinwen/2016-06/21/content_ 5084195.htm，最后访问日期：2021年3月8日。

贫多次开展调研，乡镇党委政府和全县卫计系统上下齐抓共管，重视程度和资金投入为历史之最，形成了强大的健康扶贫攻坚合力。仪陇县专门成立了县长任组长、分管县领导为副组长、县级相关部门为成员的健康扶贫工程暨示范创建工作领导小组，压实相关部门责任，制定了部门联席会议制度，把健康扶贫任务分解至各乡镇。

（二）部门协调机制

健康扶贫是一项重大的系统工程，需要各部门的沟通协作，需要各部门将健康中国建设纳入重要议事日程，健全领导体制和工作机制，形成促进健康和实现脱贫的合力。卫生计生部门和扶贫办负责统筹协调、督促落实健康扶贫工程实施工作，制订具体方案和考核办法，定期组织考核评估。卫生计生健康部门、医疗保障部门与人力资源和社会保障部门负责全面开展医疗救助工作，是健康扶贫的主力部门。扶贫、民政和卫计部门负责开展农村贫困人口因病致贫、因病返贫情况核实核准工作。民政部门负责制订完善医疗救助政策，全面开展重特大疾病医疗救助工作，提高贫困地区医疗救助水平。财政部门根据工作需要和财力条件，通过现行渠道对健康扶贫工程提供资金支持。公立医院、社区卫生服务中心、乡镇卫生院、村卫生室是健康扶贫的前沿阵地，主要负责提供最直接的医疗服务救助。各部门的工作都是健康扶贫中不可或缺的重要环节。

健康扶贫工作开展期间，仪陇县卫计局牵头揽总，与县人社局、县医保局、县民政局、县财政局等相关部门召开联席会议，共同研究解决健康扶贫中存在的具体问题。县委组织部牵头统一制定全县人才引进优惠政策，加大了高层次、紧缺人才招引力度。县级公立医疗机构完成了硬件设施与等级达标建设，有力促进了全县医疗质效提高、医技水平提升、人民群众看病就医普惠。乡镇卫生院、村卫生室多管齐下提升医疗服务能力，最大限度满足贫困人口就医需求，为贫困群众提供免费健康检查，开展了摸排建档立卡贫困人口患 11 种慢性疾病门诊维持治疗和 21 种可在门诊治疗的重大疾病等工作。农民夜校构筑起了乡村农户的健康知识传播链，带动引导每个家庭合理就医、合理用药、合理膳食等，共同维护全民健康。

（三）多方联动

健康扶贫不能只依靠政府的行政和财政力量，还要充分动员社会力量，鼓励企业、社会组织、公民个人参与健康扶贫工程，支持各类企业进行社会捐赠、基金会设立专项基金参与健康扶贫工程，鼓励更多社会资本投向贫困地区，整合社会资本、人才技术等资源要素，为贫困地区送医、送药、送温暖。通过社会团体、市场以及社会慈善力量等延长健康扶贫的保障链，包括引进社会福利机构、民营医疗机构、商业保险企业和设立医药爱心基金、卫生扶贫救助基金等。社会福利机构为老年人、残疾人、孤儿等提供康复、托管等服务，为患有慢性疾病的孤寡老人、儿童提供更长期稳定的生活照料服务、膳食服务、护理服务和心理精神支持服务等，以弥补纯粹医疗救治的不足。民营医疗机构充分发挥其市场化优势，扶持基层民间医疗机构，对健康扶贫参与者适当给予补贴和奖励，填补公立医疗机构的空缺，增大了医疗救助的覆盖面。

仪陇县引进了多方力量共同助力当地的医疗和健康扶贫。比如，争取到中国社会福利院捐赠医疗设备，并整合了民营医疗机构，增加了床位数，有力提升了全县医疗能力。仪陇县建立起集基本医疗保险、大病保险和补充保险等于一体的医疗保险体系，其中，商业保险延长了贫困户的医疗保障链。贫困户在县外就医除了享受基本医疗保险外，还可以享受大病保险、商业补充医疗保险、民政医疗救助和卫生扶贫基金救助。健康扶贫补充保险增加了贫困人口就医的实际资金补助，为贫困人口看病就医实行兜底保障，切实切断了贫困户因大病而难以脱贫和因大病而返贫的路径。

（四）全民共建共享

全民健康是建设健康中国的根本目的，“共建共享、全民健康”是建设健康中国的基本路径和战略主题，全民共建共享也是健康扶贫的根本出发点。《中国农村扶贫开发纲要（2011—2020年）》中明确提到了充分发挥贫困地区、扶贫对象的主动性和创造性，尊重扶贫对象的主体地位，提高其自我管理水平和发展能力，立足自身实现脱贫致富。在健康扶贫的实践中，在核准农村贫困人口因病致贫、因病返贫情况的基础上，地方政府采取一地一策、一户一档、一人一卡，精确到户、精准到人，实施分类救治，增强了健康扶贫的针对性和有效性。健康中国战略和健康扶贫都要求关注每一个需要帮助的个体，满足个体的差异化需求，切实保障每一个个体的共享权和参与权。

脱贫攻坚期间，根据仪陇县委的统一安排部署，仪陇县卫计局大力实施健康普及工程，充分利用农民夜校引导贫困群众养成好习惯、形成好风气，有力推动了健康扶贫。仪陇县组织各种医疗机构专家团队，到全县每个片区进行健康教育巡回宣讲，组织共同参与活动，激发了老百姓参与热情。仪陇县开展的健康教育宣传活动覆盖面广、形式多样、内容接地气，充分调动了群众的参与性和积极性，取得了良好的健康扶贫效果。

第三节　健康扶贫的治理行动与治理经验

仪陇县针对不同人群、不同病种制定了差异化的全覆盖兜底政策，从源头上避免了贫困人口因病更贫的局面。在多次入户调查的基础上，仪陇县摸清了贫困人口患病情况，逐户分类建档，建好县乡村三级台账，实现贫困人口精准识别和就医信息精准管理，形成了一系列有效的治理行动方案和若干治理经验。

一　健康扶贫的治理举措

（一）确定差异合理的全覆盖兜底

仪陇县制定了建档立卡贫困患者医疗费用个人支付比例10%以上的可申请卫生扶贫救助基金政策。2014 年至 2018 年，所有建档立卡贫困人口参加基本医保的个人缴费部分，由县财政全额代缴，实现贫困人口参保 100%、参加大病保险 100%；贫困人口县域内住院个人支付费用控制在 10%以内，11 种慢性病门诊和 21 种重大疾病门诊报销达到 90%。仪陇县还针对贫困人口开展免费体检活动，全县建档立卡贫困户在脱贫攻坚期间免费接受一次健康体检，以各乡镇卫生院、社区卫生服务中心为主。无体检设备的委托中心卫生院或联系包片的县级医疗机构实施，确保贫困人口全部开展免费健康体检。

对于非贫临界贫困人口即位于贫困线以上或基本持平但整体仍处于欠发达的生产或生活状态的人口，仪陇县也采取了预防举措。与贫困户相比，处于临界贫困的群体较少受到脱贫政策的惠及。然而该群体同样容易受疾病冲击而致贫。针对非贫临界贫困人口，仪陇县推出了精准防贫工程，为两类重点人群购买保险：一是处于贫困边缘的农村低收入户（以下简称“非贫困难户”）；二是收入不稳定、持续增收能力不强的脱贫户（以下简称“非高标准脱贫户”）。县级财政安排400万元作为防贫保险金，按照每人每年50元保费标准为全县10%的农业户籍人口购买防贫保险。针对“非贫困难户”和“非高标准脱贫户”，按照合规自付医疗费用（减去大病医疗救助、“两癌救助”等）设置不同标准的起付线。

专栏8-1　仪陇县防贫保险政策

仪陇县针对“非贫困难户”，按照合规自付医疗费用（减去大病医疗救助、“两癌救助”等）2万元设置起付线，经查勘认定符合条件的按以下标准执行：年度合规自付费用超出部分在5万元以下的（含5万元），按30%兑付防贫保险金；5万元至10万元的（含10万元），按40%兑付防贫保险金；10万元以上的，按50%兑付防贫保险金。属于“非高标准脱贫户”的，按照合规自付医疗费用（减去大病医疗救助、“两癌救助”、卫生扶贫救助基金）0.5万元设置起付线，经查勘认定符合条件的按以下标准执行：年度合规自付费用超出部分在1万元以下的（含1万元），按30%兑付防贫保险金；1万元至3万元的（含3万元），按40%兑付防贫保险金；3万元以上的，按50%兑付防贫保险金。（摘自《仪陇县健康扶贫简报》）

除了贫困人口和非贫临界人口，仪陇县针对非贫人口也出台了兜底政策，保证医疗救助政策全覆盖。对户籍在本县的重大疾病患者，享受现有医保政策后，个人医疗费用仍在3万元以上的非贫困户，经5名以上群众代表公认、乡镇村调查核实确无支付能力的，对其进行适当医疗救助。个人自付3万至6万元的按15%救助、6万元以上的按20%救助，每年每户最高不超过3万元。这一做法有效破解了因病致贫返贫难题，进一步增强了人民群众的获得感。

仪陇县通过分病种的差异化治疗方案（见表8-1），准确掌握了患病贫困户的健康状况，实现了在家贫困人口免费健康体检100%、建立电子档案

100%、色标管理100%，外出贫困人口建立基本信息档案100%、情况告知100%的目标。通过摸清建档立卡贫困人口患病底数，建立贫困人口患病台账，对患重大疾病、慢性疾病、一般疾病的建档立卡贫困户实施动态化管理和精准治疗。另外，对疾病实施分类施治，分为一次性救助、不可逆转维持治疗、慢性病需持续救助三大类。具体救助措施包括专家下基层救助一次性治愈的疾病，设立扶贫病床定点收治需要维持治疗的贫困人口，对需要长期治疗和健康管理的贫困患者采取精准治疗、远程诊疗、中医入村等其他救助方式。

表8-1　仪陇县健康扶贫医疗差异化政策

类型	类别	标准
医疗保障	县域内住院	个人支付占比控制在10%以内
	县域外住院	(1)乡镇卫生院县外市内、市外起付线150元,县外市内报账比例85%、市外省内报账比例75%、省外50%;(2)中心卫生院、其他一级及以下医院县外市内、市外起付线250元,县外市内报账比例80%、市外省内报账比例70%、省外50%;(3)二级医院县外市内、市外起付线450元,县外市内报账比例75%、市外省内报账比例65%、省外50%;(4)县级三级医院县外市内起付线550元,市外起付线1200元,县外市内报账比例70%、市外省内报账比例60%、省外50%;(5)市级及以上三级医院市内起付线800元,市外起付线1200元,市内报账比例60%、市外省内报账比例50%、省外50%
		13种疾病在上述报账比例的基础上再提高5%的报账比例:(1)精神分裂症;(2)恶性肿瘤;(3)慢性肾功能衰竭;(4)艾滋病;(5)狼疮性肾病;(6)帕金森综合征;(7)再生障碍性贫血;(8)血友病;(9)骨髓增生异常综合征;(10)瘫痪;(11)器官移植抗排斥药物治疗;(12)植物人维持治疗;(13)未成年人脑瘫治疗 未成年人治疗先天性心脏病和白血病,在医保政策范围内的医疗费用,医保基金报销比例为100%
		县域外住院贫困患者可享受大病保险、补充保险、民政医疗救助、卫生扶贫救助基金等
	大病保险	起付线5000元,报账比例提高5%:(1)0.5万~3万元报账比例55%;(2)3万~6万元报账比例65%;(3)6万~10万元报账比例75%;(4)10万元以上的报账比例85%
	补充保险	合规费用:(1)0~3万元报账比例30%;(2)3万~6万元报账比例20%;(3)6万~10万元报账比例10%;(4)10万元以上的不报账
	门诊统筹	每人每年50元,报账比例100%,家庭成员可以共享
	11种门诊慢性疾病	报账比例90%,封顶线为每人每年6000元
	21种门诊重大疾病	报销比例90%

续表

类型	类别	标准
分级诊疗	转诊程序	基层医疗机构→县级公立医院→市级医院→省级医院
	转诊手续	转诊医疗机构开具转诊单，科室负责人签字、医疗机构医保办签字、县卫计局领导签字（主要是县外），完成转诊手续（转诊手续作为报账的重要依据）
卫生扶贫	救助对象	户籍在本县的建档立卡贫困患者个人支付费用在10%以上的，可申请救助
救助基金	救助内容	县域内门诊、县域外住院的（县域内住院、县域外门诊、在药店开具药品的，不属于救助内容）
	救助标准	医保报账结算单据显示个人支付总费用在3万元以下的，按15%救助；医保报账结算单据显示个人支付总费用在3万元以上的，按20%救助；门诊救助每户/每年1000元以内

（二）配置均等高质的医疗资源

在服务机构配置方面，仪陇主要有三方面的举措。第一个方面是推动乡村卫生机构达标建设。脱贫攻坚期间，仪陇县共启动实施了55个建制乡镇卫生院、2个社区卫生服务中心与130个贫困村卫生室的达标建设。对乡镇卫生院、贫困村卫生室、社区卫生服务中心设立达标标准，标准涉及卫生院建筑面积、床位数、医护人员、医疗设备等多方面，十分详细，实现了真正的可操作、可核查。

第二个方面是优化医院就医环境。仪陇县各医疗机构对医院进行全面改造，营造整洁、干净、温馨的就医环境。在大厅配备候诊椅、饮水机等，所有医务人员亮牌上岗，对每位患者实行"首诊、首问负责制"，做到合理检查、合理用药、合理治疗。同时组织服务礼节培训，切实改变工作态度，加强对贫困患者的人文关怀，切实做到耐心、细心、热心、爱心、诚心。

第三个方面是加快推进专科医院能力建设。仪陇县加强临床薄弱专科、临床核心专科建设，加强数字化医院建设，提升远程医疗服务能力和水平。另外，仪陇县加强健全一级诊疗科目，促进县级医院上等升级；依托省级优质康复资源，加强县医院和康复医疗机构能力建设，提高残疾人医疗康复能力，搭建远程会诊系统并开展网络医疗服务。

在服务设备配置上，仪陇县投入大量资金用以完善基层医疗设施。对全县各乡镇卫生院实行统一规划、统一职能、统一标准、统一风貌、统一标识、统一配置，实现了乡镇卫生院基本设施齐全、人员配置合理、服务功能完善、监督管理规范。仪陇县借助中国社会福利基金会捐赠设备的契机，为基层医疗机构添置了检验、影像方面的设备，大幅提高了基层医疗机构的诊疗能力，进一步加强了农村医疗服务体系建设。

同时，为了全方位提高全县医疗服务水平，仪陇县建立健全了医疗人才培养机制，具体包括四个方面内容：第一，加大本土人才培养力度。基层医疗机构采取推选或自愿的方式，组织医院医护人员到县级公立医院免费进修、培训，尤其是检验、影像、康复理疗等紧缺型专业人才。第二，建立对口帮扶制度。县级公立医院按照片区划分，分别对基层医疗机构进行对口帮扶，负责教学指导、手术示例、医院管理等，落实人员名单、划片包干制度，制订对口帮扶计划与实施方案，并不定期、不定点、不定时进行抽查。对未开展、不知晓、行动慢、无实效的单位主要负责人进行全县通报，并按照相关制度处理。第三，推行中医适宜技术。充分发挥中医医疗预防保健特色优势，加强中医药人才队伍建设，不断推广运用针灸、推拿、按摩、刮痧、火罐、蜡疗、中药熏蒸等中医技术。第四，加强医师团队管理。实施医师服务团队签约行动，县级公立医院成立“仪陇县健康扶贫医师服务团队小分队”，每个团队成员至少 5 名，基层医疗机构、村卫生室负责协助县级公立医院开展工作，进院、进村、入户面对面开展工作，通过合作不断提高医师团队能力。

专栏 8-2 仪陇县“311”工程助力健康扶贫

仪陇县充分利用农民夜校阵地，另辟蹊径，有效破解因病致贫返贫难题。在每个乡镇卫生院确定一名农民夜校授课人员（公卫人员或驻村医生），每个村一名健康管理员（村医），每个家庭一名健康明白人，构筑起了乡村户的三级健康知识传播链，带动引导每个家庭能够合理就医、合理用药、合理膳食等，共同维护全民健康。编制一本健康教科书，结合农村现状，编印了易懂易记易会的顺口溜。组建巡讲团：

组织县级医疗机构专家12人，到全县每个片区进行健康教育巡回宣讲。在宣讲中，采取专家与老百姓互动、回答问题赠送礼品，发放印有健康知识的围裙、手袋、脸盆、肥皂、洗手液等宣传品，发放宣传资料等多种形式，激发了老百姓参与热情，在各地起到了示范作用。（摘自《仪陇县健康扶贫简报》）

（三）打造便利快捷的就医通道

仪陇县打通就医通道的途径之一是加强预防。具体举措包括三个方面：其一是构建疾病预防体系。加强艾滋病、结核病防治。摸清艾滋病、结核病贫困患者数量，建立贫困人群重大疾病数据库。科学有序扩大检测，重心下沉基层，落实随访管理，健全医防结合机制，推行“检测—发现—随访—干预—治疗—救助”一条链服务模式，强化精准防治，提高防治质量。建立“四季常见病、传染病”常规化防控机制，倡导科学健康的生活方式，多渠道、多形式加大对重大疾病、传染病、慢性病预防知识的宣传力度。同时，规范预防接种门诊工作制度，加强免疫规划和预防接种、妇幼健康管理工作，对高风险人群采取早期防治措施，从源头上降低重大疾病的发病率。其二是对所有建档立卡贫困户开展免费的健康体检，建立健康档案，并用色标标识。部分无检验人员的基层医疗机构，应主动与片区中心卫生院联系，由中心卫生院组织力量完成健康体检工作，保证健康档案的真实性。对工作开展滞后、延迟的单位进行全县通报，并在年终目标考核扣减相应分数。其三是开展“习惯养成”活动，提倡健康生活方式。充分利用广播、电视、手机短信、微信公众平台等现代通信工具，广泛传播医疗保障政策。创新宣传手段，编印群众喜闻乐见的宣传画册及健康生活方式宣传手册，印制医疗保障政策宣传展板、宣传条幅，采取“一对一”“面对面”等方式进村入户宣传。

途径之二是缩短就医空间距离和心理距离。具体举措主要体现在三个方面：其一是实现家庭医生签约服务全覆盖。当地各级基层医疗单位、村卫生室负责协助县公立医院开展工作，贫困人口中常住人口家庭医生签约率达100%。与居民建立稳定的服务关系，引导居民形成以家庭医生首诊为基础的分级诊疗就医格局。各基层医疗机构以“家庭医生服务团队”为依托，充分发挥签约家庭医生的优势，落实基本公共卫生服务项目，着力加强0~6岁儿童、孕产妇、老年人、高血压、糖尿病、残疾人、贫困人口、计划生育特殊家庭等重点人群签约服务覆盖面，提高受众群体的获得感和满意度。

专栏8-3　仪陇县健康扶贫先进人物

唐学明是一位最基层的健康守门人，已经从事村医工作30多年。多年来，唐学明治愈的患者不计其数。2016年，健康扶贫打响了攻坚战，唐学明经常利用村委会、坝坝会为贫困人口宣传政策，上门提供家庭签约服务，为每位村民建立了健康档案。对行动不便的、急诊急救的，唐学明都是随叫随到。因为唐学明贴切群众，想群众所想、急群众所急，唐学明得到了全体村民的充分认可和肯定，为筑牢基层健康保障树立了榜样，做出了表率。

其二是开展健康扶贫慰问活动。仪陇着力解决落实健康扶贫政策“最后一公里”问题，在县、乡、村三级医疗机构组建医疗扶贫小分队，组建护理志愿者、义诊志愿者、专家志愿者服务队，深入各社区、片区卫生院、敬老院、学校、社区、村镇、居民家中进行巡诊、免费体检、业务指导、健康教育、赠送药品、义务献血，并邀请三甲医院专家为贫困户看诊，对扶贫联系村村民进行免费健康体检，建立健康体检个人档案。

其三是进行信息化建设。2017年，仪陇县实现乡村信息化达标建设全覆盖。县人民医院五大远程诊疗中心投入使用，与基层医疗机构实现信息远程对接，对县、乡、村医疗机构配备了远程诊断设备，建成了县、乡、村三级网络医院，借此形成的以仪陇县人民医院为龙头、乡镇卫生院为枢纽、村卫生室为基础的县域医疗联合体，夯实了“基层首诊、双向转诊、急慢分治、上下联动”的分级诊疗制度基础。由此，仪陇基本实现了“小病不出乡，大病不出县”目标，有效解决了群众看病难、看病贵的问题。

（四）设立稳定有效的保障体系

仪陇县在健康扶贫领域的保障体系包括三个层面。第一是财务保障层面。仪陇县积极探索建立财政扶贫资金使用管理的长效机制，以县级财政、卫生计生部门作为卫生基金筹集主体。通过省级财政补助、市县财政预算安排、社会捐赠资金、对口支援资金、省医药爱心扶贫基金、慈善救助基金、基金收益和其他合规资金等，保证卫生基金的募资规模不低于300万元。当基金余额低于50万元时，启动限时补充机制及时补充。仪陇县采取财政给一点、自筹一点、社会捐赠一点的“三个一点”方式发展壮大了卫生扶贫基金，每年保证200万元的教育医疗补充基金。通过整合涉农资金，加大健康扶贫财政投入，重点支持卫生院建设与贫困村卫生室达标建设，建立健康扶贫补充保险，贫困人口看病就医获得了兜底保障。

专栏8-4　仪陇卫生和计划生育局扶贫基金救助项目案例

家住仪陇县五福镇筏子村二组的邓某患糖尿病12年，一直口服降血糖药物，其家属长期患有多种慢性病。2016年，全家医疗费用个人支出高达3万余元。在了解卫生扶贫救助基金政策后，邓某主动申请了卫生扶贫救助基金。村委会、乡镇人民政府认真核实和公示，县卫计局仔细复核后认定邓某符合卫生扶贫救助基金救助对象。根据救助标准，直接打卡拨付邓某卫生扶贫救助基金3000元。卫生扶贫救助基金的及时发放，切实缓解了邓某家庭经济压力，他还购买了40只鸡，准备购买2头猪、种子、化肥等，不但腾出更多资金发展种养业，还腾出更多精力发展家庭副业，基金效益发挥良好。

第二是制度管理层面。仪陇县通过“五步”工作法，保证健康扶贫落到实处。第一步是查参保人员。对2014~2018年贫困人口参保情况入户核查，未补录及时补录，保证全员参保。第二步是落实医疗扶持。通过抽查医疗机构医保报账系统单据和走访贫困户，现场核查医疗扶持政策是否落实到位。第三步是保证医疗机构达标。对照基层医疗机构和村卫生室达标验收标准，卫健局工作人员现场测量建筑面积是否达标。第四步是审查人员资格。现场审查村医老龄化状况和是否取得乡村医生资格证，发现村医超龄和未取得乡村医生资格证的，基层医疗机构负责派驻医生到该村协助村医工作。第五步是清点医疗设备配置。对照村卫生室设备清单逐一、逐项现场清点，确保设备达到验收要求。此外，针对管理制度，仪陇县还确定了分片包干督查制度，建立综合巡查制度，着力发现医药购销领域和医疗服务方面存在的突出问题，包括成立健康扶贫绩效管理考核工作小组，制定严格的医疗卫生单位绩效考核办法。例如，将院长的绩效与健康扶贫工作实绩紧密结合考核；实行一票否决，凡出现健康扶贫不过关等情形的，一律不评先评优。坚持平时考核和集中考核相结合，注重激励、严格奖惩，充分发挥考核的激励和约束作用，为健康扶贫建设提供了坚实的基础。

第三是实施试点—推广模式。仪陇县在日兴镇、度门镇、赛金镇开展了村医试点工作，依托互联网技术平台，搭建村医通系统平台，解决卫生信息“最后一公里”难题。通过手机 APP，进行体检、随访等数据的实时录入以及开展特殊人员管理；制定健康教育学习计划，定期推送权威的、适合村医学习的健康教育知识；村医通平台与医保平台对接，实现手机 APP 看病就诊之后的一键报销服务。仪陇县通过村医通系统平台的试点，逐步实现了基本公共卫生服务、基本医疗服务、家庭医生签约服务、医保实时报销服务和健康教育服务信息化。仪陇县还以银山卫生院和若干村庄为示范点打造样板，通过试点—总结经验—推广模式，仪陇的医疗扶贫在南充市、四川省都产生了较为广泛的影响，为健康中国战略的实施提供了值得借鉴的基层经验。

二　健康扶贫的基本经验

对于贫困地区的人民而言，不解决生存权与发展权问题，其他一切都没有意义。仪陇县的健康扶贫诠释了以切实尊重和保障人权为依归的中国式扶贫和引领型融合治理模式的优势。仪陇县的健康扶贫将以人为本作为拔“穷根”的关键，其基本理念就是人人都应享有社会发展的成果，人人都应享有公平的健康权，尊重每一个人的生存权和发展权，在健康扶贫领域形成了若干重要经验并具有较为重要的政策启示。

（一）以人为本和医民融合的健康扶贫

在市场竞争的过程中，由于每个个体的社会背景和个人能力的不同，每个个体所享受的经济和社会成果有所不同，但这绝不意味着可消解社会成员应享有均衡的权利和义务，更不意味着可以忽略一些弱势群体的存在。仪陇县健康扶贫取得不斐成绩的关键就是因人制宜。根据贫困人口类别，对绝对贫困、低收入、因病致贫人群实行差异化救助。同时，探索按病种救助，加大重大疾病的保障力度。慢性病、重大疾病是贫困人口的主要疾病负担。仪陇在筹资增长有限的情况下，按病种实施医疗救助，重点提高贫困人口慢性病、重大疾病的保障水平，如针对贫困人口的重性精神疾病、白内障、儿童先天疾病等给予专项救助，大幅提高救助水平，切实减轻了患者经济负担。

基于医民融合的健康扶贫是除“病根”的重要条件。古往今来，医患冲突事件频发，从个别患者或患者家属情绪失控后暴力伤医或杀医，到患者有组织、大规模地到医院闹事，都是医患之间信任关系断裂的外在表现，医患关系失谐也成为当前医疗领域乃至整个社会层面迫切需要解决的顽疾。医患冲突是社会互动层面群际冲突的表现形式之一，有其特有的社会心理发生机制。当代社会中的医患互动进入了从“以疾病为中心”的生物医学模式向“以患者为中心”的生物—心理—社会医学模式转变阶段。仪陇县的健康扶贫一大亮点就是打造了和谐的医患关系，建立了医民融合共生的协同机制。其和谐医患社会关系主要依托医疗舆情传播的积极导向，以及医疗制度信任的建立。

一方面在舆情传播的引导作用下，医患之间各自的利益诉求相互感染，媒体“亲弱势群体”的道德价值取向在一定程度上塑造了和谐医患关系的形成，包括仪陇县定期的健康扶贫信息报送、优秀医疗工作者的事迹报道以及正向医患关系事件报道等；另一方面，医疗制度信任是和谐医患关系的基本保障，包括对符合制度规定行为的认可与鼓励，对违反制度规定行为的惩戒，引导患者树立正确的行为观念和规范，进而大大减少了医患关系的紧张对立和医闹风险，促使医患之间形成稳定和谐的信任关系，保证了健康扶贫的顺利开展。由于大病和慢性病具有难根除和易再发的特性，农村贫困户应对此类疾病具有天然脆弱性，因病致贫返贫后期还将凸显，这就需要可持续健康扶贫。为尽快完成脱贫目标，部分地区“超能力”实施救助，在发展政策和扶贫机制方面存在脱离实际能力竞相比“力度”的做法，而这实际上难以长久维系。仪陇县贫困地区囿于地理条件、资源禀赋等自然因素，经济发展落后，财政存量不足。随着政策的持续推进，医保基金触底风险凸显。为此，仪陇县通过设立医疗基金的政策和措施，高效运转政府财政资金、筹集社会组织基金和动员各级人士捐赠资金。仪陇县增加金融资金对健康扶贫的投放，发挥资本市场作用，吸引社会资金广泛参与医保基金，形成了仪陇县健康扶贫资金多渠道、多样化的投入模式。通过综合管理政府医疗基金，加入市场商业保险的补充，建立医疗救助制度稳定的筹资增长机制，逐步取消了救助对象的就医起付线、封顶线等制度设计，在一定程度上实现了按需救助。

另一方面，仪陇县将扶贫重点放在产业扶贫，通过夯实经济基础、提高财政收入来提高政府的医疗救助能力。通过优先保证因病致贫家庭的就业和造血功能，提高了这类家庭的防范和对抗风险的能力。在医疗基金运行过程中，仪陇县建立了严格的监管制度，确保扶贫资金可持续使用。通过制定扶贫资金监管制度，严厉打击因实施高额医疗兜底保障以致医保基金触底、贫困人口过度福利依赖的现象，确保了医保基金的安全和可持续性。

（二）健康扶贫的政策启示

在发展中解决问题。对于仪陇县贫困人口来说，“两不愁三保障”的基本目标基本实现。但疾病问题是伴随个体或家庭一生的问题。解决因病致贫问题，不仅需要解决短期内患病人口的巨额医疗支出问题，还需要着眼于未来创造良好条件让个体少生病、不生病，最大限度地降低人们的患病风险。经历过大病、重病的贫困人口，如果没有进行完整和健全的康复过程，则有可能会使自身在相当长的一段时间甚至是永久处在一个较低的劳动能力水平上。相对于城市居民，农村居民面临更高程度的健康脆弱性、经济脆弱性与社会脆弱性，多重脆弱性的交织作用会导致他们面临更大的健康风险。

鉴于疾病的不确定性和长期性，因病致贫问题就具有一定的反复性和长期性。健康扶贫的作用逻辑主要体现在通过降低农村居民的健康脆弱性、经济脆弱性与社会脆弱性，斩断“健康风险发生—健康存量下降—健康机会缺失—经济脆弱性加深—健康能力持续下降—贫困程度继续加深”的恶性循环传递链条，化解因病致贫返贫的现实困境。因此，需要在经济社会发展过程中解决问题。

贫困地区之所以贫困，根本原因是生产力发展不足。因此，脱贫的关键就在于发展生产力，包括通过乡村振兴战略和健康中国战略规划来促进农村地区的经济社会发展水平，提高需求方的抗风险能力，普及科学合理的健康理念，增强就医系统中供给方的医疗供给能力和服务能力，制定和完善发展型的政策体系等。

预防与治疗相结合，降低健康风险以降低致贫风险。健康风险的发生是诱发健康贫困的逻辑起点，具体表现在，贫困人口健康资源占有不足、收入低下以及获取健康资源成本等障碍，导致了健康脆弱性、经济脆弱性和社会脆弱性的链式反应。其中，健康脆弱性包括农村优质医疗卫生资源的稀缺，导致农村居民面临健康风险冲击的概率更大；经济脆弱性包括农村居民处于经济收入弱势地位，应对疾病经济负担能力弱；社会脆弱性包括农村居民受教育程度低、农村社会条件限制导致其获取健康资源的成本较大。经济脆弱性和社会脆弱性共同导致农村居民的健康机会缺失，应对健康风险冲击的能力不足。这些风险既可以单独诱发农村居民发生健康贫困，又可以耦合叠加，导致农村居民陷入更深层次的健康贫困恶性循环。如图 8-4 所示，仪陇县健康扶贫正是深刻把握了这样的链式反应，以预防与治疗相结合，通过降低健康风险以减少致贫风险。

精神扶贫与健康扶贫并重。扶贫应是物质扶贫与精神扶贫的统一体。因病致贫的人群除了身体上的疾病以外，往往会伴随出现一些心理问题，即某些患病贫困人口往往也可能会同时存在某种心理不健康的问题。在贫困人群中，最明显的表现包括过度自卑、逆反、贪便宜等心理表征。这些心理不健康现象既不利于其树立脱贫的主体意识，也不利于精准扶贫政策的实施。仪陇县实施了与本地实际情况相符合的政策举措，该县的健康扶贫政策部分达到了精神扶贫与身体健康的双重效果。仪陇县给予各乡镇、

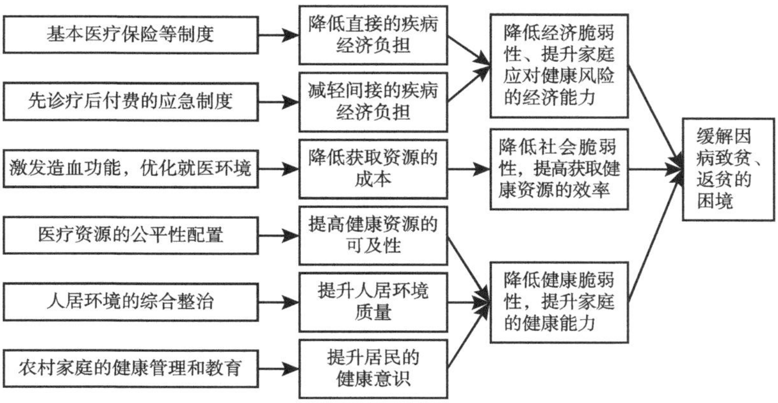

图 8-4　健康扶贫降低健康风险措施的作用机制

各村较为充分的自主决策与发展空间，鼓励各地主动发现问题、制定对策、解决问题，从而建立起稳固的内生发展机制，形成了以“两德精神”带动贫困人群主动脱贫，以豪爽务实的四川文化特色来号召贫困人群内部互帮互助、贫困人口与扶贫主体互相配合的健康扶贫文化。从长远来看，健康扶贫要走“身体健康—心理健康—社会健康”模式，精神扶贫与健康扶贫并重，才能真正消除贫困、振兴乡村。

语言扶贫的融合治理：凉山“学前学会普通话”行动试点

第九章

难以逾越的语言关：凉山脱贫攻坚的语言顽疾

扶贫必扶智，让贫困地区的孩子们接受良好教育，是扶贫开发的重要任务，也是阻断贫困代际传递的重要途径。①

——习近平

在教育脱贫攻坚背景下，“扶贫先扶智、扶智先通语”是重要前提。从深度贫困民族地区的发展现实来看，语言能力匮乏与经济贫困如影随形，贫困文化与文化致贫长期交织并存。脱贫攻坚期间，国家通用语言文字普及攻坚工程深入实施，累计组织350余万人次农村教师、青壮年农牧民参加国家通用语言文字培训。其中“学前学会普通话”（以下简称“学前学普”）行动试点率先在凉山州启动实施，覆盖29万名学前儿童，并已扩大到中西部9个省份。②

由于“学前学普”行动试点瞄准对象的特殊性，客观而言其产生的社会影响要远远低于脱贫攻坚的其他行动。虽然脱贫致富“短期靠就业、中期靠产业、长期靠教育”在从事脱贫攻坚的实际工作者和理论工作者那里可以说都已是共识，而能够作为脱贫依靠力量的“教育”，人们所理解的主要还是指义务教育、职业教育和高等教育，其中“义务教育有保障”还通过贫困县脱贫摘帽评估的关键指标“两不愁三保障”得以凸显。在很大程度上，人们通常不会考虑到学前教育尤其是学前学会普通话的必要性和重要价值。尽管

① 习近平：《给“国培计划（二〇一四）”北师大贵州研修班参训教师的回信》，《人民日报》2015年9月10日。

② 中国教育科学研究院课题组：《知识改变命运　教育奠基未来：中国教育脱贫攻坚的成就与经验》，北京：教育科学出版社，2021，第6页。

语言扶贫在阻断代际贫困传递上具有毋庸置疑的重要作用，但从学前学会普通话到脱贫结果之间实际上存在诸多复杂的中间过程和中间机制，其中充满了一连串的不确定性。因此，人们尤其是贫困地区和民族地区的普通大众要是对学前学会普通话行动的意义不了解，当属正常。

然而，这一行动试点的意义实际上远远超出了阻断少数民族地区贫困代际传递的意义。从宏观层面来说，这项行动是促进我国各民族和衷共济、文明互鉴，增强中华民族凝聚力、向心力的有力抓手，也是健全“幼有所育、学有所教”等国家基本公共服务制度体系的重要举措；从中观层面来说，其既是少数民族地区“以语言促发展”的重要途径，还是促进当地移风易俗和精神文明建设的重要机制；从微观层面来说，其是实现人的城镇化和现代化的必然之路，对于大凉山来说则是几十万学前儿童过好语言关、养成好习惯进而提升能力素养的系统工程。这项行动未来也必然会对国家富强、民族团结、地区发展、家庭和个人命运的改变产生深远影响。

我们在凉山彝族自治州开展了实地调研，并选取了“学前学普”行动试点的4个县，即凉山州的越西县、昭觉县、雷波县和乐山市的峨边县作为典型案例县，赴上述各地进行实地调研、搜集资料。在调研形式上，我们主要采取座谈、访谈、实地观察、地方资料收集等方式。调研期间，团队成员深入访谈了州（市）和县级的党政领导班子成员、扶贫办、教育局、民政局、州级和县级“学前学普”办公室、第三方业务指导机构、各学段学校负责人及教师、幼教点辅导员、幼儿、幼儿家长等不同对象。在第九章至第十六章，我们将专题考察凉山“学前学普”行动试点的背景、过程、制度、策略、成效、经验及其理论启示。

第一节　凉山域情

一　凉山概况

凉山彝族自治州（以下简称“凉山”）位于四川省西南部，地势西北高，东南低，北部高，南部低；气候属亚热带季风气候。全州幅员6.04万平方公里，辖16县1市，境内有彝、汉、藏、回、蒙等14个世居民族，总人口 530 万，其中彝族人口占 53.6%。凉山是“三州三区”深度贫困地区之一，也是全国最大的彝族聚居区。“凉山”这一概念在当地一直有大小凉山之分。基于地理概念的划分，主要是以黄茅梗山脉为界，往东、往北属小凉山，往西、往南则属大凉山。人们习惯把黄茅埂山脉以西的美姑、昭觉、布拖、金阳、普格、甘洛、越西及安宁河流域地区称为“大凉山地区”，把黄茅埂东南的雷波、马边、峨边、沐川、屏山、高县等地区称为“小凉山地区”。从行政划分上看，大凉山都在凉山州境内，而小凉山部分县市划在了乐山市境内。

虽然一度十分贫困，但凉山却是全国知名的资源富集地区。清洁能源富甲天下，水能资源技术可开发量占全国的 15%。生态旅游资源绚丽多彩，邛海泸山、泸沽湖、西昌卫星发射中心等闻名中外。绿色农业资源丰富多样，是全国农产品优势区、发展绿色特色农业的最适宜区。民族文化资源独具魅力，彝族火把节被列为世界非物质文化遗产备选名录，彝族文化、藏乡文化、摩梭风情等多民族文化交相辉映。

凉山地区在过去 70 年间发生了翻天覆地的变化。就脱贫攻坚而言，凉山作为“贫中之贫”的深度贫困区代表，既是脱贫攻坚战最难啃的“硬骨头”之一，也是全国范围打赢脱贫攻坚战中至关重要的一环。2020 年 11 月，随着凉山州的 7 个县退出贫困县序列，大凉山整体摆脱了贫困。

二　彝族民风习俗

尽管凉山实现了“一步跨千年”的历史巨变，但由于长期处于封闭隔离状态，依然延续了部分民族文化和传统习俗。其中，高价婚姻和薄养厚葬等旧俗民约成为导致当地长期贫困的主要文化原因。新中国成立前，依彝族的婚姻习俗，彝族男女婚嫁时视女方的具体条件，男方必须给一定的“彩礼银子”（身价钱）。改革开放初期，凉山提倡新事新办，解放思想的人们废除了礼金。但到了 20 世纪 90 年代，在市场经济的冲击下，凉山又兴起了婚嫁中要收“彩礼银子”的旧俗，且逐渐有“水涨船高”之势。这一旧俗因所需礼金数额之大远远超过普通家庭的经济承受水平，普遍会使家庭背负沉重的债务。整体来看，对一个普通彝族家庭而言，十万元至几十万元的高价彩礼给原本就贫困的家庭增添了沉重的经济负担，“因婚致贫”的现象较为普遍。在婚育观念上，彝族内部普遍有早婚的习俗，且渴望生育子女、人丁兴旺。

彝族的宗教信仰也是凉山地区民俗文化的重要组成部分。从丧葬来看，彝族仪式繁多。这一方式再配上厚葬的旧俗，即通常大操大办、杀猪宰羊等方式宴请宾客的情况，在邻里之间形成了攀比之气，并造成了不良的社会风气。此外，恶劣的生存环境迫使部分彝族群众养成了一些生活陋习，甚至存在几年不洗澡的逸闻。

总而言之，地理、经济和文化等因素共同导致了凉山地区的整体贫困，大凉山也被称为“中国最贫困的角落”之一。在导致凉山贫困的诸多因素之中，教育基础薄弱、语言不通是当地长期贫困和贫困代际不断传递的重要原因之一。

第二节　教育贫困：语言不通“行路难”

社会文明程度制约凉山的经济社会发展。在其民族地区，“尽管解放后实现了社会制度跨越，但社会文明程度依然很低”。[①] 除彝族本身的民风旧俗这一文化因素外，当地也因自身经济发展落后且教育资源匮乏而缺乏可改变现状的条件。凉山州作为全国典型的区域性整体深度贫困样本，11个民族聚居县均为深度贫困县。经过精准识别和逐年动态调整，全州建档立卡贫困人口共 97 万人，2072 个贫困村中贫困发生率在 20%以上的有 1012 个，[②] 属于贫中之贫。

受自然、社会和历史等因素制约，凉山经济社会发展不平衡不充分，特别是教育事业发展严重滞后。以凉山州学前教育的数据为例，2015 年凉山州学前三年毛入园率仅为 50.73%，但当年全国层面的这一数据已达到 75%。[③] 由此可见，凉山州的学前教育远低于全国平均水平，这也说明当地的教育基础非常薄弱。

① 习近平：《在深度贫困地区脱贫攻坚座谈会上的讲话》，2017 年 8 月 31 日，http：//www.xinhuanet.com/politics/2017-08/31/c_ 1121580205.html。

② 数据根据凉山州政府提供的《凉山州情》整理。

③ 根据凉山州政府官网平台发布的数据整理。

同时，严重的辍学失学等问题也是当地教育发展路上的拦路虎，“控辍保学”成为该地教育脱贫攻坚的“硬骨头”。在凉山调研时，我们询问一位基层干部，他提道：“咱们这儿的孩子以前辍学率那么高，他们那么小就没读书了，又连普通话都不会说，那可以去干什么呢?”对方说：“去打工啊，我们这很多辍学后就外出打工了。”从就业的角度分析，这些孩子能够熟练使用普通话并接受完整的义务教育后，即使不一定有机会继续深造，但至少可以有机会走出大山，走向中国更广阔的就业市场，而不会因为受限于语言能力而一辈子困在大山里。当许多城市中间阶层家庭的孩子在学前就开始接触和学习英语、为未来走向世界做准备时，这些孩子实际上还在为走出大山而努力。当他们能够与更广阔的外部世界建立联系后，他们的思想观念、生活习惯和个人素质一定会发生巨大变化，这反过来又会通过多种途径的“知识流动”而影响他们自己的家乡。因此，学前学会普通话行动对于这些民族地区来说，虽然很难产生立竿见影的直接经济效应，但其社会效应和历史意义却是久远的。

优质的义务教育能为顺利进入高中教育、高等教育打下坚实基础，而这又有利于提升个人的人力资本，帮助自身获得更多更优的就业机会。但事实上，民族地区的孩子除少部分能升入高中外，大部分初中毕业便迫不及待地外出打工，学生流失普遍存在，这也加重了当地“控辍保学”的压力。

> 以放假为例，对于其他地区的老师来说放寒暑假是皆大欢喜，但对彝族地区的老师和地方干部而言却苦不堪言。一到寒暑假、彝族年等重大节假日，他们就要到各个村头路口严防死守，生怕正在接受义务教育的孩子被家长带到外地打工。（凉山州教育局工作人员访谈—20201018）

教育发展落后与思想观念的落后如影随形，是交织在一起的。一方面，当地的婚姻思想观念导致婚丧嫁娶大操大办，攀比现象严重，高聘金、高礼金成为多数家庭的沉重负担。另一方面，家庭教育观念的落后限制了孩子人力资本的提升机会和未来发展的空间。部分家长坚持认为读书不如打工，觉得如果孩子成绩不是很好，小学毕业能认识几个字就可以出去打工了。再加上彝族地区普遍有早婚习俗，失学辍学率便居高不下。

当地教育发展落后的另一个间接原因是少数民族的通用语言使用水平不高，或者说少数民族内部普通话的普及率不高。在凉山州，广大农村彝区群众习惯使用彝语交流。全州约50万学前儿童中，听不懂、不会说普通话的现象极为普遍。在以前，少数民族农村家庭大多采取“散养式”的早期教养模式，基本没有学前教育。大多数孩子到了七八岁就直接进入小学，有的十一二岁才进入学校。这些孩子除了少数从外出打工的父辈那里学会简单的普通话之外，大多数在进入学校前几乎没有接触过普通话。这样的语言环境构成了他们学习普通话的不利条件。没有接受过学前教育的孩子，进入小学之后会遇到很大的语言障碍。因为学校使用的都是国家通用语言教材，老师用普通话上课，所以他们在小学一二年级基本听不懂老师的讲课，三四年级能听懂一些，五六年级才基本听懂。这样“一步慢、步步慢”，听不懂、跟不上，慢慢也就失去了学习的乐趣。一旦孩子和家长们都看不到学习带来的希望，他们就会选择主动辍学。

从彝族的人口结构与语言使用情况来看，语言问题已成为凉山地区教育领域脱贫攻坚“短板中的短板”。在彝族青壮年人口中，早先出去务工的彝族青壮年听不懂汉语，更别提用汉语交流。再往后，这批外出务工的彝族人口因工作需要慢慢开始与汉族人口交流，并学会了用汉语交流。同时，离县城较近的彝族聚居地中的人口因社会交往的扩大，也慢慢学会了使用汉语。但从整体来看，彝族青壮年人口的通用语言使用水平并不高。对义务教育阶段辍学务工的彝族孩子而言，因听不懂普通话，又无技能培训，甚至不会购买车票，他们常常陷入不敢接触、害怕与人交流的尴尬境地，并最终成为劳动力市场中综合素质较低的劳动力。

对幼儿而言，学前教育的缺失使得他们无法接受正规、系统的普通话语言学习。居住在纯彝族地区的幼儿，缺乏普通话学习环境，因而他们步入小学一年级时，普遍存在“听不懂、不敢说、不会写汉语”的困难。尽管大部分小学使用了彝语、汉语双语教学，但绝大部分学生仍需要耗费1~2年的时间打通普通话的语言关，这导致他们在学习表现上落后于身边懂汉语的同学。由此，语言问题在彝族人口中出现了恶性循环，也成了贫困代际传递的一个重要原因。因此，对于大凉山彝族孩子来说，包括普及普通话在内的高质量学前教育对于他们自身的成长和家庭来说具有极其特殊的重要性。

2020 年 11 月 16 日，四川省人民政府发布了《关于批准普格县等 7 个县退出贫困县的通知》，批准凉山州普格县、布拖县、金阳县、昭觉县、喜德县、越西县、美姑县 7 县退出贫困县序列。至此，四川省境内 88 个贫困县全部脱贫摘帽。鉴于凉山前期的贫困程度，这一脱贫成果的取得来之不易。在脱贫过程中，凉山地区的教育扶贫尤其是语言扶贫起到了重要作用。具体而言，通过教育可以提升劳动者的人力资本，并帮助贫困人口掌握脱贫致富的技能，进而阻断贫困在代际间的传递，实现贫困人口脱贫并有效避免其返贫。

治标需治本，扶贫的长期动力关键在教育，而凉山地区教育扶贫的关键又在语言。习近平总书记曾指出，“推进深度贫困地区脱贫攻坚，需要找准导致深度贫困的主要原因”。[①] 在凉山地区，很多人既不识汉字又听不懂普通话，这就是凉山开展教育脱贫攻坚的核心难点。限于地理、交通、多民族聚居以及教育资源投入不足等原因，整体上凉山教育仍十分落后。义务教育阶段的控辍保学作为凉山地区的拦路虎之一，一直是影响和困扰凉山脱贫攻坚的关键因素。当地 13~16 周岁的失辍学生多长期在外务工，部分未出去务工的辍学学生则在社会流荡，成了无业游民。此外，学前教育本就是我国贫困地区教育发展的短板，凉山地区尤其如此。

> 以前这里没有幼儿园，孩子们要长到七八岁才送去好几公里外的金岩乡中心小学直接读一年级。不会说普通话，不会数数，学前受过教育的只有百分之一二，学习上的起步基本为零。（乐山市峨边县金岩乡中心小学辅导员访谈—20201017）

在上述背景下，凉山地区开展语言扶贫的工作既是必要之举又是可行

① 习近平：《在深度贫困地区脱贫攻坚座谈会上的讲话》，北京：人民出版社，2017。

之策。通过脱贫攻坚，大量的教育资源和政策都向凉山地区倾斜，凉山的教育事业获得了一次新的发展机遇。

> “学前学会普通话”行动是拔掉穷根、阻断我们凉山贫困代际传递的根本之策；对我们凉山教育来说，“学前学会普通话”行动，是改变凉山发展面貌、改变凉山孩子命运的格局之战。“学前学会普通话”行动，改变的不仅仅是一代凉山孩子的命运，将是凉山几代人甚至一个民族再一次“一步跨千年”的质的飞跃。[①]

总之，教育资源匮乏和语言不通是阻碍凉山地区脱贫致富的重要因素。基于这一现状，解决这一问题有助于凉山地区打赢脱贫攻坚战，更能直接带动凉山地区教育事业的发展，为后续巩固脱贫攻坚成果打下坚实基础。

---

① 参见凉山州学普办《凉山州“学前学会普通话”行动工作汇报（2018—2020）》，内部材料。

第十章

语言扶贫与引领型融合治理：“学前学普”行动试点

第一节　语言扶贫与行动试点的背景

提高贫困群体的语言能力能为贫困地区和贫困人口着眼于长远的脱贫奠定深厚基础，是贫困治理的重要举措，也是增加贫困群体发展权利的重要体现。因此，语言扶贫本身是根除贫困文化、消解贫困的文化起源和阻断贫困代际传递的重要路径。

一　语言扶贫

“语言”是测量贫困程度的重要指标，读写及相关的语言运用能力是“人类贫困指数”的重要测量指标之一。读写能力与语言能力、教育水平直接相关。劳动技能的习得或者说人力资本提升的前提是接受教育，而教育的首要载体便是语言。在我国，通用语言是普通话，推广普通话自然也成为扶贫开发工作中的一项重要内容。

事实上，我国的语言政策自新中国成立以来就一直在摸索中不断完善。早在1956年，国务院就发布了《关于推广普通话的指示》，在全国范围内推广普通话。在推普过程中，国家层面不仅坚持以《中华人民共和国国家通用语言文字法》作为全面推广普通话的有力保障，还通过《中华人民共和国民族区域自治法》保障了少数民族的语言权利以及民族语言教育的实施。进入21世纪以来，《中华人民共和国国家通用语言文字法》确立了普通话和规范汉字作为国家通用语言文字的法律地位，推广普通话的力度进一步加大。这一阶段的重点任务是实现普通话在全国范围内的推广。

有学者指出，语言扶贫是以推广国家通用语言文字为核心的国民教育活动，同时又是一个体现语言文字的社会功能和社会价值的话语实践过程，因而提高国家通用语言文字的普及率是语言文字事业助力我国小康建设的主要着力点，是引领贫困人群加入经济社会一体化发展格局的桥梁。①2011年，中共中央、国务院印发的《中国农村扶贫开发纲要（2011—2020年）》指出要“在民族地区全面推广国家通用语言文字”。这是国家层面的扶贫政策首次出现关于语言文字措施的表述，也是首次提出“在民族地区全面推广国家通用语言文字”。② 推广普通话作为语言扶贫的重要面向，既有经济需求也有文化需求。与此同时，国家也高度重视对少数民族的语言保护，普通话推广与民族语言保护同步进行。国家民委则提出，到2020年，各民族使用和发展自己的语言文字的自由得到进一步保障，少数民族语言文字规范标准基本满足社会需求，信息化水平进一步提高。各民族语言文字科学保护得到加强，少数民族语言文字传承和弘扬中华优秀传统文化的作用进一步发挥，社会语言生活和谐发展。③

语言所具有的扶贫功能主要与其经济作用相关，具体而言就是，语言所带来的人力资本价值和产业价值等经济功能。④ 关于语言扶贫的内涵，有人认为“是指以整体素质提高为导向、以提升语言文字能力为中心、以各类语言因素和语言政策的高效协调配合为路径的扶贫开发过程”。⑤ 也就是说，贫困地区少数民族在语言交流上的问题也是影响其脱贫的重要因素，语言问题的解决能助力解决经济上的贫困问题。

学前教育是基础教育的重要组成部分，是人才培养的奠基工程。但总

---

① 雷明、赵耀、刘曦绯、邹培：《中国语言扶贫进程70年聚焦：模式、机理、路径及前瞻》，《江汉学术》2020年第5期。

② 参见《中国农村扶贫开发纲要（2011—2020年）》，北京：人民出版社，2011。

③ 参见中华人民共和国国家民族事务委员会《国家民委“十三五”少数民族语言文字工作规划》，https：//www.neac.gov.cn/seac/zcfg/201704/1074196.shtml。

④ 参见黄少安、张卫国、苏剑《语言经济学导论》，北京：商务印书馆，2017。

⑤ 王春辉：《中华人民共和国语言扶贫事业七十年》，《云南师范大学学报》（哲学社会科学版）2019年第4期。

体上看，学前教育目前仍是薄弱环节，主要表现在教育资源短缺、师资队伍不健全、城乡区域发展不平衡等方面。因而，《国家中长期教育改革与发展规划纲要（2010—2020年）》明确提出，要重点发展农村学前教育，支持贫困地区发展学前教育。《国务院关于当前发展学前教育的若干意见》（国发〔2010〕41号）进一步指出，地方政府是发展学前教育、解决“入园难问题”的责任主体。

脱贫攻坚期间，语言扶贫成为教育扶贫的一项重要内容。脱贫攻坚的目标是到2020年，我国将稳定实现现行标准下农村贫困人口的“两不愁三保障”，确保解决区域性整体贫困。2013年7月，教育部会同国家发改委、财政部、原国务院扶贫办等部门联合出台了《关于实施教育扶贫工程的意见》（国办发〔2013〕86号）。其中明确提出，要充分发挥教育在扶贫开发中的重要作用，培养经济社会发展需要的各级各类人才，促进集中连片特殊困难地区从根本上摆脱贫困，把教育扶贫作为脱贫攻坚的优先任务。在此基础上，教育扶贫工作得以向纵深发展，并突出了语言脱贫的重要性，即“扶贫先扶智，扶智先通语”。由于语言障碍与贫困形成有极强的因果关联，重视语言文字在扶贫、脱贫中的基础性作用，也构成了我国扶贫开发工作的一大特色。随着我国城镇化水平的提高、城乡一体化进程加快和统一劳动力市场的形成，国民迫切需要具备良好的普通话沟通能力和较高的普通话应用水平。这不仅仅只是实现可持续的高质量脱贫的内在条件，更是实现人的城镇化和现代化的必然要求。

脱贫攻坚期间，国家高度重视语言扶贫在少数民族地区脱贫攻坚中的基础性和先导性作用，语言脱贫成为教育扶贫的重要组成部分。通过推广普通话助力脱贫攻坚，国家层面从2017年开始全面加大行动力度。2017年3月，教育部、国家语委发布《国家通用语言文字普及及攻坚工程实施方案》（教语用〔2017〕2号），提出要“高度重视普及国家通用语言文字在国家发展大局中的重要作用”，并针对不同县域、不同人员提出了不同任务和具体要求。2017年6月，为攻克“三区三州”以及贫困发生率超过18%的贫困县和贫困发生率超过20%的贫困村等深度贫困地区脱贫任务，习近平总书记主持召开深度贫困地区脱贫攻坚座谈会并发表重要讲话。其中在分析导致深度贫困的主要原因时提到了社会文明程度低的问题，特别是“由于历史等方面的原因，许多深度贫困民族地区长期封闭，同外界脱节”，指出有些地方“很多人不学汉语、不识汉字、不懂普通话，大孩子辍学带小孩”。①

2017 年 9 月，中共中央办公厅、国务院办公厅印发了《关于支持深度贫困地区脱贫攻坚的实施意见》（厅字〔2017〕41 号），对深度贫困地区脱贫攻坚工作做出全面部署。随后，语言扶贫工作被正式纳入脱贫攻坚的精准扶贫范畴。2018 年 1 月，《教育部语言文字应用管理司 2018 年工作要点》（教语用司函〔2018〕1 号）特别强调，“坚决打赢国家通用语言文字普及攻坚战，加快提升语言文字信息化水平和服务能力，为建设语言强国打下坚实基础”。

二　“学前学普”行动试点的背景

在开展脱贫攻坚之前，中国贫困人口的生存状况、社会福利和权益维护等议题一直备受关注。在贫困民族地区，贫困人口普遍面临综合素质能力较低的问题，而这既是民族地区致贫的重要原因，又是贫困的重要表现。较低的综合素质能力与长期贫困相互交织，形成了难以斩断的恶性循环。针对这一现状，如何提升这类地区贫困人口的人力资本便成为突出的问题。

“打好脱贫攻坚战，成败在于精准。”② 教育精准扶贫的实质是对贫困地区的贫困人口进行精准教育投入和教育帮扶，帮助贫困人口掌握脱贫致富的知识和技能。因此，教育扶贫本质上是希望提高贫困人口的素质和劳动生产率，促进当地经济和文化发展并让贫困人口最终摆脱贫困的一种扶贫方式。与发展生产、易地搬迁、生态补偿、社会保障兜底等扶贫举措相比，教育扶贫能通过改变人的素质、提高人的能力以实现阻断代际贫困传递，可谓精准扶贫政策中最具长远价值的一环，对从根本上实现脱贫具有重大意义。教育年限与贫困之间有着极强的正相关关系。阿玛蒂亚·森认为，教育的缺失是能力剥夺的贫困，是比收入贫困更深层的贫困，它会引

① 习近平：《在深度贫困地区脱贫攻坚座谈会上的讲话》，北京：人民出版社，2017。

② 中共中央党史和文献研究院编《习近平扶贫论述摘编》，北京：中央文献出版社，2018，第 81 页。

发贫困的代际传递。[①] 可以说，再怎么强调教育扶贫在脱贫攻坚中的重要性都不为过。

事实上，国家历来高度重视教育扶贫。脱贫攻坚启动之初，国家即明确提出要"把教育扶贫作为扶贫攻坚的优先任务"。[②] 在某种意义上，民族贫困地区脱贫的关键在于教育扶贫的精准实施，语言扶贫则是教育扶贫的重要内容。在精准扶贫背景下，语言扶贫同样需要做到"精准"。而这一精准要落到实处，需要做到对象精准和方法精准：就对象而言，贫困地区最具发展潜力和最具希望的人群可以说是青少年儿童；就方法而言，在学龄前儿童中推广普及普通话，可以说是语言扶贫的重要抓手。

贫穷会导致失学，而辍学失学又会引发个人文化素质的缺失。文化素质缺失是个体人力资本匮乏的主要表现，又会导致难以顺利进入劳动力市场就业，不能就业则显然会导致贫穷。这样的恶性循环如不加以改变，便会形成贫穷的代际传递。就此而言，教育扶贫、语言扶贫是打破贫穷的恶性循环并阻断代际传递的关键途径之一。

针对少数民族贫困地区的语言问题，原国务院扶贫办联合教育部在四川、广西、内蒙古、贵州、云南、甘肃、青海、新疆等少数民族省、自治区开展"学前学会普通话"行动，并在四川省凉山州开展行动试点探索经验。通过推广"学前学普"以解决语言关，并借此从源头阻断贫困代际传递，是有效且必要的举措。"学前学普"行动试点对于巩固民族地区脱贫攻坚成果、助推民族地区发展和促进民族认同都具有十分重要的现实意义。

第二节 行动试点的顶层设计与政策部署

一 "学前学普"的顶层设计

在少数民族地区投入更多的学前教育资源，是教育扶贫的诸多举措之

---

① 参见阿马蒂亚·森《以自由看待发展》，任赜、于真译，北京：中国人民大学出版社，2002。

② 《国务院办公厅转发教育部等部门关于实施教育扶贫工程意见的通知》（国办发〔2013〕86号），http://www.gov.cn/gongbao/content/2013/content_2489964.htm。

一。中国共产党第十九次全国代表大会报告指出，“建设教育强国是中华民族伟大复兴的基础工程，必须把教育事业放在优先位置，加快教育现代化，办好人民满意的教育”。[①] 就发展教育所处的环境而言，现实中的教育扶贫仍面临诸多困难和挑战。也正是由于存在诸多问题和挑战，教育扶贫更需要坚持在幼有所育、学有所教上取得新进展，以通过提升人口质量和素质来推动上述问题的解决。

开展“学前学普”行动试点是实现教育扶贫的必要之举和非凡之举。党和国家领导人对此高度重视。2018 年初，习近平总书记亲临大凉山彝区视察，作出一系列重要指示，强调“最重要的，教育必须跟上，绝不能再让孩子输在起跑线上”。[②] 2019 年 1 月，胡春华副总理在凉山主持召开“三区三州”脱贫攻坚座谈会时重点讲道：“要做好学前推广普通话工作。无论外出经商务工，还是开展交流合作，会说普通话都是基本前提。要让更多贫困家庭孩子接受更有效的普通话教育，这也是教育工作的一项基本任务。”[③] 2019 年 3 月，孙春兰副总理在凉山州昭觉县尼地乡洼里洛村幼教点看望辅导员和孩子们时特别强调，“要加强国家通用语言文字教育，扩大‘学前学会普通话’行动试点覆盖面，抓好课堂教育教学，确保国家通用语言文字作为各学段教育教学的基本用语用字”。同时还强调“要首先实现该行动在凉山州的全覆盖，发挥好示范引领作用”。[④]

自开展行动试点以来，试点地区的学前教育基本实现了“学会普通话，养成好习惯，懂得讲感恩”的目标，潜移默化地对个人、家庭、社区和民族认同产生深刻影响。养成好习惯进而实现健康文明的生活方式，是少数民族地区实现教育扶贫的应有之义。对于少数民族地区人民而言，养成健康文明的生活习惯有利于提升他们自身的健康水平，也能帮助他们更

① 参见中共中央党校（国家行政学院）教务部《十一届三中全会以来党和国家重要文献选编（下）》，内部资料，2021，第 408~409 页。

② 《“脱贫攻坚战一定能够打好打赢”——记习近平总书记看望四川凉山地区群众并主持召开打好精准脱贫攻坚战座谈会》，2018 年 2 月 14 日，https：//baijiahao. baidu. com/s？ id = 1592348177380721354&wfr = spider&for = pc。

③ 凉山州学普办：《凉山州教育脱贫攻坚材料》，内部资料，2020。

④ 孙春兰：《扎实推进深度贫困地区教育健康扶贫工作》，2019 年 3 月 22 日，http：//www. xinhuanet. com/politics/leaders/2019-03/22/c_ 1124271345. htm。

好地融入现代社会。

2020年11月，党的十九届五中全会强调，要"坚持教育公益性原则，深化教育改革，促进教育公平"，同时还要"提高民族地区教育质量和水平，加大国家通用语言文字推广力度"。[①] 之所以这样强调，也恰恰说明我国目前在教育公平、民族地区的教育质量和水平、通用语言文字推广等方面还有很大的提升空间，需要"加快健全'幼有所育、学有所教'等方面国家基本公共服务制度体系，努力让青少年儿童都能享有公平而有质量的教育，为其谋生发展打好基础"。[②] "学前学普"行动显然是更好更有效地实现"公平而有质量的教育"的重要举措。

二　"学前学普"的政策部署

在推进过程中，"学前学普"行动试点遵循"先试点、后推广"的渐进式模式。2018年7月，首先在四川省凉山州部分县开展，随后全面覆盖凉山州全州。2019年，乐山市小凉山彝区的峨边彝族自治县、马边彝族自治县和享受民族地区待遇的金口河区（以下简称"两县一区"）纳入行动试点范围。为保障行动试点顺利开展，中央到四川省再到市州都出台了一系列政策文件，并以此为基础逐步形成集"国家、省、州、县、乡村"于一体的五级联动机制，建立了"国家支持、省级统筹、州负总责、县统一管理、乡村实施、社会参与、专业机构技术保障"的责任体系，为推进行动试点奠定了保障机制。

（一）中央的政策部署

"学前学普"行动试点的相关政策主要围绕中央关于脱贫攻坚的重要论述和重要指示制定。2018年1月，教育部、原国务院扶贫办、国家语委联合发布《推普脱贫攻坚行动计划（2018—2020年）》（以下简称"推普计划"），主要目标即是充分发挥普通话在提高劳动力基本素质、促进职业技能提升、增强就业能力等方面的重要作用，采取更加集中的支持、更

---

① 《中共中央关于制定国民经济和社会发展第十四个五年规划和二〇三五年远景目标的建议》，2020年11月3日，http：//www. gov. cn/zhengce/2020-11/03/content_ 5556991. htm。

② 本书编写组编著《中共中央关于制定国民经济和社会发展第十四个五年规划和二〇三五年远景目标的建议》（辅导读本），北京：人民出版社，2020，第412页。

加精准的举措和更加有力的工作，为打赢脱贫攻坚战奠定良好基础。“推普计划”指出，要以“扶贫先扶智，扶智先通语”为目标定位，到2020年实现贫困家庭新增劳动力人口全部具有国家通用语言文字沟通交流和应用能力，现有贫困地区青壮年劳动力具备基本的普通话交流能力，当地普通话普及率明显提升，初步具备普通话交流的语言环境，为提升“造血”能力打好语言基础。

在“推普计划”指导下，原国务院扶贫办聚焦深度贫困地区，选择凉山州作为启动民族地区“学前学普”行动试点。为有效推进“学前学普”行动试点，原国务院扶贫办于2018年5月召开了“学前学普”行动试点协调会议，决定在凉山依托“一村一幼”村级幼教点启动实施“学前学普”行动试点，助力彝区的贫困儿童能听懂普通话，逐步实现敢说、能说普通话的目标。

2018年7月，为加强贫困地区幼儿普通话教育，原国务院扶贫办综合司、教育部办公厅下发《关于开展“学前学会普通话”行动的通知》，要求内蒙古、广西、四川、贵州、云南、西藏、甘肃、青海、新疆等省（自治区）以行政村为单位组织实施学前学会普通话行动。同时，正式提出在四川省凉山州开展“学前学普”行动试点，探索经验。通知还要求，凉山州试点地区通过三年左右的努力，要逐步完善行政村村级幼儿园或幼教点师资培训体系，稳步提升保教质量，实现具有正常学习能力的3~6岁少数民族儿童在接受义务教育前能够使用国家通用语言进行沟通交流，形成国家通用语言思维习惯。① 为确保行动试点的顺利实施，原国务院扶贫办和教育部强调，要遵守“坚持政府主导，社会参与”“坚持实事求是，有序推进”“坚持统筹资源，节俭阳光”“坚持遵循规律，注重实效”四项基本原则。也就是说，在推进路径上，学前学普首先要充分发挥政府的投入主体和主导作用，同时也要广泛动员社会力量来创造良好的办学条件，合理确定工作进度，统筹利用现有办学基础，尊重幼儿健康成长规律和语言学习的客观规律，进而循序渐进地实现既定目标。

① 参见《国务院扶贫办综合司 教育部办公厅关于开展“学前学会普通话”行动的通知》（国开办司发〔2018〕29号）。

2019年6月,在四川省凉山州雷波县召开的“学前学普”行动试点现场推进会上,原国务院扶贫办、教育部明确把乐山市“两县一区”也纳入“学前学普”行动试点范围。同年9月,依托2014年小凉山彝区开展的“一村一幼”建设,决定在乐山“两县一区”289个村级幼教点全面启动“学前学普”行动扩大试点工作。

(二)四川省的安排部署

2018年5月,四川省凉山彝族自治州在11个深度贫困县正式启动实施“学前学普”行动试点。省级政府的大力推动为“学前学普”在实施两年后便取得初步的明显成效提供了可靠保障。

为充分发挥普通话在提高劳动力基本素质、促进职业技能提升、增强就业能力等方面的重要作用,2018年8月,四川省教育厅、四川省扶贫和移民工作局、四川省语言文字工作委员会印发了《四川省推广国家通用语言文字助力脱贫攻坚行动实施方案(2018—2020年)》。方案要求省教育厅、省扶贫和移民工作局、省语委承担组织协调、制定方案、安排部署、工作推进、监督考核等职责,要求落实市(州)、县(市、区)政府的主体责任,并对校长、教师、基层干部、青壮年农牧民的普通话都提出相应要求。2019年10月,为进一步完善学前教育公共服务体系,加快学前教育改革发展,中共四川省委办公厅、四川省人民政府办公厅出台《四川省学前教育深化改革规范发展实施方案》,将扩大普惠性学前资源供给、完善经费投入机制、加强幼儿园教师队伍建设、强化幼儿园监管作为重点任务,并将每项任务分配给各责任单位。同时,建立健全管理体制、完善部门协调机制、建立督导问责机制、加强学前教育法治保障,明确各项责任机制以推进学前教育深化改革、规范发展。

在日常督导与常态化工作机制方面,为保证“学前学普”行动试点的有效实施,四川省相关单位及领导提出要以常态化模式开展调研督导,及时协调解决问题以确保取得实效。四川省扶贫开发局及时协调解决“学前学普”行动试点推进过程中存在的问题:一是开展全面排查。将“学前学普”行动试点作为“两不愁三保障”大排查重要内容,组织干部从学龄前儿童是否入学、是否在教普通话、是否会说普通话等方面对凉山州“学前学普”行动试点进行全覆盖排查,全面掌握推进情况、工作实效和存在问题。二是开展现场督导。四川省扶贫开发局主要负责人坚持每月到凉山督导脱贫攻坚，每次都把学普工作作为重要内容，到幼教点检查指导，并针对乐山市属于新启动阶段的实际情况，在2019年暑期两次专程赴乐山市调研指导试点准备工作，确保顺利启动。同时，四川省扶贫开发局相关领导、业务处室在春季和秋季开学前等关键时间，到凉山州5县15个幼教点、乐山市6个幼教点现场督导幼教点建设、普通话测评、假期补习、入园报名等工作。三是着力解决问题。四川省扶贫开发局始终坚持问题导向，协调指导凉山州全州上下通力加快幼教点建设、开展暑期强化培训、强化辅导员管理、优化营养午餐保障等。

在师资培训与教育体系打造方面，为落实中央对学前教育师资力量及师资培训体系的要求，2018年5月，四川省教育厅办公室召开深度贫困县教育人才振兴工程贯彻落实工作推进会，推进深度贫困县教育人才振兴工程，为学前教育师资力量的配置做出部署和规划。2018年6月至7月，四川省教育厅、四川省语言文字工作委员会举办了2018年民族地区中小学及幼儿园双语教师普通话培训班，对攀枝花市、泸州市、绵阳市、乐山市、宜宾市、达州市、雅安市、甘孜州、阿坝州、凉山州10个市州的少数民族教师进行普通话培训。2018年8月，四川省教育厅开展2018年深度贫困县"一村一幼"双语辅导员能力提升培训工作督查。四川省教育厅办公室还举办了"一村一幼"辅导员培训工作座谈会，为顺利开展深度贫困县辅导员能力提升培训工作做准备。同时将师资培训纳入常规工作，定期组织教师培训，逐步完善学前教育师资培训体系。

在统筹协调确保资金合理使用方面，四川省积极统筹资源，为"学前学普"行动试点提供了强有力的物质保障。2018年6月，四川省委省政府出台了《关于精准施策综合帮扶凉山州全面打赢脱贫攻坚战的意见》，明确将"学前学普"行动试点所需经费纳入教育扶贫资金。除省级财政投入外，四川省也积极动员社会组织、企业、个人从资金上支持"学前学普"行动试点的实施。四川省扶贫移民局积极协调帮扶资金进行支持，协调广东佛山东西部扶贫协作援助资金和三峡公司帮扶资金拨至凉山州，协调浙江东西部扶贫协作援助资金拨至乐山市，为行动试点提供"政府+社会"模式的资金保障。

（三）市州的政策落实

2018 年 12 月，凉山州结合本地实际情况，出台《凉山州“学前学会普通话”行动实施方案（2018—2020 年）》，以 3~7 岁未接受义务教育的儿童为目标群体，以“听懂、会说、敢说、会用普通话”为行动目标，开展“学前学普”行动的第一批行动试点。行动试点的推进依托“一村一幼”的前期建设。早在 2014 年，乐山市就树立了“没有彝区教育事业的发展就没有乐山教育的科学发展”理念，在四川省彝区率先实施“一村一幼”建设。2015 年，凉山州启动“一村一幼”计划，在每个行政村设置幼教点，让贫困儿童接受学前教育。

行动试点的第一阶段是在 11 个深度贫困县的农村以及安宁河谷县（市）的民族乡（镇）“一村一幼”幼教点实施，重点聚焦农村不会普通话的幼儿。通过一年时间的先行先试、总结经验后，第二阶段在全州范围内所有幼教点和幼儿园全面实施。根据《关于明确凉山州“学前学会普通话”行动全面实施阶段技术保障单位实施区域的通知》，技术支持保障项目由两家公司负责。其中，一家公司负责西昌、德昌、会理、会东、宁南、冕宁、雷波、金阳、美姑、昭觉、布拖 11 个县（市），另一家公司负责甘洛、越西、喜德、普格、盐源、木里 6 个县。

按照“先行试点、总结优化、全面推广”的实施步骤，行动试点共分为试点准备、试点实施、过程总结、试点评估、全面实施、常态化实施这 6 个阶段。试点实施的目标是，通过在实践中不断完善教学教具、师资培训、考核体系、监测评估等方面的工作，找到可复制、可推广的具有凉山特色的“学前学普”经验模式，以为进一步优化民族地区“学前学普”方案提供参考。按照试点目标，至 2020 年 9 月要全面实现所有幼教点、幼儿园在“学前学普”管理模式、课程方案、教学模式以及辅导员、幼儿教师教学能力、教学效果的监测评估与考核等方面达到可复制、可持续的状态，形成“学前学普”行动试点的长效工作机制。

政策落实的前提是组织机制健全、责任分工明确。根据《凉山州“学前学会普通话”行动实施方案（2018—2020 年）》的要求，为确保学前学会普通话行动的顺利实施，州和县（市）各级政府需成立学前学普行动小组，并坚持以县为主的原则，在州、县两级建立“州统筹负责、县市落实、社会参与、第三方评估”的工作机制。其中，州政府成立了以州长为组长，各相关部门为成员单位的凉山州学前学会普通话行动实施工作领导小组，全面统筹学前学会普通话行动实施工作。各县市党委政府对照成立本县市“学前学会普通话行动”实施工作领导小组，负责组织实施和统筹推进本地的各项工作。具体由县（市）长负总责，分管领导全面负责，各乡镇长负责具体落实工作，将“学前学会普通话”工作列入驻村工作队职责要求，实行专人负责。

在具体职责分工上，凉山州学前学会普通话行动实施工作领导小组负责全州实施工作的组织、协调、监督与指导。具体工作包括：审核州对县“学前学普”行动试点考核实施细则，并按程序报省协调小组审核；开展对适龄幼儿基本信息的采集、录入工作和对县（市）、乡（镇）、村“两委”、驻村工作队“学前学普”工作落实情况的督查等。各县（市）政府则负责幼教点设备设施配备，辅导员的招聘、配备和管理，遴选试点幼教点，全面负责本县（市）的实施推进工作。乡镇党委政府以及村“两委”负责本地实施推进工作，驻村工作队安排专人负责推动。州扶贫和移民局负责将学前学会普通话行动纳入州对县脱贫攻坚考核的重要内容，并制定具体的考核细则。州教育局负责制定实施方案，督促指导各县（市）的实施工作，并加强对幼教点教学、考核、监测、评估等工作进行监管。州财政局负责指导各县（市）统筹国家、省相关补助资金，保障“学前学普”行动试点实施所需经费。州委宣传部负责正确引导舆论方向，加强舆情监管，及时正面宣传学前学会普通话行动的推进情况和实施成效。州语言文字工作委员会负责制定幼儿普通话达标标准，参与教学监管及效果评估工作。第三方公司负责提供技术支持保障，动员、组织、培训和管理志愿者队伍，帮助各县（市）培养管理、培训、考核、评估的团队。

根据责任分工，各部门需加强沟通协调，形成高效的沟通协调机制。同时，为确保工作抓紧抓实，还形成了对学前学普工作开展情况进行过程和结果监管的机制。这体现在既将提升普通话普及率纳入地方扶贫部门、教育部门扶贫工作绩效考核，也将对地方的考核细则细分为组织建设、设施设备、经费管理、监管督查、宣传、效果比对、沟通协调和数据平台建设八项指标。

此外，根据第三方公司的技术保障实施方案，第三方公司的具体工作需按照"先行先试、总结优化、分类实施、逐步推广"的原则开展。前期的准备工作包括组织教辅用书编写、课程方案编制、教学模式设计、教具学具开发、辅导员实施教学的指导管理，并在部分深度贫困县选取若干个具备培训和实训条件的幼教点开展教学试点；在及时总结试点经验、优化工作方案和评估试点教学效果的基础上，以县为单位在幼教点辅导员中开展集中面授培训的工作。另外，第三方公司每年还需准确统计全州3~7岁学龄前儿童（不含已接受义务教育的儿童）的名单，建立州、县（市）、乡（镇）、村（社区）、园（点）适龄学前儿童数据库，摸清适龄儿童数，精准锁定数据。

行动试点的开展离不开资金投入的保障和基础设施的完善。根据凉山州行动实施方案，市州需积极争取国家、省级政策和资金支持，以县（市）为主统筹整合各类扶贫资金，加大经费投入，重点保障幼教点和幼儿园设施设备配置、辅导员和幼儿教师培训、教育教学活动开展等。同时，凉山州还将"学前学普"行动试点列入佛山市与凉山州建立的东西扶贫协作范围，争取佛山市从资金方面重点支持；积极动员引导社会团体、爱心企业和个人从资金和项目上支持"学前学普"行动的实施。

根据《学前教育村级幼教点基本设施设备参考目录》的要求，各县在行动试点实施期间需要加快"一乡一园"建设，办好"一村一幼"，完善设施设备，补齐教具玩具，做好幼儿园和幼教点通电、通水、通网络工作，根据精准摸底后的未入学学前适龄儿童数据积极组织这部分儿童入园。

行动试点能否成功，离不开一支高素质的师资队伍。在师资队伍建设方面，州、县（市）和技术保障单位结合实际，加强对幼儿园、幼教点老师和辅导员的日常管理，规范教育教学，确保每班配齐两名辅导员，且学前儿童每天在园时间不得少于6个小时。同时，对不同类型幼儿园、幼教点的老师和辅导员实行分类分层培训：对支持型幼儿园，主要进行教育教学理念的引领和提供高端培训资源支持；对管理型幼儿园，主要采取集中与分散、远程在线指导与实地示范指导相结合的方式进行培训。同时，还通过组织技能竞赛、观摩研讨等活动，不断提高辅导员、幼儿教师综合素质。

在信息管理平台建设和管理方面，凉山充分发挥平台在学前学普数据统计、规范管理、督导评估、信息收发、资源分享、考核评价等方面的技术支撑作用。另外，州、县（市）和技术保障单位针对学前学普支持型幼儿园、管理型幼儿园（幼教点）分别制定了相应的管理、培训、课程、教学、普通话达标、考核评估等方案，实行分层分类指导，提高了实施的针对性和有效性。

总之，市州一级按照“国家支持、省监督指导、州统筹实施”的要求，通过建立集沟通工作、督查工作、评估工作和考核工作于一体的工作机制，确保学前学普在实施过程中分工明确到人、责任到人，从而保证了“学前学普”行动试点的成功落实。

第三节　行动试点的实施基础与发展阶段

一　“学前学普”的实施基础

由于凉山彝区学前教育基础十分薄弱，特别是农村的学前教育几乎处于空白，很多孩子进入义务教育阶段后学业上面临很大困难。“学前学普”实施之前的“一村一幼”计划在很大程度上缓解了这一问题。该计划是四川省2015年从大小凉山彝区实际出发，针对精准扶贫、精准脱贫实施的重大教育扶贫工程，目标是促进凉山彝区儿童学习国家通用语言并培养良好的行为习惯，化解基础教育阶段教学的语言障碍。该计划也有效解决了民族地区农村学前幼儿“入园难”的问题，为“学前学普”行动试点奠定了坚实基础。“一村一幼”主要解决了教学场所等基础性问题，而“学前学普”则是在此基础上的规范化升级。

2015年，四川省做出了支持彝区“实施十五年免费教育，支持学前教育发展”的决定。随后，为加快推进当地学前教育发展，凉山州相继出台了《中共凉山州委凉山州人民政府关于加快发展学前教育的实施意见》（凉委发〔2015〕19号）和《凉山州教育局关于加快实施学前教育“一村一幼”计划的通知》（凉教〔2015〕87号），为县、乡镇政府和教育部门发展学前教育提供了指南。

凉山州实施"一村一幼"政策的主要目的是扩大农村村级学前教育资源覆盖面，切实实现凉山州彝区藏区农村学前幼儿从母语向国家通用语言过渡、初步养成健康文明生活习惯等目标，为义务教育阶段学习打下基础。而打通彝（藏）区学前幼儿"语言关"的关键，就在于在民族地区实行学前双语教育。凉山州关于加快发展学前教育的实施意见提出，"在民族聚居县及安宁河谷地区五县一市民族乡镇的幼儿园、村级幼儿教学点开展学前双语教育，将学前教育与幼儿教学点有效衔接，因地制宜实行'2+1'教学，即两年在幼儿教学点适应，一年在学前班巩固。在条件成熟的地方，实行三年幼儿园教育"。为确保实施成效，州、县教育局采取了多重举措。一方面，由州教育局负责组织编写"一村一幼"学前教育辅导员用书并出版发行，从2016年春季学期起免费提供使用，同时免费提供教学光碟和挂图等，鼓励辅导员采用有利于普通话学习的标准化教学内容。另一方面，在彝族等民族聚集乡镇招聘辅导员时，优先聘用兼懂彝藏和汉语的幼教点教师。

自实施"一村一幼"计划以来，凉山州各县市采取多种措施，统筹专项扶贫资金在各村建立起幼教点，并为每个幼教点配备2名辅导员，负责日常教学工作，推动了当地学前教育事业的快速发展。以昭觉县为例，2015年起，该县按照"先近后远，先多后少，大村独立，小村联办，科学规划，稳步推进"的原则，整合边远农村校舍资源，采取借用村活动室和民房等方式推进"一村一幼"建设，扩大学前教育办学规模。2015年投入资金1588万元，完成120个幼教点建设任务，超上级下达任务数60个，并为幼教点配备无烟取暖炉。同年10月招聘了第一批辅导员，按户籍、专业、学历、年龄依次优先的原则聘用，12月底完成了85名幼教点辅导员的招聘工作，共招聘辅导员170名。从2016年春季学期开始，"一村一幼"正式投入使用。2017年，全县有公办幼儿园4所、民办幼儿园4所（均为普惠性幼儿园）、小学附设学前班182个、"一村一幼"幼教点282个，在园幼儿22706人（其中"一村一幼"9070人），学前三年毛入园率达到92.38%，普惠性学前教育覆盖率达到100%。

"一村一幼"实施之后，凉山各县市学前教育发展取得显著成效。一是学前教育规模与“一村一幼”计划实施前相比增量明显，幼儿园入园率突增，当地幼儿实现了从“满山跑”到“有学上”的转变。以雷波县为例，“十一五”期间，雷波县仅有8所幼儿园（其中公办4所、民办4所），主要集中在城区。在园幼儿2006年为1542人，到2010年也只有3160人，学前三年毛入园率仅达29.7%。“十二五”期间，幼儿园（幼教点）从8个增加到27个（其中公办15个、民办12个），利用学校空余资源开展学前一年教育的学校81所。在园（校）幼儿从2011年的3671人增加到2015年的7991人，学前三年毛入园率提高到了51.4%。2016年，雷波县实现了“一村一幼”全县覆盖。

二是学前教育体系初步搭建，设施设备日益完善。凉山各县市根据《凉山州学前教育村级幼教点设施设备配置参考目录》配置基础设施，包括学生桌椅、桌面玩具、饮水机、消毒柜、简易医疗箱、电视机、DVD、学生床及床上用品等。辅导员的聘用、培训和管理日益完善，各县市按照每个幼教点配备2名辅导员的标准进行师资配备，并注意加强培训和管理，不断提升保教保育能力。

三是幼教点的管理体制机制不断规范。一方面，建立了乡镇中心校直接管理幼教点的工作机制。中心校不仅组织辅导员学习《幼儿园工作规程》《幼儿园指导纲要》《3—6岁儿童学习与发展指南》等内容，提升幼教点辅导员的专业技能和教学能力，还对幼教点的安全、卫生、保教质量等方面进行常规检查和指导，确保幼教点的办学符合规范。另一方面，一系列的规章制度，比如《凉山州学前教育村级幼儿教学点管理办法（试行）》《凉山州村级幼教点辅导员岗位职责（试行）》等，有效构建了县级相关部门、乡镇党委政府、村两委、乡镇中心校（幼儿园）及村级幼教点等不同部门条块联动的管理机制，为短期内迅速建成的幼教点提供了一套行动规范和指南。

“一村一幼”的开展虽然初步解决了农村幼儿入园难等问题，但也存在基础设施硬件不足、教学标准软件缺乏、教师队伍流失严重等诸多困难。因此，要真正实现农村学前教育从“有没有”到“好不好”的转变，尚需提高“一村一幼”保教质量，改善办园条件、规范管理、提高辅导员业务水平，进而促进农村学前教育从规模发展阶段向标准化办园和内涵式发展阶段有计划地推进。2018 年“学前学普”行动试点的开启，意味着凉山州学前教育开始了新征程。

二　“学前学普”行动试点

教育是民族的未来，在民族地区尤其重要。对于彝族聚集区，凉山在省、州的政策部署和地方县市的大力推进下，通过实施“一村一幼”，当地学前教育实现了“从无到有”的突变。不仅幼儿入园率显著增长，政府的一系列扶持政策也破除了部分彝族群众忽视教育的陈旧观念。更重要的是，通过在学前教育阶段实施“双语教学”，为幼儿打好语言基础、顺利过渡到义务教育阶段建立了衔接机制。可以说，“一村一幼”既是“学前学普”的重要前提，也是“学前学普”得以顺利开展的关键阵地。

但是，“一村一幼”在硬件设施、软件配备、学前师资和家长观念等方面还存在许多“短板”。“学前学普”行动试点的开展，为学前教育从基础巩固迈向提质增效的新阶段提供了转型契机。“学前学普”行动试点不仅仅只是落实国家扶贫政策的重大举措和阻断贫困代际传递的重要途径，同时也是民族地区的教育实现高质量发展的必经之路，是实现保障公平有质量的义务教育的前提条件。“学前学普”行动试点的目的是帮助民族地区儿童在学前学会普通话，切实解决学前儿童因不懂国家通用语言而在进入义务教育后上课听不懂、学习跟不上的现实困难，帮助其顺利接受并完成义务教育，为升入高中、考入大学打下坚实的基础。

“学前学普”行动第一阶段覆盖 11 个深度贫困县幼教点、安宁河谷 6 县（市）民族乡镇村级幼教点 2724 个，惠及基本听不懂、不会说普通话的少数民族幼儿 11.28 万人。基本目标是在幼教点的幼儿基本能用普通话回答问题、唱儿歌，进入小学后上课听不懂、成绩不好导致厌学辍学问题得到有效解决。

“学前学普”行动的推进虽然面临诸多困难，但在政府的着力推动下，幼教点的基础设施逐步改善，教育教学、管理制度等也逐步规范。

> 发展到“学前学普”的时候就更规范了。……我们刚开始的时候真的什么都没有，就一个小黑板一个老师几个桌椅，就这么简单。现

在，孩子们有玩具有教具了，越来越规范。真的是鸟枪换炮，教学效果也是越来越好。从国家层面来推广这个项目以后，幼教点管理、基础设施的投入、教材的开发等都走上了比较规范的道路。凉山这边我们有两个专业的公司来指导，这两个公司他们有很多新的管理理念和方法，也很专业。所以有这两个公司加入凉山的“学前学普”以后，可以说是如虎添翼，“学前学普”发展得很迅猛。原来我们自己做的时候虽然有成效，但做得很艰难，现在有两家公司帮我们管理。比如说，你哪个老师迟到早退，大平台上就看得到。然后你的普通话教学的水平如何，专门有个软件，你的孩子说普通话标不标准，能否达到教学目标，这些都有据可查。（昭觉县副县长 JSFS 访谈—20201015）

行动试点开展后，各地坚持政府主导、社会参与，充分调动多方力量参与到行动中。通过统筹资金、技术、人力、政策等多方资源，“学前学普”行动推动师资队伍、设施设备、教具玩具日益完善，教学管理日益规范、专业，有效提升了办学质量。

2019 年 6 月，原国务院扶贫办、教育部在雷波县召开了“学前学普”行动试点现场推进会议。会议要求把乐山市“两县一区”也纳入“学前学普”行动试点范围。2019 年 9 月，“学前学普”行动试点进入全面实施阶段，覆盖了凉山州 17 个县（市）和乐山市“两县一区”。在这一阶段，凉山州出台了《凉山州“学前学会普通话”行动全覆盖工作实施方案》，乐山市也出台了《乐山市小凉山彝区“学前学会普通话”行动扩大试点工作方案》，开始全覆盖展开“学前学普”行动。

第四节　引领型融合治理：政府主导、多元主体共建共治

在实践中，地方政府探索出了一条整合各方力量共同推进“学前学普”行动的路径。这一路径以地方政府为主导，各层级主要领导和相关部门共同谋划和推动，形成了“学前学普”的强大工作势能，高度凝聚各方参与者的行动共识。在此基础上，地方政府在内部形成了集“沟通、合作和督导”于一体的联动机制。在外部又积极与社会力量和技术支持

单位展开合作，建立起了多方主体参与的共建共治机制，高效整合了各种资源用于推进“学前学普”。显然，这也正是引领型融合治理模式的题中之义。

一　高位推动，分工协作

四川省各级政府聚焦“学前学普”目标，围绕脱贫攻坚义务教育有保障底线任务，确立了行动试点“听懂、会说、敢说、会用”目标，分步分类推进“学前学普”行动，力争通过三年实现具有正常学习能力的学龄前儿童（含7岁未接受义务教育儿童）能够使用国家通用语言进行沟通交流。州委州政府先后制定出台了行动方案，通过做好顶层设计，全面整合各部门力量，统筹推进“学前学普”工作落到实处。

“学前学普”行动试点开展以来，四川省委省政府整合了政策、资金、人才等方面资源支持“学前学普”工作，帮助解决工作难题。各级政府通过召开协调部署会等形式加强各部门对“学前学普”行动试点意义的认识。各级政府还成立了专门的工作领导小组，形成了工作高效有序开展的势能。凉山州委州政府成立了以州长任组长、分管州领导任副组长、州级相关部门为成员单位的工作领导小组，专门负责“学前学会普通话”行动的组织领导和业务指导。州委州政府主要领导定期听取工作汇报，专题研究推进过程中存在的困难和问题，各县（市）党委政府也成立了“学前学普”行动实施工作领导小组。领导小组下设办公室（以下简称“学前学普办”），办公室设在县教育体育和科学技术局（后文多简称为教体科局）。由县“学前学普办”作为实施“学前学普”行动的日常工作机构，设立专门的办公场所并挂牌，配备2名及以上专职人员，具体负责试点工作的组织、协调、监督、指导和宣传；选派相关的业务人员与技术保障单位的管理人员共同组建“学前学普”行动工作团队，开展对幼教点、幼儿园以及辅导员、幼儿教师的管理、培训、考核、监测、评估等工作，确保实施工作的各个方面、阶段、环节、点位都责任到人。各乡（镇）对照成立本级“学前学会普通话”办公室，负责组织实施和统筹推进本地的各项工作。学前学普办在“学前学普”行动实施中充分发挥了综合协调、组织实施、监督检查等作用。

除了统一思想认识和专门设置行动领导小组推进工作之外，州级政府还定期组织县级相关部门召开协调调度会，频率大概为十天一调度、每周一通报。另外，在资源方面，凡是涉及“学前学普”的工作，各级政府都会开辟绿色通道，特事特办，确保工作能够在第一时间推动落实。

“学前学普”行动试点的具体落实仅靠各级领导的重视和高位推动还不够，还需各相关部门和单位的通力协作。“学前学普”行动试点不是纯粹的语言学习项目，也不是单靠行政力量就能完成的任务，而是一项需要集合各方力量、汇聚各方智慧的系统工程。在实践中，“国家支持、省级统筹、州负总责、县统一管理、乡村实施、社会参与、专业机构技术保障”的运行模式逐渐形成：原国务院扶贫办、教育部负责制定“学前学普”行动的相关支持政策；四川省负责牵头建立工作协调小组，安排部署、督导指导凉山州“学前学普”行动实施推进工作；凉山州是“学前学普”行动的实施主体，负责在全州范围内统筹推进“学前学普”行动的各项工作；中国扶贫基金会负责筹措凉山州“学前学普”行动项目运行资金；中国扶贫志愿服务促进会负责凉山州“学前学普”行动技术保障项目的执行工作；技术保障单位负责凉山州“学前学普”行动幼教点辅导员和幼儿园教师的培训和普通话教学等技术支持项目的实施工作。

《凉山州“学前学会普通话”行动全覆盖工作实施方案》则进一步明确了政府各单位的责任分工。凉山州“学前学普”行动实施工作领导小组负责全州实施工作的组织、协调、监督与指导，统一安排部署“学前学普”行动全覆盖的工作以及负责审核上报相关材料。州委组织部负责组织、调动和督促村两委、社区对学前儿童基本信息的采集、录入和核查工作，对县（市）、乡（镇）、村“两委”、驻村工作队“学前学普”工作落实情况进行督查。州委宣传部主要负责及时宣传“学前学普”行动的推进情况和实施成效，对州、县（市）“学前学普”工作对外宣传的审批、指导和督查。州委目标绩效管理办公室负责按照督查考核的要求，对工作任务落实情况进行常态化督导检查。州教育和体育局负责制定行动实施方案和相关管理制度，督促指导各县（市）的实施工作，同时也对幼教点和幼儿园教学、考核、监测、评估等工作进行监管，加强学前学普信息管理平台的建设、优化和使用管理，牵头对县（市）学前学普办工作进行督查和考核。州财政局负责指导各县（市）统筹国家、省的相关扶贫补助资金，保障“学前学普”行动实施所需经费，负责对经费使用管理和落实情况的督查。州人力资源和社会保障局负责出台辅导员工资报酬增长、劳动用工、职业发展等指导意见，通过待遇留人、保障留人、事业留人，稳定辅导员队伍。州扶贫开发局负责与省扶贫开发局对接，协调学前学普相关工作，并对县（市）党委、政府进行考核。州民政局负责对接协调省、国家相关部门，帮助解决村级幼教点基础设施设备和教具玩具。州语言文字服务中心负责优化全州学龄前儿童普通话测试办法并组织开展相关测试，对学龄前儿童是否掌握国家通用语言和掌握程度进行识别和统计，对教学效果进行评估。县（市）党委政府全面负责本县（市）学前学普全覆盖工作的组织领导、推进和落实，对各级各部门和单位的学前学普工作进行督查、考核和评价，确保本地学前学普按要求顺利推进。乡（镇）党委、政府及村“两委”、街道及社区主要负责本辖区学前儿童基本信息的采集、录入、更新及补录、查重、更正工作。技术保障单位分类分层对幼儿园（幼教点）进行培训、指导和管理，针对凉山实际提出幼儿园（幼教点）科学的教育教学模式、规范管理、信息化建设等建议。

与此同时，州委州政府还着力构建四项工作机制。一是沟通机制，建立逐级沟通汇报工作机制，实行每月一次联席会议和信息沟通制度。二是督查机制，采取州学普办开展常态化业务指导督查、成员单位参与定期综合督查、州脱贫攻坚抓落实督导组开展专项督查相结合的督查方式，严格开展过程督导检查工作。三是评估机制，在原国务院扶贫办、教育部对学前儿童学习普通话开展效果评估的基础上，建立由省、州语委共同制定标准、共同考核的自查评估机制。四是考核机制，州级政府对各县（市）党委、政府“学前学普”工作进行严格考核，州学普办牵头对各县（市）学普办工作进行定期考核，技术保障单位与各县（市）学普办共同对幼教点辅导员和幼儿教师开展教学评价考核。

在政府的主导作用下，行动试点的各项基础工作得以顺利推进。数据方面建立了适龄学前儿童数据库，实现了精准锁定和动态管理；硬件方面，园点建设持续推进，设施设备逐渐完善；师资方面，通过考核聘用和持续培训以及定期开展比赛，辅导员的保教保育能力不断提升；资金方面，各级政府持续投入资金，且汇集整合了社会资源。

二　统筹要素，循序开展

作为“三州三区”深度贫困地区之一和全国最大的彝族聚居区，凉山地区的学前儿童数量规模大、普通话基础差，特别是农村地区极度缺乏学前教育设施设备、合格的师资队伍、适合非国家通用语言母语环境学前儿童的教学方案和行动推进的经费保障。在行动各方的齐心协力下，凉山州统筹整合各方资源，循序渐进开展，为“学前学普”提供了必要的基础保障。

首先，统筹用好现有园点资源。凉山州坚持“因地制宜、节俭办学、注重实效”的原则，充分统筹现有的办学资源。为让农村地区特别是边远山区的学前儿童获得学前教育的机会，在尚未覆盖学前教育资源的行政村和人口较多、居住集中的自然村，通过统筹整合村委会活动室、富余校舍、闲置村小以及租用民房、新建校舍等方式建立村级幼教点，让农村幼儿进入幼教点接受学前教育。

其次，统筹用好人力资源。针对凉山州“一村一幼”师资短缺问题，各县市就近就地招聘具有一定学历层次的大中专毕业生担任幼教点辅导员，承担教育教学工作。为不断提升学前师资队伍教学水平和综合素质，组建由州内外高校、知名幼儿园园长、骨干教师等组成的专家培训队伍，充分利用教育厅牵头组织的省内高校对辅导员进行集中跟岗培训等。此外，为了督促、指导和保障辅导员的教育教学的规范性和有效性，技术保障单位就地招聘技术督导员队伍，督导在“学前学普”工作中主要起到监督和指导的作用。

再次，统筹用好政策资源。作为一项探索性的行动试点，行动并无完善的配套政策支持。凉山州充分用好用足各项政策全力保障行动的有力推进。通过“一村一幼”“一乡一园”计划，增加学前教育点位学位，满足适龄儿童入园就读问题；用好东西部扶贫协作政策，把学前学普行动纳入东西部扶贫协作项目；统筹整合省、州相关政策，为辅导员提供每人每月2000元的劳动报酬，按照每人每年2000元的标准给予县市辅导员绩效考核资金补助，减免学前儿童保教费和深度贫困县儿童的营养午餐费；通过教育部、省教育厅相关帮扶政策，对辅导员进行培训、指导和帮扶。

最后，统筹用好社会资源。凉山在原国务院扶贫办、教育部、四川省委省政府支持下，在社会上营造良好氛围，宣传“学前学普”的长远意义，动员社会团体和爱心企业从资金、项目、技术、宣传、设施设备等多方面全方位支持“学前学普”行动。广东省佛山市把“学前学普”行动纳入东西部协作项目，2018~2020 年帮扶资金达到 6500 余万元。

行动试点的工作机制主要采取循序渐进的方式进行。《凉山州“学前学会普通话”行动实施方案（2018—2020 年）》明确了按照“先行试点、总结优化、全面推广”的实施步骤，从 2018 年 6 月正式启动实施“学前学普”行动。2018 年 6 月至 8 月是试点准备阶段，该阶段的主要任务是组织开展幼儿普通话教学辅导用书的编写、课程方案编制、教学模式设计、教具学具开发等工作，同步在 11 个深度贫困县的一类幼教点中，每县选 3 个具备实训条件的幼教点开展教学预试点。通过预试点的教学，探索符合凉山实际、具备在全州推广的幼儿普通话教学课程体系。

在准备阶段，还制定了幼教点辅导员的管理考核方案和教学效果监测评估方案，并在预试点幼教点进行测试、修改和完善。同时，对各县预试点阶段的实施效果进行全面评估，根据预试点阶段凸显的问题进行及时调整并优化课程方案、教学内容和教学模式，完善幼教点辅导员管理考核方案与教学效果监测评估方案。

从 2018 年 9 月开始，行动进入试点实施阶段。该阶段的主要任务是在开展试点准备阶段各项工作的基础上，在全州 11 个深度贫困县的农村以及安宁河谷县（市）民族乡（镇）的所有幼教点进行试点实施。

在一学期试点实施的基础上，从 2019 年 2 月起，对试点实施工作进行总结，及时总结取得的成效和存在的不足，提出改进措施，完善工作机制，集中解决行动实施过程中存在的问题。从 2019 年 6 月起，进入试点评估阶段，对试点实施工作进行评估，总结提炼模式，形成可推广、复制的具有凉山特色的“学前学普”经验和模式。从 2019 年 9 月起，进入全面实施阶段，将第一阶段试点实施中总结的“学前学普”经验和模式，在全州范围内推广实施，并进一步优化民族地区“学前学普”的方案。从 2020 年 9 月起，进入常态化实施阶段，在管理模式、课程方案、教学模式以及辅导员、幼儿教师教学能力、教学效果的监测评估与考核等方面形成“学前学普”行动的长效工作机制。

与行动试点的整体工作机制相似，具体的教学模式也采取了循序渐进的方式。由于大部分学前幼儿入园前的普通话是零基础，逐步开展“教普学普”工作是不二选择。具体的教学模式可分为三个阶段。第一阶段是“听懂”教学，辅导员用双语教学的方法引导普通话零基础的幼儿去理解、听懂普通话。第二阶段是“敢说”教学，在幼儿能理解、听懂普通话的基础上，辅导员以民族地区幼儿说普通话开口难的问题为教育目标，鼓励引导幼儿敢开口说普通话。第三阶段是“会说”“会用”教学，辅导员以幼儿的语言思维、语言习惯为目标，让幼儿说普通话变成常态，达到会说、会用的目标。

三　注重宣传，营造氛围

“学前学普”行动试点开展后，凉山州特别注重强化宣传发动。比如，开通“学前学普”宣传网站、微信公众号；开展“唱响《学普之歌》”“学普进万家”“学普小网红”等宣传活动，参与活动的教师和辅导员有1万余人，受益儿童达50余万人；制作张贴彝汉、藏汉双语宣传标语3500余幅；印发“学前学普”纪实集《锦绣凉山》6500册、双语宣传年历30余万张、宣传画册2万余份；编印《索玛花儿开，朵朵放光彩》辅导员教育征文案例集1000册。

各县（市）在行动中也将宣传动员营造“学前学普”氛围作为重要工作开展。首先，在政务系统营造普通话使用氛围。各县（市）以县委常委会会议、政府常务会议为示范，推动全县大小会议、公务场合必须讲普通话，倡导日常生活交流用普通话。其次，各县广泛开展线上线下宣传。党政部门、中心校老师、村两委干部、幼教点辅导员通过入户讲解或者村民大会等方式给家长做思想工作，取得了比较明显的成效。“学前学普”行动给孩子带来的变化显现出来之后，逐渐获得了家长的认可。此外，各县还通过电视、广播、报刊、网络等各种媒体，采取展板、宣传片、宣传画、宣传手册、标语等多种媒介广泛宣传“学前学普”行动，提高行动的知晓度和影响力，动员引导农村家庭自觉将学龄前儿童送到幼教点或幼儿园接受国家通用语言学习，变“被动学”为“主动学”。值得一提的是，部分幼教点还利用新媒体平台培养了一批“学普小网红”，既为幼儿提供了展示的平台，也起到了一定的宣传带动作用。

XF是姐把哪打村幼教点的一名幼儿，刚入园时XF不愿与人交流，听不懂普通话。她的辅导员是一名尽职尽责的老师，将爱心与耐心全部奉献给了幼儿。在她的悉心指导下，XF从不愿开口到会说一口流利的普通话。现在，XF已经成为一名“学普小网红”，真正把“听懂”“敢说”“会说”“会用”表达得淋漓尽致。她勇于站上“学普小舞台”，推广普通话。每次站上舞台，XF的妈妈都在台下看着XF。她说，“学前学普”带给他们家太大的变化，她为自己的孩子感到骄傲。①

在工作实践中，2018年12月初昭觉县学普办在全县所有幼教点张贴了“学前学普”标语和相关管理制度，并要求每个乡镇主要公路沿线、城镇街道、村落有醒目的“学前学普”标语；寒假期间还给幼儿、幼儿家长发放“学前学普”日历，2019年1月发放日历2万张，2020年1月发放日历2.3万张；同时要求各中心校分管“学前学普”的领导带领本乡辅导员走村入户宣传“学前学普”带来的好处。②

再次，部分县（市）还通过录制推普宣传短片、教师诗歌朗诵比赛和绘画作品、书法作品比赛等活动吸引社会各界关注。比如，雷波县学普办组织相关人士创作了《我是中国娃》《华之出》等5首歌曲。其中，《我是中国娃》已在雷波广为传唱并在全州推广，作为凉山州幼儿必唱歌曲，极大提升了彝区孩子的语言认同感、民族自豪感、爱国幸福感。同时，雷波还录制了全面反映全县学普工作的专题片《希望》和全州首个反映辅导员工作生活的宣传片《最可爱的人》，配合宣传年历、宣传单的发放和户外大型宣传牌的制作等，推动“学前学普”行动家喻户晓。

---

① 根据《洒拉地坡幼教点学生学习情况》整理。
② 资料来源于《昭觉县学普办2018—2019年学普工作总结》。

专栏 10-1　学普歌曲

我是中国娃

词/曲：阿汝洛日

我是中国娃，爱说普通话
说好普通话，伴我行中华
我是中国娃，爱说普通话
说好普通话，朋友遍天下
我是中国娃，爱说普通话
一口普通话，真情传万家
学好普通话，行动在大家
说好普通话，振兴我中华
啊！中国娃，我是中国娃
同祖，同根，同身，同心，同讲普通话
中国娃，我是中国娃
普及九州，通达四海，同传中国情
中国娃，我是中国娃
同祖，同根，同身，同心，同讲普通话
中国娃，我是中国娃
普及九州，通达四海，同传中国情

最后，各县（市）还经常组织“学前学普”相关比赛竞赛等活动，营造社会氛围。2020 年 6 月，凉山州学前学普办、昭觉县学前学普办和技术保障单位联合在昭觉县民族体育广场举办了以“学普缘牵足球情携手共筑中国梦”为主题的“六一”庆祝活动，推动“学前学普”行动与体育运动有机结合。类似的比赛活动在县域内营造了良好的“学前学普”氛围，扩大了“学前学普”行动的社会影响力。

部分幼教点的辅导员平时也会在家长群里面发送“学前学普”的有关视频，请家长带领孩子学习。一些幼教点还会组织家长到幼教点参与亲子活动，让他们亲自感受孩子在幼教点发生的变化等，借此增强宣传效果。

我们第一次搞了一个大型活动的时候，家长亲子活动，我们内地很多（这种活动），但我们这里这种是从来没有的。亲子活动当时很多家长是哭了的，他没有想到他的孩子会很自然地表演一台晚会，不是一个节目，然后就跟他们一起互动，所以父母也是非常高兴。因为以前我的村里的村民经常讲，有的时候他说一些扶贫项目没得，但现在的话获得感很强，他说哪怕我没得，但是我的亲朋好友总是有人得了，哪怕我的孩子现在没有在幼儿园，但是以后我的子孙后代肯定在这里……这些好处什么家长都是可以看在眼里，所以他们会自己主动把孩子送过来，最先的时候是没有送的。（驻村书记 BH 访谈—20201015）

"学前学普"的宣传活动不仅让家长了解了国家相关政策，更加积极主动送子女入学接受教育，而且能够让他们看到发展成果，感受到孩子的变化，认同度和获得感都得以显著提升。

四　社会参与，生成合力

"学前学普"行动试点作为一项系统工程，离不开社会力量的参与。由于多数儿童没有普通话基础和语言环境，辅导员群体学历低、普通话水平不高、教学经验不足，确保普通话教学规范成为首先需要解决的问题。中国扶贫志愿服务促进会选聘了两家专业教育机构为行动试点提供技术支持。作为凉山州"学前学普"工作的技术保障单位，两家公司积极配合州、县级政府，全力协助解决学普推进中的专业性和技术性问题。

总体而言，技术保障单位承担了三大职能。一是课程体系设置和资源开发。技术单位在实地调研基础上，为凉山州的"学前学普"行动定制了技术保障方案，组织相关高校、研究机构、高水平幼儿园的专家开发适合民族地区儿童的教学材料、教辅工具等教学资源。二是师资培训。为提升幼儿教师、辅导员普通话教育教学能力，确保技术保障方案得以顺利实施，通过线下集中培训、片区观摩研讨、督导入点督导、示范点辐射指导、专家远程线上指导等多种方式开展培训。三是教学的组织和实施。为激发幼儿学习普通话的兴趣，根据幼儿特点和教育规律，创新“沉浸式情境教学”方法，采用“对对答”等孩子们喜欢的游戏互动教学方式，提升学习效果。

没有“学前学普”以前，我们上课随便上。2015 年的时候，基本上大的幼儿，不论 6 岁的 7 岁的，都按照小学的方式来上。2017 年的时候，参加了培训才知道不能以小学方式教。但是当时资料很少，基本上没有资料，辅导员大部分是随便教的，有时候在网上手机上搜一点来教。“学前学普”开展了以后，我们按照技术保障单位提供的资源包，有教材有视频有教具，知道上什么课程，组织什么游戏，每天活动安排按照一日流程很清楚。以前不要求必须说普通话，上着上着就直接说自己的语言，不太重视普通话。“学前学普”以后我们经常接受技术保障单位组织的一些培训、现场指导，都要求我们用普通话教学。（村幼辅导员 A 访谈—20201020）

技术保障单位开发了学前学普的 APP，县学普办也组织专家给我们培训过使用 APP 的方法，我自己下载使用了 1 年多的时间。这个软件体现了从教学、制度到日常管理的标准化，比如系统里对辅导员有考勤打卡，对幼儿有专项点名系统、班级管理；在活动上，上传了各个县受专家点评的优秀课程，方便我们借鉴。软件还设置不同的模块，比如“教师资源”中有语言能力、安全教育、艺术表现、古诗古韵、手指谣等课程资源；“我要上课”系统有专门的教案、资源、游戏等教学指导；“学普广场”类似于微信朋友圈，辅导员可以在平台上观摩学习好的教学；“学普实验室”模块有普通话测试、公共资源库等资源。软件里的内容非常丰富，对我们辅导员自己也有很大的提升。[①]

① 来源于雷波县学普办汇编《学普故事——我的“学前学普”取经之路》，内部资料，2019。

在"学前学普"推进过程中，改善"学前学普"的基础设施条件、提升师资队伍水平是前提条件，而这些都需要大量资金投入。各地在行动实施过程中，通过各种途径充分保障资金投入，构成了确保行动成效的重要基石。以雷波县为例。表 10-1 呈现了 2018～2020 年雷波县财政局统筹中央、省、州、县级资金以及不同用途情况。从表中可见，雷波县三年投入超过了 2 亿元，资金主要用于设备设施配置、基础建设和维修维护等。在强大的资金投入力度下，各县所有幼教点均配齐了电视机、播放器等设备。

表 10-1　2018～2020 年雷波县"学前学普"资金投入与用途情况

单位：万元

年份		2018 年	2019 年	2020 年
资金投入共计		7344. 5600	9781. 15	8624. 3291
来源	中央、省、州资金	7150. 76	9493. 8	7842. 6
	县级资金	193. 8	287. 35	781. 7291
用途	"一村一幼"辅导员劳务报酬	1933	1800. 2	2089. 6
	"学前学普"试点补助	—	990. 6	—
	绩效考核补助	112	109	109
	"一村一幼"辅导员保险县级资金	—	—	529. 3391
	"一村一幼"食堂从业人员费用（县级资金）	—	81. 9	—
	幼儿保教费	1088. 2	1157. 12	1100. 48
	学前教育生活补助	900. 76	969. 51	1026. 11
	学前教育发展专项资金	2357	2330	965
	"三包经费"统筹"一村一幼""一乡一园"建设资金	930	—	—
	一般债券资金	—	2318	2800
	其他	23. 6	24. 82	4. 8

说明：标"—"表示当年没有支出，2020 年的数据只包括 1 月至 10 月。

资料来源：雷波县财政局，2020 年 10 月 12 日。

除了凉山州、县等地方政府对"学前学普"的大力推动和资金统筹外，对口帮扶单位、社会企业等力量也积极参与，充分发挥人力、物力和财力优势。佛山市顺德区、宜宾市翠屏区作为雷波县对口帮扶单位，积极发挥人才优势、资金优势、教育资源优势帮扶雷波的“学前学普”行动。截至2020年10月，广东佛山对口凉山扶贫协作资金已提供“学前学普”行动项目资金714余万元，专门用于学前学普宣传、辅导员培训、辅导员教学技能竞赛、辅导员和幼儿的奖励基金等。其中，2018年的专项项目资金248万元主要用于辅导员培训、配置幼教点的设备设施（幼儿床、床上用品）和部分幼教点的办公设备；2019年的专项项目资金251.31万元主要用于部分幼教点设备设施配置、学前学普宣传、辅导员培训、辅导员教学技能竞赛、学普成果展示、辅导员和幼儿的奖励基金等；2020年的专项项目资金215万元主要用于学前学普宣传、辅导员培训、辅导员教学技能竞赛、辅导员和幼儿的奖励基金等。宜宾市翠屏区选派教育专家赴雷波现场指导“学前学普”的开展，选派雷波县的45名幼儿教师和幼教辅导员到翠屏区接受专项师资水平培训。此外，社会团队也积极参与到行动中。2018年，中国发展研究基金会投入130.27万元用于改造“一村一幼”厨房60个，让在园幼儿都能吃上热饭、喝上热汤、饮上热水。2019年，中国发展研究基金会继续投入203.33万元。2020年三峡公司为“学前学普”行动捐赠了资金1000万元。①

除了资金支持，“学前学普”行动的开展也离不开科技的助力。以昭觉县为例。2018年9月开始，昭觉县与科技公司开展“AI老师智慧教育”战略合作，并制定了“AI老师普通话教学”深度定制软件。2020年底，昭觉县所有学前班级的录播课程全部上线，资源能够在“昭觉县智慧教育云平台”在线播放，所有通网幼儿班级已经开始全面使用。AI系统不仅为幼儿提供了学习平台，还提高了辅导员教学能力，也在整体上提升了该县“学前学普”行动的质量。

此外，通过科技公司研发的“学前学普”应用软件（主要是移动端软件），结合技术保障单位、乡镇一级搜集的信息，各县构建了“学前学普”信息平台。其功能包括“学前学普”基础数据统计展示，教学人员、在园幼儿的出勤、在园时长数据的统计展示，以及督导信息发布和反馈等，方便“学前学普”各级管理人员及时掌握行动动态。这一信息平台建设为

① 数据内容根据雷波县提供的脱贫攻坚资料整理。

“学前学普”行动插上了科技的翅膀，极大助力了培训、教学和管理工作的开展。

五　分层分类，精准实施

“学前学普”实施后，各县（市）按照分层分类、精准实施的方法落实相关政策，行动得以高效顺利开展。这具体体现在分类制定目标、分类提供指导、精准锁定数据、督查评估等方面。

首先，分类制定目标。除了让学前儿童在接受义务教育前“听懂、会说、敢说、会用”普通话，行动试点的目标还包括要在全州形成使用普通话的氛围，完善幼儿园（幼教点）规范管理制度，建立辅导员、幼儿教师考核评价机制，优化辅导员、幼儿教师培训体系，整体提升全县学前教育质量。根据幼儿园办园条件、办学规模、师资水平、儿童普通话基础水平、办园效益等，凉山将全州所有幼儿园和幼教点分成两类。其一是办园条件较好、规模较大、师资水平较高、儿童普通话基础较好、总体办学效益较高的为“学前学普”支持型幼儿园；其二是办学条件较差、规模较小、师资水平较弱、儿童普通话基础较差、总体办学效益不高的为“学前学普”管理型幼儿园（幼教点）。针对不同类型的幼儿园（点）又设定了不同的目标：支持型幼儿园的目标是实现学龄前儿童在接受义务教育前，全部达到“听懂、会说、敢说、会用”目标，能较熟练使用普通话进行沟通交流，形成普通话的思维习惯。优化幼儿园教师培训体系，建立现代幼儿园管理制度，全面提升保教质量；管理型幼儿园（幼教点）的目标则是实现学龄前儿童在接受义务教育前，基本达到“听懂、会说、敢说、会用”目标，能使用普通话进行沟通交流，形成一套管理型幼儿园（幼教点）规范的管理流程和辅导员、幼儿教师的考核评价体系，建立幼儿教师和辅导员培训体系，逐步提高保教质量。①

其次，分类指导。技术保障单位为“学前学普”行动量身定制了技术保障方案，并根据不同类型的幼儿园进行分类指导。其中，支持型幼儿园根据目标任务，采取本园自主培训与实施为主、技术保障单位给予支持为

① 根据《凉山州“学前学会普通话”行动全覆盖工作实施方案》整理。

辅的策略；管理型幼儿园、幼教点，采取技术保障单位培训、指导、管理为主的策略。按照分级分类这一原则，技术保障单位针对不同类型的幼儿园、幼教点开展分类分层培训，对管理型幼儿园（幼教点）教师、幼教点辅导员主要进行集中培训、轮流培训、分散培训或在线培训。而对支持型幼儿园教师以园本培训为主，同时提供教育教学理念引领和高端培训资源支持。

再次，数据精准锁定。围绕凉山州学普办提出的“摸清底数，实现锁定和精准统一；实现辅导员、幼教点（园）的规范管理；实现信息下发与上报；实现优质教学资源共建共享”四个信息化建设目标，各县（市）以每年 8 月 31 日为计算年龄的时间节点，准确统计全州 3~7 岁学龄前儿童（不含已接受义务教育的儿童）名单，建立适龄学前儿童数据库，摸清适龄儿童底数，精准锁定数据，每年 11 月进行一次数据动态更新。

最后，精准评估。凉山州组织专家制定了《凉山州“学前学会普通话”行动幼儿普通话达标测评标准（试行）》《凉山州“学前学会普通话”行动一年级小学生发展评价细则》《凉山州“学前学会普通话”行动效果比对方案》等系列标准和评估评价方案。基于测评要求，各县（市）每年对参与“学前学普”行动的所有儿童开展三级（州、县、校）三次（学年初测、中期监测和学年终测）普通话测评，对参加过“学前学普”行动的儿童进入小学后的发展情况进行以语言发展为主的综合素质测评，对样本儿童持续定期开展学普效果跟踪视频比对，乐山“两县一区”也采取了类似的做法。通过评估结果的反馈，引导和推动各县（市）及时发现行动实施过程中的问题，从而优化技术方案、精准实施解决问题的举措。

第十一章

早生内发与协同共治：昭觉县案例

第一节　昭觉的教育贫困与解困之机

一　凉山概况

昭觉县是全国最大的彝族聚居县，位于四川省西南部、凉山彝族自治州东部、大凉山腹心地带。1952 年 4 月至 1955 年 9 月，昭觉为西康省凉山彝族自治区人民政府驻地。1955 年 10 月 1 日至 1978 年 10 月 4 日为四川省凉山彝族自治州人民政府驻地。昭觉县距离现州府西昌 97 公里，东与美姑县、雷波县接壤，南与金阳县、布拖县、普格县连接，西与西昌市、喜德县相邻，北与越西县相连，是凉山东部交通枢纽和重要物资集散地。该县还试图建设凉山东部区域中心城市，打造“世界彝族文化之都”。

全县面积为 2700 平方公里，辖 47 个乡（镇）、271 个行政村（其中 191 个为贫困村）、836 个农牧社。全县总人口 34.18 万，由彝族、汉族、回族、藏族、蒙古族、苗族、纳西族、布依族、傈僳族、白族、满族、傣族、土家族、侗族、黎族、羌族、朝鲜族、瑶族、维吾尔族、仡佬族、摩梭人构成。其中彝族人口占 98.53%，是全省少数民族人口第一大县、全国彝族人口聚居第一大县。昭觉县世居着彝族“什扎”“阿都”“所地”“依诺”四种方言的彝族群众，故有“不到昭觉就相当于没到凉山”之说，享有“彝族文化走廊”“中国彝族服饰之乡”“骏马之乡”等美称。产业以传统农牧业为主，农作物以马铃薯、荞麦、玉米、水稻为主，畜牧以西门达尔牛、半细毛羊、肉牛养殖和乌金猪养殖为主。

2019年，昭觉县地区生产总值（GDP）总量29.84亿元，增速6%（其中，一产增加值11.19亿元，增速4.3%；二产增加值6.07亿元，增速2.6%；三产增加值12.58亿元，增速9.7%）。全社会固定资产投资总量37.82亿元，增速86.3%。社会消费品零售总额总量8.98亿元，增速9.9%。城镇、农村居民人均可支配收入总量为25430元和9129元，分别增速7.9%和11.37%。公共财政预算总收入2.19亿元，其中地方一般公共预算收入1.4亿元。

昭觉是国家扶贫开发工作重点县，也是全省45个深度贫困县之一，贫困人口数量大、贫困面广、贫困程度深。脱贫攻坚之前，全县有贫困村191个，有建档立卡贫困人口22320户101007人。该县聚焦“两不愁三保障”，按照贫困村“一低七有”、贫困户“一超六有”标准，全力推进23个扶贫专项。截至2019年底，该县已有136个贫困村退出，完成了15239户67934人的脱贫任务，贫困发生率从31.8%降至11.3%，在全省综合考评中连续三年获得“好”的等次。脱贫攻坚取得了明显阶段性成效，彝区面貌也发生了历史性巨变。

党的十八大以来，大量彝族青壮年劳动力走出大山外出务工。但是，他们由于长期身处彝族聚居区，自身语言不通、文化水平低、行为习惯不同等因素也成为他们外出务工的关键障碍。而这些障碍产生的根源在于，受到自然、历史、地理、社会等因素的制约，昭觉县的教育事业发展严重滞后。昭觉的人均受教育年限只有4.6年，接受汉语教育的时间短，彝族群众习惯使用彝语交流。其中，相当一部分彝族青壮年听不懂汉语，文化教育水平相对较低，外出务工时只能从事技术含量低、报酬低、不太需要与人交际的体力劳动。

原来到广东去打工，（彝族外出务工者）他不会讲汉语，老板就觉得不好交流。遇到一些纠纷矛盾的时候，（他们）处理纠纷和矛盾的这种习惯、思维有问题。汉族群众出去打工要遇到纠纷，他会通过法律（解决），这边的人他会通过其他的渠道，甚至是非法渠道解决冲突。所以这就是制约我们当地发展的难题，文化问题、语言沟通问

题、行为习惯问题比较突出。（昭觉县副县长访谈—20201015）

控辍保学一直是当地县委县政府、教育部门的工作重点之一。语言不通不仅影响外出务工，而且严重影响升学率。2010 年，昭觉县小学辍学率为 0.35%，毕业率为 99.84%；初中辍学率为 1.56%，毕业率为 98.64%；当年高考录取率为 65.20%，其中一本 2 人，二本 69 人，三本 1 人，艺体本科 7 人，专科 206 人。[①] 民族地区儿童往往没有汉语基础，加上没有学前教育作铺垫就直接进入一年级，尽管也接受“双语”教育，并学习全省统一发行的汉语教材，但学习效果非常不理想。在这种条件下，学习上面临的困难严重挫伤了民族地区儿童的学习积极性，并让这些儿童逐渐失去了学习的兴趣和信心，导致绝大部分学生成绩无法跟上。不仅如此，很多在家讲彝语的儿童进入学校会遇到很大的语言障碍，听不懂老师讲的话。一般情况下，这些学生都是在三年级以后才能勉强听懂老师讲什么，但此时成绩已经落后很多。

昭觉县农村学生“从一年级一直差到高三”的现象普遍存在，学校教学质量不高。很多学生慢慢产生厌学情绪，逃避学习，逐渐远离学校。部分家长观念也存在局限，认为既然孩子成绩不是很好，只要小学毕业能认识几个字就可以出去打工了。学生及家长对学习改变命运普遍信心不足，甚至认为与其无望地在初中混三年，不如早点外出务工。事实上，民族地区的孩子除少部分能升入高中外，大部分孩子初中毕业便迫不及待地外出打工，造成学生流失。外出务工的彝族孩子听不懂普通话，又无技能培训，甚至不会买车票，就陷入了不敢接触、害怕交流的尴尬境地，成为综合素质较低的劳动力，因而无法阻断少数民族地区贫困的代际传递。由此，教育已成为凉山脱贫攻坚“短板中的短板”。

昭觉全县在校学生 10 万余人，其中学龄前儿童 2 万余人。学龄前儿童有相当一部分不会说普通话。根据我国《3～6 岁儿童学习与发展指南》的要求，这一阶段儿童应该能够使用本民族语言和普通话。但像昭觉县这样

① 《昭觉县教育局关于印发〈昭觉县教育局 2010 年工作总结暨 2011 年工作重点〉的通知》。

的少数民族聚居县很难达到这一要求。

如果说九年义务教育政策是国家对提升国民知识和文化素质下的一剂猛药，那么，在以昭觉县为代表的少数民族聚居县，学前教育便是这剂猛药的药引。有了这剂药引，九年义务教育才会收到事半功倍的成效。“学前学普”是实现公平有质量的义务教育有保障的前提；反之，即使教师再努力、学生再用功，抑或是实行“双语”教学，都是事倍功半，甚至会大量浪费资源和时间。（昭觉县副县长访谈—20201015）

在这样的背景下，“学前学普”行动试点在昭觉县开始实施无疑为当地学前教育发展提供了重要动力。

二 解困之机：“学前学普”试点政策的实施

语言是最重要的交际工具和信息载体，民族共同语的普及是国家统一、民族团结、社会进步的重要基础。“知识改变命运”从来不是一句空谈，想要获取知识先要打通语言关，学前学会普通话就是接受教育的基础。儿童早日习得国家通用语言并借此获得更好的教育，是阻断贫困代际传递的关键路径。事实上，通过“学前学普”行动试点，民族地区偏远村落的学生（包括留守儿童、隔代抚养儿童）有机会提前接触汉语，接受相对规范的语言训练，为小学阶段的学习扫清语言障碍。在此基础上，他们能初步建立班级意识、纪律意识、团队意识、时间意识、卫生意识。这些都将为他们进入一年级打下坚实的基础，并将逐步提升民族聚居区教育教学质量。

昭觉县早在2013年就在学前教育阶段推行普通话方面进行了有益探索，在九年义务教育之前强制推行一年学前教育，为“学前学普”行动试点的开展打下基础，具有“早发内生”的特征。

（一）破语言关的基础：“1+9”模式

2013年之前，昭觉县地方干部在分析民族聚居区义务教育阶段学生成绩时发现，彝族地区的学生成绩与汉区或者杂居区的学生成绩存在较大差距。造成这种差距的原因比较复杂，其中一个重要原因是语言沟通存在问题。当地干部经过调查走访小学、学前班、家长、老师发现，这部分学生在3~6岁学习语言最佳的时段在家里与父母家人沟通交流都用彝语，也不会说四川话，6岁入学之后大部分听不懂老师讲话内容。据此，当地以问题为导向，针对农村低年级学生没有汉语基础、“读望天书”等现象，通过增加学制的方式，探索推行了以培养彝族儿童汉语基础为主要任务的“1+9”模式，即“一年学前教育加九年义务教育”，争取在学生进入义务教育阶段之前解决语言关问题。

针对本县彝族聚居区存在语言障碍的现状，昭觉县按照“广覆盖、保基本”的原则，努力实现幼儿园增量。“1+9”模式从2013年秋季学期开始实施。县人民政府在2013年全县教育大会上明确提出，村完小以下学校未读过学前班的学生一律不准进入一年级，村完小以上有条件的学校尽可能招收学前班学生。为了落实这一工作，昭觉县采取了诸多措施推进“1+9”工作。一是扩大学前教育普及面。主要是通过扶持并引导民办学前教育健康发展，切实缓解县幼儿入园难问题。2013年秋季学期，该县仅有3所幼儿园，但在127所农村乡中心校及村社小学开设了学前班教育后，学前教育学生达到8446名，其中县幼儿园606人，小学附设学前班7840人。二是提供资金保障。主要是将农村学前教育学生教材购置费纳入县级财政预算，并着手开发本地教材。2013年县财政拨付2013~2014学年学前教育教材购置费57.32万元，采购国家学前教育教材和本土教材，即双语教育方面的教材。[①] 三是保障师资力量。仅2013年就招收了121名中小学及幼儿园教师。四是提供教学场所。针对当时教学场地不足的情况，地方干部采用了租用民房、借用村活动室及部分废弃校舍等各式各样的“土办法”开班。

该项活动实施仅一年之后便初见成效。2014年7月统测成绩与2013年7月统测成绩相比，一年级语文上升12.51分、数学上升14.71分，其余年级成绩都有不同程度的提高。学前教育使得一年级同学的成绩得到显著提高，2012年一年级数学平均成绩为18.2分，2014年平均成绩为47

① 《昭觉县教育局关于印发〈2013年工作总结〉的通知》。

分，增长近29分。[①] 2014年，该县以实施第二轮学前教育三年行动计划为契机，进一步加大了公办幼儿园新建、改扩建工作力度。利用学校布局调整后闲置的村社小学兴办学前班、在小学义务教育阶段学校开办附设学前班。同时，继续严格执行“有条件的学校要尽可能招收学前班学生，未就读过学前班的学生不得进入一年级”的办学思路，基本构建了学前教育公共服务体系。

2013年到2015年这三年，全国没有实行学前教育的免费政策，但是县委县政府为了孩子们的未来，县级财政每年拿出300多万元来购买学前教育的教材，这一举动为我县民族教育的发展提供了一个坚实的基础。孩子们有了这一年的学习教育和没有完全是有质的区别。这一阶段，这可以说县委政府和广大的教育工作者，自己领悟到了孩子没有接受一年学前教育，直接进入小学一年级，我们就输在了起跑线上。所以（这就）解决了一个起跑线为“零”的问题。（昭觉县教体科局局长访谈—20201017）

这一阶段的“1+9”模式可以说是“学前学普”行动试点开展之前的有益探索，取得了初步成效，但当时也存在一些争议。一方面，昭觉县义务教育阶段的老师本来就不够，分流部分教师去教学前班，使一些人难以接受；另一方面，也有家长不理解，因为孩子本来读小学6年就够了，多读1年变成7年后客观上增加了部分家长的负担，因此当时也有些家长并不是很支持。

另外，由于县级财政资金不足，当地学前教育在教学场地、设施设备、师资力量、保教水平、教学教具等诸多方面仍然非常薄弱，推进过程中也遇到很多困难，仅能勉强为学龄前儿童提供时长一年的学前教育。为推动“1+9”模式的落实，当地政府和学校想出了许多办法来克服困难。

我们原来推行“1+9”模式的时候没有老师，所以只能由两部分

① 《昭觉县教育局关于印发〈2014年工作总结〉的通知》。

老师组成：一个占用了部分的义务教育阶段的老师，本来我们（义务教育阶段）老师也不够，但是为了提升成绩，我们就从本来就已经不够的群体里边分了一部分老师去教学前班……然后我们还招了一些临聘老师，没有考上工作岗位的大专生中专生来担任，甚至有一些是高中生，来担任“1+9”的辅导员。只要他会说普通话，有一定的表达能力，经过测试以后就可以。所以2015年之前我们做“1+9”是很不规范的。用的校舍也是除了一些闲置村小学之外，还有一些租用民房，还有借用的村活动室。管理方面当时是交给我们中心校校长来负责，有些校长认识到位的，他就会管理好；有些校长他把主要精力放在义务教育阶段，学前这块他就有一种应付的这种心态，所以当时困难很多。（昭觉县副县长访谈—20201015）

到了2015年，国家、省、州政府层面推行“一村一幼”政策之后，昭觉县早先存在的资源不足、举步维艰的情况得到了大幅改善，教学管理也变得日益规范。“一村一幼”计划的实施有效解决了民族地区农村学前幼儿“入园难”的问题，对于昭觉县来说无疑是“雪中送炭”。

（二）“一村一幼”

昭觉县从2015年开始通过开办“一村一幼”、新建“一乡一园”、扶持民办幼儿园发展等措施，扩大学前教育的办学规模，由此推动当地学前教育推广普通话工作进入新阶段。昭觉县立足于让学龄前儿童听得懂普通话，开始以县幼儿园、义务教育阶段学校附设学前班、“一乡一幼”为中心，以“一村一幼”为依托，以民办幼儿园为补充，在全县广泛普及以培养彝族儿童汉语基础为主要任务的学前三年教育。

2015年全省实行了“一村一幼”，大家都已经认识到了广大的农村民族地区市民、幼儿没有接受过学前教育，整个的民族教育、学前教育就是一片空白，所以实施了“一村一幼”，从硬件和软件上投入。全省都开始启动的时候，原来自己县里面搞的“1+9”模式，就走入了和全省同步，就进入了“一村一幼”（阶段）。当年我还没到教育局来，当时我是在一所学校里面当校长。我清楚地记得，因为硬件设施、房子，不可能一下子就来那么多修房子的钱，全县就召开了动员大会。（针对）全县“一村一幼”这些行动，发动各乡镇各村各社，有房子的就修房子。没有修好之前，租民房的，还有一些什么村支活动室是旧的翻新的，所有都可以，把它们全部发动起来，就当作我们“一村一幼”的教室。这之后省政府也专门（给辅导员）拨了一个月2000块钱，专门支持我们，我们就招聘了许多的辅导员。这是第二步，这时候就有国家的支持了，不仅仅是我们政府自己。这是一个从弱到强、从小到大、从没到有（的过程）。这经历了第二个阶段，这时候我们的量就有了。不仅仅是学前一年了，“一村一幼”就把3岁到6岁的孩子，比较近的、家长支持的、没有安全隐患的孩子都拉进了“一村一幼”的教室里面上课。（昭觉县教体科局局长访谈—20201017）

自2015年起，昭觉县按照“先近后远、先多后少、大村独立、小村联办、科学规划、稳步推进”的原则，整合边远农村校舍资源，借用村活动室和民房等方式推进“一村一幼”建设，扩大学前教育办学规模。2015年投入资金1588万元，完成120个幼教点建设任务，超上级下达任务数60个，并为幼教点配备无烟取暖炉。当年10月招聘了第一批辅导员，按户籍、专业、学历、年龄依次优先聘用的原则聘用。12月底完成了85个幼教点辅导员的招聘工作，共招聘辅导员170名。从2016年春季学期开始，“一村一幼”正式投入使用。

经过几年努力，昭觉县学前教育在园幼儿数从2013年仅有8446名发展到2015年19485名，一年级接受过学前教育学生比例达到100%，位列全州第一。2017年，全县有公办幼儿园4所、民办幼儿园4所、小学附设学前班182个、“一村一幼”幼教点282个，在园幼儿22706人（“一村一幼”9070人），学前三年毛入园率达到92.38%，普惠性学前教育覆盖率达到100%。[①]

“一村一幼”实施后，边远地区的彝族学前儿童初步养成良好行为习

① 《昭觉县教育体育和科学技术局2017年工作总结》。

惯、卫生习惯、纪律意识和规则意识。开展“一村一幼”之前，与内地学生可直接上课相比，彝族学生要养成以上几种意识至少需要一个月时间磨合训练。原本其学习基础相对较差，加上磨合期便更加跟不上正常的课程进度。而通过学前教育，学生的一些行为习惯能够得到较为明显的改善。由此，老师可以侧重于提升其学习能力，而不必花费过多精力在其他方面。学生进入义务教育之后，成绩也有了显著提高。2016 年统测成绩与没有普及过学前教育的 2013 年相比，一年级语文成绩上升 20.1 分、数学上升 17.8 分，其他年级成绩也有不同程度提高。家长看到孩子的进步，送子女上学的积极性空前高涨。学前教育既解决了学生的入学巩固问题，又让家长实实在在感受到接受学前教育后带来的变化。

（三）“学前学普”试点的启动

2018 年 5 月 27 日，原国务院扶贫办主任刘永富在昭觉县主持召开“凉山州学前学会普通话”项目启动仪式，正式启动“学前学会普通话”行动试点。昭觉县结合县情，根据凉山州“学前学会普通话”行动实施方案，制定了《昭觉县“学前学会普通话”行动实施方案（2018—2020年）》（昭委办发〔2019〕5 号）。县委县政府成立了以县长为组长的实施工作领导小组，下设办公室，全面统筹“学前学普”行动实施工作，并于 2018 年 6 月正式启动实施“学前学普”行动。

昭觉县按照“先行试点、总结优化、全面推广”的实施步骤，全面开展“学前学普”行动试点工作。前期选择了城北乡普提村幼教点、四开乡洛切吾村幼教点、洒拉地坡乡跃进村幼教点和解放乡火普村幼教点 4 个具备培训和实训条件，且能分片辐射带动全县的幼教点开展教学试点。此外，昭觉县于 2019 年 9 月制定了《昭觉县“学前学会普通话”行动全覆盖工作实施方案》，在全县范围内启动“学前学普”行动试点全覆盖工作。

昭觉县充分协调各方力量，统筹资源要素，尤其通过引进技术保障单位，创新技术支持，推动了“学前学普”管理日益规范，教学效果有效提升。

开展“学前学普”行动试点后，昭觉县政府主导、多方力量参与的模式有效提升了办学质量。到 2020 年 10 月，该县共有 289 个幼儿园点。其中，幼儿园 50 所（公办园 42 所，民办园 8 所），村级幼教点 239 个。此外，还有小学附设幼儿班 17 个。2014 年实施“一村一幼”之前，该县仅有 6 所幼儿园（公立幼儿园 3 所，私立幼儿园 3 所）。仅仅 6 年时间，整体已经发生了显而易见的增量变化。

2020 年秋季学期，3～6 岁（含 7 岁未进入小学）学前儿童总数为 34820 人，县内就读的学前儿童数为 24537 人，县外就读的学前儿童数为 2800 人，入园率达 78.51%。与 2019 年秋季学期相比，入园（点）学前儿童减少了 2306 人，入园率增加了 1.51 个百分点。实施“一村一幼”之前，2014 年学前教育在校学生仅有 10478 人。

从师资来看，2020 年秋季学期昭觉县共有 1011 名幼儿教师和辅导员，其中幼儿教师 404 名，辅导员 607 名。2020 年招聘“一乡一园”和安置点幼儿教师 150 名。为了提升师资保教保育水平，昭觉县组织开展多次培训，培训内容涉及《幼儿园教师基本素养及行为规范》《各年龄段幼儿的语言发展特点》《语言游戏+户外操》《学普之歌》《幼教点教学安排及教学实施策略》《创设浸润式学普语言环境的方法和策略》等。培训方式不仅包括线下培训也包括线上培训，培训之后还要求辅导员提交个人培训总结，频繁开展的培训活动有效提升了辅导员的素质和教学水平。

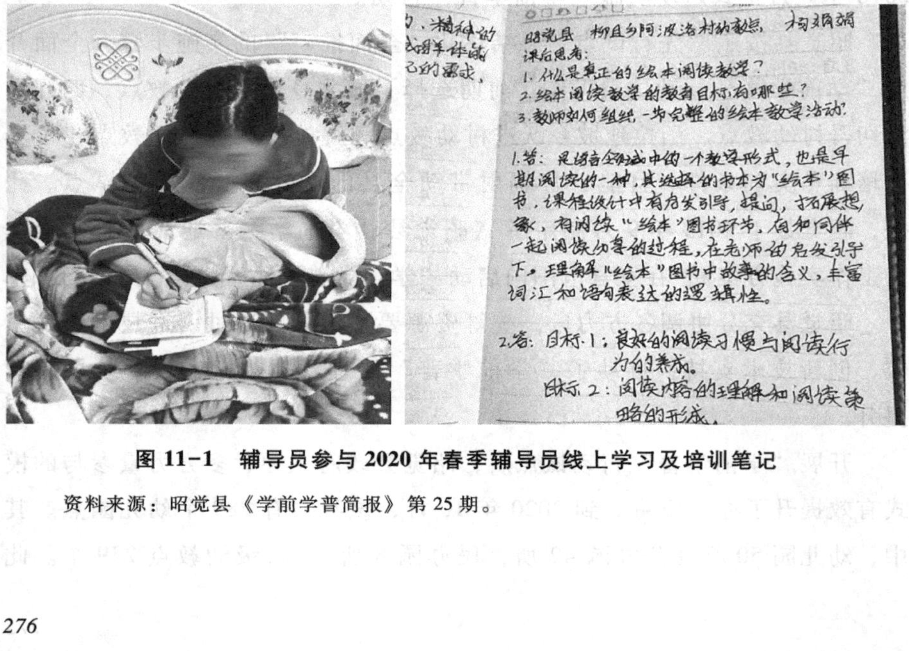

图 11-1　辅导员参与 2020 年春季辅导员线上学习及培训笔记

资料来源：昭觉县《学前学普简报》第 25 期。

第二节　共同参与：多元主体合力开展行动试点

一　数据：精准锁定、动态管理

行动试点实施方案明确提出，以每年 8 月 31 日为年龄计算时间节点，准确统计全县 3~7 岁学龄前儿童（不含已接受义务教育的儿童）名单，建立县、乡（镇）、村（社区）、园（点）适龄学前儿童数据库，摸清适龄儿童底数，精准锁定数据，每年 11 月进行一次数据动态更新。[①] 幼儿信息的收集和变更都由州学普办发文，州委组织部统筹指导，县市组织部指导落实，基层由乡（镇）政府或街道办指定村干部执行，信息收集录入后经过审核即完成幼儿信息数据库更新。辅导员、老师以及幼教点的信息收集和变更主要由中心校和幼儿园（点）收集录入，县学普办进行审核并负责数据库动态管理。

围绕凉山州学普办提出的“摸清底数，实现锁定和精准统一；实现辅导员、幼教点（园）的规范管理；实现信息下发与上报；实现优质教学资源共建共享”四个信息化建设目标，中国电信兰州乐智教育科技有限公司承接了“学前学普”信息管理平台和“学普”APP 的开发和建设工作，保障数据录入、管理和查询都可以在平台上操作完成。平台的人员角色按照教育系统和行政系统分为两大主线，教育系统从州学普办开始设置，行政系统从乡镇/街道开始设置。州学普办下设管理员，分管市县学普办管理员、州机关幼儿园管理员、数据查询员和督导。市县学普办下设管理员，分管中心校（园）管理员、幼儿园管理员、督导和乡镇/街道管理员。

2019 年初，凉山州组织了“学前学会普通话”行动信息化平台操作培训，对行政工作人员、驻村干部以及幼教点辅导员培训了信息管理平台和 APP 的操作流程，还组织力量到各个幼教点进行了平台测试和操作演示。

---

① 《中共昭觉县委办公室　昭觉县人民政府办公室关于印发〈昭觉县“学前学会普通话”行动实施方案（2018—2020 年）〉的通知》。

二　硬件：建设园点、配齐设备

昭觉县以第三期学前教育行动计划、“一乡一园”为抓手，加快城镇及乡（镇）幼儿园建设，充分整合利用村级闲置房屋和设施资源推进村级幼教点标准化建设，让未入学的学前儿童尽早入园，解决适龄儿童“入园难”的问题。

图 11-2 左为塘且乡洛吉村幼教点 2016 年使用的校舍，当时幼教点有学生 30 人，因无校舍，租用一间民房作为教室使用。当时考虑到村里部分小学生都在塘且乡中心校就读，往返路程远，因此在规划中将这部分学生的校舍一并解决。后来，该幼教点新建教室 3 间、幼儿休息室 1 间、厨房 1 间、厕所 1 间，建成为一所集幼教点、村小于一体的学校，即图 11-2 右所示。[①] 昭觉县幼教点基础设施方面诸如此类的极大改善情况在当地较为常见。

图 11-2　昭觉县塘且乡洛吉村幼教点新旧对照

图片来源：摘自《昭觉县教育和科学技术知识产权局关于对洪泉慈善基金会拟捐建我县 6 所村幼教点的现状及建设规划的说明》。

我们在昭觉县四开乡梭梭拉打村调研时，见到了硬件条件堪与城市幼儿园相当的村幼儿园。图 11-3 左为新幼教点，右为建设前的旧幼教点。梭梭拉打村原先的幼教点是只有 15 平方米的平房，而村内上幼儿园的幼儿

① 参见《昭觉县教育和科学技术知识产权局关于对洪泉慈善基金会拟捐建我县 6 所村幼教点的现状及建设规划的说明》。

比例也不高。2019 年通过投入 280 万元建成了宽敞明亮的二层楼高的新园区，教学、生活和娱乐设施一应俱全。幼儿园的招生规模也从 2017 年的 35 人增加到 2020 年的 147 人。小朋友通过幼儿园的学习开始会认汉字、会说普通话，养成了较好的生活和学习习惯。

图 11-3　昭觉县四开乡梭梭拉打村幼教点新旧对照

图片来源：左图由课题团队成员拍摄，右图由当地居民提供。

除教学用房扩建外，昭觉县也加快完成了幼儿园点通电、通水、通网络工作。按照《凉山州学前教育村级幼教点基本设施设备配置参考目录》、幼儿园基本设施设备配备标准和技术保障单位要求的设施设备清单，逐渐配齐了行动实施必需的教学设施设备。截至 2020 年 7 月，296 所幼教园（点）都开通了网络。[①] 2019 年省财政对昭觉县“学前学普”行动试点补助资金 998.22 万元，昭觉县将其中 677.26 万元用于完善幼教点设施设备，94.46 万元用于幼教点外墙翻修和校园文化建设，226.5 万元用于新建幼教点，努力保障和完善设施设备。[②]

三　师资：考核聘用、比赛提升

幼教点辅导员的考核聘用主要由县学普办负责，采取对岗申报、笔试幼儿专业知识和普通话测试相结合的方式进行公开招考。2015 年至 2017 年重点开展“一村一幼”行动时，招聘幼教点辅导员主要按户籍、专业、学历、年龄依次优先聘用的原则进行招募。具体来讲，第一是“比”户

① 参见《昭觉县“学前学普”工作汇报（2020 年 7 月 30 日）》。

② 《昭觉县教体科局关于“学前学会普通话”试点补助资金使用方案》。

籍，优先顺序依次为本村、本乡、本片区；第二是“比”专业，户籍区域相同时，优先顺序依次为幼儿（学前）教育、师范类专业、具有教师资格证的其他专业、无教师资格证的其他专业；第三是“比”学历，专业条件相同时，学历高者优先；第四是“比”年龄，户籍区域、专业和学历都分别相同时，年龄小者优先。这一阶段，辅导员的学历、水平事实上还是参差不齐。

2018年开展“学前学普”后，辅导员招募条件不再限定昭觉县户籍或生源地在昭觉，更加看重学历和专业，招募对象限定高中及以上毕业生，本科和专科毕业生会加分，学前教育、幼师专业、师范类专业应聘者也会额外加分。2018年、2019年面向社会公开考试聘用，共补充82名“一村一幼”临时辅导员，并按照《凉山州学前教育村级幼儿教学点管理办法及规章制度》切实加强对幼教点及辅导员的管理。[①] 2020年，全县607名辅导员中，女性占46%，男性占54%；汉族仅有3名，剩余604名都是彝族；年龄上，“90后”占68%，“80后”占29%，还有少部分“00后”“70后”“60后”；学历方面，中专生超过40%，大专生超过30%，高中生占近20%，还有少数本科生和初中生；已获得普通话等级证书的占到57%。[②]

除了师资招募之外，县里还根据《昭觉县一村一幼辅导员考核及奖励细则》来规范幼教点辅导员管理。细则涉及组织管理、工作责任、教学效果、附加分值（组织幼儿参演节目、辅导员获奖、辅导员指导幼儿获奖、督导检查受肯定等）四大部分，每学期由乡中心校组织考核评分，并依据考核结果对辅导员进行奖惩。从2019年6月起，县教体科局还针对县域内聘请的“一村一幼”辅导员组织考试。考试内容涉及学前专业知识笔试和普通话机测，对当年考试成绩优秀的辅导员进行全县表彰和奖励，考试不合格的则进行全县通报批评，并给予扣除全部绩效奖金的处罚。连续两年不合格的，予以辞聘。

此外，县学普办还经常组织开展“学前学普”竞赛活动，以此提高辅

① 参见《昭觉县“学前学普”工作汇报（2020年7月30日）》。

② 相关数据根据昭觉县2020年幼教点辅导员花名册整理统计。

导员的专业水平和业务素质。2019 年 1 月昭觉县教体科局举办了“凉山州昭觉县‘学前学会普通话’行动首届村级幼教点辅导员普通话诵读竞赛活动”；2019 年 10 月，举办了“昭觉县首届幼儿讲故事比赛”“昭觉县首届‘一村一幼’辅导员普通话朗诵比赛”等“学普”项目比赛，并组织 300 余名“一村一幼”辅导员参加观摩学习。2020 年组织的活动依据参与对象不同分成三个类别：一是全员提升竞赛活动，包括技能竞赛、“学普”论文、“学普”故事等；二是学前儿童“学普”展示活动；三是邀请片区教办、城区小学、幼儿园（含民办）、乡镇（街道）村社、“学普”儿童家庭的干部、教师、职工、家长等，从各自角度谈“学前学普”行动带来的变化以及对自己、对孩子、对家庭、对工作、对社会、对凉山等的影响的活动。通过上述活动，全县营造出了“学说、敢说、会用”普通话的语言氛围，促进了教师（辅导员）专业素质和行动管理能力的提升。

四　资金：汇集整合、强化保障

自行动开展以来，昭觉县积极争取国家、省、州的政策和资金支持，以县为主统筹整合各类扶贫资金，加大经费投入，重点保障幼教点和幼儿园设施设备配置、辅导员和幼儿教师培训、教育教学活动开展等。该县争取到佛山市将“学前学普”行动列入佛山市与凉山州建立的东西部扶贫协作范围，获得了资金方面的重点支持。2020 年的资金来源主要包括省级财政拨款、“一乡一园”建设专项资金、“一村一幼”专项资金、东西协作广东佛山对口支援资金以及州政府和县政府部分财政资金等。

不仅有来自政府的资金投入，社会力量也是推动“学前学普”行动的重要一部分。从国家到地方、从体制内到体制外，建设资金的来源多样化，也正反映了引领型融合治理对多元主体的吸纳与整合。

> 资金来源包括三部分：一是国家的投入，主要用于解决硬件设施问题，比如修房子和购买设备设施。从“一村一幼”的修建到“学前学普”，昭觉县已经投入了 5300 多万元进行修房子以及购买设备设施，比如电视机、播放器、玩具等。“一村一幼”从去年以来又投入了 1.5 亿元专门修“一乡一园”。二是东西部协作，即广东佛山专门

支援凉山，每年都要给1000万元，给我们辅导员进行培训，包括购买那些设备设施，国家只是解决最基本的。我们有些教材、培训、外出学习、资料、环境的创设，这些补短板的资金，主要是广东佛山的资金。三是社会力量，有些爱心人士、企业来专门针对我们的薄弱环节（进行资助），（比如）边远的村小幼儿园的修建，包括购买一些设备设施。所以，第一是国家层面上的，第二是兄弟省市来援建，第三是社会力量，合起来把这项工作来推动起来。（昭觉县教体科局局长访谈—20201017）

五　指导：分层分类、重点补课

技术保障单位在实地调研的基础上，根据幼儿园办园条件、办学规模、师资水平、儿童普通话基础水平、办园效益等，将全县所有幼儿园和幼教点分为两类：办园条件较好、规模较大、师资水平较高、儿童普通话基础较好，总体办学效益较高的为“学前学普”支持型幼儿园；办学条件较差、规模较小、师资水平较弱、儿童普通话水平基础较差，总体办学效益不高的为“学前学普”管理型幼儿园（幼教点）。

技术保障单位针对不同类型的幼儿园（点）设定了不同的目标。支持型幼儿园的目标是实现学龄前儿童在接受义务教育前全部达到“听懂、会说、敢说、会用”的目标，能较熟练使用普通话进行沟通交流，形成普通话的思维习惯。同时优化幼儿园教师培训体系，建立现代幼儿园管理制度，全面提升保教质量。管理型幼儿园（幼教点）的目标是，实现学龄前儿童在接受义务教育前基本达到“听懂、会说、敢说、会用”的目标，能够使用普通话进行沟通交流，形成一套管理型幼儿园（幼教点）规范的管理流程和辅导员、幼儿教师的考核评价体系，建立幼儿教师和辅导员培训体系，逐步提高保教质量。

同时，技术保障单位为“学前学普”行动量身定制了技术保障方案，组织了高校、研究机构和相关专家开发了适合民族地区学前儿童的教学材料、教辅工具等教学资源，并根据不同类型进行分类指导。其中，在配备课程时，幼儿课程中的部分特色课程仅配备支持型幼儿园，而大部分主体课程和老师课程则只分配给管理型幼儿园（幼教点）。环境创设类幼儿读物、“学普”小舞台、环创材料包、教学挂图、亲子读物、“学普”APP等则会同样分配给这两类幼儿园点。

另外，技术保障单位还在各个县市配备了一支比较专业、吃苦耐劳的督导员队伍，对幼教点辅导员进行监督和指导，按照工作流程对工作计划进行督导和具体落实。

> 我们独创了督导员队伍进行督导，每个点进行督导。督导员队伍有一系列的规章制度，他们负责督导村幼的辅导员，进行教课教程，一些周计划、月计划的教学的落实和落地。建立了一套督导员督导体系，保障方案落实，严格执行督导任务清晰化、工作内容明确化、督导工具标准化、数据管理精准化、人才培养多元化、督导考核严格化的六大标准体系。督导员两年来每天坚持下到幼教点督导工作……我们督导很辛苦的，就是每个月跑20个点都是翻山越岭、风雨无阻的。（技术保障单位负责人访谈—20201016）

2020年，因受新冠疫情的影响，部分在园儿童“听懂、会说、敢说、会用”普通话水平下降明显。针对存在的问题，技术保障单位同县学普办一道对薄弱学校和薄弱孩子采取了“一对一”帮扶。同时延长辅导员和幼儿在园时间1小时，进一步强化普通话训练，以确保具有正常学习能力的孩子达到“学普”目标。

六　配备：研发资料、创新教学

由于昭觉的孩子大多生活在彝语母语环境中，幼儿家庭不具备普通话或汉语环境，所处社会群体也缺乏普通话或汉语环境。尽管彝语和汉语都属于汉藏语系，在声调、辅音等方面存在一些相似之处，但是作为两门独立的语言，两者之间存在明显差别，如语音及语序，从而导致大多数凉山学前幼儿特别是彝族聚居区的幼儿不懂普通话，语言表达的思维习惯与普通话思维习惯大相径庭。

这边的孩子由于是在彝族的聚居地，小朋友普通话基本上是零基础，他们听不懂、不会说，也不敢说，非常胆怯害羞自卑，所以就给我们造成了很大一个困难，要从零开始来，从一字一句地开始教孩子普通话……这边的家长，除了外出打工的，留守的基本都是老人，那么老人的普通话完全也是零基础，他们也是听不懂也不会说。所以家园共育工作基本没法去做的，因为家长是完全无法来共同做家园共育的。（技术保障单位负责人访谈—20201021）

针对上述问题，技术保障单位从打造环境入手。根据彝区实际，创新教学方式，研发了有针对性的教学、教研、培训资源和教（玩）具，采取快乐体验、游戏互动等教学方式，创造丰富的语言教育环境。同时还建立激励机制，激发幼儿学习兴趣和主动性，帮助其快速学会普通话。该单位还探索推广了“浸润式情景教学方法”，通过环境创建，在校园里营造普通话语言环境。基于《幼教点环境创设标准指导建议》，各县（市）因地制宜分类进行环境创设，还分别针对示范点、一类教学点、二类教学点和三类教学点提出了不同的标准和要求。示范点要求进行精品打造、特色鲜明、内容丰富、示范引领；一类幼教点要求重点打造、凸显特色、内容丰富、功能完善；二类幼教点要求常规打造、具有特色、功能完善；三类幼教点要求常规打造、具备基本教学功能。

在课程配备时，技术保障单位采取“学前学普”行动三步走的思路。如前文所述，第一步是建立幼儿学习普通话的环境，帮助幼儿学会普通话。第二步则是从“学普”到学前。以普通话教育为切入点，全面提升少数民族农村地区学前教育水平，提高农村幼儿园办园水平、师资水平，普及先进的学前教育理念。第三步是用学前教育影响全社会，促进农村社会文化发展。

在课程配备中按照“环境创设+核心课程+特色课程”的原则打造课程体系，首先为幼教点提供环境创设的材料和音像制品，帮助幼儿园打造普通话语言环境和高质量的学前教育环境。其次，以“学好普通话，养成好习惯，懂得感恩情”为核心目标打造课程体系，适合混龄班使用，教学门槛低，方便所有管理型幼儿园老师使用。最后，根据不同幼儿园能力，增加不一样的课程内容，丰富教学资源，让不同能力的幼儿接受相适应的教学。技术保障单位既致力于创设“浸润式”的普通话语言环境，又努力建立适宜少数民族贫困地区幼儿发展的教学体系。到2020年底，技术保障单位已经研发了30余种教学资源，涉及教师参考资源、教师工作记录工具、督导工作记录工具和幼儿用书等。

> 针对幼教点资源比较匮乏这个情况，我们自己组成了一个专业的研发团队，我们集合了国内非常知名的一些幼教专家、民族文化研究的专家、传统文化研究的专家，包括首师大，还有北师大以及四川师大一些高校的师范类院校的专家。我们组合在一起，为“学普”项目量身定制的一整套这样的教辅资源，包括教师用的一些教学工具和教辅用书，也包括孩子用的一些资源。尤其我们开发了一套孩子们好习惯培养和语言学习的一套教材，那么这个就是针对“学普”更加落实教学目标的同时，让孩子有一个良好的学习工具，能够掌握更好地进行语言学习。我们也帮我们的督导团队研发了一些督导工具。（技术保障单位负责人访谈—20201021）

在课程设置中，以“学前儿童全普通话学习”为切入点，兼顾教学环节和生活环节，教学上采用“模仿—拓展—运用”三段式教学法，生活中采用“理解—应用—拓展”的三段式普通话进行对话练习和拓展。课程设置中形式比较多样，包括看图讲述、生活对话、儿歌童谣、语言游戏等。

针对幼教点辅导员教学能力不足、水平参差不齐的问题，县政府制定了《昭觉县“学前学会普通话”行动推进暨辅导员培训实施计划》和《昭觉县“学前学会普通话”行动村级幼教点辅导员集中培训管理制度》。在技术保障单位和省内部分高校支持下，县里按照分类培训、分级实施原则，全面加强辅导员培训，截至2020年累计培训辅导员5436人次。辅导员基本掌握了学前儿童教育教学规范、一日活动流程、常规管理策略、教材使用、幼教点环创等相关内容，普通话教学水平明显提高。

> 关于教师，凉山州这个教师本身他们平均受教育年限就不足6年，

所以走出去的人也不多，真的愿意回来的优秀的师资是很少的。教师的学历是有这样一个划分，基本上中专、高中学历的占大多数，师资水平难保障，导致我们教学水平也会受到一些影响。所以师资的培训也是我们一个很大的困难和难点。幼教点的硬件和软件设施，在我们刚来的时候也是很欠缺的，极其匮乏……我们到教室看的时候，幼教点基本是没有任何教学资源的，老师凭自己的经验在摸索着教学，而且老师对教学方法掌握得也不是特别好，所以他们的教学随意性很强，没有任何工具和资源，导致教学的效果不是特别好。

针对师资问题，我们建立了一个完善的教培体系，开展了大量线上线下培训，包括利用了“学普”APP、双师课堂，还有一些直播平台。通过一些工具和平台，我们做了大量培训……基本上每年暑期还有寒假以及平时周六周日或者日常当中，我们通过APP平台都在不断做线上线下的教师培训，这使得我们教师教学水平得到了大大的提高，他们现在教学能力也发生了一个变化，比如说他们完全可以自主地写教案，他们可以按照我们提供的一些教学教案来进行教学活动，包括一些游戏设计和一些环创，他们现在这方面能力都得到了很大的一个提高。（技术保障单位负责人访谈—20201021）

在培训中，技术保障单位根据幼儿园教师、辅导员培训目标，对不同类型的幼儿园、幼教点开展分类分层培训：对管理型幼儿园教师、幼教点辅导员实行集中培训、轮流培训、分散培训或在线培训；支持型幼儿园教师则以园本培训为主，技术保障单位主要进行教育教学理念引领和高端培训资源支持。教师和辅导员利用“学前学普”信息管理平台和“学普”APP资源库，在线学习或下载学习运用。县学普办和技术保障单位也会通过定期和不定期组织技能竞赛、观摩研讨等活动，不断提高辅导员、幼儿教师的综合素养和专业能力。

技术保障单位对辅导员培训既包含岗前培训也贯穿过程培训。2018年暑假和秋季学期周末，由技术保障单位对全县辅导员开展集中培训或轮训，作为全面实施“学前学普”行动的岗前培训。培训考核合格才能上岗，考核结果纳入绩效管理。通过师德师风、行为礼仪规范、幼儿园安全工作、普通话、口语、游戏、幼儿歌曲、美术活动、实训等方面的培训后，最终所有辅导员均取得了上岗合格证。行动试点期间，技术保障单位根据教学实际需要实时进行远程在线指导，利用周末、节假日开展针对性的分散培训或在线培训。结合阶段性教学评估，定期组织集中提高培训或轮训，强化辅导员、幼儿教师专业素养和教学能力。同时，定期开展远程教学指导和评估，有针对性地调整和完善教学方式和内容。

七　科技：AI 助力、如虎添翼

信息化是昭觉县推进“学前学普”行动的重要保障。2018 年 9 月，昭觉县与一家公司签订了“AI 老师智慧教育”战略合作。该公司为昭觉县提供了彝汉双语的“AI 老师普通话教学”定制软件。“AI 老师普通话”教学系统电脑版为幼教点幼儿提供的学习平台，不仅可以供幼儿在系统上学习，还可以实时测评幼儿普通话水平。同时，该系统还被应用在“一村一幼”辅导员公开招聘考试中。通过 AI 系统进行普通话测试，创新了招考方式。该系统的手机 APP 在“一村一幼”教师、辅导员中得到广泛应用。因此，AI 系统不仅为幼儿提供了新颖的学习平台，也增加了辅导员的教学手段，从而在一定程度上提升了“学前学会普通话”行动的质量。

该县与另一家单位合作研发建设了“学普”应用软件。这一软件包含教学资源库、考勤管理（辅导员考勤）、活动直播等板块，整合了上课课程、教学资源、交流互动、考勤打卡等多种功能。2019 年 9 月，凉山州全面推广该应用软件，促进了“学前学普”资源库的可持续性建设。

> 我们还研发了很多的电子资源，借助我们“学普”APP 这样的平台，包括幼教点有了电视电脑等设备，可以投放我们的电子资源。……在我们 APP 平台当中，我们实现了在线备课、在线教学、在线培训的功能，包括还可以在线普通话练习。管理端我们还实现了远程课，在我们的教师端，还有一个“学普”广场功能，那么大家就可以把日常教学当中拍摄下来的精彩瞬间传上去，就像我们朋友圈一

> 样，每一个地方的老师都可以互相学习。（技术保障单位负责人访谈—20201021）

由公司开发的微信小程序“学普小助手”则促进了管理的现代化。“学普小助手”的功能包括“学普”基础数据统计展示，教学人员、在园幼儿的出勤、在园时长数据的统计展示，以及督导信息发布和反馈等功能，方便各级“学普”管理人员及时掌握“学普”动态。因此，这个小程序的主要使用人员为州级学普管理人员、各县（市）学普办管理员、中心校（园）管理员。

> 比如说他们是9点30分上课，我们要求老师9点就必须到校。中心校校长和我们教办一起来监督，每天都要分工安排人员看，还有的时候是视频上来监督。比如说，今天上面我们有没有打卡，他们现在就是全州的事、全州的需求，管理平台打卡。原来没有打卡的时候是我们教办和学校亲自监督。还有比如说，他9点的时候发个视频，我看一下学校看一下学生。比如说没信号了怎么办，我就打电话给他，叫孩子接听电话，我就听孩子的声音这样来监督的。这是原来2015年、2016年、2017年的时候。我们2018年、2019年这几年就在全州统一打卡。现在他不来，马上全州的“学普”平台就显示了，马上就反馈给线上。线上就反馈给我们，我们就记录好。（昭觉县四开片区教办主任访谈—20201015）

上述信息化平台的建设极大助力了“学前学普”培训、教学和管理工作的开展。具体体现在如下几个方面：一是提供了教学资源快速传递的渠道，同时也利于对辅导员进行线上培训；二是促进了管理的现代化，便于在线上对辅导员和幼儿进行管理监督；三是为不同幼教点的老师之间搭建了交流分享的平台，促进了同行之间的互相学习和信息交流。

八 制度：分工定岗、明确责任

根据昭觉县的行动实施方案，县政府是行动的实施主体，乡（镇）政府、村两委、社区承担管理责任，负责辖区内的行动实施推进工作，安排驻村及社区工作队专人负责管理和推动，负责辖区学前适龄儿童数据库基本信息的采集、录入、更新及补录、查重、更正工作。该方案同时也明确了相关部门的监管责任，比如片区教办对片区内的乡（镇）和中心校的“学普工作”进行管理，主要职责包括管理幼教点辅导员考勤情况、评定绩效以及监督每学期学生普通话的测评过程。

昭觉县“学前学普”行动也非常重视主要行动主体的考核和测评。一是县学前学普办对各乡（镇）学前学普办的工作开展情况进行考核；二是由技术保障单位、中心校（村完小）和各乡（镇）学前学普办共同开展对幼教点辅导员和幼儿教师的督导、考核。

首先，昭觉县对各乡镇“学前学普”工作的考核实行目标责任制和责任追究制。将工作目标和工作任务层层分解到各级各部门，再组织开展“学前学普”工作任务落实情况的督导检查和工作考核，并就督导督查发现的问题进行通报，要求限时整改。考核结果纳入对乡（镇）和相关部门脱贫攻坚和年度目标绩效考核的重要内容，对实施工作成效显著的乡（镇）、部门予以表扬；对实施工作推进不力、目标任务未完成、工作效果不明显的乡（镇）、部门进行督促整改，并由县纪委对主要负责人和分管责任人进行追责问责。[①]

其次，对幼教点和辅导员的考核，学普办制定了具有可操作性、实用性的教学管理考核制度和教学效果评估制度，以此加强幼教点和辅导员的管理、督查和考核，促进管理行为和教学行为的规范。定期开展教学效果监测与评估工作的行动，促进了辅导员和幼儿教师普通话教学水平的不断提高。

最后，技术保障单位也在幼教点管理规范、督导考核方面做了大量工作。一是规范幼教点的一日流程，内容涉及集体教学活动、游戏活动、入园离园时间、午休时间等，规范了一日作息，避免辅导员教学的随意性。二是在“浸润式语言环境”方面也进行了规范管理，从物质环境开始，打

① 《中共昭觉县委办公室、昭觉县人民政府办公室关于印发〈昭觉县“学前学会普通话”行动实施方案（2018—2020年）〉的通知》。

造包含幼教点一日流程、月度教学计划、主题活动表在内的环创板块。三是组织一批专业的督导队伍常驻昭觉县开展督导工作。2020年，昭觉县督导组共有成员10人，督导员主要由当地招募的具有幼儿教育专业背景的老师担任，且都是当地彝族人。技术保障单位针对督导队伍也制定了督导工作手册，内容包括行为准则“十要十不要”、入点督导“三大纪律、八项注意”、督导工作日报周报和月报提交资料清单等。由此，通过多方面、多层次督导考核，幼教点的日常管理工作得到有效规范。

此外，不同层级单位负责对幼儿普通话水平的追踪测评常态推进、层层把关。昭觉提出了建立学龄前儿童普通话测评工作常态化机制，每年开展不少于三次的学前儿童普通话三级测评。为了掌握儿童学习效果，技术保障单位和乡中心校（园）每年不少于三次对本实施区域在园（点）学前儿童进行全覆盖测评。昭觉县还通过测评建立了学龄前儿童学习普通话效果的信息化和纸质化档案，通过测评效果分析及时调整优化教学策略和方式，以确保学前儿童在进入义务教育阶段前普通话水平全部达标。

测评工作在实施中，测评单位围绕“听懂、会说、敢说、会用”普通话的目标，以普通话零基础的幼儿为对象，采用交谈、问答、诵唱、游戏、观察等符合幼儿认知水平、心理特点的测试方式，通过听力理解、口语交际、看图表达等测评幼儿普通话的听说能力。2020年秋季学期进行了全员测评，测评幼儿共计15758名，优秀水平者1492名、良好水平者2860名、合格水平者6189名，合格率为67%。①

此外，为了检验行动试点成效，凉山州学普办结合凉山州小学教育实际及目标要求，制定了《凉山州“学前学会普通话”行动小学生综合素质评价细则》。县学普办、技术保障单位特别关注儿童在“学前学会普通话”行动过程中的变化，选择了一定数量不同年龄段参与“学前学普”行动的学前儿童，进行了视频、语言、文字等过程性记录，跟踪个体学习普通话的轨迹及上小学后学业、身心等综合发展情况，用以研究分析“学前学普”行动的实施效果。

① 数据来自2020年10月昭觉县政府的工作汇报材料。

九　氛围：宣传动员、促进主动

事实上，并不是所有的当地家长都愿意送他们的孩子进入幼儿园接受学前教育。一些家长甚至对此有抵触情绪和抵触行为。对此，《昭觉县“学前学会普通话”行动全覆盖工作实施方案》中提出，要通过电视、广播、报刊、网络等各种媒体，采取展板、宣传片、宣传画、宣传手册、标语等多种媒介加大政策宣传力度，广泛宣传“学前学普”行动的重要意义，提高行动知晓度和影响力，动员引导农村家庭自觉将学龄前儿童送到幼教点或幼儿园接受国家通用语言学习。基于此，参与行动的各方及时总结行动成功经验做法，注重挖掘典型案例，发挥典型示范作用。通过电视、报纸、微博、微信等媒介，加强宣传推广，营造良好的“学前学普”社会氛围。值得一提的是，部分幼教点还利用新媒体平台培养了一批“学普小网红”，既为幼儿提供了展示平台，也起到了一定的宣传带动作用。

在实践中，乡（镇）、村两委、幼教点等通过各种媒体以及公路沿线、街道、村落，采取展板、宣传片、宣传画、宣传手册、标语、“学普小喇叭”等多种媒介广泛宣传。2018 年 12 月初，县学普办在全县所有幼教点张贴了“学普”标语和相关管理制度，要求每个乡镇主要公路沿线、城镇街道、村落有醒目的“学前学普”标语；寒假还给幼儿、幼儿家长发放了“学普”日历。2019 年 1 月发放日历 2 万张，2020 年 1 月共发日历 2.3 万张。各乡镇还要求各中心校分管“学前学普”的领导要带领本乡辅导员走村入户宣传“学普”带来的好处。

> 很多老师会把学前教育的重要性给家长说清楚了，说你的孩子如果不上这一年的学习班，你的孩子会永远差下去。别的孩子能考 80 分，你的孩子只能考 70 分。你愿意让你的孩子从一年级开始差到高中吗？他们不愿意。我还是希望我的孩子厉害，最后考上大学。你就应该听老师的话。其实我们政府花那么多钱，老师花那么多的时间来做这件事，不是我们头脑有问题，而是对你的孩子有好处。实际上你只要宣传到位，他就会接受。（昭觉县副县长访谈—20201015）

“学前学普”行动试点以后，党政部门、中心校老师、村两委干部、幼教点辅导员通过入户讲解或者村民大会等方式做家长的思想工作，取得了比较明显的成效。“学前学普”行动带给孩子的变化显现出来之后，行动逐渐获得了家长较为普遍的认可。

> 这个需要做大量的宣传教育工作。那么当初我们宣传，主要是通过我们的教育人，从教育局的领导和县委县政府的领导，思想统一了，认识统一了，然后我们就发动所有的党政领导、学校的老师给我们的广大群众做思想工作，包括他们送小孩到幼教点读书的好处，这些都给他们做宣传；同时也宣传党的教育方针、党中央国务院对我们民族地区的小孩教育的关心支持等这些，我们都给他们做一些宣传工作。做好了这些工作，那么我们到学校就好办了，幼教点就好办了，这个得到了农民的支持，得到了群众的认可。他们的小孩在我们幼教点过得很好了，他们才会支持。（昭觉县教体科副局长访谈—20201017）

技术保障单位的督导员在转变家长观念方面也做了很多工作，比如利用寒暑假时间前往群众家里做家访等，采取了多种形式多种方法转变家长观念。

> 我们督导做家访的目的就是做家长的工作，让家长认同孩子学前学好普通话这个意义。通过做连续两年4个假期，做了很多家长工作。家长都认识到孩子的哥哥姐姐可能之前没有参与过“学普”，他在小学是一个什么样的学习状态，我们参与过“学普”项目的孩子上了一年级，他又是一个什么样的学习状态。（孩子之间会有）非常鲜明的对比。（技术保障单位负责人访谈—20201016）

同时，昭觉县结合“四好村”“四好家庭”“移风易俗 树文明新风”等创建活动，引导动员家庭自觉将学龄前儿童送到幼教点或幼儿园学习，变“要我学”为“我要学”。

县学普办经常组织“学前学普”相关活动，以营造社会氛围。2019年10月，昭觉县举办了首届幼儿讲故事比赛和“一村一幼”辅导员普通话朗诵比赛，让幼儿和辅导员有机会大胆展示自己，为幼儿和辅导员提供了展示自我的舞台，提高了他们的自信和勇气。来自全县7个片区、9所幼儿园（含民办）、11所县城（乡镇中心校）学前班的27名幼儿和全县21名辅导员参加了此次比赛，县域内300余名“一村一幼”辅导员进行了观摩学习。2020年6月，凉山州“学前学普”办、昭觉县“学前学普”办和技术保障单位联合举办了以“学普缘牵足球情携手共筑中国梦”为主题的“六一”庆祝活动，推动“学前学普”行动与体育运动相结合，类似活动在县域内较为显著地扩大了“学普”行动的社会影响力。

部分幼教点的辅导员平时也会在家长群里面发送相关“学普”视频，请家长带领孩子学习。一些幼教点还会组织家长到幼教点参与亲子活动，让他们亲自感受孩子在幼教点发生的变化等，借此增强宣传效果。

让少数民族地区贫困家庭的家长充分认识到语言能力、学校教育对于孩子和家庭的重要意义并不容易。这些家庭中的家长对孩子的教育普遍缺乏长远的考量，因此让家长短期内即看到成效，对于全面推进“学前学普”行动是必要的。“学前学普”宣传活动不仅让家长了解了国家相关政策，同时也促进他们更加积极主动送子女入学接受教育，能够让他们看到发展成果，感受到孩子的变化，从而产生获得感。

第三节　“四位一体”打造行动试点典型县

毋庸置疑，从全国少数民族“学前学普”的长远发展来看，各县因实际需求有别，资源禀赋各异，因而在推进“学前学普”过程中，要坚持因地制宜的原则，结合县域实际情况谋划保护民族语言与推广普通话的思路和方法。当然，县域“学前学普”也面临着一系列共性问题，特别是共性的难点问题，譬如学前儿童体量大、普通话基础差，农村地区极度缺乏学前教育设施设备、合格的师资队伍、适合非国家通用语言母语环境学前儿童的教学资源和行动推进实施的经费保障，家长观念落后、幼教点管理不规范等，这些都是行动开展的障碍。昭觉在解答这些共性问题、难点问题时形成的做法和经验，颇具借鉴意义。

一　认识体系：统一思想、增进共识

昭觉县早在2013年就开始实施“1+9”模式，在学前教育阶段帮助彝族儿童接触普通话，打通语言关。当地教育部门顶着来自多方的压力，在资源极其匮乏的情况下，探索推进了这一模式的落实。在“学前学普”行动试点开始之前，当地干部群众已经有了思想逐渐统一的基础。正式开展“学前学普”行动试点之后，昭觉县召开了“学前学会普通话”行动推进会。会议指出，学前学会普通话行动是提高县域教育质量的必要条件，各乡镇及县级相关部门要高度重视，充分认识开展学前学会普通话行动的重要意义，切实增强推进学前学会普通话行动的责任感、使命感和紧迫感。[①]可以说，共识的形成是行动试点得以顺利实施的重要前提条件。该县县委主要负责人高度重视“学前学普”行动试点，对涉及“学前学普”的工作落实积极创造条件，本身也就是统一思想的信号。

除了本民族政治精英迫切希望通过教育改变民族落后现状，如前文所述，昭觉县还通过广泛的宣传动员积极转变普通家长和教师的观念，一些家长和教师的观念也因而发生变化。

> 我们做一些系列宣传工作，当时跟红军一样，我们不光是工作队还是宣传队。首先从家长层面，包括一些家长也想不通，孩子送过去学，他也有很多想法。再一个就结合公司开展的一系列活动，“小手拉大手学好普通话”，包括还有“学普”之歌，通过小喇叭大喇叭天天给他们播放“学好普通话，走遍天下都不怕”。通过这一系列的宣传，然后结合着扶贫，结合很多事例跟他们讲，语言有障碍，出去打工你就走不远，甚至出不去，或者工资低……我们负责一线的这些人下去看，包括到乡里边也好，去家访也好，他们（家长的）这个观念都是有很大提升，就认可这个“学普”行动。因为认为政府开展这个

① 《昭觉县学普办2018年“学普”工作总结》。

项目是为他们好，为了他们脱贫，是为了孩子走出大山，更好地发展，由原来的抵触到现在的欢迎。我们有很多感人的事情，我们老师家访，家长自己煮的鸡蛋非让带走，要不就是杀鸡，就跟当年红军进村（受到的礼遇）一样的……（技术保障单位负责人访谈—20201016）

在强烈的使命感驱使之下，昭觉县辅导员虽然工资只有每个月 2000 元左右，但很多辅导员放弃了更好的工作条件和发展机会。一些幼教点的条件非常艰苦，比如有的幼教点设在悬崖地形附近，交通非常不便，有的甚至一开始没有住的地方，不过很多辅导员都坚持了下来。

我们两个有的时候真的顿顿吃土豆，有时候也觉得挺不容易的……她家是西昌的，我家在县上……有时候周末回去的话可以带一点吃的过来……在这里坚持都是为了自己的同胞嘛……（昭觉县某幼教点辅导员访谈—20201019）

学校是板房，一间教室一间辅导员住房，电也不通，床也没有，很糟糕。教室里的桌椅板凳全是泥巴，脏得无法形容，（我）向村民借了洗衣粉和刷子把桌椅洗了一遍。因为孩子少，桌椅也就只有三四张……辅导员住房里面什么都没有，当时没法住，就暂住在村民家，吃饭也是在村民家吃。就这样在村民家住了一星期，我的吃饭住宿成了严重问题……其实我们在幼儿教育中所遇到的困难和问题都是暂时的，只要我们怀着勇敢、热情的心去挑战，难关肯定会过去的。所谓“一分耕耘，一分收获”。如果有一天，你发现自己的付出得到肯定或回报时，你会觉得再苦再累也值得。孩子们的微小进步都会给我们带来莫大的安慰和鼓励。[①]

辅导员的坚持不仅是出于对事业的热爱、对孩子们的关爱，也包含了

① 资料来源于“学前学会普通话”行动 2020 年活动全员提能竞赛活动之“学普”征文：昭觉县哈甘乡瓦伍村幼教点选送的文章《悬崖上的我和他们》。

他们对民族地区未来发展的美好期待。由此，昭觉县在全社会从上到下统一思想，形成了合力，激发整个民族的内生动力，共同推动了这一行动开展。

二　组织体系：科学规划、推动落实

为了配合“学前学普”行动的顺利开展，昭觉县建立了相应的领导机构，并及时落实人员保障。县委、县政府成立昭觉县“学前学会普通话”行动实施工作领导小组，乡（镇）也组织成立了“学前学普”行动实施工作领导小组，全面统筹“学前学会普通话”行动实施。

县里的领导小组下设办公室（以下简称“学前学普办”），办公室设在县教体科局，由县“学前学普办”作为实施“学前学会普通话”行动的日常工作机构，设立专门的办公场所并挂牌，配备专职人员，具体负责试点工作的组织、协调、监督、指导和宣传。各乡（镇）对照成立本乡（镇）“学前学会普通话”办公室，负责组织实施和统筹推进本地的各项工作。学前学普办充分发挥了“学前学普”行动实施中的综合协调、组织实施、监督检查等作用。

除了成立新的组织机构完成特殊职能外，昭觉县还充分发挥现有职能部门和组织人员的功能。譬如，为了进行学龄前儿童数据的精准锁定和动态管理，现有精准扶贫体系中的驻村扶贫干部和村两委发挥了关键作用。另外值得一提的是，昭觉县保留了片区教办（现称为片区督导室）的派出功能，民族地区正常行政结构为县—区—乡—村，昭觉县在县—乡之间保留了片区，由一个片区分管6至8个乡（镇）来代行教育局对整个片区的教学管理职能。

> 因为县太大了，280多个村，教育局管不过来，所以我们当时就没撤教办。没撤教办有个好处，就是教办可以对整个面上的片区的中学校、幼教点进行有效管理。教育局几十号人根本管不过来，所以现在我们发挥教办的派出机构的职能，交给他们管就规范得多。别的县有的有（教办）有的没有。像有些他不用，比如安宁河谷，因为它基本上都是通村路是修好的，都可以自己去。但是我们这边这两年脱贫

攻坚以后，才实现村村通硬化路，之前没有的，教育局跑不过来。所以我们当时就把管理架构留下来，还是发挥了作用。（昭觉县副县长访谈—20201015）

如前文所述，昭觉县根据凉山州学前学会普通话行动实施方案精神，结合县情实际，制定了《昭觉县“学前学会普通话”行动实施方案（2018—2020年）》。其中，昭觉县教体科局主要负责幼教辅导员和学生的组织管理、协调等工作；县委宣传部负责正确引导舆论方向，加强舆论监管，及时正面宣传学前学会普通话行动的推进情况和实施成效；乡镇党委政府、村“两委”及乡镇中心校负责本地实施推进工作，驻村工作队安排专人负责工作推动。

在开展“学前学普”行动试点教学工作过程中，昭觉县将组织管理、协调、舆论引导、实施推进、监管考核等工作都落实到相关单位，确保“学前学普”行动试点教学工作顺利实施。昭觉县在行动试点过程中，逐渐探索出了因地制宜、精准实施的方法体系。因地制宜主要体现在根据县情实际组织统筹现有要素，“不铺大摊子”“不搞大而全”，同时合理规划试点进程，采取循序渐进的方式开展工作。精准实施主要体现在精准锁定数据和创新评估方式精准施策等方面。

为了推动行动试点因地制宜开展，昭觉县积极统筹整合现有园点、人力、政策、社会支持等各方面要素。首先，为了让农村地区特别是边远山区的学前儿童获得学前教育机会，在尚未覆盖学前教育资源的行政村和人口较多、居住集中的自然村，通过统筹整合村委会活动室、富余校舍、闲置小学以及租用民房、新建校舍等方式设立幼教点，让过去只能在田间地头、山坡草地“散养”的农村儿童进入幼教点接受学前教育特别是普通话教育。2020年全县幼儿入园率78.51%，与2019年秋季学期相比入园率增加了1.51个百分点。

其次，因为昭觉县涵盖了凉山彝族四种方言，为了普通话零基础的幼儿（刚进幼教点）能和辅导员进行沟通交流，更好地进行普通话教学，昭觉招聘了数批辅导员。自2015年10月开始按户籍、专业、学历、年龄依次优先聘用的原则聘用辅导员，到2018年9月开始采用面向社会公开考试聘用（补充空缺岗位）择优录用的方式进行辅导员招录。另外，为了更好地因地制宜开展工作，技术保障单位在组建督导队伍时也选择了就地招募，昭觉县督导组的10位督导都是当地彝族人。除了人员配备之外，在教学资源研发时也请了相关专家针对当地幼儿专门研发。

最后，“学前学普”行动试点开展以来，昭觉县充分利用国家、省、州各项政策全力保障行动的有力推进。通过学前教育第三期行动计划、“一乡一园”计划，增加学前教育点学位，满足适龄儿童入园需求；利用东西部扶贫协作政策，把“学前学普”行动纳入广东佛山市东西部协作计划帮扶项目；统筹整合省州相关政策，为辅导员发放劳动报酬，减免学前儿童保教费和营养午餐等。同时，也广泛动员社会团体、爱心企业从资金、项目、技术、宣传、设施设备等多方面、全方位支持“学前学普”行动。

在具体实施策略上，行动试点主要采取循序渐进的方式进行。行动实施方案明确了按照“先行试点、总结优化、全面推广”的实施步骤。2018年6月至8月是试点准备阶段，这一阶段的主要任务是挑选幼教点开展教学预试点，并在预试点幼教点进行测试、修改、完善。从2018年9月起进入试点实施阶段，主要任务是在对试点准备阶段进行教学效果评估并及时优化工作方案的基础上，在全县所有幼教点、幼儿园实施。从2019年6月起，进入试点评估阶段，对试点实施工作进行评估，总结提炼模式。从2019年9月起，进入全面实施阶段，将第一阶段试点实施中总结的“学前学会普通话”经验和模式，在全县范围内推广实施，并进一步优化民族地区“学前学会普通话”的方案。从2020年9月起，进入常态化实施阶段，全面实现所有幼教点、幼儿园在“学前学会普通话”管理模式、课程方案、教学模式以及辅导员、幼儿教师教学能力、教学效果的监测评估与考核等方面达到可复制、可持续的状态，形成“学前学会普通话”行动的长效工作机制。[①]

此外，教学也采取循序渐进的方式。由于历史、地理等各种因素，大部分学前幼儿入园前的普通话是零基础，逐步开展“教普学普”工作是不二选

---

① 《昭觉县“学前学会普通话”行动实施方案（2018—2020年）》。

择。行动试点分为第一阶段的“听懂”教学，该阶段辅导员用双语教学的方法，引导普通话零基础的幼儿去理解、听懂普通话；第二阶段的“敢说”教学，在幼儿能理解、听懂普通话的基础上，辅导员以民族地区幼儿说普通话开口难的问题为教育目标，鼓励引导幼儿敢开口说普通话；第三阶段的“会说”“会用”教学，辅导员以幼儿的语言思维、语言习惯为目标，将幼儿说普通话变成一种常态化，达到会说、会用的目标。

为保障行动的预期目标，“学前学普”行动在数据精准锁定、动态实施及评估方面进行了探索。首先，昭觉县建立了适龄学前儿童数据库，摸清适龄儿童底数，精准锁定数据，每年 11 月进行一次数据动态更新。数据的录入、管理和查询都可以在信息管理平台上操作完成。其次，在测评方面，凉山州组织专家制定了《凉山州“学前学会普通话”行动幼儿普通话达标测评标准（试行）》《凉山州“学前学会普通话”行动一年级小学生发展评价细则》《凉山州“学前学会普通话”行动效果比对方案》等标准和方案。基于凉山州测评要求，昭觉县每年对参与“学前学普”行动的所有儿童开展三级（州、县、校）三次（学年初测、中期监测和学年终测）普通话测评，对参加过“学前学普”行动的儿童进入小学后的发展情况开展以语言发展+为主的综合素质测评，对样本儿童持续定期开展“学普”效果跟踪视频比对分析。评估结果对于昭觉县及时发现行动实施过程中存在的问题、优化技术方案、精准实施举措等都起到了积极的推动作用。

三　引领型融合治理：政府主导、社会参与的行动试点

“学前学普”行动是一项集合了各方力量、汇聚了各方智慧，由政府主导、社会广泛参与的系统工程。其间涉及不同行动主体，这些主体扮演了不同的角色，彼此之间还要实现有效协调沟通，逐渐形成了“国家支持、省监督指导、州统筹实施、县统一管理、乡村实施、社会参与、专业机构技术保障”的运行管理模式。也正是在这个意义上，我们可以称“学前学普”行动是建立在由政府主导的引领型融合治理体系基础之上。

在“引领”的角色机制上，凉山州建立健全了四项工作机制。一是沟通机制。县学前学普办按照“每周一梳理、每月一小结、每季一汇报、半年大总结、每年一评估”的要求，及时总结上报工作推进情况。二是督查

机制。建立了三级督查机制，包括学前学普办组织的常态业务指导督查、各成员单位共同参与的定期综合督查以及县脱贫攻坚抓落实督导组开展的专项督查。三是评估机制。为更好地了解和掌握“学前学会普通话”行动实施效果，在原国务院扶贫办、教育部组织对幼儿学习普通话效果评估的基础上，建立了自查评估机制。四是考核机制。县脱贫攻坚领导小组对乡（镇）党委、政府“学前学会普通话”工作推进落实情况进行考核；县学前学普办对乡（镇）学前学普办工作开展情况进行考核；由技术保障单位和县学前学普办共同开展对幼教点辅导员和幼儿教师的教学评价考核。通过上述四项工作机制，昭觉县在上传下达、成员单位之间协调上比较顺利。

> 我们在推动“一村一幼”时就有一些部门进来了，但是力度不是很大的，因为主要我们还受得了，能够推得起来。但“学前学普”就不一样了，“学前学普”州上也要每个月都开展一次视频调度，开会的时候每个组成部门都要参会，包括我们县里面有重大的这方面的工作协调的时候，我们（教体科局）和他们（成员单位）沟通很顺，他们各个部门都要全力支持我们的这项工作，因为大家都统一了思想，提高了认识。（昭觉县教体科局局长访谈—20201017）

政府与技术保障单位即企业的协作方面，由于双方较早统一了认识和目标，理顺了关系，合作也就比较顺利。技术保障单位经常与昭觉教育部门开会沟通，比如 2019 年 2 月召开“学前学会普通话”行动技术方案协调会和信息化平台操作培训暨测试会、2019 年 6 月召开“学前学会普通话”行动技术方案协调会、2019 年 10 月召开“学前学会普通话”行动全覆盖工作推进会、2020 年 5 月召开县学普办与技术保障单位工作联席会，等等。通过定期开会，双方及时沟通、完善工作部署、各尽其责，政企的高效合作成了行动试点顺利推进的重要保障。

> 我们华言在里边是个什么角色？是为政府服务的，我们是做技术保障的。我们凭什么到人家县政府去办公？我说这是政府的项目，是政府忙不过来，我们提供一些技术保障，现在就很理顺了。现在

尤其是凉山州政治站位很高，意识到国扶办和教育部开展这个项目是肯定有好处的。然后他们对这个项目也很支持，包括对华言开展技术相关工作都是给予了大力支持。（技术保障单位负责人访谈—20201016）

技术保障单位跟我们这边的学前学普办的合作一直很好。（他们）刚过来的时候当然会有一些磨合期，磨合这是完全正常的，但现在合作得很好，他们很负责，也很专业。现在跟学普办这边的合作，这个模式应该是值得推广的。有他们和没有他们是两回事。（昭觉县副县长访谈—20201015）

技术保障单位在开展“学前学普”行动过程中，自身也形成了包括研发体系、教培体系、督导体系和考评体系在内的规范化运作体系，从而既为行动提供专业服务保障，也成为政府之外有力的管理力量。此外，昭觉县还统筹了其他社会资源，广泛动员社会团体、爱心企业和高校，从资金、项目、技术、宣传、设施设备、师资培训等多方面，全方位支持“学前学普”行动开展。

可以说，“学前学普”行动作为引领型融合治理在语言扶贫领域的一个典型案例，社会力量的充分动员和积极参与，既是该治理模式的重要特征，也是这种模式能取得预期治理目标的重要条件。

第四节　昭觉行动试点的四重成效

一　语言：通用语言水平的提升

实施“学前学普”以后，昭觉县加强幼教点管理，规范了一日流程和作息时间，严格保证辅导员和幼儿在园时间，幼儿保证在园时长不少于6小时，辅导员不少于6.5小时。行动试点在诸多方面取得了显著成效，最直接体现在大部分幼儿实现了“听懂、会说、敢说、会用”的目标，能够用普通话表演律动操手指操、朗诵儿歌3~8首，并愿意主动上台表演，愿意与老师、同伴用普通话交流。行动试点让幼小衔接变得更加顺利，儿童进入小学后发展态势良好，学习成绩得到提高。有小学教师在访谈中讲到了她对这些变化的切身感受。

> 自从“学前学普”来了以后，我们小学阶段的老师教起来非常轻松，不像以前一样。以前是那种六七岁他们就入学了，连幼儿园都没读过，然后老师教写字，语言上真的很困难。现在是一个突飞猛进，有个很大转变。……这些孩子以前到了四五年级才能够正常和我们交流。以前我们上课必须用双语教学，现在汉语教学他们也能听得懂。反正这是一个质的飞跃。孩子是非常渴望读书的，老师也平时教育他们，你们长大了要走出大山什么之类的，所以孩子们也对学习非常渴望，也很认真。现在我们班上有些孩子能够考 90 多分，数学有时候还考 100 分，还不错。（昭觉县四开片区中心校二年级班主任访谈—20201015）

在幼儿普通话测评成绩方面，2020 年秋季学期昭觉进行了在园幼儿全员测评，测评幼儿应测 15758 名，实测 15758 名，测试成绩优秀 1492 名、良好 2860 名、合格 6189 名，总平均分 56. 59 分，总合格人数 8309 人，总合格率为 52. 73%。支持型幼儿园合格率 65. 56%，学龄 0 年合格率 25. 55%，学龄 1 年内合格率 55. 63%，学龄 1～2 年合格率 89. 05%，学龄 2 年以上合格率 100%；管理型幼教点合格率 48. 47%，学龄 0 年合格率 7. 89%，学龄 1 年内合格率 57. 06%，学龄 1～2 年合格率 87. 85%，学龄 2 年以上合格率 96. 22%。县级普测中 2021 年 9 月进入小学一年级学生总计 6624 名，实测 6624 名，总合格人数 5439 名，总合格率 82. 11%。[①]

幼儿的进步给周围的人们以惊喜。为了给孩子营造良好的语言学习氛围，幼儿园（点）里一些原本习惯用方言交流的老师也逐渐养成了讲普通话的习惯。

---

① 来源于昭觉县“学前学会普通话”行动《2020 年秋季学期学前儿童普通话过程监测基础信息表》（县级普测）。

以前我和我的同事之间，也曾因为区域问题和整体氛围原因，工作中全程普通话交流沟通也成了问题。有些老师说了，可是坚持不到几天；有些老师觉得不好意思说，开不了口；更有些老师因为我园这样的要求离职了。看似简单的说普通话的要求，却使正常交流和沟通变成了老师们心中的无形压力。现在因为推动有力、宣传到位，从幼儿到教师到家长，我们的全程普通话教学、沟通交流，虽有瑕疵，但已有了非常明显的进步。咱们的家长也愿意开口说普通话了，咱们幼儿园的小朋友也都能用普通话说话、背儿歌了。[①]

“学前学普”行动不仅影响了孩子自己，也带动了孩子背后家庭语言环境的变化。在孩子上幼儿园参与“学普”之后，一些家长也逐渐开始学习普通话。外出务工的家长尤为积极。

（外出务工的）家长们每年彝族年都会回到家里边跟家人团聚，惊喜地发现这些孩子能够用普通话来交流了，发现这些孩子原来是通过在幼教点学习普通话，然后有提升。他们就感觉我自己的孩子都能够通过学习提高自己的普通话能力，我们为啥不能够成为他们的榜样，然后跟着他们学，甚至拜他们为小老师，以便以后出去打工，方便跟大家交流。有了这种契机了以后，家长们会主动跟孩子们学习，甚至通过媒体学普通话，就是看电视听广播。昭觉县语委也举办了一些外出务工（人员）的普通话培训。他们通过这些培训，普通话也得到了非常大的提高。家长也主动能够去学习普通话。（昭觉县学普办主任访谈—20201020）

由此可见，“学前学普”行动试点虽然主要是针对学龄前儿童开展，实际上也在一定程度上让整个社会逐渐形成了学习普通话的氛围。

---

① 摘自“学前学会普通话”行动2020年活动全员提能竞赛活动之“学普”征文：昭觉县喜羊羊幼儿园选送的文章《不忘初心勇担当，争做美丽幼教人》。

二 习惯：学习习惯的改变和移风易俗的产生

行动试点带来的变化在宏观层面体现为国家通用语言的普及，在微观个体层面则表现为幼儿性格和诸多优良习惯的养成。一是行为习惯方面。彝族本身是含蓄内敛的民族，加上幼教点的孩子很多是留守儿童，孩子们缺少父母的陪伴，跟着祖辈生活在一起。而祖辈通常忙于农活家务，经常顾不上孩子。这很容易造成孩子性格偏内向、胆小、孤僻、不敢讲话。但是进入幼教点经历“学前学普”之后，很多孩子的性格开始变得活泼开朗、更加自信，能主动与人打招呼并使用礼貌用语。

通过踩点，我们确实发现了这些孩子的变化非常大。之前这些孩子见到陌生人，他不会主动打招呼，而是会躲起来，躲在大人背后，是绝对不会主动跟你说话的。但是我们这两年到点上去看的话，这些孩子真的变化（非常大）。就简单的一个拍照的事情来说，以前你别说给他拍照，跟他说一句话，他都会把脸转过去，不愿意跟你交流。但是现在他学会普通话了以后，你跟他（主动）交流……然后拍照的时候，他还会跟你摆那个姿势，问这样好看吗？我们通常拍照结束以后，都会把照片拿给孩子们看，他们都非常乐意跟你交流，甚至主动给你表演节目什么的。（昭觉县学普办主任访谈—20201020）

二是学习习惯方面。“学前学普”行动试点让幼儿能逐渐适应集体生活，对学习逐渐产生兴趣。并且，不少幼儿养成了一定的规则意识，比如开始有了上下课的观念。其他改变还包括上课更加专注、能主动且大胆回答问题，等等。这样的案例很多，彝族孩子 GB 的例子具有一定的代表性。

4 岁的 GB 是一名彝族小朋友，刚进入幼儿园的前一两个星期基本上是在焦虑、不安、哭泣中度过的，整天跟在老师后面，唯一和老师哭诉的几句大概就是“我要回家、我要奶奶、我要妈妈”之类的彝语。经过两个月的幼儿园生活之后，GB 能用普通话向家人说“再见”、主动向老师问好，并且这个阶段开始喜欢“告状”。“告状”时汉语夹杂着彝语，表达不清楚时还借助肢体语言辅助，这时候基本适应了集体生活，经常和几个小朋友一起游戏玩耍，乐于与同伴交流了。第三个月时，他能完全听懂一日生活中老师和小朋友说的普通话，也更加主动、自信地去表达。第四个月之后，已经完全能在老师或同伴的示范下准确清楚地说出生活中常用的句子，并且能用普通话背出《少年中国说》、《三字经》、一些古诗、儿歌，做手指游戏等，也变得活泼开朗了，老师提问他都会高高举起小手。

第一天上课，孩子们没有上下课意识，随便想干什么就干什么，上厕所他也不会跟老师说直接就跑出去了。前面几周我真的很崩溃，之后慢慢从行为习惯教起……从来上课时的老师早上好，到放学后老师再见，每天都要让他们养成习惯。一直在课上强调，校园内要讲普通话，同伴之间的交流沟通都要用普通话，从什么都不会到慢慢地会自我介绍，很欣慰，一首儿歌都不会到每天能听到他们响亮歌声。①

三是生活习惯方面。学前教育让幼儿逐渐养成了“五洗”的卫生习惯，能够做到饭前便后洗手、刷牙洗脸，个人卫生意识较为显著地得到提高。

现在我们首先强化孩子的就是五洗，即洗脸、洗手、洗衣、洗脚，还要洗澡。我们要求就是一周洗一次澡，每天都要洗脸洗手，把衣服穿干净以后再入园。在门口所有的老师监督孩子把他们的手脸全部洗干净了，再入园，强化他们的爱卫生的习惯。就是要一点一点地、一学期一学期地打造。比如说我们的行为习惯，他的礼貌用语的习惯，包括他们在吃饭的时候，要教育他们不要浪费粮食，从小就形成勤俭节约这样的一些好习惯。习惯很重要，我们幼教点重点就是要培养他们的这几个习惯。（昭觉县四开片区教办主任访谈—20201015）

① 摘自“学前学会普通话”行动2020年活动全员提能竞赛活动之“学普”征文：昭觉县哈甘乡瓦伍村幼教点选送的文章《悬崖上的我和他们》。

此外，孩子们还逐渐养成了自己的事情自己做、不浪费粮食、爱护环境卫生等良好习惯。幼儿园教师对这些方面的变化感受很深。

> 最开始的时候，他们丢垃圾的时候，不会把垃圾丢在垃圾桶里，而是扔在地上。我都会提醒他们将垃圾丢在垃圾桶里。有时候有些小朋友听不懂，我就用手指向垃圾桶的方向。小朋友就马上明白了走过去，将垃圾丢在垃圾桶里。上课的时候也会提醒他们，现在这学期来了新的小朋友，还没有学会将垃圾丢在垃圾桶里。当我说，把垃圾捡起来丢在垃圾桶里，马上就有几个老生冲过来捡地上的垃圾丢在垃圾桶里，好像垃圾是宝贝一样。[①]

幼教点的孩子们在学校养成了良好习惯，回家之后还会教给家长。通过“小手牵大手”活动，带动家长开展“讲文明、尚科学、改陋习、树新风”活动，从而潜移默化地树立了文明意识。“小手拉大手”让农村地区出现了孩子教家长讲普通话、打扫卫生的新风尚。广大群众也积极参与到“三建四改五洗”、[②]“四好”村、“四好”文明家庭创建活动中，彝区现代文明生活方式借此逐渐形成。

三　就业：创造更多就业岗位

“学前学普”行动试点的开展在很大程度上推动了地方的劳动就业，主要体现在以下几个方面。首先，对于家长来说，学前儿童进入学前教育之后，父母照看子女与发展生产之间的矛盾得到有效解决，家长可以外出打工，也可以去种地、放牧，生产劳动时间得到有效保证，家庭收入得以提高，生活质量得以改善。

> JNXF的妈妈AZWJ今年28岁，是三个孩子的母亲。2018年9月，

① 摘自“学前学会普通话”行动2020年活动全员提能竞赛活动之“学普”征文：柳且乡阿波洛村幼教点选送的文章《最美的时光》。

② “三建”即建庭院、建入户路、建沼气池，“四改”即改水、改厨、改厕、改圈，“五洗”即洗脸、洗手、洗脚、洗澡、洗衣服。

她送 4 岁的 JNXF 去村里的幼教点接受学前教育，家里的一切都开始慢慢变好，她表示过去背上背一个，手里拉一个，连地里的土豆都管不好。JNXF 去了幼教点，有老师照顾教育，白天我就去草莓大棚里打工，一天能赚 60 块钱。①

其次，“学前学普”行动试点在县域内新增了工作岗位，吸纳了部分劳动力就业，主要体现在辅导员队伍和督导员队伍的建设上。

在辅导员方面，昭觉县为开展“学前学普”行动招募了大量辅导员。这些辅导员大多户籍都在本县，2020 年在岗辅导员有 607 名。通过培训和教学实践，很多辅导员对“学普”行动的重要意义有了深刻认识，工作积极性得到了很大提高；专业技能方面，他们也逐步具备了普通话教学能力，教学技能水平得到大幅度提升；通过技术保障单位各种培训和教学指导引领，辅导员大多能够按照一日流程完成当日教学内容，教学日益规范，减少了教学过程中的随意性；他们还能自主设计制作幼教点环创，为孩子们营造良好的语言学习环境。此外，相当一部分辅导员已经能够按照教案完整且顺利地组织教学活动。除了专业知识技能、专业素养提升之外，他们还从这项工作中获得了成就感、荣誉感，社会责任感也逐步加强，实现了和幼儿的共同成长。

这项学前语言教学大行动开展以来，我先后到县里、成都、攀枝花等地参加“辅导员能力提升培训与学前学会普通话”行动培训。多次培训让我的教学能力得到了提升，更为重要的是帮助我打开了教学新的思路、找准了教学方向、找到了教学方法。开展“学前学普”行动以来，改变的不仅仅是幼儿，还有我们每一位辅导员。我觉得我们和幼儿们在共同成长着。②

① 郭少雅、吕珂昕：《第七个国家扶贫日丨加速奔跑的孩子们》，2020 年 10 月 17 日，https：//mp. weixin. qq. com/s/v73mciCpXlfz_ Y_ upu2XHQ。

② 摘自“学前学会普通话”行动 2020 年活动全员提能竞赛活动之“学普”征文：树坪乡汝地甲古幼教点选送的文章《我的“学普”故事》。

在督导员方面，技术保障单位工作人员刚开始工作时因语言不通，与当地人存在较为严重的沟通障碍。考虑到行动试点结束后行动可持续推进的问题，公司选择在当地招募一批有从事学前教育经历或专业背景的年轻人作为督导员，工作由此逐渐步入正轨。

他们技术保障单位这边，因为当时来的时候有很多的语言问题、沟通问题，所以闹了很多笑话。但是后来他们及时做了调整。比如说，他们专门招了凉山本地的这种懂学前教育这方面的年轻的孩子充当翻译工作人员，这个问题就迎刃而解了。跟当地政府的沟通协调、跟当地乡镇学校家长的这种协调，这方面现在已经步入正轨了，他有很多会双语的工作人员，招到本地的姑娘小伙子就解决这个问题。（昭觉县教体科局局长访谈—20201017）

督导在“学前学普”行动中主要起监督和指导作用。由于辅导员群体的教育程度和专业水平有限，招募的督导要在专业能力上高于辅导员，才能在教学方面对辅导员进行切实指导。

咱们现在是10个督导员，7个片区，然后有2个片区是2个督导去监管，其他片区的话就是1个片区1个督导这样去的。1个督导员的话，1个月他跑点数是20个，就相当于22个工作日，他可能每天都在下乡去跑幼教点。（昭觉县督导组组长访谈—20201014）

昭觉县共有284个幼教点，2020年有督导员10名，他们按照月计划和周计划下到幼教点进行督导工作落实。技术保障单位管理着11个县市的督导员队伍，每个县都有10名左右督导员，人员基本都是从当地招募而来。

四　观念：转变观念教育脱贫

从“1+9”模式、“一村一幼”到2018年“学前学普”行动试点，昭觉县一直通过各种方式对家长进行宣传教育。家长从对教育脱贫不抱希望，到积极主动把孩子送到幼儿园（点）接受“学前学普”，教育观念发生了很大转变。

之前彝族（家长）不让他的孩子去（上学），（孩子去）放羊都可以。因为他看不到教育能给他带来的好处。实际上很多外面的家长不理解彝族地区，为什么那么多家长不愿意送子女读书，因为门槛太高了，他看不到教育对他整个家庭带来的好处。（昭觉县副县长访谈—20201014）

对于孩子们来说，学会普通话影响的不仅仅是孩子们自己，还有孩子们背后一个又一个的家庭。我们幼儿园孩子们的家长就经常说，他们的孩子在学校学会说普通话了，学会说汉语了，回到家也可以教他们说，这样他们自己也可以用普通话和别人交流了。看着自己的孩子能够在幼儿园学习收获这么多的知识，学会说普通话，他们由衷地感到高兴。①

孩子入园（点）学习普通话之后，养成了良好习惯，成绩也有了明显提升，使得广大少数民族家长主动送幼儿入园就读的积极性高涨，真正实现了“要我学”到“我要学”的转变。家长观念逐渐发生了改变，对教育改变贫困现状的信心增强，开始主动把孩子送到幼儿园（幼教点）。甚至，有的家长向教育局投诉幼儿园不教孩子小学课程，只是做游戏。虽然家长对于专业的幼儿教育方法不甚理解，但这却从侧面体现了家长对教育的重视和教育观念的转变。

---

① 摘自“学前学会普通话”行动2020年活动全员提能竞赛活动之“学普”征文：昭觉县四开乡梭梭拉打村幼教点石一阿支《“学普”之路》。

第十二章

上下联动与多元治理：越西县案例

第一节　越西县情及其教育贫困

一　县域状况

越西县隶属四川省凉山彝族自治州，地处凉山州北部。全县面积2256.47平方公里，有10镇、28乡289个村及5个社区。县内有彝、汉、藏、回等10多个民族，是以彝族为主体的多民族杂居县。越西县古称越嶲，因越过嶲水设郡县而得名，素有“文昌故里”之称。明洪武二十五年（1392年）设越嶲卫，清雍正年间改为越嶲厅。1913年，改为越嶲县。1935年中央红军长征过越西，700多名彝汉青年参加红军，是凉山州参加红军人数最多的地区。1950年，越西解放。1959年，更名为越西县，1960年普雄县撤销后并入。

截至2019年末，全县总人口37万余人，其中汉族占总人口的18.89%，彝族占总人口的79.85%，藏族与其他少数民族仅占总人口的1.26%。另外，总人口中农业人口占83.1%。2019年全县常住人口31.4万人，其中城镇常住人口9.6万人，城镇化率30.57%。从经济社会发展指标来看，2019年全县地区生产总值为52.57亿元；地方公共财政收入完成1.62亿元。城镇居民人均可支配收入28187元，较上年增长8.75个百分点；农村居民人均可支配收入10763元，较上年增长11.87个百分点。[①]

① 数据来源于越西县人民政府官网公布的相关县情统计数据。

越西县内自然资源较为丰富。一是农业资源丰富。十大特色农业不断壮大并创出品牌，越西苹果、甜樱桃、贡椒、绿色马铃薯荣获“国家地理标志保护认证”，45个农产品获“大凉山农特产品”授权，是全省马铃薯良种繁育基地、全州清甜香型烤烟主产县。二是绿色资源多样。越西是全国重点生态功能区，已知县内分布树种65科230种，可供药用植物162科903种，常用中药和稀有名贵药材150余种。三是旅游资源富集。保安尔苏藏寨、新民梦回蜀乡、大屯果乡秋韵、丁山樱红庄园、中所水韵之乡、南箐红色记忆、马拖驿路花海、书古湿地绿洲、普雄五彩梯田、申果庄林海寻幽共同构成了越西十景。

越西县是四川省45个深度贫困县之一。受历史因素、地理环境、社会发育程度等影响，全县贫困面广、量大且程度深。越西1994年被定为国家级贫困县，2001年被列为全国扶贫开发工作重点县，2011年进入乌蒙山片区区域发展和扶贫攻坚规划实施县。脱贫攻坚之初，全县共有建档立卡贫困村208个，占所有行政村的71.9%；贫困人口19474户共82034人，约占总人口的21.9%。

常言道，“要致富先修路”。脱贫攻坚期间，越西县始终把建设农村公路作为助农脱贫致富的基础性工程，逐步推进交通项目建设，建设了村村通公路，打通了致富之路。按照“中央及省级资金补助一部分、涉农资金整合一部分、县级自筹一部分”的思路，越西共筹集了2亿元用于乡村公路新改建工程。脱贫攻坚之前，县内有国道2条共120.5公里，省道2条共87公里，县道2条共86.4公里，乡道146.269公里，村道618.339公里，旅游产业路28.2公里。2018年底，越西县提前实现全县289个建制村、38个乡镇通村通畅率100%和通乡油路100%。[①]

脱贫攻坚让越西的绝对贫困状况获得历史上的最大改观。2019年底，全县已退出贫困村197个，脱贫17082户73495人，完成脱贫总任务的90%。其中，村退出、户脱贫进度分别达到94.7%、88.1%，贫困发生率由24.8%降至2.78%。[②] 通信网络、学前教育设施、通村硬化路、民俗文

① 交通条件的相关情况主要参考越西县人民政府官网中相关描述。

② 数据依据越西县扶贫移民局提供的相关统计资料整理。

化坝子、卫生室和文化室等实现了208个贫困村的全覆盖。2020年底，越西县完成了剩余11个贫困村退出，实现了脱贫摘帽的目标。

二　教育贫困

2012年，习近平总书记在考察扶贫开发工作时强调，“治贫先治愚。要把下一代的教育工作做好，特别是要注重山区贫困地区下一代的成长”。[①] 而“治愚”的关键在于发展教育。发展教育与扶贫是相辅相成、相互促进的关系。具体而言，教育可以提升劳动者的人力资本，帮助贫困人口掌握脱贫致富的技能，进而阻断贫困的代际传递，实现贫困人口脱贫并有效避免其返贫。

教育扶贫的成效受制于教育规律本身，而教育规律又依循个体发展规律，因而教育扶贫的成效关键在于是否有效地遵循个人成长和发展规律。对个体而言，早期教育阶段是人的智力发展、道德发展以及个性品质发展的重要阶段，因而针对早期教育的扶贫工作对于教育扶贫整体战略目标的实现具有奠基性、先决性的现实意义。[②] 贫困地区尤其是偏远山区、少数民族地区，由于交通不便利、信息闭塞、教育观念落后、不重视下一代教育，难以依靠家庭自身力量切断贫困的代际传递，这些事实构成了开展教育扶贫工作的现实困境。

脱贫攻坚战期间，越西县围绕“扶贫与扶志和扶智相结合”进行了一系列部署。在教育扶贫方面则以学前教育与义务教育均衡发展为主线进行了整体布局规划，通过整合县级层面的各类资源保障教育支出。基于此，越西县在县域范围内构建了覆盖学前教育、义务教育、普通高中教育、职业教育、高等教育、民族教育、教师队伍、学生资助、考试招生等全方位的教育精准扶贫体系。越西县通过“由点到面”的一揽子支持计划，确保了教育的精准扶贫和精准脱贫政策真正惠及广大贫困群众，进而从整体上提升了当地的教育发展水平。

---

① 中共中央党史和文献研究院：《习近平扶贫论述摘编》，北京：中央文献出版社，2015，第24页。

② 汤颖、邬志辉：《贫困地区早期教育扶贫：地位、挑战与对策》，《中国教育学刊》2019年第1期。

与其他多数贫困地区的贫困县一样，越西县同样也面临着教育投入不足、教育覆盖不全面的问题。但历史上的越西却是文化底蕴深厚的地区，孕育了独特的文昌文化。据记载，越西是文昌帝君张亚子的诞生地。[①] 文昌文化起源于西晋，鼎盛于盛唐，在宋元明清发扬光大。经过长时间的发展和沉淀，“扶植斯文、化淑民心”的教义始终贯穿于文昌文化。换言之，文昌文化对于个人有着传授知识和教化的作用，这一作用尤其体现在教育上。文昌文化的核心便是文昌帝君，而文昌帝君的神职之一便是科举教育。早年民间就流传有“北孔子、南文昌”之说，一个被尊称圣贤人，一个被视作文曲星。在越西地区，旧时读书人在拜谒完孔圣人后，均要到城里的文昌宫或魁星楼再次叩拜文昌帝君，以求高中皇榜。越西民间有一说法“不怕文章高北斗，只怕朱笔不点头”。“朱笔”指的便是魁星楼里的文昌朱笔。另，文昌帝君的《劝学文》不仅规劝学生要明伦、明理、知礼、知耻、有涵养、有知识、有创见，同时也要求学子读书不要好高骛远，要为用而学。

尽管文昌文化拥有1700多年的历史积淀和文化内涵，但在越西这个诞生地却沉寂了多年。为传承文昌文化，也为借助文昌文化打造地方品牌、提升地方形象，越西举办了“中国·越西油菜花节”，希望借此文化活动的召开推动传统文化的弘扬，普及“举善止恶、修身养性、以孝事亲、荐贤重文”的文昌文化，从而为越西挖掘历史、开发旅游和拉动经济找到一条新道路。事实上，文昌文化的宣传也是传承和弘扬中华优秀传统文化、坚守传统美德、开展社会道德教化的一个有效途径，也是提高人文素养和思想道德素质的一种方法。

即便越西可算是文昌文化的发源地，[②] 但其受限于地理、交通、多民族聚居以及教育资源投入不足等原因，因而整体上教育仍较为落后。一方面，义务教育阶段的控辍保学作为越西地区的拦路虎之一，一直是影响和困扰越西脱贫攻坚的关键因素。县内13~16周岁失学辍学的学生比例较

① 据《越西厅志》载：“张亚子晋太康八年二月初三，七十一化降生在中所卢林沟张老夫妇家中，字雾夫，后勤学苦练，羽化成神。”

② 越西县为南方丝绸之路“零关古道”重要城镇、文昌文化发源地，素有崇文尚善、尊师重教的人文传统。详见《四川省凉山州越西县控辍保学经验做法》，中国教育新闻网，2020年6月16日，http：//www.jyb.cn/rmtzcg/xwy/wzxw/202006/t20200616_337051.html。

高，部分辍学学生出去务工后对打工生活较为认同，部分未出去务工的辍学学生则行为习惯差。另一方面，学前教育本就是我国贫困地区教育发展的短板。据《2019年全国教育事业发展统计公报》，截至2019年，全国学前教育毛入园率达到83.4%，但实际上大多数贫困地区远远达不到这个入园率。从这两个方面来看，越西地区学前教育和义务教育的现实情况与文昌文化发源地这一印象相去甚远。

面对悠久历史文化与现实的教育困境这一特殊县情，越西县将教育作为激发内生动力、脱贫根的根本举措之一。脱贫攻坚期间，越西县将学前教育和义务教育均衡发展与脱贫攻坚工作同步谋划、一体推进，努力做到"五个优先"，即优先配备教师队伍、优先投入教育经费、优先落实学校用地、优先建设学校项目、优先解决教学设备。这一系列的教育扶贫举措为改善当地的学前和义务教育条件奠定了基础。

脱贫攻坚期间，越西县通过整合各类资源加大教育资源的投入，加上对口帮扶越西的单位和院校数量逐渐增多，教育扶贫取得显著成效。以义务教育阶段学生的"控辍保学"工作为例，2019年至2020年，越西县通过有效整合县级层面现有资源和对口帮扶资源，采取"集中编班+校外实训"的控辍保学模式，[①] 实现了动态清零。[②]

第二节　语言拦路穷根难断：行动试点的施策背景

教育扶贫是"通过教育来提升劳动者的综合素质，促进贫困人口掌握脱贫致富本领，阻断贫困代际传递"。[③] 事实上，在教育扶贫过程中，如何提升个体的人力资本，或如何提升个体在劳动力市场中的议价能力，这些都是教育扶贫助力脱贫攻坚行动的应有之义。

① 该模式针对已到务工年龄的学生和未到务工年龄的学生分别采取不同策略。对于前者主要是借助对口帮扶的学校、高校资源来实行集中（技能）授课，并做好工作对接；对于后者则是通过言传身教的方式劝学。

② 动态清零主要是指在"控辍保学"的过程中实现信息管理系统中的数据在一定时段是清零的，这一措施主要是考虑到无法完全避免出现辍学的学生、系统数据更新需要时间等现实困境。

③ 王嘉毅、封清云、张金：《教育与精准扶贫精准脱贫》，《教育研究》2016年第7期。

一　施策背景

“三区三州”是中国最大的深度贫困地区之一。越西县是“三区三州”的一部分，其间群山围绕、交通不便，还以少数民族聚居为主。在当地，除了地理因素致贫外，当地少数民族受教育水平较低也是主要的致贫原因。

在越西地区，彝族人口占到总人口的近八成。彝族人口多使用彝语进行交流，早先时候与汉族人口交流有限，因而许多彝族人无法用汉语进行交流。出去务工的一些彝族青壮年听不懂汉语，更别提用汉语交流，因而只能从事简单的体力劳动。再往后，这批外出务工的彝族人口因工作需要慢慢开始与汉族人口交流，并学会了用汉语交流。同时，离县城较近的彝族聚居地的人口因往来的便利性，慢慢也学会了使用汉语。由此，彝族人口的汉语普及状况不断改善。正如一位村书记在访谈中所说，“我们村因为离县城比较近，平时会经常到县城去，所以村里的大人基本都听得懂普通话，也没有不让小孩上学的情况”。[①] 然而，那些偏远地区的彝族人口由于环境制约，无法与外界互通，听不懂汉语，更不会用汉语交流。为了解决这部分彝族人群的生活问题，县里通过易地扶贫搬迁工程进行了集中安置，并在安置点建设了幼儿园、小学和中学。这部分移民安置的彝族人群年纪稍大的基本上只会讲彝语。

总体而言，彝族人群中普遍存在与其他民族（主要是汉族）沟通不畅的问题。从短期回报来看，那些技术要求低且报酬低的工作，确实在一定程度上改善了外出务工的彝族人口的生活状况。但从长期来看，这些受教育程度低的彝族人口并没有改变自身在劳动力市场中的劣势地位。此外，移民安置点的彝族人口由于语言问题也存在后续融入现代城镇生活的困难。

“越穷的地方越难办教育，但越穷的地方越需要办教育，越不办教育越穷。这种马太效应，实际上也是一个‘穷’和‘愚’互为因果的恶性循环。”[②] 鉴于越西县经济本身十分落后，同时彝族人口众多且受教育水平

① 该村第一书记在谈及学前教育时还提到，村中也存在部分村民不懂普通话，但这部分大人中的有些人通过小孩子教大人的方式也学会了简单的汉语交流。

② 习近平：《摆脱贫困》，福州：福建人民出版社，1992，第129页。

低、语言能力低的问题，当地县委、县政府将语言扶贫当作解决贫困问题的重要抓手。以往研究表明，语言所具有的扶贫功能主要与其经济作用相关，具体而言就是语言所带来的人力资本价值和产业价值等经济功能。[①]关于语言扶贫，有学者曾指出，"语言扶贫是指以整体素质提高为导向，以提升语言文字能力为中心，以各类语言因素和语言政策的高效协调配合为路径的扶贫开发过程"。[②] 也就是说，贫困地区少数民族在语言交流上的问题也是影响其脱贫的重要因素，解决了语言问题就能助力解决经济上贫困的问题。

为了解决民族地区的语言问题，国家出台了一系列相关的政策文件。2011 年出台的《中国农村扶贫开发纲要（2011—2020 年）》就明确提出，要在民族地区全面推广国家通用语言文字。2016 年的《"十三五"脱贫攻坚规划》（国发〔2016〕64 号）将语言文字的普及作为实现教育扶贫的重要抓手，希望借此提高贫困人口基本文化素质和贫困家庭劳动力的基本技能。2018 年出台的《推普脱贫攻坚行动计划（2018—2020 年）》（以下简称"推普计划"），则主要强调通过动员多方力量参与贫困地区国家通用语言文字的推广普及工作，以此解决因语言不通而致贫的问题。

在此背景下，当地县委、县政府和教育部门重点抓义务教育阶段的教育扶贫工作，同时向两边扩展，即向学前教育与高中、成人教育扩展。在义务教育阶段，解决语言沟通的问题一直是重点，同时也是难点。彝族人口中学龄幼儿因没有合适的语言环境而未习得普通话，在进入一年级之后便难以跟上课程进度，且这种情况会一直持续到三年级。

在调查中，一位中心校校长谈道，"我不是彝族人，所以在我刚来教学的时候，用普通话上课，彝族的学生完全听不懂我在说什么，我也听不懂学生在说什么。这个情况一直到三年级的时候才有好转，但他们不到三年就要小学毕业了，所以实际上他们真正学的时间只有三年左右"。这其实表明，在义务教育阶段，语言问题阻碍了学生们的正常学习。进而言之，解决语言问题是推进教育扶贫工作的基础。

---

① 参见黄少安、张卫国、苏剑《语言经济学导论》，北京：商务印书馆，2017。

② 王春辉：《中华人民共和国语言扶贫事业七十年》，《云南师范大学学报》（哲学社会科学版）2019 年第 4 期。

二　“学前学普”的试点历程

脱贫攻坚期间，教育扶贫政策为实现少数民族贫困地区整体脱贫指引了方向，同时也是打赢脱贫攻坚战的重要保障。政策执行后，如今的“三区三州”发生了历史巨变。作为阻断贫困代际传递的根本性手段，教育扶贫在“三区三州”的脱贫攻坚战中发挥着不可替代的重要作用。就越西县而言，教育扶贫给当地带来的变化十分显著。

> 在整个越西县，近年来随着脱贫攻坚的推进，各学校办学条件明显改善、教师队伍素质稳步提升、教育教学质量不断提高，实现了38个乡镇均有标准中心校的目标。2019年，为有效解决中所镇、大瑞镇、南箐镇等乡镇因易地扶贫搬迁、自主搬迁群众迁入后产生的“入学难”“大班额”难题，越西县决定建设中所中学、中所小学的新校区。两所学校为27个乡镇易地扶贫搬迁贫困户、自主搬迁户子女提供优质教学资源，确保“应读尽读”。
>
> 此外，越西县教体科局与财政局还共同制定了《越西县教育扶贫救助基金实施细则》，建立起集学前教育、义务教育、中职教育、高中教育及高等教育于一体的农村家庭经济困难学生教育扶贫救助制度，2020年为2998名建档立卡贫困家庭学生发放教育救助基金164万多元，累计资助学生12294人，发放教育救助基金442万多元。①

根据“学前学普”行动的要求及凉山州地区教育扶贫的实践经验，大体上可将凉山州开展教育扶贫工作的过程划分为“一村一幼”和“学前学普”两个阶段。而“一村一幼”实施较早，始于2015年，“学前学普”则是2018年11月真正开始实行。因此从实践内容来看，应该说后者是前者的规范化升级。

---

① 节选自《凉山州越西县严抓控辍保学，让适龄孩子有学上、留得住、有出路——山里娃求学的心安稳了》，《中国教育报》2020年11月7日，第1版。

三 “一村一幼”建设

“一村一幼”计划主要针对大小凉山内彝区学前教育现状，为了精准扶贫和精准脱贫而实施的重大教育扶贫工程。这一工程的实施有利于凉山彝区少年幼儿学习国家通用语言、有效衔接义务教育阶段的教学以及培养良好行为习惯等，同时也有效解决了民族地区农村学前幼儿“入园难”的问题。“一村一幼”提出的背景可从技术保障单位凉山州负责人的描述中窥探一二。

凉山州可以分为三个地区，第一个是西昌，第二个是县城，前两个没有问题，第三个是偏远农村。学前学普工作目的就是使孩子能够听得懂说什么。之前没有接受普通话教育的孩子到了三四年级才听得懂，等到上了初中学习基本就荒废了，考不上高中，出现厌学辍学。这些孩子走向社会没有任何的社会技能，最终只能返回乡村。（这就形成了）贫困的代际传递。（技术保障单位凉山州负责人访谈—20201014）

自2015年实施“一村一幼”计划后，全县统筹专项扶贫资金在各村建立起幼教点，在289个行政村中建了291个村级幼教点。每个幼教点配备了2名辅导员，负责日常的教学工作，共计拥有582名幼教点辅导员。[①] 全县所有幼教点总共覆盖幼儿9881人，这与“一村一幼”计划实施前相比增量明显。

咱们彝族没有这个习惯，就是家长不怎么习惯让孩子还比较小的时候就送他们进幼儿园。后来咱们“一村一幼”实施以后，通过我们多方面的宣传，还有我们幼教点辅导员在教学的过程中帮助孩子养成良好的行为习惯之后，渐渐家长就看到孩子的变化，也就知道把孩子送到幼儿园之后有了变化、有了好的改善，所以现在家长就会愿意带孩子来上幼儿园。（越西县学普办副股长访谈—20201015）

---

① 数据来源于越西县内部材料《越西县“学前学会普通话”行动汇报材料》。

由上可知，“一村一幼”项目的实施在一定程度上改变了当地的教育观念。最直接的变化还是学龄前幼儿进入幼教点的人数变化，从之前的少数村才有幼教点，到现在 291 个村级幼教点全覆盖以及近万名幼儿进入幼教点接受学前教育。此外，在巩固全县 289 个行政村幼教点全覆盖成果的同时，越西县也全力推进“一乡一园”建设，不断补齐学前教育短板。县教体科局陈局长曾介绍，“由于我们的一村一幼条件受限，很多都是用的村活动室，基础设施可能也达不到那么好的要求。为了弥补学前教育短板，并加大学前教育投入，所以就设立一乡一园计划”。在此规划下，越西县新建的 18 所“一乡一园”于 2019 年 9 月全部开园，45 所民办幼儿园全部纳入教育管理行动范畴，构建起了村级幼教点、公办幼儿园、民办幼儿园并举的多元办园体制。

> 我们在去年（2019 年）建成并投用了 18 所乡镇幼儿园，这个是针对我们的这种中心乡镇，我们目前是 38 个乡镇，下一步脱贫攻坚完之后可能是会调整为 18 个乡镇，我们就根据人口布局来布局了 18 所这种乡园，我们称之为“一乡一园”。（越西县教体科局副局长访谈—20201012）

到 2018 年，越西县按照中央、省和州里关于“学前学普”行动的安排，在现有的“一村一幼”的基础上推动“学前学普”。这一阶段既是“一村一幼”的规范升级，同时也是“学前学普”行动的试点。县政府主要按照“以点带面、示范引领”的思路，与技术保障单位通力配合，选取各片区教学条件相对成熟的教学点开展“学前学普”行动示范点创建，推动全县 291 个教学点工作推进。

四　“学前学普”实施

贫困地区的学前教育三年毛入园率低、幼儿园办学条件差、幼儿教师和园长专业化水平不高且缺编严重等问题普遍存在，[①] 少数民族地区尤其

---

① 王嘉毅、封清云、张金：《教育与精准扶贫精准脱贫》，《教育研究》2016 年第 7 期。

如此。因此，发展少数民族贫困地区的学前教育，也是借助教育破除贫困代际传递困境的主要举措之一。

在此背景下，凉山州在全州推行“学前学普”行动实现幼儿园和幼教点全覆盖，越西县则按照州里的统一部署开展行动。自2018年6月起，越西县正式启动实施“学前学普”行动。到2019年9月越西全面实施“学前学普”行动全覆盖后，全县291个幼教点纳入“学前学普”行动，辅导员共有588人。截至2019年9月，越西县26所公办园、45所民办园和291个村级幼教点全纳入“学前学普”全覆盖行动实施范围，惠及全县幼儿38000余名。其中，建档立卡贫困户幼儿6309人。

越西县“学前学普”行动的实施过程大致可划分为两个阶段：第一阶段在“一村一幼”幼教点进行实施，重点聚焦农村不会普通话的幼儿；第二阶段是通过1年的先行先试与总结经验后，在全县范围内所有幼教点和幼儿园全面实施。具体的阶段又包括“先行试点阶段”“试点实施阶段”“过程总结阶段”“试点评估阶段”“全面实施阶段”“常态化实施阶段”。在这些阶段需要重点完成“精准摸排数据”“完善基础设施”“强化师资培训”“强化规范管理”“强化督查考核”等工作。

> 通过三年左右的努力，分阶段在全县范围内实施“学前学会普通话”行动，实现具有正常学习能力的3至7岁学龄前幼儿（不含已接受义务教育的幼儿）在接受义务教育前，能够使用国家通用语言进行沟通交流，形成国家通用语言思维习惯，达到幼儿听懂、会说、敢说、会用普通话的目标。在全县初步形成使用国家通用语言的氛围，村级幼教点幼教辅导员和幼儿园教师培训体系逐步完善，保教质量稳步提升。①

事实上，开展“学前学普”行动起初并不顺利。在访谈中，技术保障单位凉山州负责人介绍，这个过程遇到的困难主要源于三个方面：一是当地老百姓不理解，前期很多人不认同这个项目的开展；二是相较于义教均

① 摘自《越西县“学前学会普通话”行动实施方案（2018—2020年）》。

衡和控辍保学工作，学期教育环节更加薄弱，要求每县至少有三名专职的学普干部，但多数时候很难实现；三是辅导员基础素质差、离职率高，安心工作的不多。既然在早期开展“学前学普”行动的过程中面临诸多困难，那越西县如何确保该项行动顺利实施？

第三节　组织治理的上下联动与多方参与

在越西县开展“学前学普”行动过程中，完善组织治理体系始终是该项行动的重点，这也是确保“学前学普”目标落实的制度保障。具体而言，从国家、省、州、县和乡村到技术保障单位，各方力量都参与到“学前学普”行动中，并逐步形成了“国家支持、省监督指导、州统筹实施、县统一管理、乡村实施、社会参与、专业机构技术保障”的运行机制。这一运行机制涵盖政府内部的层级关系和政府与社会间的协作关系。前者又包含层级之间的监督治理和部门间的合作，后者主要表现为社会力量和技术保障单位的协作。

一　上下联动：层级间的组织同构

从州里和县里制定的“学前学普”实施方案中，可以看到不同层级的政府之间都设立了相同的组织机构，即，设立学前学会普通话行动实施工作领导小组（以下简称“学前学普领导小组”），同时还设立了相应的行动实施小组（州里有州学前学普办公室，县里有县学前学普办公室）。

> 为确保“学前学会普通话”行动的顺利实施，州委、州政府成立凉山州“学前学会普通话”行动实施工作领导小组，全面统筹“学前学会普通话”行动实施工作。[1]

> 为确保学前学会普通话行动的顺利实施，县委、县政府成立越西县学前学会普通话行动实施工作领导小组，全面统筹学前学会普通话

[1] 来源于《凉山州“学前学会普通话”行动实施方案（2018—2020年）》。

行动实施工作。[①]

不同组织出现相同组织架构的现象可以称为“组织同构”。这一概念起初见于 Meyer 和 Rowan 的研究，他们认为组织间的同构有着改变组织正式结构以适应外部环境，从而提升组织成功的机会。[②] 随后，DiMaggio 和 Powell 在研究教育系统中不同层级的教育机构时发现，这些机构虽然属于不同层级但都具有相似的组织结构。他们将“组织同质化过程”认为是一种“组织同构”，或反过来说，“组织同构”主要描述的是同一组织场域内的组织间所呈现出来的同质化现象。[③] 而从制度理论看，组织同构是指在不同场域中所特有的制约力量，通过对个别组织所形成的制度压力，迫使场域内成员的行为逐渐显现出一致的现象。[④] 围绕“组织同构”产生的一系列研究可以概括为机制研究和动力研究两个大类。在“组织同构”如何形成的机制研究中，强制、模仿和规范作为常见的三类机制解释了“组织同构”的多数情况。[⑤] 而在“组织同构”形成的动力研究中，则主要发现组织除了追求效率外还注重组织的合法性地位。由此观之，“组织同构”是组织运行和治理的常见形式。这种形式的组织结构可以同时满足合法性和效率的需求，这一点在越西县开展“学前学普”行动中有明显的体现。

根据《凉山州学前学会普通话行动实施方案（2018—2020 年）》文件的要求，各级政府需要明确管理责任。其中，县（市）级政府是主体责任，而乡（镇）政府和村两委负管理责任。此外，文件对县（市）“学前学普办”、乡（镇）、村两委、驻村工作队、幼儿教师和（幼教点）辅导员的职责和要求都有相应规定。具体的职责分工可从州里一位负责教育扶贫工作的常委的讲话中找到线索。

---

① 来源于《越西县“学前学会普通话”行动实施方案（2018—2020 年）》。

② Meyer J. W., Rowan B., “Institutionalized Organizations, Formal Structure as Myth and Ceremony.” *American Journal of Sociology*, Vol. 83, No. 2, 1977.

③ DiMaggio P., Powell W., “The Iron Cage Revisited, Institutional Isomorphism and Collective Rationality in Organizational Fields,” *American Sociological Review*, Vol. 48, No. 2, 1983.

④ 宋铁波、张雅等：《组织同形的研究述评与展望》，《华东经济管理》2012 年第 5 期。

⑤ Haunschild, Pamela R. and Anne S. Miner, “Modes of Interorganizational Imitation: The Effects of Outcome Salience and Uncertainty,” *Administrative Science Quarterly*, Vol. 42, No. 3, 1997.

> 州委、州政府成立了以苏嘎尔布州长为组长、各相关部门为成员单位的凉山州学前学会普通话行动实施工作领导小组，全面统筹学前学会普通话行动实施工作。各县市党委政府是实施学前学会普通话行动的责任主体，要对照成立本县市学前学会普通话行动实施工作领导小组，负责组织实施和统筹推进本地的各项工作；要明确责任分工，县市长负总责，分管领导全面负责，乡镇长具体落实，并将学前学会普通话工作列入驻村工作队职责要求，实行专人负责。（引自凉山州州委常委会议讲话稿—20180608）

由上可以看出，县里在落实具体工作时首先需要根据州里的组织架构成立相同的工作小组，并且需要对各个成员的主体责任进行相应的划分，做到责任落实到人。州和县设置相同组织架构的现象符合上文所述“组织同构”的内涵和表征，且这种相同的组织架构源自制度规定本身，而这样的制度规定又是出于“条块”管理的实际需要。换句话说，县一级所设置的组织治理结构的合法性来源于州一级下发的制度文件。但光有合法性来源还不够实现组织的有效治理，仍然需要其他的组织条件来保障组织治理的效率。这就涉及治理过程中的督查考核机制，即县里会定期开展对各主体工作的督查考核，以督促各项工作的具体落实，这样就确保了组织运行的效率。

根据《越西县“学前学会普通话”行动实施方案（2018—2020 年）》的文件要求，县级层面的组织架构主要是由“学前学会普通话工作实施小组”（以下简称“学前学普实施小组”）和九个县直单位构成。在具体职责分工上，县“学前学普实施小组”负责全县实施工作的组织、协调、监督与指导，包括安排各乡（镇）按全县统一部署开展“学前学普”行动相关工作。

在具体的职责分工中，县政府全面负责全县的行动实施推进工作，负责配备幼教点和幼儿园设备设施，落实辅导员和幼儿教师培训经费，招聘、配备和管理幼教点辅导员，配合技术保障单位遴选试点（示范）幼教点，建立县级学前适龄幼儿数据库，并组织乡（镇）、村社完成幼儿基本信息的采集和录入；县扶贫移民局主要负责制定县对乡（镇）“学前学普”

考核实施细则，协调县脱贫攻坚指挥部办公室将“学前学普”工作纳入县对乡（镇）脱贫攻坚考核的重要内容，并将考核结果报县领导小组；县教体科局负责制定行动的具体实施方案，以及幼教点和幼儿园的相关管理制度，同时督促指导各乡（镇）的实施工作，并建立县级学前适龄幼儿数据库，定期对乡（镇）的学前普通话教学工作开展督查；乡（镇）党委、政府及村“两委”负责本地的行动实施推进工作，安排驻村工作队专人负责管理和推动，负责本地学前适龄幼儿数据库基本信息的采集和录入；县财政局负责指导各乡（镇）统筹国家、省、州的相关扶贫补助资金，保障“学前学普”实施所需的经费，并负责对经费使用管理和落实情况的督查。

就督查考核职责而言，县委县政府目标督促办公室、县语委和县委宣传部是主要负责部门。其中，县委县政府目标督促办公室负责定期安排脱贫攻坚抓落实督导组开展“学前学普”工作任务落实情况的督导检查；县语委负责制定全县学前幼儿普通话测试办法并适时组织开展相关测试，对学前适龄幼儿是否掌握国家通用语言进行识别和统计，对全县“学前学普”教学效果进行评估；县委宣传部主要负责人及时正面宣传“学前学普”行动的推进情况和实施成效，负责对县、乡（镇）“学前学普”工作对外宣传的审批、指导和督查。

“学前学普”行动的开展同时需要各部门的协作，因此不同县直部门之间的职责有交叉的地方。例如，在督查考核方面，县委县政府目标督促办公室定期开展的督查工作需要依据县教体科局和扶贫移民局根据工作实际制定的工作考核细则执行，同时县教体科局和扶贫移民局也需要监督乡（镇）、村一级的工作落实情况。

二 运行机制

越西县在“学前学普”工作的实施过程中自有一套运行机制，这一套机制主要依托各层级“学前学普办公室”这一枢纽性的组织架构，具体见图 12-1。县“学前学普”办公室作为具体落实单位设在教育部门，且乡（镇）一级与县级机构对应也设置了“学前学普办”。技术保障单位则在越西县设置了驻点员，驻点员负责幼教点的督查和指导工作。这三条线并行但相互之间职责不冲突，学前学普办这一条线主要是传达和落实各项文件。乡（镇）政府与县教体科局同属于“学前学普实施小组”的成员组成，技术保障单位“三好公司”主要负责给凉山州6个县的幼教点提供技术支持以及辅导员的培训，越西县便是其中之一。

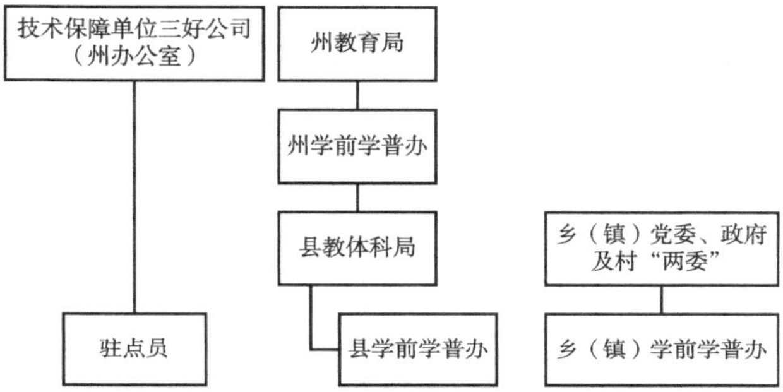

图12-1 越西县“学前学普”行动试点的组织架构

资料来源：依据《越西县“学前学会普通话”行动实施方案（2018—2020年）》中有关部门的职责论述以及县“学前学普”座谈会资料制作。

县一级的“学前学普”行动主要按照“先试点后推行”的思路开展，试点阶段和全覆盖阶段各县直部门的职责略微有所调整，但整体的运行机制仍未离开上述框架。按照《越西县“学前学会普通话”行动全覆盖工作实施方案》的工作要求，全覆盖阶段新增了三个县直部门，分别是县委组织部、县人力资源和社会保障局和县民政局。其中，县委组织部负责组织、调动和督促村两委、社区对学前幼儿基本信息的采集、录入和核查工作，同时要对县、乡（镇）、村“两委”、驻村工作队“学前学普”工作落实情况进行督查；县人力资源和社会保障局负责出台辅导员工资报酬增长、劳动用工、职业发展等指导意见，通过待遇留人、保障留人、事业留人，稳定辅导员队伍；县民政局负责对接协调州、省、国家相关部门，帮助解决村级幼教点基础设施设备和教玩具。尽管部门有所增加，但按照“学前学普”工作的部署，县教体科局仍然负责督促指导各乡（镇）的实施工作，并牵头对乡（镇）学前学普办工作进行督查和考核。根据培训目标，技术保障单位需要对不同类型的幼儿园、幼教点开展分类分层培训。

在“学前学普”全覆盖阶段，县里的目标愿景是“在全县范围内实现学龄前儿童在接受义务教育前能够使用普通话进行沟通交流，形成普通话思维习惯，达到听懂、会说、敢说、会用普通话的目标，在全县形成使用普通话的氛围。完善幼儿园（幼教点）规范管理制度，建立辅导员、幼儿教师考核评价机制，优化辅导员、幼儿教师培训体系，整体提升全县学前教育质量”。① 为了实现这一目标，首要工作是对县内幼儿园进行分级分类，即将全县所有幼儿园和幼教点分为支持型和管理型两大类，以便后续根据条件的差异展开精准帮扶。

与试点阶段相似，全覆盖阶段也需要经过“准备阶段”“实施阶段”“总结阶段”“长效阶段”。在不同阶段，技术保障单位充当着十分重要的角色，主要是因为各个阶段的教学资源和培训过程都由第三方公司专门负责。

三　“一村一幼”管理体系

村一级“学前学普”行动的具体组织框架如图 12-2 所示。县学前学普办和技术保障单位都直接对接到村级幼教点，但双方职责不同，前者主要负责制定考核细则并督促工作落实，后者直接管理村级幼教点的硬件设施以及辅导员的培训工作。县学前学普办实际上并不直接管理村级幼教点，而是采取就近原则通过中心校或中心幼儿园进行管理。村级幼教点通常会由附近的中心校或中心幼儿园管理，并由中心校对其进行业务上的指导。

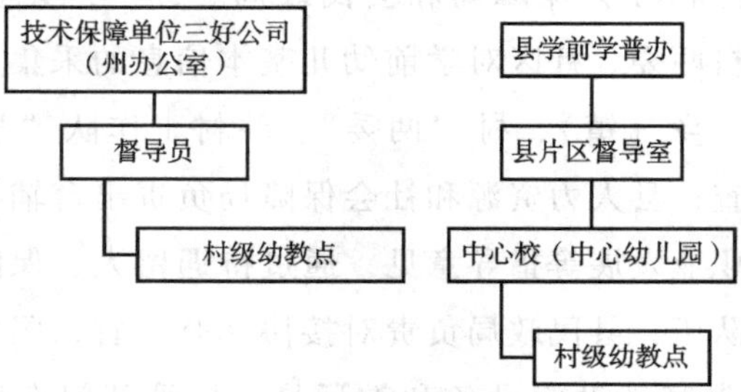

图 12-2　村级“学前学普”行动具体组织框架

资料来源：依据《越西县“学前学会普通话”行动实施方案（2018—2020 年）》中有关部门的职责论述以及县“学前学普”座谈会资料制作。

① 摘自《越西县“学前学会普通话”行动全覆盖工作实施方案》，内部资料。

不过，在实际运行中，也会出现幼教点缺乏上级管理和业务指导的情形。县教体科局的相关负责人在访谈中表述如下。

撤乡并镇就是说要撤掉一些。比如说移民搬迁以后，那种空心村，然后人口特别少的那种镇就把它划到比较大的那种镇。这种撤乡并镇以后，你的幼教点的布局和管理也要相应地规划和调整，所以暂时还采取的是那种跨越式的管理方式。这个村搬下来了，中心校还在上面。（越西县教体科局负责人访谈—20201013）

另一个问题是，村级幼儿园多数是依托村委活动室而建，教学条件相对较差，实际上无法满足规范的日常教学要求。

四　多方协同：部门间的合作机制

“学前学普”行动的具体实施始终依托多线并举的运行机制，包括“学前学普”行动的落实和“一村一幼”的管理。更准确地讲，这个运行机制是一方主导与多方联动的机制。不论是“学前学普”还是“一村一幼”，县里牵头的部门都是实施小组，而协同的多方则在不同行动过程中略微有所差异，如“学前学普”的试点阶段和全覆盖阶段所涉及的县直部门数量就发生了变化。

（一）合作：学普办与其他部门

在《越西县“23+1”扶贫专项2019年实施方案》中，除了脱贫攻坚已有的23个扶贫专项行动外，又新增了“学前学普”。该文件强调“各专项牵头部门要统筹各方力量、整合各种资源、掌握各项工作，认真开展扶贫专项的督察考核工作，客观评价扶贫专项工作推进落实情况”。这说明，在不同专项中有着不同的牵头单位，同时要求各专项都需要做到“统筹各方力量”，也就是说，需要多部门在信息和资源上互通有无。当然，这些专项行动都需要统一在脱贫攻坚指挥部办公室下，并且做到定期反馈。

根据越西县的安排，除督查考核、绩效考核和宣传等工作外，“学前学普”行动中的其他工作基本上都是县学前学普办牵头负责。从配合工作落实的单位来看，每项工作的落实都需要多个部门的通力合作。这其中又以“强化督查考核”工作为最，需要所有学前学普行动成员单位的配合。

“学前学普”行动的主体是县教体科局和县学前学普办，这跟前面所描绘的组织框架相一致。而督查考核这项工作涉及所有“学前学普”成员单位，这种多部门参与的形式，本身也构成一种组织治理机制。需要多部门合作的工作大致分为两类：一是保障机制，涉及设备设施的完善和资金统筹和使用；二是组织间的沟通机制，主要涉及各单位如何配合牵头单位开展工作。

在资金保障方面，为了统筹资金以保障“学前学普”的顺利实施，县委、县政府借助东西部扶贫的东风，抓住广东佛山对口帮扶凉山的历史机遇，积极通过“向上争取、对口支援”的方式有效整合了各方面资金，从而全力保障“学前学普”行动经费的投入。在此过程中，越西县先后争取到广东佛山市支援“学前学普”行动的专项资金613余万元。这部分资金全部用于设备设施购置、日常办公、宣传和培训，以及对辅导员和幼儿的各类激励。2020年，三峡集团捐赠给“学前学普”行动专项资金1000万元，用于维修幼教点及完善幼教点设施设备。就资金的统筹而言，县教体科局与财政局间的协作至关重要，而资金的规范使用又需要县审计局的监督管理。

在基建保障方面，前期“一村一幼”的开展主要受限于教学场地和基建问题，加上资金有限，无法满足新建幼儿园以实现覆盖全县所有行政村的目标，因而只能依托村委活动室设立幼教点，但教学环境和基建质量都较差。在此背景下，“学前学普”在继续巩固建设全县村级幼教点实现289个行政村291个幼教点全覆盖成果的同时，全力推进“一乡一园”建设，不断补齐学前教育短板。该县18所新建“一乡一园”于2019年9月全部开园，45所民办幼儿园全部纳入教育管理和“学前学普”行动范畴，构建起了村级幼教点、公办幼儿园、民办幼儿园并举的多元办园体制。[①]

在基建保障方面，从省里、州里到县里都出台了相关政策文件。县扶贫移民局具体配合县教体科局实现了“一村一幼”项目实施所需幼教点建

① 数据资料根据越西县提供的工作总结材料整理。

设的全覆盖。从 2016 年至 2019 年，脱贫攻坚指挥部共投入 4200 万元，修建了 158 所一村一幼的教学点，有效解决了一些村庄没有幼教点的问题。加上基础设施较好的村活动室，全县的 289 个村或新建或借用了 291 个幼教点，实现了村村都有“一村一幼”教学点的目标。①

按照《凉山州学前教育村级幼教点基本设施设备参考目录》，各县（市）需为幼教点补充配齐基础的设施设备。在此基础上，根据不同类型幼教点的实际，一类幼教点需接通网络宽带并保证基本带宽，配备教学办公电脑一台，配置指纹打卡机一台，每班教室安装远程摄像头一枚；二类幼教点需配置指纹打卡机一台，每班教室安装单机版摄像头一枚；三类幼教点需配置指纹打卡机一台。配备这些设备设施是“学前学普”行动的基础保障，也是行动试点的先决条件。

> 在四川省 2020 年贫困退出验收的实施方案基础上，州里根据实际情况制定了以“一低七有”为标准的贫困村退出验收评价指标。与四川省脱贫验收评价指标不同的是，州里新增的两项指标分别为“有学前教育设施”和“有民俗活动坝子”。②

实现上述方面的目标任务离不开各部门之间的协作和有效的沟通机制，而这一沟通机制不仅涉及上下级部门之间的沟通，也涉及同级部门之间的沟通。为了实现这一沟通畅通的机制，省委省政府成立了沟通协调小组，而州级政府则抓具体的沟通协调工作，定期召开协调调度会。

> 县市党委政府每半年向州委州政府进行一次专题汇报，召开两次专题工作会议，乡镇党委政府每月向县市党委政府作一次专题汇报。各县市学前学普领导小组每月向州学前学普办公室上报一次实施进展情况，州学前学普办公室每月向原国务院扶贫办、教育部上报一次工作推进情况。州学前学普领导小组每半年召开一次工作会议，定期听

① 根据调研团队与越西县扶贫移民局局长访谈内容整理。

② 《凉山州 2020 年贫困退出验收实施方案》，内部资料。

取各成员单位、各县市工作汇报，重点研究解决组织保障、管理考核、监测评估、经费投入等方面的重大问题。（引自凉山州州委常委会议讲话稿—20180608）

从上面材料中可以看出，从乡镇党委到县委县政府再到州委州政府的专题汇报形式，主要还是依据政府间的层级关系来进行信息的搜集和反馈，这是沟通机制的重要组成部分。我们在与县教体科局、县扶贫移民局等部门进行座谈时，各部门负责人经常提及“根据实施方案的职责划分，我们主要配合教体科局的工作”。从这种“配合”的关系来看，一是各部门的协调工作主要依据上级或县委县政府下发的政策文件，二是部门之间紧紧围绕专项行动的实施展开协调合作。

（二）合作公司的参与和技术支持

除了政府内部的协作外，社会力量和技术保障单位也参与到“学前学普”行动中来。在试点阶段，县委县政府按照“以点带面、示范引领”的思路，坚持全面推进与打造亮点相结合，与技术保障单位通力配合，选取各片区教学条件相对成熟的教学点开展“学前学普”示范点创建，带动全县 291 个教学点工作推进。而到了全覆盖阶段，仍然需要技术保障单位提供技术支持和幼教点、幼儿园教师的工作督导。

1. 技术保障与师资队伍建设

对幼教点辅导员和幼儿园教师的培训能有效提升其个人教学能力，因而培训可作为幼儿园教师、辅导员理论水平和业务能力提升的有效载体。为此，县里全力整合各项资源积极开展培训工作。自行动试点实施以来，县教体科局与技术保障单位配合，利用寒暑假共开展培训 6 次，培训人员 2903 人次。同时还借助内江师范学院和乐山师范学院的平台资源，开展了 2 次培训，共培训 621 人。

除此之外，县教体科局也抓住“国培计划”这一培训资源，多渠道实现送教下乡。2019 年，越西县开展了“国培计划”相关活动，开展了音、体、美、学前（送教 8 组）送教下乡的第二次集中培训。此次培训包括县教体科局人事股、进修校、教研室等相关股室人员和音、体、美、学前（送教 8 组）等共 112 人参加。培训旨在有序推进越西县关于中西部项目和幼师国培项目的实施工作，充分发挥项目的引领示范作用，引导并促进全县音、体、美学科教师和幼儿教师提升专业素质。2020 年新冠疫情期间，县内西城中学还通过线上送教活动，与德阳七中通过建立网络直播课堂实现了教育资源共享，进一步加大了两校对口帮扶力度。①

在全覆盖阶段，为了“学前学普”行动能顺利通过验收总结，同时也为了加大幼儿教师和辅导员的培训力度，全面提高幼儿教师和辅导员的业务水平和教学能力，县“学前学普实施小组”组织全县公办幼儿园、民办幼儿园教师及幼教点辅导员进行了集中培训。县学前学普办工作人员在介绍相关培训时提到，所有的这些培训都是分级分类进行的。即，州里、县里、片区督导室和技术保障单位等部门会针对不同的幼教点（幼儿园）开展有针对性的培训活动，同时也会根据实际情况分批安排教师们出去接受培训。

> 我们的技术保障方组织专家团队开展集中培训，然后还有比如说内江师范学院、乐山师范学院这样的高校会把我们的辅导员老师也组织参加培训，我们的幼儿园老师也会到德阳到成都这些地方去参观去观摩去学习，这是分批次。培训完了以后，还要组织他们进行普通话测试。其实是在培训之前搞了个初测，然后培训完了以后又对他们进行了普通话测试。除了这个以外，就是我们的片区督导和中心校中心园也会对他们开展分级的这种培训。（越西县学普办工作人员访谈—20201014）

在师资培训方面，技术保障单位也组织开展了多种形式的培训活动，以此提高幼教点辅导员和幼儿教师的综合素养和专业能力。首先，按照分级分类原则，技术保障单位会针对不同类型的幼儿园、幼教点开展分类分层培训。对管理型幼儿园（幼教点）教师、幼教点辅导员主要进行集中培训、轮流培训、分散培训或在线培训。而对支持型幼儿园教师以园本培训为主，同时进行教育教学理念引领和高端培训资源支持。其次，针对早期

① 根据越西县教体科局官网、微信平台发布的相关新闻信息汇总。

本地师资力量不足的现实问题，县里曾同时招募和培训教学志愿者和辅导员，并依托技术保障单位的远程教学技术，对教学志愿者与幼教点辅导员共同进行持续远程培训，培训主要采用轮流集中、跟班学习、网络、视频课件、语音学习等方式。最后，这批志愿者和辅导员通过培训实现了教学能力的提升，同时其中一部分人还借助县里提供的各类培训实现了学历的提升和岗位的流动。

2. 教学质量监测

除对学前教育的教师队伍进行各类培训外，“学前学普”行动的成功实施还得益于对教学过程的监测。从县学普办到片区督导室再到中心校（中心幼儿园），都会对“学前学普”的过程进行督查和业务指导，加上技术保障单位制定的教学考核细则和监测标准，确保整个“学前学普”行动能够真正实施并达到预期目标。

具体而言，对教学质量的监测主要有两种方式：一是建设“学前学普”信息管理平台，二是开展各类督导检查工作。前者把平台建设作为有效掌握实时数据的关键，持续开展平台使用培训和数据录入比对工作，以“确保底数清、情况明”。以 2019 年的数据为例。在对全县 130 名信息管理员和 588 名村级幼教点辅导员进行了“学前学普”行动信息管理平台使用培训后，该县在平台中录入了幼儿 45919 名、管理员 89 名、辅导员 588 名。县委县政府、学普办及成员单位牵头，采取定期与不定期、随机抽查与集中检查相结合的方式，对全县 9 个片区各幼儿园、幼教点使用普通话情况、辅导员到岗情况、幼儿普通话水平等进行督导检查，以此倒逼全覆盖工作落地落实。以 2019 年的情况为例，县里共开展各类督导检查 63 次，对工作不力的 2 名辅导员做出了解聘处理，对 21 名工作不认真的辅导员进行了全县通报。[①]

技术保障单位在教学质量监测过程中一直发挥着重要作用。根据《凉山州学前学会普通话行动技术保障方案》，技术保障单位的主要职责是在“学前学普”行动中提供技术保障。为了实现这一目标，该单位从四个方面实施技术保障，包括研发课程方案、培训和管理辅导员、提供适合的教

① 根据《2019 年越西县“学前学会普通话”行动工作经验》整理。

学方法、配置教学基础设备等。在“学前学普”行动试点启动阶段，主要是对州和示范县的学前教育情况进行摸底，包括硬件和软件条件，并在此基础上研发适合当地的课程方案，如研发适宜幼儿学说普通话的辅助绘本和工具、根据辅导员的特点编制辅导员操作指导手册等。据技术保障单位负责人回忆：

> 早期，我们设计了教学方案，印刷了每日流程，规定每个小时的工作内容，发放辅导员教案手册。同时要求每个孩子打卡，进行一月两次测评。虽然我们一切都准备好了，但是辅导员有没有实行我们不知道。于是我们安排了一百五六十个驻点工作人员，采取巡点制。最开始幼教点成立之后，教育局管不过来，委托村里管。一开始是技术上的东西都归中心校管，这批辅导员都归村里管，到去年下半年才统一划给教育系统管。现在幼教点任务有两个，一个是幼教点建设任务，一个是学前学普任务。幼教点建设我们提出要求，州里根据实际进行调整统一采购。（三好公司凉山州负责人访谈—20201014）

可见，在早期的教学监测过程中，虽然技术保障单位提供了标准化的监测工具，但在实际操作过程中难以直接监管到幼教点的辅导员和在园幼儿。早期由于幼儿上学路途远，学校不能提供午餐，幼儿在园时间无法满足 6 小时。部分辅导员因薪资过低而选择兼职或做其他事情，也无法满足在幼教点 6 小时时间的要求。基于这些现实困境，技术保障单位设置了巡视点，通过驻点的方式监测幼教点辅导员的工作情况；县里统筹资金为每个幼教点幼儿提供营养早餐，条件好一点的幼儿园提供午餐。此外，早期的幼教点管理主体权责界定不清，技术保障单位难以找到合作的部门单位，按照技术划分应该找中心校，但辅导员人事管理又归属村委，这就给技术保障单位的具体工作设置了障碍。随着“学前学普”行动的推进，这些协调沟通中出现的问题都得到了解决。

五　分级分类的督查考核机制

“学前学普”行动开展考核的主体主要包括县脱贫攻坚指挥部办公

室、县学前学普办和技术保障单位。不同考核主体负责考核的内容也有所区别。其中，县脱贫攻坚指挥部办公室需把“学前学普”工作纳入党建工作服务和保障脱贫攻坚工作的考核内容，按照计划分半年和全年进行严格考核。同时，县学前学普办也要对各乡镇学前学普办工作的开展情况进行考核。另有对辅导员和幼儿教师的考核，主要是由技术保障单位和县学前学普办共同开展，这一考核评价结果与辅导员的聘用、工资增长以及评优评先等挂钩。另外，不同主体都需要参与两个考核：一个是“学前学普”落实情况的督查考核，另一个是对幼教点（幼儿园）建设的考核验收。

（一）“学前学普”行动的督查考核

就“学前学普”行动试点而言，如期完成“学前学普”行动的预期目标虽是政策规定的任务，但实际上这个过程的考核结果本身也可作为衡量基层治理能力和效率的重要指标之一。前面已提及过组织治理结构及相应的运行机制，主要包括层级治理机制、沟通机制，这里主要讨论组织运行过程中的督查考核机制。

举例来说，《越西县“学前学会普通话”行动全覆盖工作实施方案》文件中强调需强化督查考核，主要涉及过程督导和工作考核，要求县级各责任部门加强对“学前学普”工作的过程进行督查指导，并且这一督导的结果要纳入对乡镇（街道）、村（社区）、幼儿园（幼教点）以及教师（辅导员）的考核体系之中。根据工作落实情况会进行相应的奖惩，轻则督促整改，重则追责问责。从考核结果来看，若县级部门、乡镇部门和幼教点（幼儿园）的督查考核结果达到预期目标，说明相关负责部门的工作落实到位，从侧面也反映出基层治理的成效符合预期。从这个意义上来看，将“学前学普”行动的考核结果纳入对“学前学普领导小组”成员单位和县（市）党委政府领导班子的考核指标起到了作用。

> 为确保学前学会普通话行动的顺利实施，要将学前学会普通话行动纳入对各县市脱贫攻坚考核的重要内容，纳入对领导小组成员单位和各县市党委政府领导班子的工作目标绩效考核内容。（引自凉山州

州委常委会议讲话稿—20180608）

事实上，凉山州将“学前学普”落实情况作为对各县（市）脱贫攻坚考核的重要内容是基于“学前学普”行动对于打赢脱贫攻坚战的重要意义。前面已提到，越西县制定了“23+1”的专项行动，其中的“+1”便是“学前学普”行动。因而该行动实际上是作为脱贫攻坚的一个重要组成部分，其成效直接影响着脱贫攻坚的结果。从这一点来看，督查考核之所以能对县委、县政府和县直部门形成强约束力，还在于地方党委政府对打赢脱贫攻坚战的重视。这一重视体现在“学前学普”行动中，也体现在对行动内容的考核上。

县里主要依据相关规定展开自查评估，每项考核内容所占的分值不尽相同，但都作为整体评分的依据，因而各部门不仅关注自己部门的考核结果，也关心其他部门的考核结果。从这个意义上说，督查考核也促使各部门形成了荣辱与共的“共同体”意识。一名县学普办工作人员对此的解释如下。

> 每个部门对考核都很重视，因为任何一个部门的分数都会影响到（县里）整体的得分情况，会影响到（越西县）与其他县市对比结果。（越西县学普办工作人员访谈—20201013）

从考核的明细来看，规范工作管理和科学质量评估占比近半数，其次是设施建设和宣传，辅导员待遇保障占比最少。规范工作管理主要涉及“落实环境育人”“严格幼儿出勤”“严格教师出勤”“规范教育行为”“规范资金使用”等方面。这些方面的考核主要是为了规范管理整个学前教育的教学环节，因而像教师和幼儿的出勤、教学行为这三项分值都很高。[①]教学质量评估项主要针对学前和小学教育阶段的学业表现，如“学前学普”的普通话测评情况以及小学生学业质量监测等。与教学质量评估相配

① 有关教师和幼儿的出勤时间的规定是每天在幼教点（幼儿园）的时间需达 6 个小时，一些教学条件差的幼教点（幼儿园）可以适当放宽在园时间。但从召开视频调度会后的反馈结果来看，越西县内所有幼教点都能满足在园 6 小时这一出勤要求。

套的一项考核内容是效果比对，这是反映“学前学普”行动成效的重要指标。比对的标准是将学前幼儿与小学一年级的学生进行匹配，进而比较每组学前幼儿与小学生在使用普通话方面的差异。

除此之外，完善教学活动的基础设施条件是保障“学前学普”行动顺利实施的先决条件。“一村一幼”阶段所依托的村级教学场地有一些存在设施落后、设备不全等各类问题。为了改善教学条件，考核细则规定“在幼教点（幼儿园）里每班都需按要求配齐电视机、播放器、饮水设备（饮水机、电热桶、保温桶等）等，同时鼓励幼儿园、一类幼教点配置电脑”。[①] 同样重要的工作是对学龄幼儿和辅导员的信息数据进行摸排和高效管理，这是精准开展“学前学普”行动的关键。

这些考核细则除了需县里先行自查评估外，还需州里进行考核验收，而这过程的顺利落实涉及前文提到的州与县政府结构的“组织同构”。得益于州和县在组织架构上的同构，“学前学普”行动的验收总结工作得以在州和县的上下联动中完成。当然，在“学前学普”行动验收总结的清单里，验收标准与考核细则总体上并无二致。不同之处在于，验收工作的责任主体部分涉及州和县两级政府，且各项工作都排了具体的工期。[②] 以数据管理工作为例，州、县（市）委组织部主要负责“户籍在本县市 2020 年 8 月 31 日前年满 0~6 岁（含 6 岁或 7 岁未进入义务教育阶段）学前幼儿基础信息采集、录入更新工作”，各县（市）学前学普办、各县（市）教体科局则负责更新幼儿园点信息、在园学前幼儿信息、教师和辅导员信息、学前幼儿离园信息等，这样就实现了州和县两级在数据管理工作上的分工和协作。

在严格落实督导检查过程中，县学普办会按照督查考核指标，采取定期与不定期、随机抽查与集中检查相结合的方式，对全县 9 个片区各幼儿园、幼教点的管理情况、普通话教学情况、辅导员到岗情况、幼儿普通话水平等进行督导检查，以此倒逼全覆盖工作落地落实。同时，州委、州政府和州教育局会定期开展视频调度会，对“学前学普”工作落实过程中存

① 参见《凉山州“学前学会普通话”行动验收自查评估细则》。

② 参见《凉山州“学前学会普通话”行动验收总结工作任务清单》。

在的问题进行通报。

（二）幼教点建设的考核验收

对“学前学普”工作落实情况督查考核的另一个方面是对幼教点（幼儿园）建设的考核验收。县学前学普办及成员单位平均每半月督导不少于三个幼教点（幼儿园），每学期督导要覆盖不少于本县50%的幼教点（幼儿园），每学年督导要覆盖100%的幼教点（幼儿园）。每次督导要做好过程记录，督导后要及时运用信息管理平台反馈发现的问题，被督导方要限期整改。具体的督导工作包括对在幼教点（幼儿园）幼儿的考勤、村级幼教点辅导员出勤和岗位职责等。比如，下面列举的关于考勤等方面的一些规定。①

> 一、严格遵守作息时间，上班时间应比幼儿提前半小时到幼教点，下班时间比幼儿晚半小时离开幼教点。按时到岗，并做好迎接幼儿入园准备工作及幼儿离园的清洁卫生工作，做到不迟到、不早退、不旷工。
>
> 二、病假除急诊外，必须持有村级卫生室或乡镇卫生院的相关证明，报告幼教点负责人经批准后方可病休。
>
> 三、严格控制事假，如有特殊情况需请事假，应事先安排好自己的工作，并向幼教点的村委会负责人提出书面申请，经批准后方可离岗。
>
> 四、外出学习、培训，要提前请假，并安排好工作，遵守学习、培训的考勤管理制度。
>
> 五、婚假、产假、丧假均按国家相关规定办理。

此外，常规教育环节同样涉及学前学普信息平台的数据更新。同时，该环节还要求每年至少开展一次家园共育活动，以发挥学龄幼儿“小手拉大手”的作用。为实现“学前学普”行动中关于“养成好习惯”的目标，对辅导员的考核还设计了“安全卫生”这项内容，包括园舍卫生和幼儿卫生两项，即要求辅导员保持园舍整体环境整洁、卫生，物品摆放有序，同

① 摘自《村级幼教点辅导员出勤制度（试行）》。

时还要加强幼儿个人卫生教育。

综上，越西县在开展“学前学普”行动时摸索出了一条引领型融合治理的有效的基层治理路径，而实现这一路径的核心要素是组织同构，具体而言，是在州和县两级成立相同的组织架构，并配备协调沟通机制和督查考核机制。由此围绕“学前学普”行动形成了一个“上下联动、多方协同”的引领型融合治理体系，而这一治理体系的完善又反过来推进了“学前学普”行动的精准落实。

第四节　语言一小步、文化一大步：行动试点成效

语言扶贫虽着眼于提升通用语言水平，但也会带来个体能力、生活习惯和文化习俗的变化，这也是其能发挥阻断贫困文化代际传递作用的根本原因。越西县“学前学普”行动产生了诸多直接和间接效应，主要体现在如下一些方面。

一　“学前学普”的直接成效

根据县教体科局提供的学前学龄幼儿的普测数据，整体来看，越西县开展“学前学普”行动成效明显。

从表12-1的数据来看，2019年在幼儿园（幼教点）的学龄幼儿普通话测试合格率只有不到50%。但到了2020年，这一数据上升到了近63%。在2019年，对于幼儿园（幼教点）的划分只有简单的两大类，一是支持型，二是管理型。所有的幼教点都属于管理型，部分条件差的民办幼儿园也属于管理型，剩下的部分民办园和所有的公办幼儿园都属于支持型。不同类别的幼儿园（幼教点）在普通话测试的表现上差异明显：一是合格率上存在差异。2019年，支持型民办幼儿园普测成绩达到了61.79%，管理型幼教点是55.47%，最差的民办幼儿园只有不足41%。二是普测得分上有差异。支持型民办幼儿园得分与管理型民办园的平均得分相差不大，都在60分以上。但幼教点的平均得分只有46.64分，相差超14分。综合来看，幼教点和民办园的教学质量相对较差。

表 12-1　2019～2020 年越西县在幼儿园（幼教点）学前学龄幼儿普通话测试总体情况

		支持型		管理型		合计
		公办园	民办园	幼教点	民办园	
2019 年	应测人数（人）	—	7242	9056	7242	18163
	实测人数（人）	—	7197	8996	7197	18017
	平均分	—	65.35	46.64	63.22	55.17
	合格人数（人）	—	1127	3667	3992	8786
	合格率（%）	—	61.79	55.47	40.7	48.7
2020 年	应测人数（人）	4173	2553	8635	5112	20473
	实测人数（人）	4094	2550	8561	5102	20307
	平均分	59.65	65.69	50.32	64.17	57.57
	合格人数（人）	2549	1954	4218	3968	12689
	合格率（%）	62.26	76.63	49.27	77.77	62.49

资料来源：数据根据越西县教体科局提供的学前学普测试结果整理。

到 2020 年，“学前学普”实施近一年半后，支持型和管理型分类下的幼教点和幼儿园分布发生了很大变化，原先属于管理型的民办园变成了支持型。但不论是管理型还是支持型民办园，其普通话测试的合格率都大幅提升，均超过了 76%。相对而言，幼教点的合格率有所下降，只有不到 50%。[①] 从总体的合格率来看，2020 年的普测合格率相较于 2019 年有明显提升。此外，从平均得分来看，幼教点的平均得分较 2019 年提高了近 5 分，其他未发生大的变化。综合这些数据来看，学前学龄幼儿的通用语言水平的确有所提高，从侧面也反映出其学习语言的能力并不差，行动试点之前语言表现较差的主要原因可能是受限于教育资源投入不足。

对于孩子来说并没有什么困难，只要愿意教，他们就能说。山里的孩子一个是发育比较晚，三四岁才说话，然后是比较内向，不愿意和你交流。并且彝族人的年龄算法不同，年前生的就算一岁，过完年就两岁，但是实际上才两三个月。凉山的人上户口这件事也比较随

① 一个合理解释是，2020 年上半年受疫情的影响，幼教点的学龄幼儿无法保证连贯的普通话学习，这个数据本身应该算作秋季开学后两个月的教学成果。从合格人数来看，合格人数相对于 2019 年是在增加的，且总人数有所分流。因此，“学前学普”的实际成效应该好于数据呈现的状态。

意。（技术保障单位凉山州负责人访谈—20201014）

分学龄来看，不同学龄幼儿的普通话测试情况不尽相同（见表12-2）。在支持型幼儿园中，随着学龄的增加，普通话平均得分不断提升。学龄2年以上的平均分已经达到了78.86分，且其合格率也是随着学龄的增加而不断提升，到了学龄2年以上的幼儿获得的普通话测试合格率已经近乎100%。相较而言，管理型的幼教点（部分民办园）也表现出相同的变化趋势，二者在数据上相差并不大，但总体上支持型幼儿园在表现上还是处处占优。应该看到的是，不论是支持型还是管理型，那些学龄0年的幼儿基数最大，占比50%左右，且其普通话测试情况十分不乐观，合格率不足40%，平均分也不足50分。以上表明，一是越西县的学前教育十分薄弱，仍然是短板，所以那些未接受普通话教学的幼儿多数不会讲普通话；二是“学前学普”行动的成效明显，进入幼教点（幼儿园）的幼儿普通话语言水平进步明显。

表12-2　2020年秋季不同学龄幼儿的普通话测试情况

	支持型				管理型				合计
	学龄0年	学龄1年内	学龄1~2年	学龄2年以上	学龄0年	学龄1年内	学龄1~2年	学龄2年以上	
应测人数（人）	3025	2446	1027	228	6914	4729	1557	547	20473
实测人数（人）	3002	2392	1022	228	6896	4675	1545	547	20307
平均分	49.22	70.38	75.96	78.86	45.25	63.93	68.97	72.93	57.57
合格人数（人）	1143	2125	1008	227	2382	3850	1426	528	12689
合格率（%）	38.07	88.84	98.63	99.56	34.54	82.35	92.30	96.53	62.49

资料来源：依据越西县教体科局提供的学前学普测试结果整理。

从学龄幼儿的普通话测试表现来看，那些接受了幼教点（幼儿园）学前教育的幼儿在进入小学一年级时表现出色。在支持型的幼儿园接受学前教育的幼儿中，公办园的普测合格率不足70%，民办园则近90%，这种差异可能是由于这部分民办园的教学条件较好、生源质量较好。在管理型中，幼教点准一年级幼儿的普测合格率约为73%，民办园则接近84%。二者测试人数相近，但结果相差超10个百分点。较为贴合现实的解释是，幼教点基本上都是借用的村委活动室，教学条件有限，民办园在教学条件上相对要好很多。值得注意的是，幼教点幼儿人数比公办园多，且平均分相近，但普测的合格率却比公办园高近5个百分点（见表12-3）。这个区别对于“学前学普”行动来讲是一个好的迹象，一定程度上表明行动试点在条件不利的情况下仍能提升学前学龄幼儿的普通话应用能力。

表12-3　2020年秋季准一年级学生普通话测试情况

	支持型		管理型		合计
	公办园	民办园	幼教点	民办园	
应测人数(人)	787	643	1434	1477	4341
实测人数(人)	772	642	1425	1472	4311
平均分	61.66	69.54	61.08	65.26	63.87
合格人数(人)	530	556	1036	1230	3352
合格率(%)	68.65	86.60	72.70	83.56	77.75

资料来源：依据越西县教体科局提供的学前学普测试结果整理。

上述数据结果呈现了“学前学普”行动的成效，但是这种成效是如何在日常的教学过程中逐步实现的？要回答这个问题，这就需要梳理整个教学过程，包括整个普通话测评过程。

从《凉山州“学前学会普通话”行动幼儿普通话达标测评标准（试行）》中可以看出，这一标准的制定是在尊重幼儿健康成长和语言学习客观规律的前提下，按照梯度渐进的方式逐年提高标准，从而确保实现幼儿普通话“听懂、会说、敢说、会用”。具体的测评是针对普通话零基础的幼儿，主要采用交谈、问答、诵唱、游戏、观察等符合幼儿认知水平、心理特点的测评方式，通过听力理解、口语交际、看图表达等测评幼儿普通话的听说能力。在梯度渐进原则下，第一学年的测评标准较为基础，测试项主要是为了测试幼儿对日常交流用语的理解和表达情况，如打招呼、叫名字、理解性别和年龄以及稍微复杂的问题等。第二学年的内容就变得较为复杂，且偏重于测试抽象的逻辑理解能力，如陈述事物的因果关系、掌握句式和语法、理解具有空间意涵的词汇等。从这两个测评标准和具体内容来看，“学前学普”行动取得成效的一个直接原因是教学过程科学，即在遵循幼儿教学规律的基础上，在教学过程中将“听懂、会说、敢说、会用”这个目标具体化为一系列现实问题，并引导幼儿逐步学习。

除了教学过程科学外，“沉浸式体验”的教学方法也是幼儿快速学习普通话的一个重要因素。为了在教学过程中实现“沉浸式体验”，县里组织开展了多样化的活动，并加大宣传力度以营造“学前学普”的良好氛围。自开展“学前学普”行动以后，越西县陆续开展了全县教师普通话比赛、幼儿讲故事比赛、幼儿园经典诵读比赛、“温情冬季、缤纷课堂”教学展评、学普行动优秀案例评选等活动，2020 年 6 月还与技术保障单位一起深入越西最大的移民集中安置点开展了主题为“学前学普展风采　和你一起过六一”的活动。

2020 年越西县开展了三类活动：竞赛活动、学前幼儿展示学普成果和“学前学普大家谈”。其中，竞赛活动主要针对幼儿教师和辅导员，具体可细分为技能竞赛、学普论文、学普故事和课题研究；学普展示活动主要针对学前幼儿，为了给幼儿创造说普通话的氛围和条件，展示的内容包括讲学普故事、介绍自己家乡、经典朗诵和用视频记录幼儿在家里（社区）教其他人学说普通话、讲卫生、懂礼仪等场景；“学前学普大家谈”主要是为了在全社会范围内营造学普的氛围。为了充分发挥这些活动的成效，县里按照分类分批进行的原则开展各类活动，主要划分了两个阶段：第一阶段是竞赛活动，第二阶段是学普幼儿展示和“学普大家谈”。

二　“学前学普”的溢出效应：新增就业强师资

“学前学普”行动还产生了一系列的溢出效应。其中，一个直接的影响体现在家庭层面，另一个则体现在师资力量的变化上。在开展“学前学普”行动之前，越西彝区的学龄幼儿面临着听不懂也不会说普通话的问题。这个问题在这批幼儿进入小学阶段后逐渐凸显，并逐步将他们引向了辍学务工的道路。

以前当地很多农村家庭多采用“散养式”早期教养，孩子到了七八岁直接进小学，有的十一二岁才进学校。由于不会普通话，听不懂、跟不上，在学校“一步慢，步步慢”，一些学生逐渐失去学习兴趣，而这也给他们成年后外出工作带来困难。因为不会普通话，找工作困难，能找的工作也通常是卖体力为主、技术含量低、收入低的工种，工作中出现问题不能顺畅交流解决……这些，都成为他们脱贫奔小康的阻力。①

在这样的背景下，让学前幼儿学会普通话是有利于其日后获得一份相对好的工作的前提条件。对其家庭而言，学前幼儿进幼教点（幼儿园）就读后，其父母就从照看小孩与生产劳动的矛盾中解放出来，进而可能延长务工时长并提高家庭收入，这是间接改善了家庭面临的就业环境。此外，“学前学普”也能惠及农民群体。“学前学普”是在“一村一幼”的基建基础上开展的，因而绝大多数“学普”活动都是在村委活动室开展的。但实际上，村委活动室具备功能室的作用，其中一个功能就是为农民夜校提供场所。在这样的背景下，越西县结合当地实际创新了推普方式，借助农民夜校开展“学前学普走进农民夜校”活动，组织当地村民和适龄幼儿进入夜校一起学习普通话。

“学前学普”行动落实的一个重要举措是统筹各类资源对县域范围内的师资进行培训，以此提高教师和辅导员的教学水平，从而确保学前幼儿的教学质量。在这个意义上，“学前学普”的一个溢出效应就是提升了教师和辅导员的教学水平。同时，各类培训平台也为教师和辅导员提供了提升学历和上升的渠道。对于这样的溢出效应，州学普办的一名工作人员曾表述如下。

在2018年以前，我们统计大专以下学历的（包括初中及以下）大概占到20%，今年高中及以下学历者只有百分之几或十几了。（越西县学普办工作人员访谈—20201013）

---

① 摘自凉山州报道组《凉山蝶变的教育力量》，《中国教育报》2020年10月19日，第1版。

当然，师资培训所带来的这种变化也间接造成了师资流失的问题。据越西县一名片区督导室工作人员回忆，“部分教师和辅导员到幼教点教学只是过渡一下，借助县里提供的各种培训资源，她们的能力得到了提升，有的就去考在编的岗位，有的就去找其他工作了”。但从县域层面来看，实际上这种师资并没有流失，而是变成了县域内的一种循环，或是形成了要素流动。

> 从大的教育观来说，虽然辅导员队伍流失了，但是这些辅导员队伍更多地在县域内或者凉山州内的学前教育（岗位），他们面对的还是学前教育的娃娃，而且辅导员队伍（素质）提高了。我们的辅导员考到小学，考到公办、民办幼儿园了，这也不是完全的流失，还体现了辅导员队伍培养的可持续性。（凉山州学普办科长访谈—20201016）

三　“学前学普”与文化反哺

“学前学普”行动的另一个目标是“养成好习惯”。这一目标的实现主要是通过“小手拉大手”的方式，也就是通过幼儿带动其家人及身边的人养成健康的生活理念和文明的生活习惯。一般而言，文化传承的传递方向、教化者与被教化者的角色总是固定不变的：就文化传承的方向而言总是从上一代人传向下一代人。[①] 但当整个社会在极短的时间内发生急剧变迁，这变迁会使得同时生活在世的两代人或三代人之间出现巨大落差。[②] 这种落差的产生会催生反向的文化传承，即“文化反哺”。[③] 凉山彝区虽实现了一步跨千年，但当地的民俗文化并未同步变化，相反还有些滞后。在这样的情况下，彝族人内部便可能出现“文化反哺”。实际上，彝族人口中普通话普及率不高，若能借助学前幼儿学普的机会，对年长一辈进行语言上的“文化反哺”，从长远来看是能够阻断贫困文化的代际传递的。

在具体做法上，县学前学普办结合日常工作的经验，开展“学前学普”

① 周晓虹：《文化反哺：变迁社会中的亲子传承》，《社会学研究》2000 年第 2 期。

② 周晓虹：《文化反哺与器物文明的代际传承》，《中国社会科学》2011 年第 6 期。

③ 周晓虹：《试论当代中国青年文化的反哺意义》，《青年研究》1988 年第 11 期。

行动的一个重要方式就是宣传，包括要求各乡镇利用“村村响”“校园广播”“移动宣传车”等播放“学普”音频，通过相关的自媒体平台推送幼儿园教学示范课、儿歌视频等学习资源等。此外，针对未入园的学前学龄幼儿的工作还包括数据收集、试点教学、全面实施、集中教育和建立长效机制等。

在推进“学前学普”全覆盖工作之前，需要准确掌握全县未入园幼儿信息，才能确保“学前学普”能全覆盖到县域内所有未入园幼儿。为了精准摸排数据，各乡镇中心校、幼儿园主要负责组织教师在乡（镇）、村相关人员的配合下进村入户开展摸底排查工作，并获取全县未入园幼儿总数、监护人情况、学习生活状况等信息。基于摸排的数据，各片区、中心校主要采取“就近”的原则开展各类普通话教育活动。另外，针对少数不能入班学习的幼儿还会采取“送教入村”“送教入户”的形式开展活动，教师会深入村寨、到幼儿家里开展普通话教育工作。摸排的数据由各乡（镇）平台管理员及时完成在学普信息化平台上的新录、补录、查重、查错及修正等工作，确保录入数据信息的精准。当然，对工作不在状态、慢作为、不作为、相互推诿、不按时完成任务的，县里会严格按照相关规定予以问责、追责。

除上述具体做法外，县学普办还借助一系列举措来巩固“学前学普”行动已有的成果。比较典型的做法有三类：一是做好三类主题活动的宣传工作。前面提到，在开展了按照不同行动主题和内容划分的三个主题活动后，还通过“学普小喇叭”“短视频平台”“学前学普风采展示”等线上线下渠道进行宣传，营造全社会学习普通话的良好氛围，进而有效提高群众的知晓率。二是开展越西县幼儿园、幼教点“星级评定”工作。按照“星级评定”工作的标准，牵头单位从环境创设、教育教学、常规管理、设施设备管理、档案资料管理等五个方面对全县公办幼儿园及幼教点进行等级评定。三是打造学前教育教学示范点。2019 年县财政下拨 49.34 万元资金用于开展示范点环境创设工作。

为更好推进学普行动全覆盖，营造学习普通话的良好氛围，越西积极组织开展了多种活动，试图把普通话推广辐射到幼儿家庭和社区街道。在 2020 年疫情期间，县学普办开展“小手拉大手”活动，通过幼儿教会家长戴口罩、勤洗手，更多人养成了健康文明的生活习惯。

越西县幼儿园的老师和小朋友们响应活动号召来到了城北安置小区，与小区居民一起开展了“小手拉大手”的推普活动，带动社区大人、孩童学习普通话，营造了“人人讲好普通话”的浓厚氛围。

中所镇一、二幼创新形式，组织教师们拉着横幅、拖着音箱深入各村开展普通话教育户外“移动小课堂”，对村民及幼儿开展普通话教育。

“学前学普”走进农民夜校活动上，一名幼儿与一名家长能用普通话表演老师教的《认识五官对对歌》。①

依托幼教点和幼儿园，“小手拉大手”活动不仅让学前幼儿学会了普通话，养成了讲卫生、讲文明的生活习惯，同时也让幼儿将这些好的习惯反哺给家长。这个过程既实现了营造良好的“学前学普”氛围，又通过“小手拉大手”这一反哺过程促进了当地的移风易俗，实现了以语言撬动文化变迁的杠杆作用。

① 摘自越西县“学前学普”活动的汇编材料。

第十三章

阵地打造与两线三级：雷波县案例

第一节　雷波教育贫困的语言顽疾

一　雷波县情与脱贫历程

雷波县位于凉山彝族自治州东部、金沙江下游北岸，素有“彝区门户、川滇咽喉”之称，享有孟获故里、中国彝族民歌之乡、中国优质脐橙第一县等美誉。县域面积2838平方千米，辖47个乡镇[①]、276个村、9个社区，人口28.3万，其中以彝族为主体的少数民族占58.4%。雷波地处小凉山地区，山地面积超过84%，海拔380米至4076米，地形地貌由高山峡谷、大江大湖、森林草原、瀑布溶洞组成。

雷波境内山高坡陡谷深，悬崖峭壁路险。“雷波”用彝语称是“嘎尔莫波”，意为“像锅庄石一样鼎立的大山”，这也反映了其所处的险恶的地理环境。由于贫困量大、体宽、程度深，雷波是国家扶贫开发工作重点县，也是中央、省、州三级纪委定点扶贫的深度贫困县，自1989年以来经历了5个扶贫开发阶段。

第一阶段为1989~1993年，主要是通过扶贫贴息贷款，重点解决贫困群众基本温饱问题；第二阶段为1994~2000年“八七”扶贫攻坚，主抓扶

① 雷波县在册48个乡镇，由于克觉乡进行了矿山移民搬迁，其境内已无村民居住，乡政府、学校等机构已撤并，但未得到上级部门确认，其行政区域由莫红乡代管，雷波县实际上只有47个乡镇。——笔者注

贫贴息贷款、以工代赈和发展资金项目三大扶贫项目，集中人力、物力、财力，由救济式扶贫向开发式扶贫转变，集中打响贫困户扶贫越温攻坚战；第三阶段为2001~2010年新时代十年扶贫开发，瞄准贫困村、贫困户，开展草房、木板房、瓦板房为主的“三房”改造以改善居住条件，同时注重发展贫困地区的科学技术、教育和医疗卫生事业，强调参与式扶贫；第四阶段为2011~2014年新阶段扶贫开发，以村或村民小组为单位，以低标准彝家新寨建设和以村为单位的整村推进为重点，解决农村危房、人畜分居和村内部分基础设施，并结合产业发展增加贫困户收入；第五阶段为2014~2020年精准扶贫阶段。2014年全县精准识别贫困村171个、贫困人口16810户67499人，贫困发生率为30.98%。脱贫攻坚期间，雷波县着力解决建档立卡户的“两不愁三保障”问题，有生活用电、有安全饮水、有广播电视信号；贫困村有集体经济、通村硬化路、卫生室、文化室、通信网络、学前教育设施和民俗文化坝子；乡乡有标准中心校、有达标卫生院、有便民服务中心。2019年9月底，雷波共脱贫16865户76401人，171个贫困村全部退出，综合贫困发生率降至0.13%，于2020年2月正式退出贫困县序列。①

雷波彝族注重礼仪，向来以热情、豪爽、大方、纯朴著称，在历史长河中，形成了一套独特的风俗习惯。同时，由于县域幅员辽阔，不同区域又形成了各具特色的惯例习俗。近代以来，尽管我国发生了波澜壮阔的历史巨变，但长期处于封闭隔离状态的大凉山彝族地区依然延续了部分民族传统。

二　语言障碍构筑脱贫之困

地理上的长期封闭，经济文化发展上的严重滞后，导致雷波县彝族聚居区群众大多不通汉语、不识汉字。尽管2000年以后长三角、珠三角打工经济兴起，少数彝族群众也尝试着迈出大山，但由于文化程度低、语言不通、交流困难等，大部分彝族务工者即使外出，最终也都被迫返乡。政府对建档立卡贫困户的帮扶举措反而使部分群众产生了“等靠要”思想，脱

① 相关数据来自2019年9月国扶办考核验收的《雷波县退出贫困县工作情况报告》。

贫内生动力极度缺乏。

与此同时，由语言障碍所导致的教育脱贫之困也是当地“贫困代际传递”的重要原因。长期以来，受历史因素、地理阻隔和落后的经济发展影响，脱贫攻坚以前还存在“生娃放羊、放羊娶妻、娶妻生娃”等观念。加上彝族普遍有早婚习俗，使得彝族地区失学、辍学率高居不下。

除了不重视教育外，当地义务教育阶段，孩子辍学多的另一个重要原因是“语言难题”。雷波县是凉山州彝族聚集区之一。由于教育资源匮乏，“十一五”之前全县除了县城少数公办和民办幼儿园外，绝大部分农村地区的学前教育几乎处于空白。“十一五”期间，雷波县仅有的 8 所幼儿园全部集中在城区，2010 年毛入园率仅 29.7%。“十二五”期间，随着经济条件的改善，民众逐步意识到学前教育的重要性，“学前班”开始出现，不过 2015 年毛入园率也只有 51.4%。

学前教育的缺失使当地大量幼儿无法接受正规、系统的普通话语言学习。加上大部分幼儿居住在纯彝族地区，缺乏普通话学习环境，他们步入小学一年级时，普遍陷入听不懂、不敢说、不会写汉语的境地。尽管大部分小学使用了彝语、汉语双语教学，但绝大部分学生仍需耗费 1~2 年时间打通语言关，导致学习成绩远远落后于懂汉语的同学。而一二年级的落后也使他们进入五六年级后学习更加吃力，跟不上、学不进，这是导致彝族学生辍学率高的直接原因。

第二节　从意识觉醒到阵地打造：行动试点的实施基础

一　从自主发展到政府引领：学前教育发展的三阶段

雷波县的基础教育在脱贫攻坚期间得到了较快发展。但是由于历史欠账太多，学前教育基础依然十分薄弱，特别是农村学前教育几乎处于空白状态。总体而言，从“十一五”到“十三五”时期，雷波县学前教育经历了城区自主发展辐射、农村家长意识觉醒、政府全面主导三阶段，这为“学前学普”行动试点奠定了基础。

第一阶段是城区小规模学前教育自主发展阶段。受政府投入学前教育公共资源少、幼儿师资不足、收费政策、教育意识淡薄等因素的影响，上幼儿园一直是城市孩子的专利，是农村儿童的梦想。“十一五”期间，雷波县在园幼儿从2006年的1542人增加到2010年的3160人，学前教育规模较小，学前三年毛入园率不足三分之一。

第二阶段是农村学前教育意识的觉醒阶段。随着雷波县“两基”计划①的推进，人们对教育的重视程度有了显著提高，越来越多的家长意识到“不能让孩子输在起跑线上”。这个起跑线就是学前教育。在农村学前教育资源匮乏、师资匮乏、资金匮乏的情况下，农村学校根据家长需求，通过挖掘、整合学校资源，逐步开始举办学前一年教育，即“学前班”。“学前班”举办的场所是村里的功能室或空置教室，师资是小学教师或临聘的代课人员，本着家长自愿、学校收费形式开办。随着后来国家对学前教育保教费减免政策的实施，学校开办学前一年教育的积极性也有了较大提高，此时教育对象主要是6周岁即将进入小学学习的幼儿。这期间，雷波县学前教育规模增量主要来自农村学前一年教育。“十二五”期间，幼儿园（幼教点）从8个增加到27个（其中公办15个，民办12个），利用学校空余资源开展学前一年教育的学校81个。在园（校）幼儿从2011年的3671人增加到2015年的7991人，学前三年毛入园率提高到51.4%。

第三阶段是政府主导下的农村学前教育规模发展阶段。《国家中长期教育改革和发展规划纲要（2010—2020）》强调，要重点发展农村学前教育，采取多种形式扩大农村学前教育资源，改扩建、新建幼儿园，充分利用中小学布局调整富余的校舍和教师举办幼儿园（班），努力提高农村学前教育普及程度，支持贫困地区发展学前教育。② 2015年，四川省委省政府作出了支持彝区“实施十五年免费教育，支持学前教育发展”的决定。随后，州级层面也出台了系列政策推进凉山学前教育发展。雷波县在国家和省、州政策部署的基础上因地制宜制定了实施方案，通过“一村一幼”大力推进农村学前教育大发展。在政府的全面推进下，2016年雷波县的“一村一幼”实现了全县覆盖。

---

① “两基”是指基本普及九年义务教育、基本扫除青壮年文盲。

② 参见中华人民共和国教育部官网，http：//www.moe.gov.cn/srcsite/A01/s7048/201007/t20100729_ 171904.html。

二　从蓝图规划到实践举措：分批有序推进的治理机制

2015 年，雷波县 4~6 周岁幼儿 16571 人，已开办幼儿园 17 所（其中民办 12 所）。根据“一村一幼”规划，整体规划有 322 个幼教点，其中行政村 242 个，自然村 80 个，拟设立 476 个幼教班，招聘辅导员 952 名，覆盖幼儿 14078 人。[①] 面对如此庞大的基数，要想在短期内实现农村学前教育的全覆盖，离不开政府的全力主导和强力推进。

（一）厘清思路，组织机制有保障

在充分解读省、州级顶层设计的基础上，雷波县制定了《雷波县教体科局关于推进全县“一村一幼”工作实施方案》，梳理了发展思路，确立了基本原则，制定了发展目标。在发展思路上，雷波县根据全县农村人居分散、资源稀缺等实际情况，立足于村、依托乡镇、着眼长远，以城区学前教育先进的理念、方式为引领，依托乡镇幼儿园建设，发挥乡镇幼儿园的辐射作用，进而形成和完善县、乡、村三级幼儿教育发展体系。

同时，坚持两个基本原则。一是坚持因地制宜和实事求是原则。坚持从实际需要出发，分片规划、分类指导，按照轻重缓急、先易后难推进村级幼儿教学点和乡镇幼儿园建设。充分整合利用农村中小学布局调整后的富余校舍、村支部活动室、彝家新寨民俗活动场所以及乡镇法庭、司法所、派出所等富余公共资源。二是坚持就近入园和方便入园原则。充分考虑全县幅员辽阔、自然村落分散的情况和推进城镇化、户籍制度改革、撤乡并镇带来的城乡人口分布及流动趋势，科学预测学前幼儿生源，合理确定服务半径、服务人口，合理规划幼儿园、村级幼儿教学点布局和规模，方便幼儿就近接受学前教育。

在发展目标上，雷波县制定了“一村一幼”的具体目标，即在全县尚未覆盖学前教育资源的行政村和人口较多、居住集中的自然村，开办幼儿教学点 322 个。根据当时制定的目标，2015 年底前，开班的幼教点不低于 60 个；2016 年 3 月全县村级幼儿教学点至少新开班 200 个，累计开办率达

---

① 数据来自 2015 年《雷波县教体科局关于推进全县“一村一幼”工作实施方案》，内部资料。

80%，秋季学期实现全覆盖，完成剩余62个幼教点的开班任务，确保学前三年毛入园率达85%以上。

为了确保学前教育短期产生实效，雷波县以强力的组织保障和管理机制推进农村学前教育工作。一方面，由县教体科局牵头成立推进全县“一村一幼”工作领导小组，并下设三个工作组。工作组实行包片责任制，在总体规划下对片区规划幼教点的启动时间、维修改造、文化建设、设备设施配置、辅导员初步筛选等全面负责。另一方面，依托“三级两线”管理机制，雷波县将“条”“块”分割的政府层级和职能部门有机联动起来，为“一村一幼”的推进打通了渠道。具体而言，所谓“三级”是指教体科局、乡镇中心校、村级幼儿教学点，“两线”是指行政管理和业务指导并行。教体科局各股室按职能履行监管责任、教体科局各业务股室负责业务指导；乡镇中心校负责村级幼儿教学点的开办和日常管理；村级幼儿教学点辅导员负责具体实施。

（二）数据起底，科学规划有目标

学前教育蓝图落地的重要前提是摸清家底。雷波县经过深入调研和反复论证，对长期以来几乎空白的农村学前教育开展了“大起底”式的数据摸排。根据统计，2016年底，雷波281个行政村中4~6周岁儿童数15544人，乡镇幼儿园和民办幼儿园共有17个。雷波结合农村学前教育发展实际，按照幼儿规模达10个以上的行政村或自然村建设一个幼教点的原则进行规划。凡有学前教育资源覆盖的村，不再规划“一村一幼”。规划以“一村一幼”为主体，“几村一幼”和“一村几幼”为补充，充分考虑居住边远、分散的群众对学前教育的需求。

经过调研论证，雷波县首次确定规划322个村幼教点、441个幼教班，预计招收幼儿11814名。按照每个幼儿班配备2名辅导员计算，共需配备幼儿辅导员882名。其中，有资源可以利用的“一村一幼”206个（102个村级活动室，51个利用闲置的校舍，53个租用场地），设立322个幼儿混龄班，需聘请幼儿辅导员644人。无资源可利用但幼儿人数达设立“一村一幼”幼教点标准的行政村或者自然村116个，需要设立154个幼教班，配备辅导员308名。

（三）试点引领，分批推进有规划

由于“一村一幼”建设涉及多元主体，从维修改造、文化建设、设备配置，到辅导员聘用培训、幼儿入园、村幼教点教学和管理都需要大量的人力、物力和财力投入，在短期内全部实现所有设施、人员和管理的配备是不现实的。因此，雷波县确立了“试点先行、先易后难、分步推进”的总体实施思路，将“一村一幼”先后规划五批次完成。

通过深入乡村调查分析，雷波县分别在城区周边、县东部地区和西部彝区选择部分有硬件资源的村开始进行试点，确定22个村作为第一期“一村一幼”试点村。其间，县财政投入资金300余万元，按照《凉山州村级幼教点设备设施配备目录》标准为试点村配置完善了教学用具和生活设备设施，共开设22个试点班，招收幼儿704名，招聘辅导员44名。

以试点带动的举措充分调动了各乡镇、学校和社会开办“一村一幼”的热情，也为各乡镇、学校如何开办“一村一幼”提供了可参考借鉴的经验范本。良好的开端顺利推动了接下来第二、三、四、五期幼教点的开办。2016年底，雷波顺利完成了348个点、437个班的开班任务，共聘用辅导员874人，招收幼儿12704人，实现了“一村一幼”的全县覆盖。

（四）多方动员，资源统筹有后盾

对于雷波县这样学前教育“一穷二白”的深度贫困县，要在短短一两年之内开办300多个幼教点，招聘800多名辅导员，的确是一个巨大挑战。特别是在省、州财政支持每村2名辅导员、每名辅导员给予每月2000元工资的政策下，既要在规定时间内开办如此多的幼教点，还要确保幼儿教学、安全，仅依靠教育部门是无法实现的。因此，由政府主导对所有乡、村、学校的房屋和县级财政资金进行资源整合，是一条必经之路。

雷波县的做法是，学校无空余校舍的，由乡、村无偿提供村级活动室、彝家新寨活动场所等。村级也无法提供安全场所的，则利用可租赁的民房。无房可租的，则安排在实施后期进行建设。事实上，在第一批“一村一幼”试点建设过程中，大部分乡镇、村以及村民由于对政策一知半解，对“一村一幼”的实施持观望状态。但随着第一批示范幼教点的建成，原本满山跑的孩子们进入了“课堂”，幼儿们逐渐听话了、懂礼貌了……这些变化让当地人意识到这是一项利在千秋的好事。很多原本没有空余校舍的村镇主动找到县教体科局，积极争取幼教点在当地开办，甚至有村干部愿意免费将自家院落用作上学场所。在各方主体的积极配合下，雷波县顺利完成了从试点到全面铺开的涅槃。

教学场地解决后依然存在更棘手的问题，不仅那些不符合幼教点建设标准的房屋要维修改造、选址新建，幼教点还要开展文化建设，配置幼儿生活、教学设备设施等基本办学条件。雷波县采取统筹财政资金、整合多方资源的方式，为“一村一幼”建设提供了坚强后盾。到 2016 年 12 月，县级财政已经分四批累计整合投入资金 3000 余万元，充分保障了“一村一幼”的顺利推进。

三　从“满山跑”到“有学上”：“一村一幼”打牢学前教育基础

2016 年底，雷波县共完成了 348 个点、437 个班的开班任务，聘用辅导员 874 人，招收幼儿 12704 人，实现了“一村一幼”全覆盖。图 13-1 的数据显示，雷波学前教育在园幼儿数量从 2006 年的 1542 人迅猛增加到 2016 年的 15417 人，学前教育学生增量主要来自“一村一幼”实施后农村幼儿入园数量的增加；学前三年毛入园率达到 99.2%，入园率在 2006 年 15.2%的基础上，上升了 84 个百分点（见图 13-2），从根本上解决了幼儿无学上、难上学的难题。2017 年秋季，全县共有 3~6 周岁适龄儿童 18468 人，幼儿园 22 所，其中公办园 6 所、民办园 16 所。在园幼儿 16183 人，其中一村一幼 12483 人，学前三年毛入园率 87.5%。全县共有幼儿教师 1072 人，其中公办教师 132 人、民办教师 82 人、“一村一幼”辅导员 858 人。

在这样的背景下，雷波县的学前教育体系初步搭建起来。主要体现在如下方面：一是幼教点基础设施建设。按照《关于支持大小凉山彝区深入推进扶贫攻坚　加快建设全面小康社会进程的意见》（川委办〔2015〕34 号）规定，幼教点的所需场地设施需由凉山州、乐山市和相关县（区）自行解决。面对体量大、资金少的困境，雷波县充分挖掘村级多种资源，充分利用彝家新寨、村活动室、租用民房等，满足村幼教点“从无到有”的数量需求。同时，为了鼓励幼教点实施标准化建设，雷波率先在县内彝族聚集的硬件条件较好的 22 个村配置基础设施，包括学生桌椅、桌面玩具、饮水机、消毒柜、简易医疗箱、电视机、DVD、学生床及床上用品等，为

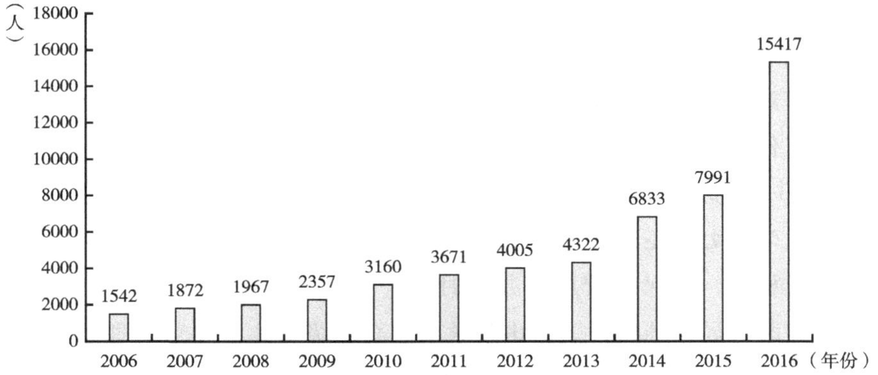

图 13-1　雷波县在园幼儿数量增长情况（2006~2016 年）

数据来源：雷波县教育体育和科学技术局内部资料，2020 年 10 月。

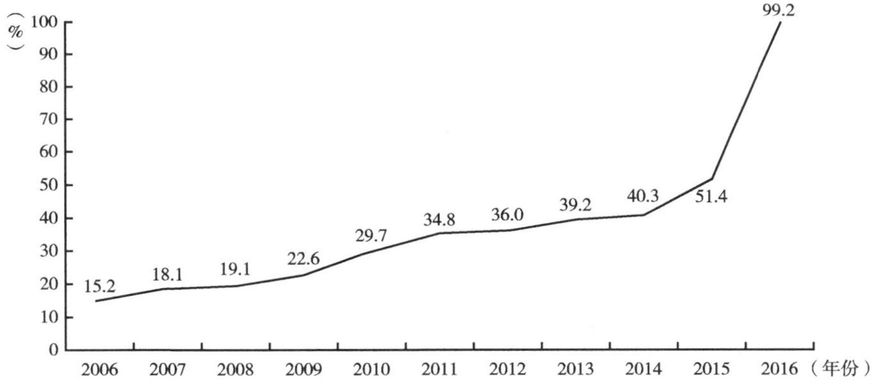

图 13-2　雷波县学前三年入园率增长情况（2006~2016 年）

数据来源：雷波县教育体育和科学技术局内部资料，2020 年 10 月。

其他暂时不具备标准化幼教点建设的村幼提供了示范和参考。

二是辅导员聘用、培训和管理。雷波县根据“一村一幼”规划分步实施的情况，按照每班配备 2 名辅导员的标准，设定辅导员岗位，并根据“一村一幼”辅导员选聘办法，将需求面向社会公告。辅导员的选聘工作由所在乡镇人民政府负责组织、协调、监督，学校协助实施。选出结果面向社会公示，接受社会监督。初选合格后的人员经过体检、跟岗培训，合格者使用在设定岗位上。在彝族等民族聚居乡镇招聘辅导员时，优先聘用兼懂彝藏等语和汉语的教师。与此同时，宜宾学院等大专院校承担了各县市村幼辅导员的培训工作，为辅导员业务能力的提升提供了条件。

三是幼教点教学管理与运转。一方面，建立了乡镇中心校直接管理幼教点的工作机制，不仅组织辅导员学习《幼儿园工作规程》《幼儿园指导纲要》《3—6岁儿童学习与发展指南》等内容，提升幼教点辅导员的专业技能和教学能力，还通过中心校对幼教点的安全、卫生、保教质量等方面进行常规检查，确保幼教点的办学时间、日常管理符合规范。另一方面，在凉山州教育局相继出台《凉山州学前教育村级幼儿教学点管理办法（试行）》《凉山州村级幼教点辅导员岗位职责（试行）》等规章制度的背景下，有效构建了政府部门内部纵向和横向联动的治理机制，对幼教点如何运行、由谁管理、怎么管理等问题都做出了清晰界定，为短期内迅速建成的幼教点提供了一套行动规范和指南。

四　“学前学普”行动开展的必要性

通过“一村一幼”的实施，雷波县农村学前教育已经实现了全面覆盖，初步解决了农村幼儿入园难等问题。然而，要真正实现农村学前教育从“有没有”到“好不好”的转变，还须以提高“一村一幼”保教质量为核心，改善办园条件、规范管理、提高辅导员业务水平，进而促进农村学前教育从规模发展阶段向标准化办园和内涵发展阶段的推进，促进“一村一幼”提质增效。

（一）基础设施硬件不足

凉山州“一村一幼”的建设过程也暴露了大部分基础条件差的幼教点硬件设施配备不足的弊病。实际上，尽管各乡镇充分利用彝家新寨、村活动室、租用民房等资源暂时解决了幼儿入园的需求，但缺失了幼儿生活和学习的诸多功能，安全程度也不高，给“一村一幼”幼儿的学习和生活带来了影响和隐患。更重要的是，由于雷波县等彝族聚居区山高谷深，居民居住分散，原本制度设计的“一村一幼”实际上需要进行很多调整，比如“一村多幼”“多村一幼”等。这些幼教点又由于各乡镇、村的经济基础不同而存在建设标准难统一的困境。

此外，尽管按照州教育局统一部署安排，各县要按办园标准配齐基本设备设施，如为每个村级幼儿教学点配备基本电教设备设施、教具玩具等。但面对体量大、底子薄、实力弱的现实，雷波县只能在县内率先选择一批硬件基础较好的22个幼教点作为示范点配置齐全的设施。其余各批次的幼教点只能按保基本、保入园的低标准配备，不能完全满足幼儿生活和教学活动所需，比如缺乏电视机、DVD、学生床及床上用品、户外大中型玩具、监控设备设施等。每样设备设施在幼儿学习和生活中都具有特定功能，缺少就会弱化幼儿教学和生活质量。

（二）教学标准管理配套用品缺乏

在“一村一幼”推进过程中，尽管政府试图建立“办园条件统一规划、日常工作统一管理、操作流程统一标准、教师统一聘用培训、课程实施统一指导、办园质量统一评估”的标准化管理模式，还相继出台了十个规范性文件，但在推进过程中却遭遇诸多难题。以幼教点教材为例，2017年，凉山州教育局统一印制了春、秋两季辅导员用书，人手各1本，教学光碟和挂图每个幼教点各1张。但事实上，多数幼教点由于辅导员用书和教学光碟经常使用已破旧，部分幼教点由于辅导员频繁更换和流失，出现了丢失现象。加上州教育局后续补充力度不足，导致部分幼教点无辅导员用书和教学光碟。

在我们的访谈过程中，对一些村幼辅导员的访谈发现了类似的情况。

> 虽然教育局提供了教材，但是只有春、秋两本，内容比较少。很多幼教点基础都很差，有的没有电视，有的没有DVD，有的没有网。所以幼儿老师也没办法给孩子们看一些视频资料，更不用说教具了。我们都是自己用纸壳子做一些玩具、简单的识字卡，都不规范。老师们也是自己想到多少教多少，没得统一的标准。（雷波县村幼辅导员L1访谈—20201020）

（三）辅导员队伍综合素质不高

辅导员作为“一村一幼”教学的具体实施者，是幼儿保教质量提高的关键。然而，由于在短期内选聘、培训了大量辅导员，这导致辅导员的选聘、培训、管理都存在隐患。一方面，普遍学历较低，业务能力差，部分素质堪忧，甚至根本没有接触过专业幼儿教育知识培训。另一方面，州教体科局给辅导员配置的2000元/月的工资水平较低，尤其是辅导员保险购买未落实，导致辅导员流动性增大。上述问题的长期存在对农村学前教育的发展带来了不利影响。

由表13-1可知，截至2018年6月，雷波县共有村幼辅导员854人，其中男性325人，女性529人，以中青年教师为主，25岁以下教师仅占26.35%。从学历来看，中职学历最多，占比32.08%，其次是初中学历，占31.38%，然后是大专学历，占比22.84%，而本科学历仅占2.34%（20人）。从专业类型来看，属于师范类专业的人数约26%，大部分都是非师范专业，说明教育背景与从事职业的专业化匹配度是比较低的。不足一半的辅导员拥有二级乙等及以上普通话等级证书。另外，通过该县教育管理部门的其他数据揭示，教育背景属于学前教育专业的教师占全体辅导员的比例仅为17.17%。这些数据清晰地表明，尽管"一村一幼"实现了学前教育师资从无到有的转变，但辅导员队伍在教学能力、专业素养、综合能力等方面仍有很大欠缺，而这直接关乎学前教育发展的质量。

表13-1 雷波县2018年"一村一幼"辅导员基本情况

	数量(人)	百分比(%)		数量(人)	百分比(%)
性别			是否具有二级乙等及以上普通话证书		
男	325	38.06	是	410	48.01
女	529	61.94	否	444	51.99
年龄结构			参加培训人次		
25岁以下	225	26.35	省级及以上培训	0	0.00
25~35岁	499	58.43	市州培训	0	0.00
36~45岁	110	12.88	县级培训	854	100.00
45岁以上	20	2.34	其他	0	0.00
学历			是否签订劳动合同		
初中以下	0	0.00	是	0	0.00
初中	268	31.38	否	854	100.00
普通高中	97	11.36	是否购买五险一金		
中职	274	32.08	是	0	0.00
大专	195	22.84	否	854	100.00
本科	20	2.34	月实际工资收入(扣除保险后)		
本科以上	0	0.00	2000元以下	0	0.00

续表

	数量（人）	百分比（%）		数量（人）	百分比（%）
专业			2000 元	854	100.00
师范类	222	26.00			
非师范类	632	74.00			

资料来源：根据雷波县教育体育和科学技术局内部资料（2018 年 6 月）整理。

（四）“拔苗助长”理念

随着省、州教育部门对农村学前教育的重视，2016 年起雷波县各村适龄学前幼儿不仅可以享受免费学前教育，还能享受“免费午餐”等生活补助。这些举措无疑减轻了诸多贫困家庭的经济负担。不过在“一村一幼”普及的同时，出现了一种新的“拔苗助长”现象，即幼儿教育的“小学化”现象逐步暴露，这在一定程度上违背了该项工作的初衷。学前教育设置的主要目的在于，通过游戏、活动等方式，在活动中引领幼儿发展语言、身体运动、智力，培养兴趣爱好、形成良好集体生活和学习习惯。特别是彝族聚居区，通过实施双语教学，帮助幼儿打通学习的语言障碍，是学前教育的关键目标之一。然而，部分幼教点却出现教授小学知识，尤其注重读写能力的现象，这严重违背了幼儿身心成长规律。

该现象的出现有多重原因：一是家长对幼儿成长规律缺乏基本认识，认为娃娃上学了就应该会认、会读、会写，从而给辅导员造成不这样教家长就不满意的压力；二是辅导员没有经过专业训练，对幼儿教育也缺乏清醒的认识，不这样教，自己也无法教，往往是以自身记忆的学习经历作为幼儿教学的主要方式；三是村级学前教育的业务指导单位是乡镇中心校，而乡镇中心校从事的是小学教育教学，缺乏专业幼儿教育方面的人才和经验。

第三节　从探索实践到常态机制：“两线三级”

从 2015 年至 2017 年，雷波县的农村学前教育实现了“从无到有”的突变，不仅幼儿入园率显著增长，政府的一系列扶持政策也破除了部分彝族群众忽视教育的陈旧观念。更重要的是，通过在学前教育阶段实施“双语教学”，为幼儿打好语言基础、顺利过渡到义务教育阶段建立了衔接机制。可以说，“一村一幼”既是“学前学普”的重要前提，也是“学前学普”得以顺利开展的关键阵地。

然而，“一村一幼”主要解决了农村幼儿“有学上”的问题，在硬件设施、软件配备、学前师资和家长观念等方面还存在诸多短板。而“学前学普”行动试点的开展，为学前教育从基础巩固迈向提质增效阶段提供了转型契机。“学前学普”既是解决学前儿童“语言关”的重要措施，也是帮助孩子养成良好学习习惯和个人生活习惯的有效抓手，有助于进一步夯实国家深度贫困地区义务教育学习基础、巩固控辍保学成果。

一 “条”“块”协同共建“两线三级”责任体系

雷波县将“学前学普”作为脱贫攻坚“23+1”专规中的“+1”，建立党政主要领导主导抓、分管领导具体抓、联系领导包片抓的领导机制，构建了党政主抓、部门联动、乡镇落实的责任体系。

（一）工作机制

经“一村一幼”对学前教育“补短板”的行动，雷波县已认识到普通话学习在助力脱贫攻坚中的重要作用。自 2018 年 9 月至 2020 年 10 月，县委县政府先后组织召开了 3 次县委常委会、6 次县政府专题、11 次部门工作联系会议研究部署“学前学普”行动，这在全县营造了重视“学前学普”行动的氛围。

从组织机制来看，雷波县成立了“学前学会普通话”行动实施工作领导小组，全面统筹“学前学普”行动实施工作。领导小组下设办公室（学前学普办），作为实施学前学会普通话行动的日常工作机构，负责实施“学前学普”行动的综合协调、组织实施、监督检查等日常工作。在教体科局落实办公场地并挂牌，抽调配备三名专职人员，负责实施工作的组织、协调、监督、指导、宣传；选派相关业务人员与华言技术公司管理人员组建“学前学普”行动工作团队，开展对幼教点、幼儿园及辅导员和幼儿教师的管理、培训、考核、监测、评估等，确保各方面、各环节、各阶段、各点位都明确到人、责任到人。此外，对参与“学前学普”重要行动主体，如扶贫移民局、教体科局、财政局、宣传部、文广旅局、目标督促办公室、县语委等职能部门的工作职责进行明确分工，确保在工作推进过程中实现人员、经费、责任“三到位”。

从具体工作机制来看，在政府主导、部门协同的基础上，建构了三大工作机制：一是沟通协调机制。建立县、乡（镇）、村“两委”由上到下信息传达与沟通工作机制，厘清工作流程，提高信息传达的流程性和工作执行力。建立每月一次的工作联席会议制度，领导小组成员单位和技术保障单位华言公司分别安排专人，建立定点定时的信息沟通机制，提高信息传达效率；同时，建立村对乡（镇）、乡（镇）对县、县对州的逐级上报机制，由下到上汇总工作总结、信息报送、工作简报等。由县学普办统筹，按照“每周一梳理、每月一总结、每季一汇报、半年大总结、每年一评估”，加强对“学前学普”行动的总结与梳理。

二是督查考核机制。一方面，以督查机制为基础，建立了三级督查，即学普办组织的常态化业务指导督查，各成员单位共同参与的定期综合督查，以及县目标督促办公室开展的专项督查。另一方面，“学前学普”作为精准扶贫“23+1”的专项工作之一，必须接受县脱贫攻坚领导小组对各乡（镇）党委、政府推进“学前学普”的情况进行考察；同时，县学普办作为领导小组下设的专职部门，需要对各乡（镇）的开展情况进行考核；此外，技术保障单位也要连同县学普办对各幼教点和辅导员的教学能力以及幼儿普通话成效进行考核。

三是评估工作机制。语言学习具有阶段性特征，及时把握“学前学普”成效的重要工具就是进行自查评估机制。除了原国务院扶贫办和第三方机构对学前幼儿进行的定期成效考核外，州语委、县语委也及时开展自评，定期整改。

在上述三大工作机制的合力推动下，雷波县顺利建构了党政主抓、部门联动、乡镇落实的责任体系。县委、县政府先后召开20次大小会议谋划部署、推动落实，主要领导走遍每一个乡、分管领导走遍每一个点、联系领导走遍每一个村。

（二）“两线三级”的延续与创新

雷波县在推进“学前学普”行动试点过程中，最大的亮点是延续了

"一村一幼"时期初具雏形的"两线三级"工作体系（见图13-3），通过纵向部门统筹、横向部门联动，将涉及"学前学普"的核心部门和推动主体纳入一个联系紧密的网络中，并通过三大工作机制确保工作落到实处，在短短两年内取得突出成效，也为凉山州其他县域提供了示范样板。

在推进"一村一幼"过程中，雷波县已经初步形成了行政管理和业务指导两条线，教体科局、乡镇中心校、村级幼儿教学点三级管理。其中，教体科局各行政股室按职能履行监管责任、教体科局各业务股室负责业务指导；乡镇中心校负责村级幼儿教学点的开办和日常管理；村级幼儿教学点辅导员负责具体实施。进入"学前学普"阶段，雷波县继续沿用了该轨道，在"学前学普"行动实施工作领导小组的统筹下，将县扶贫移民局、县教体科局、县财政局、宣传部、县文广旅局、目标督促办公室、县语委等作为重要的成员单位，承担成效考核、资源统筹、财政投入、宣传推广、成绩测试等职能，并通过"条""块"部门之间的分工与协作，形成了上下联动、互联沟通的工作机制。

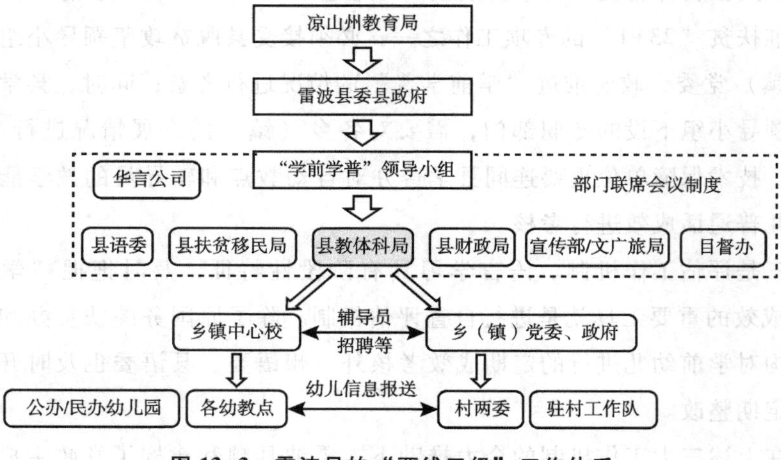

图13-3 雷波县的"两线三级"工作体系

首先，在村级层面，村两委干部和驻村工作队员切实参与了"学前学普"工作行动的推进。他们负责对村民进行动员、协助录入学普基础数据、不定期到幼教点走访等。这些举措压实了"一村一幼"时期"悬浮"的村级管理，疏通了县、乡（镇）、村自上而下的管理体系，是"学前学普”得以迅速落地的基层保障。凉山州教育局干部在座谈时就谈到了这一点。

> 我一位同事是成都一所学校的老师，到雷波一个村挂职第一书记。我跟他聊天，他跟我说第一书记在村里围绕“学前学普”确实做了一些工作。第一，抓紧落实对村民的引导动员，挨家挨户动员村民把3岁到6岁的孩子送到幼教点去接受教育和文化学习，他那个村入园率达到了100%。有时候家长说孩子太小不放心。他们驻村队员就告诉家长，你们有时候太忙的话我们村干部可以帮你送孩子。第二，就是收集、录入没进入义务教育阶段的适龄学前儿童的相关信息，学校教育系统能做的就是把已经入学的孩子的数据录入。但是在村里，一些彝族的家长没有给孩子及时上户口的习惯，有的家庭生得又多，这个数据也只有村一级了解得最清楚，（可以）通过村干部把这些孩子摸排出来，然后录到系统里面。第三，村干部、驻村队员也定期到幼教点里面看一看，看一下辅导员是不是按时打卡、是不是认真教学。他还说在雷波，他们这几个村、乡镇都是这样做的。（凉山州教育和体育局干部访谈—20201021）

其次，乡镇中心校抓教学。与“一村一幼”时期重点关注幼儿“有没有学上”不同，“学前学普”行动试点更关注幼儿“学什么”“学得好不好”等问题。如果仅依靠县、乡（镇）、村的行政体系，幼教点的专业指导、效果检测等服务是无法得到保障的。为此，各乡镇中心校作为承接县学普办和村级幼教点的重要中介和桥梁，与乡镇政府形成了有效的联动机制。通过对相关负责人的访谈得知，乡镇中心校主要承担以下职责：一是村级幼儿教学点的日常管理；二是幼教点辅导员的招聘、选用与管理；三是协助县学普办、技术保障单位等技术单位做好“学前学普”的业务指导；四是协助做好各幼教点普通话学习成果检测、成果展示工作；五是负责收集、录入已进入幼儿园、幼教点学习的学前儿童的基本信息；等等。

此外，各乡镇在落实“学前学普”过程中，也尝试了一些创新实践。比如，为了提高乡镇一级对教育的重视，某乡镇2016年将该镇中心校校长纳入乡镇一级党委委员。在分工上，乡镇党委主抓落实保障工作，中心校则负责保障教学管理质量和各项业务工作的落实，辅导员招聘、管理等方面则由中心校和乡镇共同负责。在每月的党建会上，乡镇党委听取中心校长的报告，同时乡镇党委也赋予中心校长一定权限，以便其开展工作。该机制的建立一方面有利于校长在定期会议中了解上级政策，另一方面中心校的教学工作情况也能及时地传递到乡镇党委，有利于信息的沟通和各项工作推进。

（三）合理分类

自行动试点启动实施，雷波县按照相对集中原则，立足现有幼儿园、幼教点情况，结合当地山高坡陡、人居分散的实际，规划以“一村一幼”为主体，“几村一幼”和“一村几幼”为补充。凡已有学前教育资源覆盖的村，不再规划“一村一幼”，同时兼顾居住边远、分散的群众对学前教育的需求。2020 年 6 月，雷波拥有“一村一幼”幼教点 306 个，436 个班，共有幼儿 13646 人，辅导员在岗 871 名。[①]

根据全县各幼儿园、幼教点的师资力量、办园硬件条件、交通条件等，雷波将全县幼儿园、幼教点分为支持型和管理型两类。这为精准开展学普工作奠定了基础。其中，支持型幼儿园是指自身实力比较强，并且能够辐射周边地区的幼儿园，可以自主安排教学进度、自主选择教学内容，这主要是公办幼儿园和民办幼儿园；而管理型幼儿园主要位于彝区落后的地方，所有在村上的幼教点都被划分为管理型幼儿园，其教学自主性较弱，需要依靠技术保障单位提供的标准化体系来运转。

雷波县推进“学前学普”经历了两个阶段：第一个阶段是 2018 年 6 月至 2019 年 6 月，此阶段重点是将村级幼教点作为“学前学普”的主阵地；第二个阶段是 2019 年 6 月以后，凉山州开展“学普”全覆盖，此时才将民办幼儿园、公办幼儿园纳入“学前学普”行动范围。在县学普办的监督下，管理型幼儿园根据技术保障单位的教学资源包，按照一日流程、课程表等安排教学活动。而自身资源条件较好的支持型幼儿园由于办学条件好、生源质量高，可以在全县起到示范引领的作用。部分支持型幼儿园还与管理型幼儿园结对帮扶，通过联合开展活动提升后者的“学前学普”成效。

① 摘自《雷波县学普办 2020 年上半年工作推进情况总结》，2020 年 10 月。

二 社会力量的助力

在“学前学普”推进过程中，除了各级主体的积极参与，资金保障也是确保“学前学普”成效的重要基石。表 13-2 呈现了 2018~2020 年雷波县财政局统筹中央、省、州、县级资金以及资金的不同用途情况。2018 年共投入 7344.56 万元，2019 年投入 9781.15 万元，2020 年 1~10 月已投入 8624.3291 万元，资金主要用于设备设施配置、基础建设和维修维护等。在强大的资金投入下，2020 年底雷波所有幼教点均配齐了电视机、播放器，一类幼教点配齐了电脑和指纹打卡机，幼教点户外条件较好的地方，均安装了滑滑梯等户外玩具。每个幼儿班按照《凉山州村级幼教点基本设施设备参考目录》基本配齐了所需设施设备。

表 13-2 2018~2020 年雷波县“学前学普”资金投入与用途情况

单位：万元

年份		2018 年	2019 年	2020 年
资金投入共计		7344.56	9781.15	8624.3291
来源	中央、省、州资金	7150.76	9493.8	7842.6
	县级资金	193.8	287.35	781.7291
用途	“一村一幼”辅导员劳务报酬	1933	1800.2	2089.6
	“学前学普”试点补助	—	990.6	—
	绩效考核补助	112	109	109
	“一村一幼”辅导员保险县级资金	—	—	529.3391
	“一村一幼”食堂从业人员费用	—	81.9	—
	幼儿保教费	1088.2	1157.12	1100.48
	学前教育生活补助	900.76	969.51	1026.11
	学前教育发展专项资金	2357	2330	965
	“三包经费”统筹“一村一幼”“一乡一园”建设资金	930	—	—
	一般债券资金	—	2318	2800
	其他	23.6	24.82	4.8

注：标“—”表示当年没有支出；2020 年数据截至当年 10 月。

资料来源：雷波县财政局，2020 年 10 月 12 日。

除了凉山州、雷波县等地方政府对“学前学普”的资金统筹外，对口帮扶单位、社会企业等力量也积极参与。首先，从对口帮扶单位看，佛山市顺德区、宜宾市翠屏区作为雷波县对口帮扶单位，积极发挥人才优势、资金优势、教育资源优势倾情帮扶雷波的“学前学普”行动。截至2020年10月，广东（佛山）对口凉山扶贫协作资金已提供专项资金700余万元，专门用于“学前学普”宣传、辅导员培训和教学技能竞赛、奖励基金等。宜宾市翠屏区也选派教育专家赴雷波现场指导“学普”工作，选派45名幼儿教师和幼教辅导员到翠屏区接受专项培训，提升“学前学普”的“软实力”。

其次，社会团体也积极参与支持“学前学普”行动。“学前学普”行动的技术保障单位积极配合州县政府，全力协助解决行动推进中的专业性和技术性问题。总体而言，技术保障单位承担了四大职能，一是课程体系设置和资源开发；二是师资培训；三是教学的组织和实施；四是“学前学普”工作的专业督导。技术保障单位依托强大的科研团队，一直走在教学资源开发与课程设计的前沿。以教育课程体系为例，技术保障单位按月更新“学前学普”教学资源包，通过乡镇幼儿园园长发放到各幼教点，从幼儿保教保育、环境创设、家园共有，到学期计划、月计划、周计划、一日生活活动流程、日教学活动，形成了一整套标准化、规范化的教学体系。而辅导员按照教学教案、活动安排、玩具开发等教学资源开展教学，可以促进幼儿德智体美全面发展。

没有“学普”以前，我们上课随便上。2015年的时候，基本上大的幼儿、6岁的7岁的，都按照小学的方式来上。2017年的时候参加了培训才知道不能以小学方式教。但是当时资料很少，基本上没有资料，辅导员大部分是随便教的，有时候在网上手机上搜一点来教。“学普”开展了以后，我们按照技术保障单位提供的资源包，有教材有视频有教具，知道上什么课程，组织什么游戏，每天活动安排按照一日流程，很清楚。以前不要求（辅导员）必须说普通话，（我们）上着上着就直接说自己的语言，不太重视普通话。“学普”以后我们经常接受技术保障单位组织的一些培训、现场指导，都要求我们用普

通话教学。（雷波某村幼辅导员 L2 访谈—20201020）

技术保障单位的参与是技术治理渗透到教育扶贫的又一灵活应用。一方面，技术保障单位依托强大的科研团队，结合凉山州彝族地区的文化特色，设计了一套标准化、科学化的课程体系、教学标准和实施方案，有利于各县迅速学习、模仿和推广。特别是针对部分学前幼儿体量大、学前教育底子薄的县来说，节省了大量的“试错”成本，可以在短期内通过打造试点—逐步推广的方式在全县大范围实施，实现效率和质量的统一。

另一方面，尽管“学前学会普通话”是一项行动试点工作，但并非普通话学习这么简单，其背后深受复杂的经济、文化、社会因素影响，且深嵌于县域脱贫攻坚的宏观背景。因此，除了地方政府行政力量的大力推动外，必须依靠一大批专业人员深度参与并全程提供技术指导。这也是技术保障单位高度重视师资培训，并设置“督导员”全程参与村级幼教点日常教学管理的重要原因。

此外，还有一些企业和社会组织通过多种途径支持雷波县的“学前学普”行动。2018 年，中国发展研究基金会投入 100 余万元，改造“一村一幼”厨房 60 个，让在园幼儿能吃上热饭、喝上热汤、饮上热水，2019 年该基金会继续投入了 200 余万元。2020 年三峡公司捐赠了资金 1000 万元。正是在政府、东西部协作帮扶、企业、社会组织等多元主体的共同支持下，雷波才能充分发挥人力、物力和财力优势，扫除“学前学普”行动中的一个又一个障碍。

三　建立“稳得住、能教学”的师资队伍

辅导员是“一村一幼”教学的具体实施者。待遇低、工作环境差、未购买保险等原因使得辅导员群体长期处于高流动状态。据统计，雷波县辅导员每年的流动人数达 200 人左右。同时，辅导员普遍学历较低，业务能力较差，缺乏对学前教育理念的科学认识，不利于学前教育的高质量发展。雷波县采取多种举措打造一支“在流动中实现稳定”的辅导员队伍。

举措之一是以师资培训为抓手提升辅导员教学能力。一方面，建立三级培训体系，一是县教体科局与技术保障单位联合组织培训，比如岗前培

训、专家团队培训等；二是高校支持项目，依托宜宾学院、乐山师范学院等大专院校，利用寒暑假时间对辅导员提供理论实习、跟班培训平台，并支持辅导员考取此两校研究生等；三是校本培训，通过在中心校和示范幼教点组织教学技能竞赛、课程展示等。据统计，2018年至2020年，雷波对全县辅导员培训累计5000余人次，每年辅导员人均培训1至2次。在培训中以“发音标准、吐词清晰、表述准确”为标准，打造“能说会道”的教师和辅导员队伍。系统的学习培训显著提升了辅导员的专业素养和教学能力，也转变了他们对“学前学普”行动的认识。

> 今年暑假我有幸参加了北京高校专家团队组织的专业培训，说实话在没参加培训前我认为教幼儿说普通话是一件很简单的事情，参加这个培训也是走走程序完成一项任务而已，但北师大专家团队的每位老师的精彩演讲和他们讲授的教学方案让我获益匪浅，我明白了学普行动是帮助孩子们突破进入义务教育阶段的语言难关，作为幼师要充满爱心、责任心，用科学的方法、尊重孩子们成长规律去引导他们、教育他们。①

另一方面，通过开展形式多样的技能竞赛活动，如普通话演讲比赛、教学能力大赛、优质课展评、学普活动征文等，明显提升了辅导员普通话水平和综合能力，促进了他们在专业道路上快速成长。

> 学前学普的开展更是让我有勇气、有方法地在我的工作岗位上走下去，让我在教学中不再迷茫，方式不再小学化。学前学普的开展带来了系统的、科学的、符合我们这边情况又适合孩子年龄特点的教学内容，并配备了相应的教学材料，让我教起来更有底气。以前，我们的教学内容大多自己定，上什么内容主要是网上搜。但是这些内容到底对不对、适不适合，我的心里没底。现在我既不用操心每天的教学

① 来源于雷波县学普办2019年组织汇编的《学普故事》。

内容，也不用担心教学内容对不对，让我上得更有底气。①

举措之二是提升辅导员待遇稳定师资队伍。“一村一幼”辅导员待遇从2015年开始一直按照每月2000元执行。由于物价上涨、通货膨胀等原因，大量辅导员迫于生活压力辞职外出务工。2020年，雷波县提供了5000多万元为全县辅导员购买了“五险”。尽管在短期内大幅提升辅导员待遇不切实际，但这一举措是政府改善辅导员待遇的重要起点，在一定程度上对稳定师资队伍起到了一定作用。

举措之三是建立辅导员考核激励机制，提升他们的积极性。为打造一支综合素质强的辅导员队伍，雷波县一方面采取严格的监督考核举措，比如制定幼教点教学工作制度、辅导员日常行为规范等制度，规范幼教点管理和辅导员教育教学行为。技术保障单位每学期对幼教点进行全覆盖督查，县学普办、乡镇中心校不定期进行抽查，把督查情况和幼儿普通话达标情况作为评估内容，同时作为奖励和是否续聘的依据。

另一方面，通过奖励机制调动广大辅导员的工作积极性。比如，2019年出台了《“一村一幼”辅导员激励金分配方案》，根据各村幼辅导员的成绩考核对辅导员予以奖励，2019年辅导员奖励总金额达164万元。奖励主要分为两类，一类是根据入职年限进行奖补，入职时间1至5个月奖励200元；6至11个月奖励260元；12至17个月奖励300元；18至23个月奖励350元；24至29个月奖励400元；30至35个月奖励450元；36至41个月奖励550元；42至47个月奖励600元；48个月以上奖励697.26元。另一类是工作成绩考核，以县学普办制定的考核细则为依据，以乡镇为单位将考核成绩从高到低进行排序，按辅导员总数的三分之一进行奖励，每人奖励800元。2020年奖励方案则进一步优化，考核内容涵盖工作年限、基本素养、学习提升、出勤管理、行为规范、安全卫生、教育常规、儿童发展8个内容及1个加分项目。

对于辅导员而言，获得物质奖励并不是最终目的，奖励于他们而言更多的则是意味着对其身份的认可和工作的激励。

---

① 摘自雷波县箐口乡罗汉沟村苗寨幼教点选送文章《我的苗寨我的娃“学前学普”》。

我是去年刚入职的，学的也是幼师相关专业，当时毕业了没找到特别合适的工作，刚好看到镇里招聘辅导员，我也是很喜欢小孩子，就报了名。说实话这个待遇比较低，但是今年县里给我们买了保险，总算稳定一点了。除了待遇，就是觉得辅导员身份比较尴尬，辅导员没得编制，跟县里幼儿园待遇没得比，一些评奖也轮不到，很多人积极性也不太高。不过县里近几年也组织了评奖活动，根据我们的一些工作表现和成绩进行排名，分值最高的由党委政府颁布证书和纪念品奖励。去年全乡所有小学教师和幼教点辅导员一起过教师节，每个村支部书记也参加了。这是对我们的鼓励和尊重，也是全乡对于辅导员的认可，当时我们镇受县表彰 14 个。（雷波某村幼辅导员 L5 访谈—20201020）

事实上，在辅导员编制和待遇问题难以得到根本解决的背景下，打造一支长期稳定的学前师资队伍难度很大。雷波县学普办等部门也认识到在短期内难以破解这一难题，因此一方面尽力统筹资源逐步解决辅导员待遇问题，同时也通过业务培训、学历提升等方式提高辅导员的教学能力。比如，组织形式多样的技能竞赛，鼓励年轻的辅导员考取教师资格证、普通话等级考试等证书，为考取研究生（含在职）的辅导员提供支持……这些举措看似不利于辅导员队伍的稳定，但从长远来看为他们打造了一个循环流动的上升通道。在这个流动的过渡期内（1 至 2 年），辅导员既能努力提升自身能力和素养，也能投身幼教点教学。随着一批辅导员流出，再及时补充一批辅导员进入，在“有进有出”双通道畅通运行中，一支“相对稳定”的辅导员队伍得以构建。

四　宣传动员突出示范引领

自从开展“学前学普”行动，雷波努力推动形成全民学普通话、说普通话、听普通话的县域环境，并通过县域成果总结、行动示范争取上级政府的关注，进而赢得社会各界的广泛关注和大力支持。

首先，在政府系统营造普通话学习氛围。雷波以县委常委会会议、政府常务会议为示范，推动全县大小会议、公务场合必须讲普通话，倡导日常生活交流用普通话。与此同时，雷波还积极将政府系统软件与“学前学普”行动有效对接。例如，2020 年 3 月，雷波县“大美雷波”党政信息化平台“学普进万家”活动正式上线。

其次，线上线下相结合加大宣传力度。雷波县融媒体中心在县电视台、雷波新闻网、《溪洛渡》内刊、雷波融媒 APP、凉山日报、凉山电视台、四川在线、新华社等主流媒体报道了近百篇“学前学会普通话”的新闻报道。其中，文字报道有 60 余篇，视频报道 30 余篇。同时，县委宣传部和广播电视台开辟了宣传专栏，县学普办建立了微信公众号、微博公众号，充分利用新媒体开展学普宣传。此外，在出租车顶灯、户外 LED 屏加大对学前学普宣传标语、宣传视频的投放力度。在户外公路沿线制作安装了宣传牌标语 27 幅，制作墙体宣传标语 30 条。印发学普宣传年画、学前学普应知应晓宣传单，提升“学前学普”行动的知晓度。

雷波县还通过录制推普宣传短片，教师诗歌朗诵比赛和绘画作品、书法作品比赛等活动引发社会各界关注。县学普办组织专人编写了《我是中国娃》《华之出》等 5 首歌曲。其中《我是中国娃》已在雷波广为传唱并在全州推广，作为凉山州幼儿必唱歌曲，极大提升了彝区孩子的语言认同感和国家自豪感。雷波还录制了全面反映全县学普工作的专题片《希望》和全州首个反映辅导员工作生活的宣传片《最可爱的人》，推动“学前学会普通话”行动家喻户晓。可以说，上述为打造全州“学前学普”县域标杆的种种行动，较为成功地吸引了上级政府和社会各界的注意力，为各级各类资源向雷波倾注创造了有利条件。

2019 年 3 月，幼儿“学普”成果展示活动在雷波县教体科局举行。雷波县村级幼教点的辅导员和幼儿代表带来了 16 个异彩纷呈的节目，分别以歌唱、诗朗诵、快板、舞蹈、舞台剧等形式展示幼儿“学普”成果。孩子们表演大方自信，幼儿普通话效果初显，得到了与会嘉宾一致好评。事实上，这次成果展示对幼儿、家长、辅导员都具有重要意义。一位参与现场表演的辅导员深情表达了下面这些感想。

去年我们幼教点参与了县里组织的成果展示，当时好多国家领导、省州领导都来了，大家都很激动，小朋友们表现得也都很棒。后来这些节目县里刻了光碟，我们拿回去在幼教点里播放，邀请家长们来看。他们看到自己的娃娃在电视里面穿着漂亮衣服又唱又跳，都很高兴、很自豪。这之后不管让家长做什么，他们都积极配合。（雷波某村幼辅导员 L4 访谈—20201021）

2019 年 6 月，全国少数民族地区凉山州“学前学普”行动试点现场推进会在雷波县成功召开。这次会议也形塑了一种争当典型、示范引领的倒逼机制，激发了雷波加强推进“学前学普”的社会氛围。

第四节 从“破题”到“深耕”：行动试点的综合成效

学前学会普通话是帮助彝族孩子走出大山、拥抱世界的第一步，“学前学普”行动则是一项打基础、利长远的民生实事。雷波县基于“一村一幼”的教学阵地，广泛动员政府、市场、社会等多元主体力量，在较短时间内取得“学前学普”行动实效，实现了从语言学习的“破题”到行为习惯养成、文明观念重塑“深耕”的巨大转变。雷波“学前学普”行动的综合成效主要体现在如下方面。

一 幼儿个体实现全面发展

雷波始终把创新教学方式作为“学前学普”行动的核心内容，在统一使用技术保障单位提供的教材开展常规教学的同时，采取看图说话、古诗朗诵、音乐传唱、登台表达等多种方式开展教育教学，不断提升教学质量和效果。另外，依托北京高校专家团队的专业培训，积极践行“浸润式”情景教学法、语言学习的“一日渗透法”，探索形成了“老师带着学”“同学帮着学”“学生自己学”“带动家长学”等多元学习方式，为幼儿营造了从学校环境、家庭环境到社会环境的学习氛围。在政府、学校、家长等多方主体的作用下，雷波县学前教育质量取得了前所未有的进步。

（一）普通话水平显著提升

雷波围绕“听懂、会说、敢说、会用”目标，开展每月一次的幼儿学普效果比对工作，全程掌握幼儿学习普通话的变化过程。根据所有幼儿开展普通话达标测试结果，幼儿的普通话水平明显提高，幼儿普通话水平普遍能听懂、会说，部分幼儿敢说、会用普通话。2019 年 6 月，“学前学普”试点一周年时，雷波对全县幼儿普通话水平进行了达标测试，达标率为 80.7%。通过 2019 年 9 月的幼儿普通话水平普测数据对比发现，已接受了一年学普教育的幼儿普通话合格率较今年新入园幼儿的普通话合格率高出 40 多个百分点。① 从我们的调查来看，幼儿的“学普”成效主要体现在以下几方面：

首先，绝大部分幼儿已达到“听懂、会说”的标准。根据调研组在雷波部分幼教点的走访发现，大部分幼儿会主动与来访人员打招呼，“叔叔好”“阿姨好”等问候语清晰响亮。调研组人员主动与小朋友交流时，绝大部分幼儿可以灵活应答，即使 2020 年秋季刚入学的小朋友也可以回答“你叫什么”“几岁了”“冷不冷”等简单问题。

通过与部分幼教点辅导员访谈发现，大部分幼儿由于缺乏语言学习环境，刚开始进入幼教点时十分内向、害羞，说话声音很小，也几乎不与老师互动。随着在幼教点学习时间的增加以及老师普通话教学的开展，他们逐步融入班级同学，也慢慢听得懂老师说话，性格也更加外向大胆。

> 2018 年的时候，我们班有一个幼儿，是苗族人，现在去读大班了。当时来的时候我们要求幼儿必须说普通话。我问她，“你叫什么名字？”她也问我：“你叫什么名字？”她就会跟我学，问她“你几岁了？”她也说“你几岁了？”她听不懂的，不管你问她什么，都只会重复你的话。看到这种情况，我一般先用苗语说一遍，再用汉语说一遍，慢慢地教她。需要反复不断地、每天都跟她说，翻译过去再翻译过来，这整个过程需要一年的时间。刚开始的时候全是我来教，后来我就跟她爸爸妈妈沟通，我说还是希望你们在家里也教，毕竟我们这有二三十个孩子，不可能天天只对着你们的孩子教，她爸爸妈妈也很配合。超出我想象的是，到第二学期她已经是满口普通话了，不管说什么她都能回答。（雷波某村幼辅导员 L11 访谈—20201020）

---

① 来源于《雷波县 2019 年“学前学普”工作总结》。

除了参与普通话教学的辅导员感受到孩子们普通话学习从完全听不懂到听懂、会说的转变外，乡镇中心校一、二年级的小学教师对经历过“学前学普”阶段小朋友的转变也印象深刻。

我的一个直观感受是，基本上一年级的孩子能够听懂普通话，并且用普通话和老师交流。以前有个同学，虽然不会写字，但是当老师把他喊到办公室的时候，老师和他聊了很多，发现他能够流利地和老师交流和沟通，让老师十分惊讶。（雷波某中心校小学教师 C 访谈—20201021）

基本上“一村一幼”办起来之后，也就是 2015 年这些学生进校，当时是 4 岁进来，2018 年就是小学一年级，老师就深切地感受到了这些学生普通话水平的变化，大部分学生已经能够和老师正常地交流。特别是典型的这些民族学生，以前他们入学后必须花半年到一年的时间来学汉语，但现在他就不需要经过这么长时间，老师教得省心，学生成绩提升得也快。（雷波某中心校校长 C 访谈—20201021）

其次，部分幼儿实现“敢说、会用”普通话。在实地走访中，我们发现幼教点的孩子大部分非常自信、活泼，上课主动回答问题、遵守纪律，在辅导员组织开展的互动游戏、儿歌律动、手指游戏活动中踊跃表现。在部分幼教点组织的节目表演中，孩子们唱歌跳舞也很自如。这些成效的取得也得益于日常教学之外由县教体科局组织的“幼儿故事大王”、“小小广播员”、“小小推普员”，以及儿歌朗诵和情景表演等语言类趣味活动。通过寓教于乐，鼓励孩子勇敢说普通话、用普通话。孩子们在互相帮助、互相监督的学习氛围中激发了表达欲望和自信，营造了良好的学普校园环境，幼儿对普通话的认识水平及运用能力从而得以提升。

“学前学普”行动也组织了大量的幼儿竞赛、舞蹈训练等活动，这些活动为深山里的孩子打开了通往大山之外的大门。在一次次“走出去”的活动中，孩子们变得更加自信、视野更加开阔，也树立了读书改变命运的远大志向。

（二）良好生活习惯逐渐养成

“学前学普”行动不仅仅是一次大规模的语言学习活动，更重要的是通过对学前儿童的语言、习惯、文明意识、价值观等方面的全方位教育，引导他们形成良好的生活习惯、文明理念。“学前学普”行动开展后，幼儿的普通话水平不仅得到大幅提升，也逐渐养成了良好的卫生、行为和学习习惯。有乡镇中心校的老师对幼儿的这一变化谈了她的直观感受。

> 彝族区有的孩子不洗脸不刷牙不洗澡，一年洗一次澡的都有。2016 年，我刚调离的时候，那时“一村一幼”也刚开始一年左右，那些一二年级的孩子就会洗手洗脸了。在彝族区，这个变化感受是很大的，这是很大的一个进步。（雷波某乡镇中心校教师 F 访谈—20201020）

除了与孩子们接触的幼教点辅导员、中心校老师外，家长对孩子行为、卫生习惯的变化也有很深的感触。一位家长就谈到自己孩子变得讲卫生、爱干净了。

> 我是一名高压电工。我出去在电力局干活，做高压线，一年有几个月在外面。自从上了“一村一幼”之后，孩子变化确实很大。以前他在家里面就很脏，因为我们在外面干活，孩子也就跟在后面玩儿，我们也没怎么顾及。但自从上幼儿园之后，他现在自己都爱干净了。现在上幼儿园之后，我们不怎么说，他都自己会主动洗手、洗脸。以前他也不懂上学之类的，现在也有时间观念了，也知道上学。经常还会说：“妈妈，你快点，快迟到了！”现在，平时他发现自己的衣服脏了，他会向妈妈主动提出：“妈妈，我这衣服脏了，要洗了。”老师教得也好，（孩子）自己的卫生意识、干净意识都很强了。以前他不会主动说普通话的，我们和他说普通话，他都不怎么懂的。现在上幼儿园之后，他回家自己都喜欢讲了，经常在自己的被窝里，或者自己在一个小角落偷偷讲普通话，有些我们家长懂的也会和他沟通，教他。我们也尽量用普通话和他们交流，毕竟彝族语外人听不懂。（雷波三峡新村某幼儿家长访谈—20201020）

（三）人格发展更加健全

“学前学普”行动的目标不仅仅局限于促进语言沟通能力提升，也在于学习依托语言所形成的价值观念、生活习惯、文化意涵、社会规范等。即，在学会普通话的同时，养成好习惯。事实上，在两年多的“学前学普”行动中，幼儿不仅语言能力得到提升，性格也更加完善，人际关系更加融洽，社会适应能力显著增强。一个幼教点老师亲历了一个“问题”儿童在“学前学普”行动中的改变。

让我记忆犹新的是一个男孩子A。刚送到我们幼教点的时候，不要说要求他学普了，就连让他开口说话，一句让老师能够听懂的话都表达不出来。更令人费解的是，他甚至都不会用彝语表达。他的经典语言就是每天只会说一个“呀”字。他的行为方面更令人百思不得其解，动不动就张大嘴巴咬旁边的小朋友。进行教学活动、做操、吃饭、午休等，只要他想起来，就张大嘴巴咬人。进行教学活动时，咬伤过旁边小朋友的手；午休时，咬伤过同床小朋友的脚。我们同班老师有一个专门看着他都防不胜防，让我们欲哭无泪。最让我们束手无策的是，他根本听不懂我们说的话，我们用彝语跟他沟通也无济于事。

后来我们了解到，原来他的父母很少陪他，平时都是爷爷奶奶在照顾，去忙农活的时候带着孩子不方便，于是就把孩子一个人锁在家里面，才导致了这样一个“问题”孩子。老师们知道以后心情无比沉重。这种情况在农村是比较常见的，我作为一个农村人，对这种情况痛心疾首。对于A这样的学生，老师们给足他关爱、照顾，并且与他父母沟通，让他们抽空多陪陪孩子，给孩子多一点陪伴和关心。我们专门对他进行了一些最基础的语言学习，一步步地、慢慢地，就像教自己的孩子学说话一样，引导他，细心、耐心地教他。那段时间，老师们对他的关心和照顾，比对自己的孩子还要用心。就是用这样的方法，慢慢地教他说话、教他表达、教他交流。

经过老师一系列的教育和引导，到了中班的时候，A的改变非常大，他开口说话了，而且还能够用普通话说出自己的想法、回答老师的问题，跟其他的孩子也能够进行一些基本的交流，以前咬人的坏毛病也改掉了。现在A在读大班，见到他的老师都说："哎呀，A真是变了一个人呀！"①

辅导员口中这个入学开始只会说"呀"的小朋友的改变，一方面得益于老师的热心引导、悉心照顾，另一方面也离不开在幼教点通过游戏、跳舞、普通话学习等教学活动引导他融入集体，这也是"学前学普"重要的溢出效应之一。

（四）步入义务教育阶段发展更加顺利

"学前学普"行动为幼儿进入义务教育阶段的学习奠定了基础。通过对乡镇中心校教师的座谈访谈，他们深刻地感受到"学前学普"对于幼儿学习成绩、学习习惯等方面的改变，认为学普活动开展之后学生的拼音、识字、表达等能力都大幅提升，缩短了孩子从幼儿阶段步入学前阶段的适应时间，也节省了低年级老师解决彝族孩子"听不懂"问题的教学时间。

在学普活动开展之后学生对拼音和识字表达等都有很大的提升。以前教一个孩子学习普通话最低的时间都需要一年，并且一年之后孩子们的成绩还是没有很大的提升。但是在学普活动之后，现在教孩子普通话的时候只需要半个学期就能够获得不错的效果，比以前教孩子们学普通话花费的时间要少得多。（雷波某中心校小学教师L17访谈—20201020）

以前我教书的地方是一个纯彝族乡镇，我在那里就是"少数民族"，只有我一个汉族老师。当时是2005年，村里也没有幼儿园，我们四川当地的"川普"彝族学生也听不懂，我只能在班上寻找会说汉话的人，用汉话教一遍他们之后，再请这些同学用彝族语言翻译一遍。在这里教真的特别困难，我们那个地方要上早晚自习，从一到六年级全部住校。在一年级里，有些已经8岁了，还有12岁的。我就先把大的教会，用大的带动小的。我自己体会，现在"学普"工作开展

① 来源于雷波县汶水镇马道村幼教点辅导员整理资料《农村孩子的学普历程》。

后在教学方面给我们小学一二年级老师很大帮助，越到后面越见成效。没有“学前学普”以前，班上同学因为听不懂普通话闹过不少笑话。……我上课的时候语速有点快，好在现在一年级学生在幼儿园也接触了普通话，对我来说说得快一点也能接受，有小部分听不懂留下来辅导也可以，我有时间有精力。（雷波某乡镇中心校小学教师 L18 访谈—20201019）

为了直观呈现 2018 年以来“学前学普”行动的成效，我们以雷波一个乡镇中心校一、二年级的学年末成绩进行说明。如表 13-3 所示，西宁镇中心校幼儿经过“一村一幼”学习和训练进入小学一年级后的成绩明显好于未经“一村一幼”学习的学生。2018 年、2019 年，一年级学生的语数总平分较 2016 年、2017 年一年级学生均有明显提高，40 分以下的人数有明显下降。“学前学普”行动试点开展后，2019 年的一年级学生语数平均分略低于 2018 年一年级学生，但 80～100 分成绩的学生占比高于 2018 年的情况，40～59 分成绩的学生占比低于 2018 年的情况。从同一年级纵向对比来看，2018 年的一年级到 2019 年上二年级时语数总平分提高了 8.9 分，40 分以下的学生人数降低了 8.9 个百分点。这些结果表明，学生通过“一村一幼”学习和训练后，语言的表达能力与理解能力在不断增强，学习的能力在不断提高，这为学生的全面发展奠定了良好的基础。

表 13-3　雷波某乡镇中心校一二年级学生期末检测成绩

年度	年级	人数（人）	语数总平分（分）	80～100 分（%）	60～100 分（%）	40～59 分（%）	40 分以下（%）	说明
2016	1	175	40.2	8.5	26.2	20	53.7	“一村一幼”开办前
2017	1	202	40.8	8.9	26.0	22.8	51.1	
2018	1	218	52.9	19.3	46.2	22.0	31.7	“一村一幼”开办后
2019	1	133	50.3	21.4	44.7	18.0	37.2	
2018	2	217	52.9	19.3	46.2	22.0	31.7	同一年级纵向比
2019	2	214	61.8	35.7	61.4	15.6	22.8	

数据来源：雷波县学前学普办公室提供，2020 年 10 月。

二　幼儿家庭的改变

“学前学普”行动试点在以幼儿为主要“教化”对象的同时，也提高了家长在“学普”活动中的参与度，取得了明显成效。

（一）家长教育观念改变旧有陈规

彝族地区教育观念落后，义务教育阶段彝族学生辍学率高，是多重因素作用下的结果。一是留守儿童多、单亲家庭儿童多。彝族地区经济落后，年轻人大多前往外省务工，幼儿的生活、教育都由祖辈负责。而这些祖辈由于文化水平低、思想观念保守，加上不懂普通话，很难配合老师开展教学、家访、课业督促等。二是“重男轻女”现象严重。访谈中，一位中心校老师根据自己多年的观察表示：“从一年级到六年级，原来低年级的时候男生辍学比较多，男女比例比较均衡，但是到了高年级的时候，女生几乎没有读书的。女生到了十五六岁就定下了娃娃亲，孩子就想既然家里面给自己定了娃娃亲，就应该出去打工挣钱，肩负起家里的重担。对他们来说读书又挣不到钱，又不能减轻家庭负担，所以大多选择辍学。”三是乡村社会缺乏重视教育的氛围。彝族是少数民族，有重视婚丧嫁娶的习俗。遇上红白喜事、彝族年等活动时，孩子因天性喜欢热闹就旷课、逃学，一两天不上学，学习进度跟不上，成绩也不好，自然而然就选择辍学了。

2015 年后，随着“一村一幼”的全覆盖，大量学前幼儿拥有了在家门口上学的便利条件。但是刚开始家长并不十分配合，有的家长还觉得五六岁的小孩可以帮着干点家务、放牛放羊等。一位幼教点辅导员就经历了与家长“斗智斗勇”的过程。

> 以前很多家长不理解，我们就要做家长工作，以前我住在这里，放学了去他们家里走访一下。他们就会说“这个书读来了干吗的?”这里农村人思想有点落后。以前幼儿园要开家长会什么的，2016 年到 2017 年这段时间从来没有人配合你。“幼教点嘛，就是带孩子的地方，”家长都是这样子想。2019 年的时候“学普”迎国检，我跟家长说，学前学会普通话对孩子将来发展会有很大好处，孩子在幼儿园

学，走到外面去，不说能有多大自信，起码以后出去能够和别人沟通。他们慢慢地对我的工作就比较支持了。转变的契机是在2019年3月的时候，选了我们寨子去县上表演节目，就是县里面的学普活动展示活动。我把孩子们表演的视频拿回来，把家长们叫到教室来，给所有家长播放。从那次以后，不管让家长做什么，他们都会配合。因为家长觉得孩子在这里学会很多东西，能唱歌会跳舞。2019年国检的时候要做环创，教室需要装饰，我跟家长说要用什么装饰我们来商量一下，家长说你先想，想出来了我们做。后来我们晚上才决定手工做彩衣，第二天家长全部都带过来了，上面还有苗文，非常好看。（雷波某村辅导员J访谈—20201021）

得益于“学前学普”行动试点对幼儿全方位地改变，家长们不仅积极配合幼教点的日常教学，深度参与幼教点各种亲子活动，在思想观念上也有了较大的转变。

我们这里是农村嘛，比较穷，大家都没得啥子教育的观念。以前都觉得孩子读得了就读，读不了就算了，有好多辍学的。现在不一样了，（“学前学普”以后）孩子的变化我们都看在眼里，我们观念就改变了，觉得只有读书才能走出大山。因为我就是小学文化嘛，当初就没出去过。到外面没有文化，什么也不懂。看到有的人就坐在办公室里，干体力很轻的活，拿的工资却比我们高，我就希望孩子不要走我的路。现在每次孩子读书回来，我也会给他灌输这些思想，希望他好好把握、珍惜机会。（雷波某幼儿家长C访谈—20201020）

（二）解放家庭劳动力

“学前学普”开展以前，为了照顾孩子上学，一个家庭需要有专人在家。对于地处凉山的贫困家庭来说，在家务农意味着失去了外出打工的机会。另一种情形是，如果年轻父母外出务工，将孩子给祖辈照顾，而祖辈年纪大、精力不足，难以同时兼顾照料孩子和操持家务，如此就导致大量幼儿无人看管的状况。正如一位乡镇干部所言。

小孩在有时会拖累家庭，大人总有一个要待在家里照顾孩子没法出去。幼教点对于小孩是好去处，大人在学习和生活用餐方面也放心，这样他们有条件出去务工了。而且家长双方都可以出去了，爷爷奶奶在家照顾孩子就可以了。（雷波某乡镇党委书记访谈—20201021）

“学前学普”开展以后，地方政府采取大量举措保障幼儿在园时长，比如提供营养餐、午睡条件等。这在极大程度上解放了家庭劳动力，节省了家长大量的时间精力，他们可以利用空余时间在扶贫车间打工、在田间务农。从这种程度上而言，“学前学普”的效果已经从语言学习、习惯养成延伸到增加劳动力就业、助力地方脱贫等领域。

三　“文化反哺”促进农村民风转变

通常而言，文化一般是由年长一代向年青一代传递。但随着社会变迁速度的加快，年长一代的人由于跟不上社会发展进程，此时就需要年青一代传授新知识、新文化理念和新技术给年长一代，这也是“文化反哺”的内涵。幼儿期是个体成长的起点，也是个体掌握语言文字、内化社会价值标准、学习角色技能、适应社会生活的关键时期，家庭、学校、社会是影响幼儿成长的重要因素，其中任何一个环节的缺失都将对个体从“生物人”转化为“社会人”产生不利影响。在“学前学普”推进过程中，在政府、幼教点、社会力量等多重主体的合力支持下，不仅幼儿的普通话学习水平得到快速提升，幼儿也养成了良好的卫生习惯和行为习惯，适应并掌握了现代文明规范和价值理念。而幼儿在日常生活中无形中将这种生活习惯、文明理念传递给家长的过程，则是“学前学普”溢出效应的又一生动体现。

凉山州在社会习俗、生活习惯等方面还保持了诸多故有传统。通过开展“学普进万家”“小手拉大手”等活动，孩子们的“文化反哺”行为在一定程度上引导了家长认识到传统习俗中需摒弃与改进之处。根据访谈，部分家长确实深受“文化反哺”行为的影响。

我家有两个孩子，小的在读小班了，我和老公经常在外打工，我们村里出去打工的也特别多。因为今年疫情影响，我们回来得比较早，我那孩子上幼儿园之后，变化还是挺大的。幼儿园老师教普通话、教平时生活卫生习惯，比如吃饭洗手、早上起来要刷牙等，这些对他影响都很大。我们刚回来不久，也刚刚入冬，有天晚上我不想洗脚嘛，他就直接用普通话和我说："你不洗脚，冬天睡觉会很冷，老师说晚上睡觉不洗脚也很脏的，妈妈，我帮你洗脚。"他就自己去拿盆子嘛，他还说："你不要倒，我来倒热水就好了。"然后，我老公也用普通话说："你也来帮我洗，好不好呀？"然后，我那孩子就帮我们一起洗了，还拿毛巾帮我们擦脚，那一次让我印象很深刻。孩子读幼儿园有变化了，既变得懂事了，也变得更会说普通话了。（雷波幼儿家长 L10 访谈—20201016）

除了孩子们个人卫生习惯的改善以及对家人习惯养成的影响外，孩子们还充当了家长融入社会的"桥梁"。一位家长谈到了一次外出务工的经历。

2018 年我小孩上幼儿园，我记得很清楚。我带孩子一起去新疆那边打工摘棉花，刚到那里人生地不熟，我们和那里的老板娘初次见面的时候，老板娘用普通话和我们沟通交流，但是我听不懂，就比较尴尬。可是我那个小的孩子能听懂那老板娘的话，他不感到害怕，大胆和那个老板娘交流起来。然后，我那孩子再说给我听，所以我们和老板娘的初次沟通基本上是通过我这个孩子来实现的。我觉得学普通话很好，带给孩子的是大胆、敢说会说，能够让我家孩子敢和陌生人打招呼。我的感触很深，没上幼儿园之前绝对是不会这样的。他的两个姐姐也能说，他们有时候会用普通话相互交流。我就希望孩子好好学普通话，好好学习，今后走出大山，能找个好的工作。（雷波某幼儿家长访谈—20201021）

实际上，在县级政府大力营造"学前学普"氛围的背景下，幼儿的这种"文化反哺"行为已有从幼儿家庭延伸到农村村庄和社区、从村庄和社区延伸到整个社会的趋势。“讲文明，树新风”在不久的将来或成为整个彝族社会移风易俗的重要组成部分。

四　“学前学普”助力脱贫攻坚

控辍保学是脱贫攻坚一票否决指标，是衡量脱贫成效的重要标准。脱贫攻坚结束后，地处凉山州东大门的雷波县失学辍学问题依然形势严峻。失学辍学率高居不下受多重因素影响，其中难以逾越的“语言关”就是关键原因。很多在基层工作的干部对此有着深切的体会，正如一位乡镇干部所言。

> 我们基层干部对学前学普政策的认识就是，学前学普关系到下一代，而一代又关系到一代。学前学普工作让孩子从幼儿园过渡到一年级时就能很好适应，跟上语言的学习，就不会产生厌学。可以说，学前学会普通话是（控辍保学）必要的手段，必须在进入义务教育阶段之前普及。我们这里很多学生甚至连初中都不会普通话，（因为这个原因）就厌学辍学了。我们这方面控辍保学的压力很大，因为读不下去书回家的学生很多，稍不注意他又不来上学了。总的来说就是学生、家长没形成受教育的意识，不督促就不来，我们需要反复做工作，做小孩工作，也做家长工作。很多家长态度不明显，孩子喜欢读书就让他来，不喜欢就算了不让他来。（雷波某乡镇干部访谈——20201021）

这位乡镇干部基于自身参与控辍保学的工作经历，已经切身体会到了学前学会普通话对于幼儿义务教育阶段发展的必要性，这直接关乎其在高年级阶段的学习兴趣、学习能力和学习成绩。而“学前学普”行动的根本目的之一就是帮助学前幼儿克服语言难题，扫清进入义务教育阶段的语言障碍。从这层意义上来看，“学前学普”无疑是控辍保学的第一道防线。

从现实看，“学前学普”行动主要在以下两方面发挥了实效：首先，“学前学普”数据摸排为“控辍保学”提供支撑。彝族地区家庭依然深受“多子多福”观念影响，每个家庭平均有 3~4 个孩子，也没有主动为孩子上户口的习惯，很容易导致学龄儿童到年龄但未上学的情况。“学前学普”行动启动后，乡镇、村基层组织全面、深入、细致摸排适龄儿童数据。通过将学龄前儿童录入信息管理平台，可以长期追踪幼儿进入义务教育阶段后的入学情况，从而建立了从学前到义务教育阶段的动态信息管理机制，也节省了控辍保学相关部门和人员的时间精力，提高了工作效率。其次，基于“一村一幼”教学阵地，2018 年“学前学普”正式启动后重点围绕普通话教学，对幼儿的语言、卫生、习惯、价值观等方面进行全面培养，为其进入义务教育阶段打下了坚实基础。现实情况表明，经过“学前学普”的幼儿基本达到了“听懂、会说、敢说、会用”的标准。进入小学一年级后，不论是学习成绩、生活习惯还是社会适应能力，都远远好于没有在学前学过普通话的学生，而这大大降低了因为“听不懂课”而辍学的概率。

“学前学普”行动的开展让幼教点硬件设施、软件配备获得了完善的机会。首先，从幼教点软件配备和管理规范来看，幼教点在日常管理、教学组织上更加规范，基本实现了办园条件统一规划、日常工作统一管理、操作流程统一标准、教师统一聘用培训、课程实施统一指导、办园质量统一评估“六个统一”。与此同时，在制定一套标准化的教学标准和教学内容基础上，技术保障单位还注重对“学前学普”成效展开常态化监督，通过就近就地招聘“督导员”，定期到幼教点检查教学秩序、环创卫生、课程实施情况、辅导员履责情况等，确保了各幼教点切实按照科学的教学体系运作。

另外，幼教点的布局也得以优化。雷波县兼顾居住边远、分散的家庭对学前教育的需求，统筹“一乡一园”等专项资金对各幼教点进行维修、新建，确保幼教点符合发展要求。通过更新、完善幼教点桌、椅、教学设备、园区建设等硬件设施，在条件合适的幼教点开办热餐食堂、午睡床铺等，为幼儿创造了良好的学习成长环境。

第十四章

组织推动与创新驱动：峨边县案例

第一节　峨边县情与行动试点

一　县情及教育困境

峨边彝族自治县位于小凉山区，隶属乐山市，境内崇山峻岭，沟壑纵横，地势自西南向东北倾斜，最高海拔 4288 米、最低海拔 469 米，山高路陡沟深。全县幅员 2382 平方千米，户籍人口 14.9 万人,① 其中彝族占总人口三分之一以上。峨边是全国 18 个彝族自治县之一，下辖 19 个乡镇 131 个村。在经济方面，峨边离经济发达地区较远，区域发展能力严重不足，是典型的大山区县。2011 年，峨边被纳入大小凉山彝区连片扶贫开发县。2014 年，峨边成为四川省 88 个扶贫重点县和 45 个深度贫困县之一。

峨边县基础设施相对落后，交通不便，这极大地制约了峨边经济的发展。但当地的旅游资源禀赋优异，原始森林、田园山色，大渡河流经县内，全长 68 公里，区间流域面积 557 平方公里。旅游资源禀赋使峨边成为"川滇国家级旅游风景道大渡河文旅产业带"核心区段之一，同时还入选我国首批森林氧吧、首批国家级森林公园，是知名的国家级自然保护区、国家级水利风景区和国家 4A 级景区。

脱贫攻坚前，峨边经济总量不大、产业结构不优、发展质量不高，农业

---

① 来源于峨边县彝族自治县人民政府官网，http：//www.eb.gov.cn/ebyzzzx/ebshfzqk/view.shtml。

产业发展规模小、效益低，工业经济总量较小，且第三产业占比不高，提质增效难度较大。2014 年，峨边精准识别贫困人口 7977 户 28491 人，贫困发生率 22.95%。经过历年动态调整，峨边 2019 年仍有建档立卡贫困人口 7751 户 27885 人，农民人均纯收入仅 7542 元，低于四川省平均水平 12610 元。脱贫攻坚期间，峨边的脱贫攻坚取得了显著成效。其中，农村居民人均可支配收入从 2014 年的 7542 元增长到 2019 年的 12201 元，年均增长 931.8 元、增幅 10.12 个百分点。到 2019 年，峨边 106 个贫困村全部达标退出，7751 户 27885 名贫困人口全部达标脱贫，综合贫困发生率下降至 0，综合满意度达到 99.79%。①

2013 年，峨边县内行政村仅有 2 个幼儿园，彝区学前三年毛入园率也仅为 62.6%。再加上整个峨边县的经济发展都落后，人才和教育资源短缺，彝区的教育面临着诸多发展困境。

> 以前这里没有幼儿园，孩子们要长到七八岁才送去好几公里外的金岩乡中心小学直接读一年级。不会说普通话，不会数数，学前受过教育的只有百分之一二，学习上的起步基本为零。（金岩乡中心小学辅导员访谈—20201017）

峨边面临的教育困境与语言不通有着密切关联，而教育困境又是贫困代际传递的重要原因，因此解决语言不通的问题有助于打破贫困的代际传递。在教育方面，学前上学普及率低，部分彝区学生上小学听不懂普通话，导致部分学生在学习过程中产生厌学情绪而辍学，也造成彝区贫困积累越来越深。另外，彝区农村地区对教育的重要性认识不足。因此，要提升民族地区教育质量必须“从娃娃抓起”，特别是要做好民族地区学前教育中的语言工作。

二　建园学普打破教育困境

教育扶贫作为脱贫攻坚的重要组成部分，不仅需要关注义务教育阶段

① 来源于《关于反馈 2019 年贫困县退出专项评估检查情况的通知》，内部资料。

的学习，也需要保障学前教育。为了打破当地学前教育面临的困境，地方政府先行进行了有效探索，其中就有“一村一幼”，之后是“学前学普”行动。前者关注学前教育资源落后的问题，后者主要是针对彝区幼儿语言不通的问题。

（一）建园破困：“一村一幼”

彝区学前教育资源不足、教育相对落后等问题一直困扰着地方政府，也是导致当地贫困代际传递的重要因素之一。为了改善彝区学前教育的条件，四川省在全省范围内开展了“一村一幼”项目，旨在为每个行政村建设一所幼儿园。在乐山市，“一村一幼”项目的雏形是 2013 年在彝家新寨示范村哈曲乡解放村创办的乐山市首个幼儿园——“阿依园”。该园创办后取得了不错成效，随后经由乐山市委市政府在全市范围内进行经验推广，并逐步实现了村级幼儿园的全覆盖。

虽然四川省级政府推动了整个项目，但在彝区建设村级幼儿园面临的困难还是很多，峨边政府依然是在“摸着石头过河”。为了顺利实施这一项目，峨边大体按照“先建设后升级”的思路开展，即先完成“一村一幼”的建设工作，而后根据实际情况对各幼儿园实施改造升级和规范管理工作，逐步实现“一村一幼”的建设目标。

在 2014 年至 2016 年的建设阶段，峨边政府整合各村级活动室、闲置村小等场地资源，以此作为“一村一幼”的办园场地，安排转岗教师和大学生村官等作为园内师资力量。园内师资按照“1 名转岗小学教师加 1 名大学生基层服务人员”的原则，为每所村级幼儿园配备 2 名以上辅导员。① 在这一阶段，为了保障村级幼儿园的教学质量，峨边政府不仅会对辅导员进行岗前培训，还会定期组织辅导员参加教学培训，每年培训的辅导员有千余人次。2016 年至 2018 年的辅导员培训情况见表 14-1。

① 在“一村一幼”和“学前学普”项目中，村级幼儿园内的教师都称为“辅导员”，主要是因为这批辅导员不享受教师职称和待遇。

表 14-1　峨边县“一村一幼”辅导员培训情况

单位：人次

	总计	国培	省培	市培	县培
2016 年	636	217	—	217	202
2017 年	956	298	76	120	462
2018 年	878	—	656	—	222

2014 年 9 月初，峨边县所有村级幼儿园已经全部实现了开园授课，2015 年学前三年毛入园率达 90%，幼儿的毛入园率实现了很大提升。而到 2016 年，峨边县共建成了 55 所“一村一幼”，其中 39 所办在闲置的村庄小学，16 所办在村级活动室，另有 37 所建在彝族聚居村寨。从建设结果来看，这意味着不论是基础建设或学龄前幼儿入园情况都达到了预期目标。

在 2017 年至 2018 年的升级改造阶段，当地政府集中力量对彝区“一村一幼”进行了升级改造，以期让更多的彝区幼儿尤其是乡村地区的幼儿能基本享受与城市相同的学前教育条件。为此，峨边县一方面从县级财政里安排专项改造资金投入到幼儿园的标准化建设中，确保现有“一村一幼”在硬件上全部达到村级幼儿园的标准化条件。另一方面从省、市到县配套了保障资金，用来保障辅导员的基本生活条件，并解决了学龄前幼儿的午餐问题。2016 年至 2018 年的具体资金投入情况见表 14-2。

表 14-2　峨边县“一村一幼”资金投入情况

单位：万元

	投入资金	类别	年度			小计
			2016	2017	2018	
办学经费	3342	园舍建设	748	—	1702	2450
		升级打造、设备设施	—	218	674	892
辅导员保障经费	4602.43	劳务报酬	545.15	865.78	943.5	2354.43
		五险一金	554	592	725	1871
		激励补助	49	156	172	377
学生保障经费	1430.76	免保教费	190.83	241.83	237.1	669.76
		午餐补助	219	274	268	761
总计	9375.19					

此外，为了保障教学质量，峨边严控辅导员的招聘工作，不断优化“一村一幼”的师资结构。从统计数据来看，从2016年到2018年，当地村级幼儿园辅导员年龄分布都集中在20~30岁，学历分布主要集中于高中及以上学历，具体见表14-3。

表14-3　峨边县辅导员学历年龄结构

单位：人

<table>
<tr><th colspan="2"></th><th>2016年</th><th>2017年</th><th>2018年</th><th>2019年</th></tr>
<tr><td rowspan="4">年龄</td><td>20岁以下</td><td>66</td><td>49</td><td>21</td><td rowspan="4">—</td></tr>
<tr><td>20~30岁</td><td>144</td><td>173</td><td>200</td></tr>
<tr><td>31~40岁</td><td>22</td><td>28</td><td>34</td></tr>
<tr><td>41~45岁</td><td>2</td><td>3</td><td>4</td></tr>
<tr><td rowspan="4">学历</td><td>高中以下</td><td>18</td><td>22</td><td>22</td><td>0</td></tr>
<tr><td>高中及中专</td><td>132</td><td>146</td><td>149</td><td rowspan="2">247</td></tr>
<tr><td>大专</td><td>79</td><td>77</td><td>80</td></tr>
<tr><td>本科</td><td>5</td><td>8</td><td>8</td><td>45</td></tr>
<tr><td colspan="2">小计</td><td>234</td><td>253</td><td>259</td><td>292</td></tr>
</table>

虽然“一村一幼”在一定程度上解决了学前教育的基础建设和师资缺失问题，也基本解决了学龄前幼儿的上学难问题，但是未解决的问题还有很多。这些问题主要是：如何让幼儿“上好学”？如何让幼儿能更好地适应义务教育阶段的学习生活？为了解决上述问题，峨边县抓住了“学前学普”行动的契机，并在行动开展过程中逐步化解上述问题。

（二）行动试点破困

在脱贫攻坚中，扶贫需先扶智，而扶智又要先通语。而彝区除了教育资源匮乏之外，还有语言不通的问题。这一问题在中青年彝族人中表现为就业难、就业质量不高等，而在少年彝族人身上就表现为上小学前不会说普通话，小学阶段学习表现普遍不及同龄但会普通话的学生。因此，要实现彝区脱贫需要首先解决语言问题，“学前学普”行动试点便是针对“通语”的一次尝试。

乐山市的峨边彝族自治县、马边彝族自治县和金口河区与凉山州在地理上都属于凉山地区，教育环境相近，面临的困难也相似，因此原国务院扶贫办和教育部在行动试点一年后将乐山市的“两县一区”也纳入行动试点范围。随后，乐山市便启动了小凉山彝区“学前学普”行动扩大试点工作，并出台了《乐山市小凉山彝区“学前学会普通话”行动扩大试点工作方案》。根据这一方案，“两县一区”在各自辖区内全面实施“学前学普”行动。

2019年以来，峨边在推进“学前学普”上取得很大进展。在基础建设方面，“学前学普”行动试点启动后，峨边对县内129个幼教点进行了建设和升级工作，实现了多媒体教学全覆盖，极大改善了教学条件。这些幼教点全部实现了通水通电，通网占比为63.57%。在师资力量方面，按每个班2名辅导员的标准分配师资力量。截至2019年9月底，“两县一区”的“学前学普”行动实现了乡镇和村全覆盖，建设村级幼教点289个，配备辅导员594名。其中90.74%的辅导员有普通话等级证书，82.83%的辅导员有教师资格证。在入园情况上，2019年在园幼儿3853人（占全县幼儿总数的67%），学前三年毛入园率从2012年的70.2%提高到2019年的96.51%，提高了26.31个百分点。在普通话学习测试中，幼教点幼儿基本都会说普通话。

第二节　双线联动与东西协作：行动试点落地

峨边县采取多种举措形成了符合当地实际的“学前学普”经验。其中，一个举措是“双线联动”的组织动员机制，即，既沿着“县—乡”这一条行政线开展工作，也搭建专门的“学前学普”组织架构落实具体的业务工作。另一个举措是“东西协作”，主要是依托东西部协作和对口帮扶等政策优势，通过多方的协作实现“学前学普”的行动目标。

一　“双线”联动

峨边县自被纳入“学前学普”行动试点范围后，主要围绕“县委政府—乡镇党委—村支部”和“教体科局—学普办—乡镇中心校—村级幼儿园”两条线落实工作。其中，“县委政府—乡镇党委—村支部”为行政线，这一条线是中国行政体制组织动员的常规机制。另一条线为业务线，是专门为开展“学前学普”工作而设立的。业务线主要由学前学普办公室（以下简称“学普办”）牵头开展具体工作。但该办公室为临时设置，工作人员是从教育系统中抽调来的，因而这条线并不按常规机制运作。

按照《峨边彝族自治县“学前学会普通话”行动扩大试点工作方案》的部署，县级成立了“学前学普”工作领导小组，以县级党政主要领导为组长，党政分管领导为副组长，各县相关部门负责人和乡镇党委书记为主要成员。在这一领导小组之下，“学前学普”工作分两条线进行：一是上面提到的行政线，主要负责“县—乡”之间的沟通协调工作；二是业务线，主要是从教育系统出发落实具体的“学前学普”工作的安排和部署。

> 紧紧围绕“听懂、会说、敢说、会用，学会普通话、养成好习惯”的总目标，确保9191名民族地区幼儿学前学会普通话，“学前学普”行动扩大试点达到国家验收标准。……开展特色学普活动，持续推进“我把普通话带回家”百千万行动计划和“小喇叭进万家”等活动；支持“两县一区”开展“一县（区）一品一特色”的幼儿成长平台创建活动，推动县（区）域特色活动项目、实践品牌的形成，打造优质课堂教学资源和特色活动资源，促进全体幼儿身心健康和普通话水平全面提升。责任单位为“两县一区”学普办和各乡镇中心校（园）、幼教点。①

事实上，行政线和业务线还能进一步细分。其中，行政线可以细分出两个具体路径，一个是县里各部门之间的沟通协作，一个是“县—乡”之间工作对接。在县里，主要由教体科局负责牵头，其他各部门配合其工作。具体来看，峨边“学前学普”行动工作领导小组负责全县实施工作的组织、协调、监督与指导，按乐山市统一部署开展“学前学普”行动，并负责审核县“学前学普”行动考核实施细则，按程序报市协调小组审核，对县“学前学普”工作落实情况开展督查。② 县扶贫开发局负责统筹协调，

① 摘自《乐山市2020年民族地区“学前学会普通话”行动扩大试点工作要点》，内部资料。

② 《乐山市“学前学会普通话”行动扩大试点工作考核评价方案（试行）》，内部资料。

协调行动相关部门、协调县脱贫攻坚领导小组将“学前学普”行动工作纳入对脱贫攻坚考核重要内容。县教育局全面负责组织实施“学前学普”行动，制定行动工作方案、幼教点和幼儿园相关管理制度，督促指导峨边县的实施工作，对幼教点和幼儿园教学、考核、检测、评估等工作进行监管，建立县域适龄幼儿数据库，对县域学前普通话教学工作开展督查。在“县—乡”的工作中，实行县级领导负责挂联乡镇制度，即县级领导各自分管若干个乡镇，负责统筹指导各乡镇的“学前学普”工作。

业务线的路径就显得十分简单，只涉及“县—乡”工作，其中两个主体是县学普办和乡镇中心校。在业务线中，县学普办制定实施细则，并将实施细则下发给乡镇中心校，再由中心校负责具体落实。同时，县学普办对乡镇中心校还有监督和指导的工作要求，各乡镇中心校则需要配合县学普办做好每学期入园幼儿摸底调查和“学前学普”相关政策宣传。具体到各乡村、村委、驻村工作队配合落实相关工作。因为当地的幼教点大多设在村委活动室，日常管理需要村委配合。再加上村委、驻村工作队对村庄内学龄前幼儿的情况相对熟悉，数据搜集工作会更加精准。

二　“双线”联动的制度保障

为确保上述“双线”联动的正常运转，峨边还配套了一系列制度保障，包括资金保障、标准化办学管理、督查考核等。其中，在资金保障方面，峨边县通过争取上级部门支持、整合各类资金（包括东西部扶贫资金）的方式为“学前学普”行动开展提供资金支持。

> 完善经费投入保障机制，积极争取中（央）省（级）政策和资金支持，以“两县一区”为主，充分整合各类资金，逐步提高市县两级财政投入和支持水平，加大“一村一幼”的投入力度。将“学前学会普通话”行动扩大试点列入东西部扶贫协作和定点扶贫帮扶范围，争取帮扶资金支持。①

① 摘自《乐山市民族地区“一村一幼”升级建设指导意见》，内部资料。

在标准化办学管理上，峨边县制定了统一标准，包括办园条件、课程设置、教学质量评估等方面。以办学条件为例。县里规定了各幼教点（幼儿园）需配置的物品，如幼儿桌椅、图书架、玩具、电视等，同时也规定了建设补贴标准。为了保证教学质量，县里不仅提供辅导员培训，也制定了辅导员的年终考核办法。其中规定，每年对村级幼教点辅导员进行全员培训，年终考核则包括“安全保育、教育教学、班级管理、师德师风、教师评价”五个方面，目的是督促辅导员积极投入日常教学工作。

督查考核工作主要由市政府教育督导委员会办公室（以下简称“督导办”）组织实施，大致可分为自查和督导办审查两部分。前者主要由县里完成，后者由督导办成立专项督查小组完成审查工作。具体程序如下。

> （一）印发督导通知。市政府教育督导委员会办公室向县级人民政府发出书面督导通知，并向社会公示。
>
> （二）县级自查。县级人民政府根据《乐山市民族地区“一村一幼”示范园（点）建设标准》和本实施办法要求，对本县“一村一幼”建设和发展状况进行自查，并报市政府教育督导委员会办公室。市政府教育督导委员会办公室组成督导组，对自查报告进行审核，组织开展实地督查督导。
>
> （三）结果反馈。督查督导结束时，督导组及时向被督导单位口头反馈督查督导意见，听取说明和申辩，形成情况报告。市政府教育督导委员会办公室根据自查报告、督导组的情况报告和社会公众意见，形成督查督导意见，发送县级人民政府。
>
> （四）整改复查。县级人民政府根据督查督导意见，采取有效措施及时进行整改，并按要求将整改情况报市政府教育督导委员会办公室。市政府教育督导委员会办公室督促指导进行整改，必要时进行复查。①

“双线”联动涉及诸多行动主体，不同主体之间的通力合作是“双线”

① 摘自《乐山市民族地区“一村一幼”督查督导办法（试行）》。

联动机制发挥效用的前提。具体而言，学普办主要负责统筹和指导工作；技术保障单位提供教学相关的各项业务指导，派出督导员负责管理辅导员的日常教学工作；中心校具体落实“学前学普”工作中的教学要求，并配合技术保障单位开展督查考核工作；辅导员则具体完成日常教学工作，确保“学前学普”工作真正落地。

三　教学技术保障助力“学前学普”

“学前学普”质量重在教学，根在教师。辅导员的教学能力（包括普通话水平）关系到幼儿语言学习的质量。但在现实中，大部分辅导员的专业素养和能力难以满足教学所需。为此，峨边依托技术保障单位开展辅导员培训工作，不断提升师资力量，从而确保“学前学普”质量切实提升。另外，技术保障单位还承担着创设学普环境、提供学普资料和定期开展幼儿普通话测试的职责。为了确保教学工作的顺利开展，技术保障单位会派出片区督导员每天深入各幼教点开展查漏补缺和规范管理工作。

除此之外，峨边县在技术保障单位的主导下成立了县级专家团，并借助专家团的力量有序推进“学前学普”行动。① 专家团的职责是对辅导员的普通话、教育教学、节目编排、课题研究等各项工作进行督促、指导和引领。专家团内部会定期召开工作例会，对各项工作进行及时总结，研讨解决问题的方案。这些举措给教学质量的提高提供了保障，也让“学前学普”行动得以稳步推进。

> 这个学前学普之后，技术保障单位给我们很多技术，相关培训支持，给我们带来如何开展一日活动流程，如何给孩子灌输普通话，对我们有很大的帮助。以前虽然还是用普通话交流、上课，但是我们不知道该如何让孩子们更好地学，就是不知道如何下手，从哪方面下手。后来有了学普这个政策，我们知道该如何引导孩子学普通话，有哪些方法。效果很好。（毛坪村幼儿园辅导员访谈—20201016）

---

① 《关于组建乐山市“学前学会普通话”行动扩大试点市级专家组的通知》。

四　东西协作布局“学前学普”

“学前学普”作为教育扶贫的重要补充，不仅帮助彝区学龄前幼儿打通语言难关，也帮助其顺利适应义务教育阶段的学习生活，间接实现了“义务教育有保障”。在脱贫攻坚的大背景下，东西部扶贫协作对口帮扶工作成为贫困地区实现脱贫的重要举措。峨边县借助东西部协作的契机，将“学前学普”行动纳入东西部协作的帮扶内容之中，有效保障了“学前学普”行动试点的开展。

2017 年，峨边县与浙江省对口帮扶地区开展东西部协作对口帮扶，主要按照“所需配所能”的原则开展帮扶，即对口帮扶地区根据实际情况对被帮扶县提供力所能及的帮扶。

> 秀美小凉山，辽阔台州湾；山海一线牵，共谋小康路。一山一海，相隔千里，东西部扶贫协作让山海相拥，从此比邻而居。[①]

为更好地开展“学前学普”，峨边县与对口帮扶单位就“如何在学前教育展开合作”“如何在幼教点推行普通话”等问题展开深入的研究和讨论，并初步确定几个合作方向：一是在园内外营造良好的“学前学普”氛围，二是加强师资培训，确保学前教育的质量。前者主要是基于彝区缺乏良好的普通话学习环境这一现状，后者则是遵循教学规律的需要。

东西部协作的双方均认为“彝语—方言—普通话”都应保留，但在幼儿阶段要以学会说普通话为主，也都认为互通有无可以更好助力“学前学普”行动。实际上，峨边县自身摸索出了建设班级文化营造语言学习氛围的办法，而对口帮扶单位拥有优质的教学资源和师资力量，两相结合能更有效地推动“学前学普”行动。基于东西协作的思路，双方在多层次上展开协作，包括物资帮扶、教学资源共享等。其中，在资源共享方面，为了全方位让峨边幼儿与对口帮扶单位幼儿享受同样优质的教育资源，对口帮扶单位在峨边设立了两个合作班，不仅主课老师全部由对口帮扶单位教师

① 摘自峨边县教体科局提供的脱贫攻坚宣传资料。

担任，还针对幼儿、家长和辅导员分别开设“线上课程”、“家长开放课”和“教师公开课”，让两地师生共上一堂课。

在物资帮扶方面，两地开展了“暖冬行动”项目，并投入97万元帮扶资金，为全县“学前学普”146个教学班配备一台空调和一台水浴恒温箱，从而让山区幼儿温暖过冬，同时也间接确保了幼儿在园时间能够满6小时。[①] 2020年，对口帮扶单位派出的专家团队还编写了疫情防控儿歌，通过村里的广播反复播报，将疫情防控和营造“学前学普”氛围有机地结合起来。

五　家园共育

语言学习离不开良好的学习环境，但“学前学普”行动仅仅在幼教点开展是无法达到语言学习环境要求的，为此就需要在园内园外共同营造“学前学普”的氛围。

在幼教点（幼儿园）中，幼儿的课堂学习以“沉浸式体验”为主，主要方式就是在做游戏中学习普通话，幼教点里设计的“一日活动”便是代表。根据活动安排，在园幼儿一天中会进行多项游戏，包括晨间语言游戏（晨间谈话、念儿歌比赛、传话游戏）和区域游戏（用普通话自由交谈、讲述故事、表演故事）。此外，在开展区域游戏过程中，辅导员会记录下幼儿的各类表现，汇总形成相应的案例集。通过对案例集进行分析，可以总结出应对不同情况的教学经验，从而更好地开展教学工作。

幼儿在园玩游戏，放学后还会将游戏带回家与家长一块玩。村幼教师在孩子们离园时会为孩子们布置小任务，让孩子们把当天在幼儿园玩过的游戏带回家教家长一起玩。通过在家玩游戏的方式，可以延续普通话的学习，让幼儿有更多的机会接触普通话。但现实问题是家长在家不说普通话。为了解决这一问题，辅导员平时会通过多种方式与家长沟通。如通过召开家长会的方式，同家长及时沟通幼儿在园的表现，同时也传授普通话

① 根据技术保障单位设置的教学考核内容，辅导员和幼儿在园时间都有一定要求，此前因为路途遥远、午饭无法解决等，在园时间难以保障，这一项目在一定程度上缓解了这一问题。

的教学方法，让家长了解学习普通话给幼儿带来的变化，也让家长掌握普通话教学的经验。在这样长期的互动中，家长逐渐认识到普通话学习的重要性，幼儿学习普通话的环境得以不断优化。

> 现在家长们都非常了解和认可“学前学普”活动的实施，肯定“学前学普”办得好。（峨边学普办负责人访谈—20201013）

除在校园和家庭给幼儿提供语言学习环境，当地还依托幼教点开展“小手拉大手”系列活动，通过幼儿带动家长和身边的人一块学习普通话、一块培养良好的生活习惯。

> 延伸“学普”课堂，让幼儿会“说”。一是制定了每日普通话互动打卡环节，即每周一教师发放五个“学普星星”到家长手中，幼儿离园后与家人一同分享在园的所见所闻，家长可通过微信、快手、抖音或班级群等平台进行打卡。完成一次打开便可在次日收回到幼儿园“学普之星”墙面，并于周五下午评选出“学普之星”。二是利用好“小手拉大手”活动形式，携手中小学高年级孩子推出“推普小能手”系列活动。通过大龄孩子在家讲故事、教唱儿歌、手指谣等方式促进幼儿普通话的发展、周围邻里之间互学互用普通话等，让家人、邻里积极参与进来，共同进步和成长，让“学普”课堂向社会延伸。①

第三节　语言通关文明行：行动试点实效

一　语言通关：彝家娃会说普通话

“学前学普”行动实施前，峨边有 1404 名学龄前幼儿不会说普通话，

① 此段内容根据幼儿园日常管理制度、教学要求和活动实施方案等相关资料整理，内容略有删改。

占比 39.2%。"学前学普"行动实施后，截至 2020 年 6 月听不懂且不会说普通话的学前幼儿仅 244 人，仅占 6.8%（见表 14-4）。同时，学前三年毛入园率也从 2012 年的 70.20%提高到 2019 年的 96.51%，提高了 26.31 个百分点。根据多次普通话测试结果，峨边县彝区学龄前幼儿普通话水平基本达标。从表 14-4 数据可知，2020 年 9 月峨边村级幼儿园 3580 名幼儿普通话水平的优良率达到 96.5%，较 2019 年 10 月首轮测试时增加了 19.2 个百分点；普通话水平为"差"的幼儿人数由首轮测试的 812 人减少到 127 人，减少了八成以上。

表 14-4　幼教点幼儿普通话测试情况

	优（能听懂会说）		良（能听懂不会说）		差（听不懂且不会说）	
	人数（人）	占比（%）	人数（人）	占比（%）	人数（人）	占比（%）
2019 年 10 月（测试 3580 人）	1396	39.0	1372	38.3	812	22.7
2019 年 12 月（测试 3578 人）	1694	47.3	1422	39.7	462	12.9
2020 年 6 月（测试 3580 人）	2096	58.5	1240	34.6	244	6.8
2020 年 9 月（测试 3580 人）	2097	58.6	1356	37.9	127	3.5

数据来源：技术保障单位《乐山市幼儿普通话测试数据对比情况》。

除了数据方面的变化，幼儿自身的变化也表明"学前学普"行动取得了明显成效。在我们的访谈中，不少辅导员从不同角度谈到了幼儿的各种变化。

他们的家长基本上是没读过书的，不会说汉语，不会写汉字。刚刚开始的时候，上一年级嘛，上音乐课，（孩子们）就往外跑，他们都听不懂我的话。有的时候还在上着课，就背着书包走，会有这种情况出现。但是现在有了学前学普活动，对我们小学一年级，至少在沟通方面有了很大改善。成绩有明显改变，起码能够理解知识。虽然以前幼儿园也会用普通话，但是主要还是用彝语，没有像现在这么系统地教，所以上了小学还是要重新接触汉语。（温泉村小学辅导员访谈—20201013）

有个孩子，不愿意和别人沟通，每天来了就自己玩，不愿意和别的小朋友一起玩。跟他说话也是爱理不理的，每天来就是自己做自己的事情。你问他什么他也不回答，性格比较内向。通过三年的幼儿园，小孩现在已经在上小学了。现在在外面碰到了，还能和我打招呼。其实这个孩子是很聪明的，他其实什么都知道，就是不愿意说、不敢说。听他小学老师说，他数学能力很强的。（毛坪镇中心幼儿园辅导员访谈—20201014）

二 习得现代文明：良好习惯的养成

经过“学前学普”行动之后，彝区学前幼儿在进入幼儿园和义务教育阶段没有语言上的不适应。同时，借助“小手拉大手”活动，幼儿将幼教点所学的生活习惯带回家里，潜移默化地改变着家长们的生活习惯。

在习惯方面，以前他们都是不洗澡的。父母又经常喝酒，对孩子不理不管。现在老师教他们语言和行为习惯，村里的环境也连带改善了很多。（温泉村小学辅导员访谈—20201014）

语言能力是在运用的过程中发展起来的，发展幼儿语言的关键是创造一个能使他们想说、敢说、喜欢说、有机会说并能得到积极应答的环境。幼儿园和家庭是幼儿语言教育的两大主体，如果要实施日常生活中的语言教育，家园合作至关重要。为了提高家长对幼儿园教育和普通话教学的认识，转变其观念，峨边组织全县幼儿学校以召开家长会、“小手拉大手”的形式等，让家长了解普通话的教学和语言环境对幼儿语言发展的重要性。

通过实地调研我们发现很多家园合作的具体案例。比如，峨边毛坪镇中心幼儿园地处农村，彝族孩子占80%以上。在没有上幼儿园之前绝大多数的孩子不会说汉语，在家都是用彝语交流，语言环境成了他们进步的最大阻碍。针对这种情况，峨边、技术保障单位和学校开展多种家园互动方式，包括线上交流、班会或家长会、家访等。其中，线上交流主要通过辅导员的微信群通知孩子在家里面要学什么儿歌，然后把内容发到微信群里，让家长来教孩子们；班会或家长会主要是宣传一些安全内容和相关政策；家访主要是关注孩子心理性格或者学习困难的活动。

> 彝族小朋友性格比较内向，学校说了普通话，经常跟家长沟通孩子学普的进度，家长在家里还都是用彝族语交流。所以说着对于普通话开展有阻力。大部分家长会配合，但有的和爷爷奶奶住一起的，就不好（开展工作）了，不利于学普开展。（峨边县幼教点辅导员访谈—20201014）

2017 年 5 月，峨边开展了移风易俗活动，号召全县人民尤其是少数民族要除陋习、树新风。2019 年“学前学普”开展后，幼儿生活习惯发生了明显变化。在调研中，一位辅导员说道：“以前上课的时候，怎么叫他们，他们都不理你，可能是因为听不懂，更多的还是比较害羞、内向。以前上厕所也不和你说，自己跑出去。现在他们都很有礼貌了，都会主动和老师说，我要上厕所。通过一年学习，他们在生活习惯、生活方式方面都有很大改善，这也是让我们感到比较欣慰的。”① 这种生活习惯得到改变的例子很多。

> 有一个小孩子，我印象特别深刻，刚开始来的时候，不会上厕所，甚至还在我们教室里上大便。但是上幼儿园一个学期后，他自己能上大小便了，裤子也能自己脱。还有一个学生，刚开始来的时候，不在厕所里大小便。所以我们就和家长沟通，问平时孩子在家里怎么上厕所，是不是随便到一个地方就上？他家长就说是的。然后我们就

① 根据访谈记录整理。

教育家长，孩子不能随地大小便，要去厕所，平时也要注意教育他，家长也更加重视。（峨边县幼教点辅导员访谈—20201014）

三　助推脱贫攻坚，阻断贫困代际传递

峨边整合县里各部门的资源开展“学前学普”行动，通过“双线”联动和东西部协作的工作机制，确保“学前学普”行动顺利落实。同时，“学前学普”行动实施后，不仅方便了家长们就近送子女入园学习，而且释放出大量劳动力从事生产劳动或外出打工，释放出的农村劳动力参加就业就有了脱贫致富的机会。从理论上进行初步估算，按照该县“学前学普”幼儿 4000 人算，入园后就可减轻约 4000 个农民家庭的负担，也即是说增加约 4000 个农村劳动力就近务工或从事农业生产的机会。

与此同时，学前教育带来了劳动力素质的提升，也为峨边未来的发展注入了强劲的动力。现在在彝区说起幼儿园，老百姓对“学前学普”赞不绝口：“村里的幼儿园瓦几瓦（好的意思），我们的尔义（孙子的意思）有人照看了，还不用交钱。”一些祖辈感叹，自家的新房建起来后，农闲时节儿子、儿媳外出打工挣钱，留下孙子在家，既要种地喂猪，又要照顾孙子，非常力不从心。现在，“（孙子）送到阿依园（幼儿园）解决了照顾烦恼，还能学知识，‘学前学普’，瓦几瓦（好得很）”。

第十五章

"学前学普"行动试点的多重成效

抓好教育是扶贫开发的根本大计，要让贫困家庭的孩子都能接受公平的有质量的教育，起码学会一项有用的技能。不要让孩子输在起跑线上，尽力阻断贫困代际传递。①

——习近平

党的十八大以来，脱贫攻坚涌现了以引领型融合治理模式实现精准扶贫的诸多创新举措。"学前学普"行动试点作为探索语言扶贫的一种实践，是引领型融合治理在语言扶贫领域的典型案例。语言扶贫以提升通用语言水平为目标，但更深远的意义在于个体人力资本的提高和文明素养等诸方面的转变。这正是语言扶贫阻断贫困文化代际传递作用的实践路径。

大凉山地区懵懂的幼儿们不会知道，"学前学普"行动试点这项国家行动给他们带来的机遇意味着什么。我们相信，这项行动未来改变的不仅仅是他们这一代人的命运，更将会给整个凉山未来的高质量发展、整个彝族地区的社会结构改变创造条件。"学前学普"行动试点确保彝区幼儿过好双语关、文明关，已经产生了由点到线、由线到面的多重成效。

① 中共中央党史和文献研究院编《习近平扶贫论述摘编》，北京：中央文献出版社，2018，第133页。

第一节　行动试点的直接成效

一　“学前学普”对彝区幼儿个人的影响

（一）普通话水平显著提升

整体来看，学前学龄幼儿的普通话水平得以大幅提高。截至 2020 年 6 月，“学前学普”行动覆盖凉山州 17 县（市）、乐山 2 县 1 区，共 4184 个幼教点，8225 个班级，教师 16099 名，受益幼儿 27.8 万。从行动试点到扩大试点，“学前学普”行动的参与者包括政府、企业和社会力量在内的诸多主体，而其产生的成效已从幼儿拓展到幼儿家长、辅导员、学校、村庄、社区乃至整个彝区社会。

“学前学普”行动的成效首先体现在凉山幼儿群体普通话语言水平的提升上。如图 15-1 所示，2018 年 10 月，凉山州幼儿测试合格率仅为 39.80%。[①] 2019 年 6 月，在试点范围第一次开展在园儿童普通话达标自查，县级全员普测合格率为 73.50%。2020 年 1 月，对行动全覆盖后的学

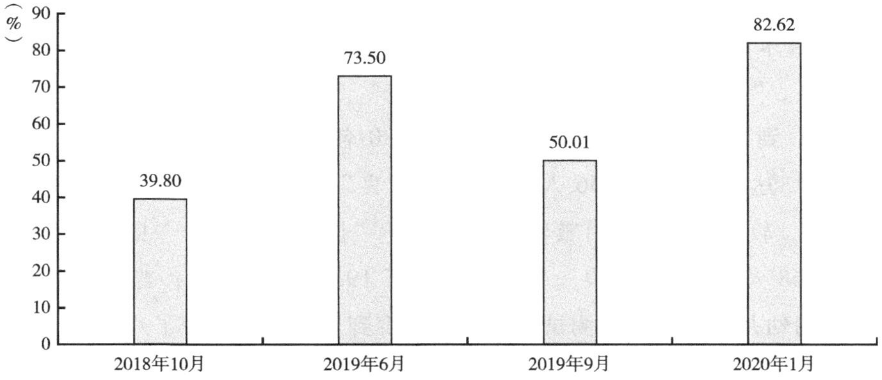

图 15-1　凉山州幼儿普通话测试合格率

① 如无例外标注，本章使用的数据均来源于我们调查期间从“学前学普”行动试点的技术保障单位处获得的资料数据。

前儿童普通话中期测评数据显示，入园半年的儿童普通话合格率达到82.62%，比2019年9月入园时合格率（50.01%）提升了32.61个百分点，其中幼教点儿童的合格率提升了37.1个百分点。

图15-2是乐山市幼儿"学前学普"不同阶段的测试合格率情况。2019年11月乐山幼儿测试合格率为72.72%，2020年7月合格率增加至94.48%。在不到一年的时间里，合格率提升了21.76个百分点。

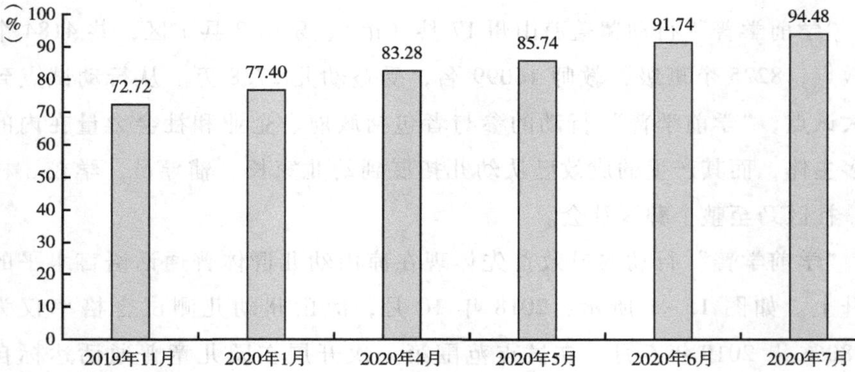

图15-2 乐山市幼儿普通话测试合格率

分县来看。在乐山市峨边县，如表15-1所示，按照"优"（完全能听懂会说）、"良"（一般能听懂会说）、"差"（基本听不懂不会说）三个等级划分，到第七轮测试时村级幼儿园3580名幼儿普通话水平达到"优"2097人、达到"良"1356人，"优""良"合计3453人，优良率达到96.45%，较2019年10月首轮测试结果（"优"1396人、"良"1372人，合计2768人），"优""良"级人数增加了19.13个百分点；普通话水平为"差"的幼儿人数由首轮测试的812人减少到127人，减少了八成以上。

表15-1 乐山市峨边县七轮幼儿普通话成绩测试结果（N=3580）

优		良		差	
第一轮（人）	1396	第一轮（人）	1372	第一轮（人）	812
第二轮（人）	1517	第二轮（人）	1421	第二轮（人）	642

续表

优		良		差	
较前轮增减(百分点)	8.7	较前轮增减(百分点)	3.6	较前轮增减(百分点)	-20.9
第三轮	1694	第三轮	1523	第三轮	363
较前轮增减(百分点)	21.3	较前轮增减(百分点)	11.0	较前轮增减(百分点)	-55.3
第四轮	1715	第四轮	1473	第四轮	392
较前轮增减(百分点)	22.9	较前轮增减(百分点)	7.4	较前轮增减(百分点)	-39.4
第五轮	1867	第五轮	1325	第五轮	388
较前轮增减(百分点)	33.7	较前轮增减(百分点)	-3.4	较前轮增减(百分点)	-52.2
第六轮	2096	第六轮	1240	第六轮	244
较前轮增减(百分点)	50.1	较前轮增减(百分点)	-9.6	较前轮增减(百分点)	-70.0
第七轮	2097	第七轮	1356	第七轮	127
较前轮增减(百分点)	50.2	较前轮增减(百分点)	-1.2	较前轮增减(百分点)	-84.4

注：“优”表示能听懂会说或流畅准确地回答，“良”表示能听懂不会说或回答迟缓或不够准确，“差”表示听不懂不会说或基本听不懂或回答不上。

凉山州越西县和昭觉县呈现了类似的趋势。越西2019年幼教点学龄幼儿普通话测试合格率仅48.77%，到2020年该数据上升到了63%，涨幅约14个百分点；昭觉2020年秋季学期在园幼儿全员测评实测15758名，测试成绩合格人数8309人，总合格率为52.73%。

从学龄阶段来看，不管是支持型还是管理型幼儿园，随着学龄的增加，学前幼儿的普通话平均得分和合格率都显著提升。

如表15-2所示，在越西县，支持型幼儿园和管理型幼儿园学龄0年的合格率分别为38.07%、34.54%，学龄1年的幼儿合格率已达到88.84%、82.35%，学龄2年以上的支持型和管理型幼儿园幼儿的合格率都超过95%。昭觉的学前幼儿也呈现了相同趋势，甚至变化幅度更加明显。其中管理型幼儿园学龄0年的普通话合格率不足8%，而学龄2年以上的幼儿合格率已经超过96%。由此可见，“学前学普”行动在凉山州的全面普及，抓住了幼儿学习语言的黄金时期，与在义务教育阶段开始学习通用语言相比，产生到了事半功倍的效果。

表 15-2 越西县、昭觉县 2020 年秋季不同学龄幼儿普通话测试合格率

单位：%

县（幼儿人数）	支持型				管理型				总计
	学龄0年	学龄1年内	学龄1~2年	学龄2年以上	学龄0年	学龄1年内	学龄1~2年	学龄2年以上	全部学龄儿童
越西（20473人）	38.07	88.84	98.63	99.56	34.54	82.35	92.30	96.53	62.49
昭觉（15758人）	25.55	55.63	89.05	100.00	7.89	57.06	87.85	96.22	52.73

数据来源：越西县、昭觉县教体科局内部资料，2020 年 10 月。

除了上述数据呈现的变化，凉山地区的幼儿基本上都实现了“听懂、会说”普通话的目标，绝大部分幼儿达到了“敢说、会用”普通话的标准。凉山州在开展“幼儿故事大王”、“小小广播员”、“小小推普员”以及儿歌朗诵和情景表演等语言类趣味活动的过程中，寓教于乐，鼓励孩子勇敢说普通话、用普通话。孩子们在互相帮助、互相监督的学习氛围中激发了表达欲望和自信，营造了良好的学普环境，提升了幼儿对普通话的认识水平及运用能力。

另外，幼教点的孩子能熟练使用普通话表演律动/手指操、朗诵儿歌，并主动上台表演，配合老师、同伴做互动游戏，争相回答问题，表现得十分自信、大方、活泼。技术保障单位的相关数据表明，2020 年 10 月凉山州 95.6%的幼儿能用普通话较为流利地朗诵儿歌 3 首以上、表演律动/手指操 3 个以上。同时，绝大多数幼教点班级三分之一以上幼儿能够主动上台表演；90.37%的幼儿愿意并能够用普通话与老师、同伴日常交流。幼儿从“不敢说”到“敢说”，再到能唱会跳的转变，给幼教点的辅导员们带来惊喜，也提升了辅导员的职业成就感。

> 去年我们幼教点选了 8 个孩子去县里参加学普活动展示，得了特等奖。这几个孩子回来后能带动班上的其他孩子跳舞唱歌，这给了我们很大鼓励。以前我们觉得这里的孩子与县城孩子差得比较远，但是通过“学前学普”，我们觉得我们和他们有得比，不比城里孩子差。（雷波县幼教点辅导员访谈—20201015）

（二）逐步养成良好的学习习惯、行为习惯和卫生习惯

在“学前学普”行动试点的目标中，熟练使用国家通用语言只是初级目标，通过试点帮助幼儿“学好普通话、养成好习惯、懂得感恩情”，才是该行动的更深层次目标。事实表明，行动试点后幼儿在学习、行为和卫生习惯方面都有了很大改观。

在学习习惯上，数据表明，91.4%的幼儿能用普通话和他人进行交流，81.05%的幼儿能够认真倾听，不随意打断他人讲话。同时，幼儿能逐渐适应集体生活，对到幼儿园学习产生兴趣，并且养成了一定的规则意识。比如，有上下课的观念，能用普通话和他人交流，上课更加专注，能主动且大胆回答问题。

> （我们也）一直在课上强调，校园内要讲普通话，同伴之间的交流沟通都要用普通话……现在经过“学前学普”的孩子，都知道老师进教室要这样坐好（双手叠放平放桌上，坐端正），或者要手背好，知道发言前要举手，会说“老师我要怎么怎么样”，这些是很好的习惯。（峨边幼教点辅导员访谈—20201013）

在行为习惯上，彝族本身是一个含蓄内敛的民族，加上幼教点的孩子大部分是留守儿童，缺少父母陪伴，性格通常非常内向、胆小、孤僻，不敢讲话。实施“学前学普”行动的过程中，幼教点将“经教、乐教、礼教”融入日常教学活动。孩子们不仅性格变得活泼、自信，还养成了“讲礼貌、讲谦让、讲分享、讲奉献”的品德。技术保障单位提供的数据表明，95.8%的幼儿能主动与人打招呼并使用礼貌用语，88.4%的幼儿知道谦让和轮流等待，77.67%的幼儿知道主动关爱他人。一位辅导员就谈到自己班上一位幼儿的转变。

> 以前班里有一个孩子，父母离婚了，他跟着爸爸。爸爸常年在外打工，他和爷爷奶奶住在一起。单亲家庭的孩子嘛，性格很孤僻，他不和任何人亲近。他知道你在和他说话，也知道你在说什么，就是不和你互动。我们平时去操场上玩，他也不参与，就是一个人坐在那里。每天爷爷奶奶把他送到这里来的时候，老师主动和他打招呼，他

还是不说话，这样的状态持续了一年。后来，我们在幼儿园教小朋友跳舞、做游戏，慢慢地持续一年多，他就融入这个集体了。现在他会帮助老师一起打扫卫生，也会帮我们收拾玩具。有其他小朋友不听话的时候，他也会指导其他小朋友，比如排队呀，上厕所呀，很热心。感觉（他）变化很大很大。以前不管老师每天怎么跟他说话，他就是不回应你。在这个大家庭里面，通过老师的关心、身边小朋友的交流相处，他慢慢地就融入了这个集体。（雷波县幼教点辅导员访谈—20201018）

在卫生习惯上，在辅导员的引导教育下，幼儿们逐渐养成了“五洗”的卫生习惯。技术保障单位提供的数据表明，93.77%的幼儿能够饭前便后洗手；83.62%的幼儿能够主动表达自己的需求；87.68%的幼儿会刷牙洗脸，注意个人卫生；84.63%的幼儿能够注意保护环境卫生；71.39%的幼儿能自我服务，做力所能及的事。同时，孩子们也增强了珍惜粮食、爱护环境卫生等文明意识与社会责任感，并将这些好习惯传递给家长和邻居。很多小学一二年级的老师表示，“学前学普”行动也是学前幼儿的一次卫生“革命”。

JJAM是一名留守儿童，爸爸妈妈都不在家，他是跟着爷爷奶奶长大的。在一天下午放学接送孩子的时候，细心的王老师看到了这样的一幕。爷爷来接JJAM回家，他吃完了一个小雪米饼，然后跑到远处把包装袋扔在了教室旁边的垃圾桶。JJAM扔完垃圾回来之后爷爷就笑了。爷爷说：“娃子啊，你咋那么傻噻，跑那么远去扔垃圾，直接扔了不就行了吗？”JJAM的回答让老师们至今仍然记忆犹新。JJAM对着爷爷说道：“爷爷，现在你来接我回家，我们一起回家了。但是刚刚的雪米饼包装袋也有它的家呀，我也要把它送回家。”……这和我们学前学普的活动推进一样，通过“小手拉大手”的专门行动，潜移默化中能够通过我们的小朋友学到的良好的行为习惯和生活方式去带动家里人生活习惯的改变。（峨边县某村幼教点辅导员访谈—20201019）

（三）进入义务教育阶段后发展态势良好

幼儿在学前阶段打通了“语言关”，也逐步培养了学习、行为和生活好习惯，因此步入小学阶段以后幼儿整体适应能力明显提升。与没有经过“学前学普”阶段的学生相比，有过“学前学普”经历的幼儿在学习成绩、学习兴趣与积极性等方面都表现更好。

2019 年底，凉山州 17 县市对参加“学前学普”行动试点的 4 万余名一年级小学新生普通话测评结果表明，参加“学前学普”学生的平均分比未参加的学生高 11.61 分、合格率高 19.05 个百分点。就学习成绩看，参加过“学前学普”试点的学生语文、数学平均分与合格率明显高于未接受过学前教育的学生。比如，昭觉县参加“学前学普”学生的语文、数学平均成绩分别比没有参加的学生高 10.79 分、13.52 分，合格率分别高 5.27 个百分点、13.74 个百分点；越西县参加“学前学普”学生的语文、数学平均成绩分别比没有参加的学生高 11.67 分、9.31 分，合格率分别高 10.62 个百分点、9.77 个百分点。[①] 此外，2020 年春季一年级期末平均成绩与 2018 年春季成绩相比，提高 20 分以内的学校占 83.26%，提高 20~30 分的占 10.70%，提高 30 分以上的占 6.05%（见图 15-3）。这充分说明，“学前学普”行动在衔接义务教育阶段已经产生了切实效果，为儿童步入高年级阶段的学习奠定了坚实基础。

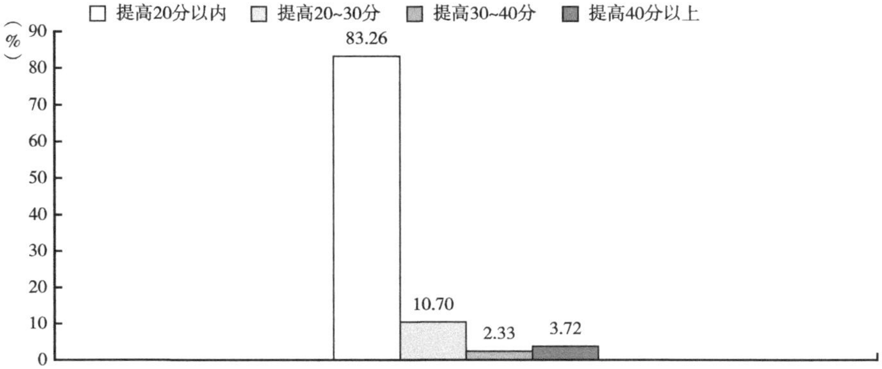

图 15-3 “学前学普”行动背景下 2020 年春季较 2018 年春季一年级平均成绩提高情况

---

① 来源于《凉山州“学前学会普通话”行动工作汇报（2018—2020）》。

在对乡镇中心校校长、小学班主任、教师等进行访谈的过程中，他们普遍认为，学好普通话对于幼小衔接有积极影响，其中最明显的就是经历“学前学普”的学生在拼音、识字、表达能力上有大幅提升。原来一两年之久的语言“过渡期”缩减到现在的几个月到半学期，以往上小学后听不懂、成绩不好导致厌学辍学的问题也得到有效解决。

> 在学习方面，我们给孩子教拼音，没有“学前学普”行动的话，一年级刚进来，一个学期能教会拼音都不错了，现在读了幼儿园进来了，这个时间能缩短一半。我现在教的五年级，从二年级开始教起，到现在还在教他们拼音，就是每天问他们这个拼音叫什么。而现在经过学普的学生，一个星期就能把“a、o、e、i”学会，会读会用，一个学期下来就能够熟练地写、背、用所有拼音了。会了拼音之后，孩子们就可以自主识字了，这对学习是有很大帮助的。之前连声调也不会，一声二声三声四声完全是蒙的。在语言表达上，我教的五年级孩子还不能流利地说汉语，只会“倒装”，或者说语言混乱，想表达但不会用那个词语，因为他们的家长基本也不会汉语。没有这个家庭氛围，甚至到了六年级也还有不会熟练汉语的孩子，而经过学普的孩子已经能和老师流畅地聊天了。这在沟通方面真的是特别能感受得到。（峨边县小学教师访谈—20201018）

总之，与没有“学前学普”经历的学生相比，有过“学前学普”经历的学生最突出的优势在于：能听懂会说普通话；上课敢于举手和主动发言；有良好的卫生、学习、行为习惯；知道谦让、等待、守规则，懂礼貌、善交流、善于交朋友。

二　“学前学普”对幼儿家庭的影响

一般而言，文化传承的传递方向和教化者与被教化者的角色总是固定不变的，即文化传承的方向总是从上一代人向下一代人。[①] 但当整个社会

---

① 周晓虹：《文化反哺：变迁社会中的亲子传承》，《社会学研究》2000 年第 2 期。

在极短的时间内发生急剧变迁，并使得同时生活在世的两代人或三代人之间出现巨大落差时，这种落差的产生会催生反向的文化传承，即“文化反哺”。[①] 由于凉山地区的人们在社会习俗、生活习惯等方面依然比较传统，彝族家庭人畜混居等情况较多。而“学前学普”行动在以幼儿为主要“教化”对象的同时，也采取“学普进万家”、“小手拉大手”及家访、家长会、亲子活动等多种途径，提高家长在行动中的参与度，促进了家长观念和行为的改变。

（一）家长教育观念发生转变

在彝区少数民族聚居地区，家庭的语言环境以本民族语言为主。幼儿在学习普通话时通常受到家庭的语言环境影响，普通话水平提升缓慢。“学前学普”行动开展以前，受长期封闭、经济文化落后等因素影响，彝区家长普遍忽视教育，更没有送孩子上幼儿园的意识。一位驻村书记解释了家长这样做的原因。

在“学前学普”启动之初，大部分家长既不理解也不配合。一些家长不仅对学习普通话很抵触，还拒绝配合幼儿园开展的亲子视频、亲子游戏、亲子手工等活动。在幼教点辅导员锲而不舍的努力下，“固执”家长的态度和落后的教育观念也逐步发生改变。

> 以前我们这边，你会看到田间地里，父母在劳动，孩子就在地上玩，玩泥巴，然后小的就背在背上。以前经常看到四五岁的小孩子背着这两三岁的孩子。对，因为四五岁的孩子他要带小的，所以甚至有的时候还不一定马上送过来。哪怕四五岁的小孩子都要帮父母干点小活，哪怕就背个两三岁的。所以你就在路边上看到四五岁的孩子背着一两岁的孩子，经常地，现在他不会这样了。（昭觉某驻村书记访谈—20201015）

孩子入园（点）学习普通话之后，不仅养成了良好习惯，成绩也有了明显提升，这使广大家长主动送幼儿入园就读的积极性高涨，幼儿的入园

① 周晓虹：《文化反哺与器物文明的代际传承》，《中国社会科学》2011 年第 6 期。

率、在园时长及出勤率都有显著提升。截至2020年11月，凉山州学前三年毛入园率达85.02%，较2015年提升了34.29个百分点。而2020年全国学前教育毛入学率是85.2%，[①] 可见凉山州已基本达到全国平均水平。一些家长的教育观念之所以发生重大转变，也是因为他们走出大山务工后看到了教育的重要价值。

以前都觉得孩子读得了就读，读不了就算了，有好多辍学的。现在不一样了，"学前学普"以后孩子的变化我们都看在眼里，观念就改变了，觉得只有读书才能走出大山。因为我就是小学文化嘛，当初就没出去过，到外面没有文化，什么也不懂。我就希望孩子不要走我的路。现在每次孩子读书回来，我也会给他灌输这些思想，希望他好好把握、珍惜机会。（雷波某幼儿家长L17访谈—20201014）

技术保障单位对凉山州家长的一份调查显示，94.34%的家长表示非常支持孩子上幼儿园；94.38%的家长希望孩子上大学走出大山；99.49%的家长认为学习可以改变孩子的命运；99.02%的家长认为家庭教育非常重要或重要；78.05%的家长非常愿意学好普通话并在家和孩子用普通话交流。这些数据也表明，家长在教育观念上发生了较大转变。

（二）家庭"学前学普"氛围更加浓厚

幼儿在家庭练习普通话、观看普通话学习视频的同时，也积极引导家中的爸爸妈妈、爷爷奶奶、兄弟姐妹一起说普通话，学习文明习惯，充当起了"小老师"。技术保障单位提供的调查数据表明，在"学前学普"行动开展以前，在家经常说普通话的只有29%，而"学前学普"开展以后这一比例提高到60%，增长了31个百分点。"学前学普"开展之前，在家从来不说普通话的比例占17%，开展之后这一比例下降到2%，降幅达到15个百分点。在孩子带动下，家长的普通话水平也明显提升。"学前学普"之前家长熟练使用普通话的只有31%，但之后该比例提升到51%，增长了

① 谢伏瞻：《党的百年奋斗从根本上改变了中国人民的前途命运》，载本书编写组编著《〈中国共产党关于党的百年奋斗重大成就和历史经验的决议〉辅导读本》，北京：人民出版社，2021，第343页。

20 个百分点。

可见，在“学前学普”行动的宣传氛围和幼儿在家庭学习行为的渲染下，越来越多的家长加入普通话学习的阵营中。一些留守儿童的爷爷奶奶，尽管由于文化程度低、年龄大等，学得很吃力，但通过孩子们教学古诗、唱儿歌、讲故事等“文化反哺”行为，他们也慢慢学会了一定的普通话。

更重要的是，家长们在跟随孩子们学习普通话的过程中，增强了与外界交往的欲望和能力。我们在访谈中获得的一个鲜活案例是，一位彝族家长在去新疆打工时由于不懂普通话，无法与老板交流。而她刚上过半年幼儿园的孩子则不怕生，大胆上前充当起了“翻译员”，使家长摆脱了语言不通的尴尬境地。这也让家长感到十分自豪，增强了家长学好普通话和外界主动交流的动力。

（三）家庭生活习惯发生改变

脱贫攻坚期间，为了改变凉山彝区人畜混居、没有厕所等恶劣的居住环境，凉山州相继启动了“三建”“五洗”“板凳运动”“厕所革命”等移风易俗活动。然而，数千年来形成的卫生习惯事实上也很难在朝夕之间彻底改变。“学前学普”行动启动后，幼教点老师在教育孩子培养卫生习惯的同时，也积极引导家长注重卫生习惯。比如，彝族部分孩子没有在厕所上大小便的习惯，辅导员就会礼貌地告诉家长养成卫生习惯的重要性，让家长带头养成好习惯并及时监督孩子大小便的习惯。

通过“学前学普”，幼儿在家的卫生习惯和礼貌习惯都发生了很大变化。技术保障单位提供的数据表明，“学前学普”前在家非常注意卫生的幼儿占 61%，“学前学普”后这一比例提升到 83%，增长了 22 个百分点；“学前学普”前不太注意卫生的比例也从 8%下降到 1%。同时，“学前学普”前在家非常懂礼貌的只有 38%，而“学前学普”后这一比例大幅提升到 72%，增长了 34 个百分点；原来在家不太懂礼貌的幼儿比例也从 10%下降到 1%。幼儿将学到的好习惯、新文明传递给家庭，“学前学普”行动也成为提升家庭生活习惯变革的动力。

三 “学前学普”对辅导员的影响

辅导员的素质能力直接关系到幼儿能否正确理解和掌握普通话语言的发音和语调、能否养成文明用语的良好习惯等。在“学前学普”行动中，凉山州、乐山市探索建立了以定制培训为主导、特色培训为支撑、“线上+线下”相结合的多元培训机制，打造了一支“能说会道”的辅导员队伍。

（一）普通话教学能力大幅提升

在“一村一幼”阶段，尽管各村都按要求配备了辅导员，但这支队伍在素质和能力上都难以匹配“学前学普”行动的要求。比如，辅导员队伍中大专以上的比例相对较低，师范专业尤其是幼师专业的教师占比更低，获得二级以上普通话等级证书的人数仍有待提升，等等。进入“学前学普”阶段，政府一方面积极为辅导员提升普通话水平和教学能力提供多元平台，另一方面也通过多重监督机制使辅导员养成将普通话作为日常用语的习惯。

> 以前我和我的同事之间，也曾因为区域问题和整体氛围，工作中全程普通话交流与沟通也成了问题：有些老师说了可是坚持不到几天；有些老师觉得不好意思说，开不了口；更有些老师因为我园这样的要求离职了。看似简单的说普通话的要求，却使正常交流和沟通变成了老师们心中的无形压力。现在我们全程普通话教学、沟通、交流，虽有瑕疵，但已有了非常明显的进步。我和我的同事工作生活中都能自觉使用普通话，咱们的家长也愿意开口说普通话了。①

（二）专业素养得到提升

在逐步具备普通话教学能力的同时，辅导员不仅在日常教学中锻炼教学技能，也在积极参加各类培训、教学技能竞赛、课程展示、大赛征文等活动中全面提升自己的专业素养。截至 2020 年 10 月 13 日，在“学普”

① 摘自“学前学会普通话”行动 2020 年活动全员提能竞赛活动之“学前学普”征文：昭觉县喜羊羊幼儿园马海衣子《不忘初心勇担当　争做美丽幼教人》。

APP 教师端注册的人数达到 15925 人，总登录次数超过 500 万次。如表 15-3 所示，能按照一日流程教学的辅导员超过 90%，能关注幼儿年龄特点、进行环创设计与制作、顺利组织教学的比例都超过 85%；能使用信息化教学、按标准撰写教案的教师比例也超过 67%。[①] 以上充分说明，辅导员已经具备了幼教点日常教学的各项技能。

表 15-3 辅导员综合能力测评结果

单位：%

序号	内容	比例
1	能按一日流程教学	91.98
2	能关注幼儿年龄特点	87.34
3	能进行环创设计与制作	86.71
4	能顺利组织教学	85.36
5	能关注幼儿保育	82.17
6	能使用信息化教学	67.62
7	能按标准撰写教案	67.23

此外，通过技术保障单位、广东佛山等地社会力量提供的多种资源平台，原本只能在大山深处默默耕耘的辅导员们有了“走出去”的机会，视野也变得开阔。在调查中，一位辅导员就这样说道：“曾经我觉得到北京学习是遥不可及的梦，2020 年 6 月我有幸参加了北京师范大学的沃土计划，第一次到北京，第一次到这个高等学府学习，这对我来说是一次非常宝贵的机会，而这都得益于‘学前学普’行动。”

（三）社会责任感与职业认同感明显增强

除了专业知识技能、专业素养提升之外，辅导员对“学前学普”行动的重要意义也有了深刻认识。“学前学普”行动给他们带来了许多培训和进修机会，而这也改变了他们的职业认知并增强了他们的职业认同感。

2020 年暑假我有幸参加了北京师范大学专家团队组织的专业培训。说实话在没参加培训前，我认为教幼儿说普通话是一件很简单的

① 根据“学前学普”信息平台数据库内部数据资料整理。

事情，参加这个培训也是走走程序完成一项任务而已，但北师大的每位老师的精彩演讲和他们讲授的教学方案让我获益匪浅。我明白了学普行动是帮助孩子们解决进入义务教育阶段的语言难题，作为幼师要充满爱心、责任心，用科学的方法、尊重孩子们成长规律去引导他们、教育他们。①

可以说，在“学前学普”行动中，在陪伴幼儿成长的过程中，辅导员自身也获得了成就感和荣誉感，实现了和幼儿的共同成长。而“学前学普”行动引入的新的教学理念，也革新了辅导员原先的教学理念和教学模式，提升了他们自身的职业技能。

以前在课堂上，我总是一遍一遍地用普通话教孩子们唱歌，一次一次地带着孩子们背诵深奥难懂的汉语古诗。一味盲目地灌输类似“小学化”的教学内容，让幼儿们感到枯燥和厌倦，上课打闹现象越来越多，认真听讲的越来越少。一年的教学工作结束，班里的幼儿能唱好多首歌，能背诵好多首古诗，可是日常生活中却根本没有办法用普通话正常交流，从而使我产生了一种无力感和挫败感，也使我当初的激情被慢慢地磨灭了。

这项学前语言教学大行动开展以来，我先后到县里、成都、攀枝花等参加“辅导员能力提升培训与学前学会普通话”行动培训。多次培训让我的教学能力得到了提升，更为重要的是帮助我打开了教学新的思路、找准了教学方向、找到了教学方法。新鲜的教学模式、无数未知的教学领域让我如饥似渴地学习，贪婪地汲取着培训中的丰富知识。一有空便和学员交流，向老师请教，在互联网中查阅着幼儿教育方面的书籍，拓宽自己的眼界，尽量使自己的教案有趣且接地气。总而言之，开展学前学普行动以来，改变的不仅仅是幼儿，还有我们每一位辅导员，我觉得我们和幼儿们在共同成长着。②

① 来源于雷波县学普办2019年组织汇编的《学普故事》。

② 摘自“学前学会普通话”行动2020年活动全员提能竞赛活动之“学前学普”征文：树坪乡汝地甲古幼教点选送的文章《我的“学前学普”故事》。

四　“学前学普”对农村幼教点的影响

对于农村幼教点来说，“学前学普”促进了基础设施的完善。为了给幼儿创造良好的学习成长环境，各级政府积极统筹各类资源，着力解决幼教点水、电、网等基础设施，对各幼教点进行维修或新建，更新完善幼教点桌、椅、教学设备、园区建设等硬件设施，在条件合适的幼教点开办热餐食堂、午睡床铺等。2020年底，“学前学普”试点范围内所有的幼儿园、幼教点已经配齐电视机、播放器等设备，正逐步配置电脑等教学设备；72%的幼教点实现了电信通网，80%的幼教点覆盖了电信4G网络；85%的幼教点实现了移动通网，93%的幼教点覆盖了移动4G网络。社会力量援助建立的“学前学普”行动信息管理平台和“学普”APP、小程序等业已上线运行。

“学前学普”也进一步提升了幼教点的办园质量。在技术保障单位的支持下，幼教点在日常管理、教学组织上更加规范，实现了统一标识和统一教学安排。《“一村一幼”管理监督公示》牌的悬挂、信息管理平台和手机APP的规范使用，促进了幼教点管理质量的提升。

在幼教点硬件软件设施日益完善、管理进一步规范后，幼儿在园时间和出勤率明显提升。从幼儿入园时长看（见图15-4），“学前学普”行动实施前，54.72%的幼教点能保证幼儿在园时间4~6小时，在园6小时及以上的只占40.65%；而实施“学前学普”行动后，在园6小时及以上的

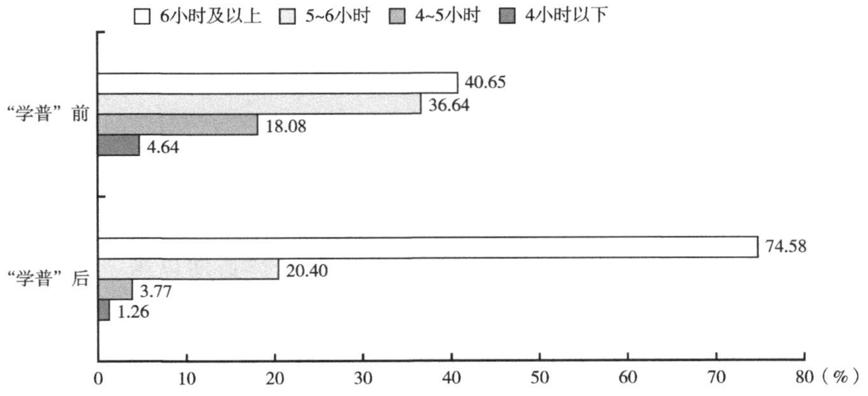

图15-4　幼儿“学前学普”前后在园时长对比

占到74.58%，同比提高了33.93个百分点。从幼儿出勤率来看（见图15-5），“学前学普”行动前，幼教点班级出勤率在80%及以上的占73.27%。而在“学前学普”行动实施后，班级出勤率在80%及以上的占92.07%，提高了18.8个百分点。其中，出勤率90%及以上的班级从之前的37.51%提高到73.10%，增加了35.59个百分点。

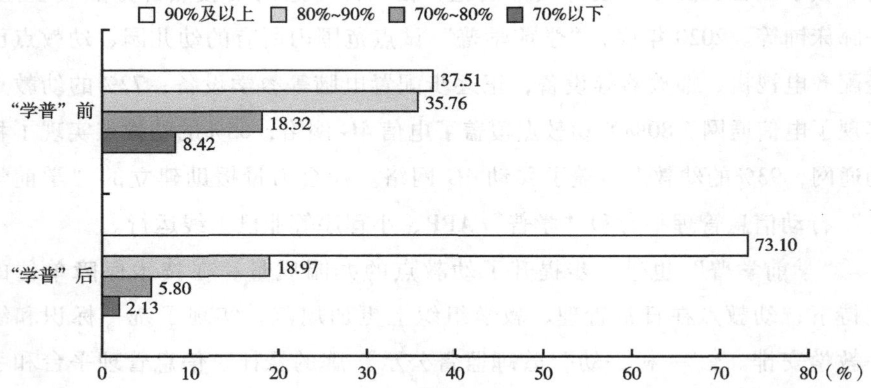

图 15-5 幼儿“学前学普”前后出勤率对比

第二节 行动试点的间接影响

“学前学普”行动在凉山地区持续深入开展后，其产生的效应也从幼儿、家长、辅导员、幼教点等直接参与的主体中扩散开，对凉山教育扶贫乃至整个脱贫攻坚体系都产生了重要影响。

一 “学前学普”对教育扶贫的影响

“学前学普”构筑了控辍保学的第一道防线。彝族地区家庭深受“多子多福”观念影响，平均每个家庭有三四个孩子。长期以来，受地理环境、经济等因素限制，彝族家庭没有主动为孩子上户口的习惯，这很容易导致学龄儿童到年龄但未上学的情况。为了解决信息“不精准”问题，“学前学普”行动启动之初，地方政府就采用了撒网式的数据排查方式，利用教育、行政两条线的各级力量，对学龄幼儿进行数据大起底，建立了从学前阶段到义务教育阶段的长期动态信息追踪机制。这在一定程度上缓解了控辍保学的压力。

“学前学普”是阻断贫困代际传递的起点。国内外诸多地区的脱贫实例已证明，语言与扶贫具有千丝万缕的紧密联系。以往彝族地区家长受教育观念、经济条件、上学不便等因素限制，不愿意花费大量时间、精力送孩子上学，在很大程度上是因为他们看不到教育脱贫的希望。彝族孩子不上学则又是导致贫困陷入恶性循环的重要原因之一。由于幼儿步入小学阶段后听不懂、不会说普通话而跟不上学习，他们中相当比例的孩子在成年之前便走向了辍学务工的道路。

> 以前当地很多农村家庭多采用“散养式”早期教养，孩子到了七八岁直接进小学，有的十一二岁才进学校。由于不会普通话，听不懂、跟不上，在学校“一步慢，步步慢”，一些学生逐渐失去学习兴趣，而这也给他们成年后外出工作带来困难。因为不会普通话，找工作困难，能找的工作也通常是以卖体力为主、技术含量低、收入低的工种，工作中出现问题不能顺畅交流解决……这些都成为他们脱贫奔小康的阻力。①

“学前学普”行动注重对幼儿的语言、卫生、习惯、价值观等方面进行全方位培育。这为他们进入义务教育阶段的学习生活打下了坚实基础，同时也在一定程度上为他们日后走向社会就业和融入主流社会生活扫清了语言障碍。事实上，经过多年的脱贫攻坚，彝区群众对自主脱贫、教育脱贫的期冀也日益增大。

> 一个家庭如果是出了一个受教育的人，他家的脱贫就有希望。并且，出来一个人以后，他一个人至少可以带动他身边的 4 个以上的人走出来。因为至少他的弟弟妹妹这些有可能受到他的影响，奋力地读书，（这样家庭脱贫）就有希望。另外，至少他（未来）的子女（的

① 摘自《凉山蝶变的教育力量》，《中国教育报》2020 年 10 月 19 日，第 1 版。

教育）是得到百分百的保障的。所以说，知识改变命运，奋斗成就未来，这句话永远都是我们的奋斗目标。我们现在很多家长、很多老百姓都意识到这种教育的重要性，所以说以后我们昭觉的教育前景非常好。（昭觉县副县长 JSFS 访谈—20201015）

脱贫攻坚期间，教育扶贫举措不仅解决了家长供孩子上学的经济压力，也为儿童顺利过渡到各个学段的学习生活奠定了基础，成为“斩断穷根”的有力举措。

二 “学前学普”助力脱贫攻坚的表现

（一）解放劳动力、新增就业机会

“学前学普”助力脱贫攻坚体现在诸多方面。首先是增加了劳动就业的机会。从家长角度来说，幼儿进入幼教点之后，从父母的背上解放下来，父母照看子女与发展生产之间的矛盾得到有效解决。家长可以外出打工，也可以去种地、放牧，生产劳动时间得到了有效保证，家庭收入得以提高，生活质量得以改善。从“学前学普”技术保障单位的数据来看，“学前学普”开展之后，有 90.71%的家长认为在孩子上幼儿园后，有更多的时间劳作。除了幼儿父母的劳动力得到解放，很多照顾留守儿童的老人也对“学前学普”行动充满感激。

在解放劳动力的同时，“学前学普”行动还在县域内创造了许多新的工作岗位，吸纳了相当规模的劳动力就业。据统计，凉山州目前提供了 1 万多个幼儿教师和辅导员岗位，加上营养餐、督导管理、后勤服务等从业人员，全州解决就业人员近 2 万多人。[①] 从家长劳动力解放到地区新增就业岗位，凉山人民切身感受到了“学前学普”行动带来的实惠和好处，获得感、幸福感和满意度全面提升。

（二）形塑社会文明新风尚

荀子云：“不学礼无以立，人无礼则不生，事无礼则不成，国无礼则不宁。”文明礼仪是人类社会生活、发展、和谐的根基。摆脱贫穷的过程

① 来源于《补齐教育短板，助力脱贫攻坚——凉山州“学前学普”行动脱贫典型案例》。

既是贫困群众物质生活条件极大改善的过程，也是精神面貌、乡风民俗和生活习惯不断更新的过程。经济指标和物质条件的改变，需要有自强自立精神的弘扬、新风正气的养成作为支撑。“学前学普”行动通过“小手牵大手”给彝区群众家庭传递现代文明生活理念，带动几万个彝族家庭与普通话同行、与文明同行，推动“学前学普”由课内向课外、个体向家庭、家庭向社会的普及推广，以助地区文明新风的养成。

彝族幼儿家长积极参与到“三建四改五洗”和“四好”村、“四好”文明家庭创建活动中，彝区现代文明生活方式正在逐渐形成。一位乡镇领导谈及了彝族地区曾经的卫生情况。

> 在2014年的时候，部分彝族家庭卫生习惯还是很差的。我刚来乡镇那会儿道路上满是垃圾，彝族群众家里卫生条件也很差。现在一年一个样，变化很大。（雷波某乡镇党委书记访谈—20201021）

除幼儿家庭和农村村庄社区外，“学前学普”行动的溢出效应在整个社会也有体现。在“学前学普”的推进过程中，政府非常重视社会氛围的营造。比如，积极利用传统和新兴媒体宣传行动的意义；制作宣传年历、宣传单的发放和户外大型宣传牌；依托“送戏下乡”“文明广播”“农民夜校”等平台，在彝区大力推广、培训普通话，提升全民普通话表达水平；县级政府部门要求在重大会议、日常工作中使用普通话，发挥党员干部的领导作用……这些举措让“学前学普”在试点地区家喻户晓，推动了普通话学习热潮的兴起。

三 “学前学普”的溢出效应

大凉山地区的“学前学普”行动还带来了诸多的溢出效应。彝族作为我国第六大少数民族，有着丰富的文化资源和历史传统。比如，传统习俗中有火把节、毕摩文化，民间传统活动有摔跤、斗鸡、斗牛、拔河、竹竿舞等，还有精美的彝绣。在民族地区普及国家通用语言，一个不容忽视的议题就是如何既能让幼儿正确掌握汉语普通话以适应社会需要和满足自身成长需要，又促进主流文化和民族文化的交流和融合。

凉山、乐山在“学前学普”行动中，在依托技术保障单位设计的科学规范的学前幼儿语言学习资源基础上，非常注重彝区传统文化、特色民俗等地方本土文化的传承。比如，结合彝族文化编制双语幼儿读本《争做好阿依》，开发区域游戏、民间游戏、亲子活动等适宜的活动，同时消除民族文化中的陈规陋习，让彝族儿童在“学普用普”过程中自然传承彝族文化，在彝族文化的浸染下更加自如地“学普用普”。

大凉山彝区由于长期封闭，与外界沟通交流较少，其他地区群众对这里的群众不了解甚至出现误解。“学前学普”行动开展后，孩子慢慢接受了来自社会主流文化的价值观、人生观、世界观和家国情怀的影响，从小就逐步树立起了与外界交往的意愿和自信。雷波几位幼儿的经历就是生动的体现。

> 马处哈三峡移民新村有几个孩子，刚转学的时候不会说普通话，通过老师努力教学，这些孩子学会普通话了。2018 年凉山州刚开始搞这个学普活动，上级领导来到我们学校，他们以前去过孩子们搬迁之前的地方，觉得一年时间里孩子们转变太大了。领导们就把孩子带到北京去参观和参加活动，有两个孩子和一个老师去了，说是让孩子们见识下北京，我们的首都。他们在那里待了一个星期。这两个孩子回来以后成绩迅速提升，现在这两个孩子读了小学，在班里成绩特别好。他们还跟其他同学说，“你要努力学习，北京特别好，我长大以后要去北京”。（雷波县中心校校长访谈—20201012）

除了主流文化的输入，彝族群众也依托精准扶贫中的产业扶贫、就业扶贫等平台，自发开展文化输出。比如，带有彝族特色的服饰、产品销往全国，打造旅游景点吸引全国各地的目光。在“走出去”与“请进来”相结合的过程中，民族间关系更加融洽，各民族之间的团结进一步得到巩固。比如，《我是中国娃》歌曲已在雷波广为传唱并在全州推广，极大提升了彝区孩子的语言认同感和国家自豪感。在“学前学普”过程中，中华民族共同体意识也得以潜移默化地进入少数民族儿童的心灵世界。

四　“学前学普”的社会意义

教育直接作用于生产力的主导要素——人，并对生产工具、生产资料、生产手段等要素产生重要影响，因而教育能够达到“扶志”与“扶智”相结合的效果，构成“拔穷根”的根本支撑。[①] “学前学普”行动是国家聚焦深度贫困地区、有效阻断贫困代际传递的一项重要措施，对帮助少数民族地区幼儿在学前阶段过好国家通用语言关具有直接作用。提升民族地区教育质量、夯实民族地区人才培养的基础，必须按照“教育要从娃娃抓起”的思路，提高民族地区的学前教育质量，夯实基础教育的根基，从而切实提高民族地区教育发展水平，提升民族地区持续的内生发展动力，从源头上有效破除贫困积累效应，促进民族地区高质量脱贫奔康。总的来看，“学前学普”行动试点在如下方面体现出较为重要的社会意义。

首先，该项行动促进了脱贫攻坚决策部署的落实。教育部、原国务院扶贫办、国家语委出台的《推普脱贫攻坚行动计划（2018—2020年）》（教语用〔2018〕1号）提出，通过加强培训、推广普通话，帮助贫困地区劳动力提升“造血”能力打好语言基础。开展“学前学普”行动夯实了少数民族贫困地区儿童未来学习和与外界沟通的语言基础。凉山州将“学前学普”行动作为脱贫攻坚中“23+1”个专项中的“+1”，以“普通话”教育为主线，以卫生文明的养成教育为重点，以生命安全教育为保障，着力帮助彝区学龄幼儿尽早突破语言关、文明关和安全关，为凉山地区脱贫奠定了重要基础。

调研表明，“学前学普”在实践中不仅实现了学前教育与小学教育的无缝对接，还通过“小手牵大手”给彝区群众家庭传递现代文明生活方式，带动几万个彝族家庭与普通话同行、与文明同行，实现了由课内向课外、个体向家庭、家庭向社会、普通话普及推广向彝区文明新风养成等“四个延伸”。这为巩固脱贫攻坚成效与乡村振兴有效衔接创造了重要条件。

其次，该项行动有利于彝区和彝区儿童发展。不会普通话不仅影响儿

---

① 中国教育科学研究院课题组：《知识改变命运　教育奠基未来：中国教育脱贫攻坚的成就与经验》，北京：教育科学出版社，2021，第2页。

童上学、就业，还影响他们融入现代文明，影响一生发展和幸福。2~6岁是儿童学习语言的窗口期，在这个年龄段教会普通话相对容易。在语言学习方面，从小培养语感，不仅能纠正儿童方言语音的原型定式，而且对未来学习大有裨益，可以说直接关系着彝区儿童未来的信息获取和学业成就。形成普通话思维习惯也有利于彝区儿童顺利完成义务教育，为上高中、上大学打下基础，进而有利于他们的终身发展。因此，学前学会普通话行动不仅为彝族孩子将来融入现代社会奠定了良好基础，更将为彝族提高整体民族素质和能力创造有利条件。

最后，该项行动有助于促进民族融合发展。在“学前学普”行动试点实践中，各级政府非常注意民族文化的融合。将“学前学普”作为疏通民族文化与语言学习的重要连接途径，因地制宜地开发区域游戏、民间游戏、亲子活动等适宜活动；同时借此消除民族文化中的陈规陋习，让彝族儿童在“学普用普”过程中自然传承彝族文化，在彝族文化的浸染下更加自如地“学普用普”，逐渐形成本民族“真善美”的精神品质，用语言搭建民族认同、民族融合的连接桥。

五　行动试点的现实困境与思考

“学前学普”行动试点虽然取得诸多初步成效，但也仍然面临一些困境。

第一，仍然缺乏长效机制。“学前学普”行动是一项关乎民族未来的奠基工程，行动试点成效不仅要体现在“过程”中，更应该体现在“结果”上，这项行动最重要的结果应该是“学前学普”对一代人的影响和改变。这些影响和改变，可能需要十年甚至数十年时间持续不断地推进。行动试点开展时间仍比较短，加上受疫情影响，对于如何常态化开展“学前学普”行动、如何在义务教育阶段巩固“学前学普”行动的成效，试点各地还缺乏深入的探索与实践。

第二，师资力量不足、教师队伍难以稳定。整体来看，虽然2020年地方政府都将辅导员作为“学前学普”幼教点的教师主体，但离标准的学前教育“两教一保”要求还存在明显差距。另外，由于部分地区幼儿人数逐年增加，有的村开始出现“一村多幼”现象，但幼教点的教师配备数跟不上。如若新建“一村一幼”或增加班级，则会出现师资更加短缺的状况。从2020年的情况来看，凉山地区从事学前教育的教师队伍整体素质不高，大多数不是学前教育专业的教师，没有学前教育教师资格证书。同时，辅导员编制长期得不到解决，工资和福利待遇等各方面与在编教师存在很大差距，辅导员群体的获得感和认同感总体上内生动力不足。而通过“学前学普”培养锻炼后，部分辅导员能力得到提升，开始流向其他地方和单位，流动性不断增强。“招不来、留不住”让凉山地区很难形成一支相对稳定的高素质、高水平师资队伍。提升幼教点教育质量关乎民族地区教育扶贫成效的巩固，而打造一支具有较好学历的高素质师资队伍则迫在眉睫。

第三，课程体系设置稍显滞后，且信息化运用的程度偏低。技术保障单位是课程设计与资源开发的首要主体。技术保障单位在开发课程体系和资源包时也有初步调研，并根据彝族等民族地区学前教育基础开发教材。但课程设计仍存在两方面问题：一方面，对于县城中心幼儿园和乡镇中心幼儿园等支持型幼儿园来说，由于这些幼儿园所在地经济发展基础好，彝族幼儿和汉族幼儿混合班较多，大部分幼儿在普通话学习和学前教育基础方面都普遍高于村庄幼教点的幼儿。技术保障单位设计的课程大多依据彝族地区幼儿的成长状况设计，在教材内容上相对简单，难以满足支持型幼儿园的发展需求，这使部分条件好的幼儿园不愿完全按照技术保障单位设计的课程体系来组织教学。

另一方面，技术保障单位设计的课程主要是针对混龄班，没有按照正常幼儿园大、中、小班来分别开发课程。这主要考虑到彝族地区的村级幼教点幼儿人数少、年龄跨度大等因素。在调研中，有辅导员反馈这种效果并不好，因为辅导员人数不足，很难将一个班的大孩子和小孩子分开教学，只能混在一起，进而影响“学前学普”行动整体的教学进度和质量。近年来，随着部分县区对“一村一幼”优化布局，即根据实际情况实施“多村一幼”“一村多幼”，在部分条件好的乡镇中心幼儿园依据幼儿年龄划分了大、中、小班。基于这种情形，技术支撑单位有必要进一步开发课程资源，提供因材施教、因类施教的科学课程体系。

通过几年的基础设施和信息化建设，凉山地区所有幼教点都实现了网络覆盖，每位辅导员都有条件上线使用“学普”APP。但是，辅导员们对于如何充分利用信息化技术进行教学、如何利用丰富的线上教学资源，仍然存在能力上的不足，比如智慧教学仍停留在初始阶段。由于民族地区经济基础薄弱、客观条件限制，仍有部分幼儿园无电脑、电视机、音频播放设备、投影仪和远程摄像头等。

第四，幼儿家长的参与度总体上仍然较低。根据实地调研，大小凉山彝族地区学前幼儿中留守家庭、离异家庭的比重较大，祖父母、外祖父母一辈是照料幼儿的主力军。由于隔代老人们普遍年龄大、文化程度低、思想观念保守，长期存在“孩子就是老师管”的心态，他们缺乏参与幼教点建设的自觉性和主动性。同时，隔代老人们需要承担繁重的家务劳动和农业生产，既没有时间精力也缺乏文化知识和语言能力参与幼教点组织的相关活动。彝族聚居区的幼儿自小生活在纯彝语的语言环境，每天在园6小时的学习固然为孩子们提供了重要的学习平台，而一旦缺乏家长的积极配合和家庭良好语言学习环境的塑造，难以确保“学前学普”行动持续产生良好成效。

第十六章

试点治理的逻辑：总结与反思*

党的二十大报告指出，十八大召开以来的十年，“我们以巨大的政治勇气全面深化改革”，“许多领域实现历史性变革、系统性重塑、整体性重构”，“国家治理体系和治理能力现代化水平明显提高”。① 从现实来看，顺应治理新形势的治理模式创新既是改革开放持之以恒的探索方向，也是提升治理效能的重要路径。治理模式创新在基层也得到充分体现，表现为地方政府的治理模式变革和非常规治理机制的变迁。② 在改革开放进程中，通过局部试点推动整体改革的路径被实践证明契合改革需要并取得显著成效。试点作为中国政策制定者常用的政策工具，被认为是为了积累改革经验和检验政策效果，同时突破障碍和缓冲压力，上级政府在一定时期和特定范围内所进行的具有试验性质的方法。③

试点制也因其独特的治理特征和制度优势而成为观察和理解中国改革取得成功的重要视角。试点制反映了国家的政策试验能力，甚至还被认为是国家创新能力、学习能力和适应能力的一种体现，用于解释中国的经济

---

* 本章的主体内容以《试点治理的逻辑：一个分析框架及其应用》为题发表于《社会科学》2023 年第 2 期，并被《中国社会科学文摘》2023 年第 6 期、《人大复印资料（社会学）》2023 年第 6 期全文转载。收入本书时有修订。

① 习近平：《高举中国特色社会主义伟大旗帜为全面建设社会主义现代化国家而团结奋斗——在中国共产党第二十次全国代表大会上的报告》，北京：人民出版社，2022，第 9 页。

② 陈丽君、童雪明：《科层制、整体性治理与地方政府治理模式变革》，《政治学研究》2021 年第 1 期。

③ 江小涓：《江小涓学术自传》，广州：广东经济出版社，2020，第 106 ~ 114 页；冯猛：《目标权衡与过程控制：地方政府创新的行为逻辑》，《社会学研究》2020 年第 2 期。

腾飞和公共治理领域取得的成效。[①]“我国改革开放就是这样走过来的，是先试验、后总结、再推广不断积累的过程”，“要采取试点探索、投石问路的方法，取得了经验，形成共识，看得很准了感觉到推开很稳当了，再推开，积胜为大胜”。[②] 试点在一定意义上是解决政策梗阻、提升治理效能的创新性治理模式。试点治理的重要创新在于拓展了政策制定、实施和应用的路径，既让中央与地方政府能在实践中积累经验，又给调整改革政策、增强政策活力留有空间。

“学前学普”行动试点作为国家自上而下推动的一项治理行动，既是政府主导、多元主体共同参与的引领型融合治理在语言扶贫领域的体现，也是试点治理的鲜活实践，因此“学前学普”行动试点本身具备一体两面的双重制度意义。试点制在脱贫攻坚的贫困治理实践中事实上得到了广泛运用，比如产业扶贫试点、脱贫攻坚项目库建设试点、脱贫攻坚普查综合试点、脱贫攻坚与乡村振兴有机衔接试点等。本章将在澄清试点治理的独特特征的基础上，[③] 建构试点作为一种创新治理模式的分析框架，并借此进一步总结和反思“学前学普”行动试点案例的制度意义。

第一节　作为政策创新机制和基础治理制度的试点制

一　作为政策创新机制的试点制

“试点”通常出现在改革的政策话语体系中，可以统称改革和治理实践中某项具有试验探索性质的各类机制和具体制度。在政策形成路径的框架下，试点被视为政策制定的创新机制。在此类研究中，试点常以政策试

---

① 王绍光：《学习机制与适应能力：中国农村合作医疗体制变迁的启示》，《中国社会科学》2008 年第 6 期；韩博天、石磊：《中国经济腾飞中的分级制政策试验》，《开放时代》2008 年第 5 期。

② 习近平：《论坚持全面深化改革》，北京：中央文献出版社，2018，第 7 页。

③ “试点制”和“试点治理”的含义虽然没有根本差异，但从某种意义上来说“试点制”概念更多的是体现了将试点视为一种制度的观点，而“试点治理”概念则兼具制度和过程的意涵。本章在使用这两个概念时将视具体语境做适当区分。

验、政策创新和政策扩散等的同义词形式出现。[①] 由于中央政府往往难以掌握政策制定所需的完备信息，特别是政策有效实施的前提条件，需要通过包括试点在内的创新机制来制定符合预期的政策。政策试验则在政策制定过程中扮演“纠错”角色，起到“吸取教训”的作用。[②] 这意味着，不论政策试验成功与否，各级政府（包括试点区）都可以从中总结经验和教训，并根据试验经验做出政策调整。

地方政府除按照中央政策目标和要求实施试点外，还会依自身情况进行政策调整和创新，甚至在某些领域率先主动展开政策试验。有学者认为，在解释中国民营经济繁荣时，自下而上的内生性经济制度相对于国家授权的（state-mandated）规则和政策具有更大的因果解释权。[③] 从现实来看，新政策的产生既不完全是中央政府自上而下有意识地预先设计的结果，也不单受地方政府自下而上政策试验的影响，而是二者共同作用的产物。

通常而言，旨在创新治理的政策制定过程可分为政策试验和政策推广两个阶段。其中，试验阶段是探索政策创新机制，推广阶段则是探寻政策扩散机制的关键。在试验阶段，地方政府在所辖区域内的试点会左右中央对政策成效的判断，从而影响政策内容。[④] 聚焦于政策扩散的推广阶段更侧重试点政策在更大范围的实施，而试点经验的成功并不意味着应用推广后同样奏效。政策扩散的相关研究表明，扩散过程兼有水平和垂直两个方向，即政策扩散同时存在于同层级政府内部和跨层级政府之间。[⑤] 同时，政策扩散在多层级的行政体制中存在多种机制，分别是同级政府之间的政

---

① 王路昊、林海龙：《成为“最佳实践”：试点经验的话语建构》，《社会》2021 年第 1 期；朱亚鹏、丁淑娟：《政策属性与中国社会政策创新的扩散研究》，《社会学研究》2016 年第 5 期；周望：《“政策试验”解析：基本类型、理论框架与研究展望》，《中国特色社会主义研究》2011 年第 2 期。

② Shirk L. , *The Political Logic of Economic Reform in China*. Berkeley: University of California Press, 1993.

③ Nee, V. and S. Opper, *Capitalism from Below: Markets and Institutional Change in China*. Cambridge, MA: Harvard University Press, 2012, p. 16.

④ Shipan, C. R. , and C. Volden, "Bottom-up Federalism: The Diffusion of Antismoking Policies from US Cities to States," *American Journal of Political Science*, Vol. 50, No. 4, 2006.

⑤ Gray, V. , "Innovation in the States: A Diffusion Study," *American Political Science Review*, Vol. 67, No. 4, 1973.

策学习、竞争和模仿，以及上下级政府之间的强制和合法性认同。[①] 当然，上下级之间也会相互学习和模仿。[②] 政策扩散背后的影响因素既包括政策属性和政策内容等内部因素，也包括地方经济状况和政府间竞争等外部因素。[③] 在外部因素方面，中央或上级政府在政策扩散过程中是否出台政策会直接影响地方政府的政策选择；地理邻近所带来的竞争压力会促使地方政府选择与邻近区域推行相似的政策；地方政府内部如经济状况和政治流动情况等因素都会影响政策扩散的形式和进程。[④]

作为政策创新机制的试点制研究已较为清晰地勾勒出试点制的若干重要特征。这些特征主要包括：试点的运作规则呈现分阶段实践的形式；试点过程围绕国家行政体制展开，不仅涉及多层级政府，各阶段的组织动员也受限于科层结构中的权力关系；试点过程具有不确定性特性，但这方面研究关于试点阶段的划分仍缺乏共识。在政治学的相关研究中，试点一般只包含"由点到面"的试验阶段，而社会学研究中的试点通常指政策制定和实施的整个过程。试点在不同阶段采用的治理逻辑和治理机制是不同的，因而试点阶段的划分标准会决定哪些主体和哪些机制应纳入分析视野。在对试点阶段缺乏清晰划分的背景下，不同研究之间无法形成有效对话。

二　作为基础治理制度的试点制

作为基础治理制度的试点制是被当作试验主义治理模式来理解的。试

① Shipan, C. R., and C. Volden, "The Mechanisms of Policy Diffusion," *American Journal of Political Science*, Vol. 52, No. 4, 2008；张勇杰：《渐进式改革中的政策试点机理》，《改革》2017年第9期。

② 王绍光：《学习机制与适应能力：中国农村合作医疗体制变迁的启示》，《中国社会科学》2008年第6期。

③ Shipan, C. R., and C. Volden, "Policy Diffusion: Seven Lessons for Scholars and Practitioners," *Public Administration Review*, Vol. 72, No. 6, 2012；Tsai, W. and N. Dean, "Experimentation Under Hierarchy in Local Conditions: Cases of Political Reform in Guangdong and Sichuan," *The China Quarterly*, Vol. 218, 2014；Berry, F. S., and W. D. Berry, "Tax Innovation in the States: Capitalizing on Political Opportunity," *American Journal of Political Science*, Vol. 36, No. 3, 1992.

④ 王贤彬、徐现祥：《地方官员来源、去向、任期与经济增长——来自中国省长省委书记的证据》，《管理世界》2008年第3期；Shipan, C. R., and C. Volden, "Policy Diffusion: Seven Lessons for Scholars and Practitioners," *Public Administration Review*, Vol. 72, No. 6, 2012。

验性质使试点制在治理目标和治理形式上区别于传统治理模式。在治理目标方面，治理的试点模式常伴随着两种不同的目标追求，一是试错，二是验真。前一目标通常是在试验和比较中实现，即先通过试验将不匹配目标的做法寻找出来，再在筛选出的多种方法中比较并选择最优做法。相较而言，验真目标更强调试验结果要符合试验目标。在实践中，传统治理模式多以验真为目标，而试验主义治理允许试错且两个目标兼而有之。在治理形式上，传统治理模式是自上而下执行治理目标或自下而上完善治理经验的单一过程。而试验主义治理模式是在既定的治理目标下检验、评估和比较地方的治理成效，并从中选择合适的治理经验来完善整个治理方案的过程。在这个意义上，试点可以理解为“中央已经有一个明确的发展方向或目标，但对于具体实践的展开尚未达成一致意见，先在部分地区进行尝试性运作，之后在总结经验教训的前提下，向全国推广展开的过程”。①

具有试验主义特征的试点治理与传统治理相比具有多重优势。其一，试点制可降低治理风险。不论何种目标下的试点都有不确定性的特性，如试错目标下试点结果无法预料，而验真目标下也可能出现偏离目标的情况。通过小规模的试点可预估改革实施的影响，从而把改革失败的风险控制在试验范围内。② 其二，试点能减少改革成本。在成本比较中，局部试验消耗的成本相较于全国性改革而言要更低。③ 其三，在降低改革失败成本的情况下，继续推行成功的改革经验能进一步扩大收益范围，从而获得更多制度收益。④ 最后，分散试验能通过增加制度内容改变既有的制度环境，⑤ 从而推进渐进式改革。

通过试点推动政策制度改革创新的背后主体并不囿于中央政府。在经济领域，基于试点的制度和政策创新通常是在国家激励和市场激励这

① 李洁：《农村改革过程中的试点突破与话语重塑》，《社会学研究》2016 年第 3 期。

② 刘军强、胡国鹏、李振：《试点与实验：社会实验法及其对试点机制的启示》，《政治学研究》2018 年第 4 期。

③ 韩博天、石磊：《中国经济腾飞中的分级制政策试验》，《开放时代》2008 年第 5 期。

④ Lau, J., Y. Qian, and G. Roland, "Reform Without Losers: An Interpretation of China's Dual-Track Approach to Transition," *Journal of Political Economy*, Vol. 108, 2000.

⑤ Van der Heijden, J., "Institutional Layering: A Review of the Use of the Concept," *Politics*, Vol. 31, No. 1, 2011.

两股力量的共同作用下得以形成。从激励主体来说，市场和国家都是催生新治理制度的重要因素。一些经济学家将制度创新的产生归结于成本和收益的比较，即只有在为创新者增加潜在收益或减少制度变迁成本的情况下才会产生新制度。① 事实上，国家力量同样会影响制度和政策创新。② 无论何种力量导致制度创新，其背后都隐含着一套激励机制。市场力量偏向于经济激励，国家力量偏向于政治激励，而现实中的制度创新往往是两种力量共同作用的结果。

尽管如此，试点也有失败的可能。首先，试点本身含有试错的潜在目标，即探索实现治理目标需要依赖的基础条件和遭遇的障碍因素。其次，试点对象的选择往往要求具有代表性，但代表性可能无法得到切实保障。试点对象的选择可能因上级部门的偏好机制、下级部门的会意机制而失去代表性，③ 从而使地方政府的试点背离最初的政策目标。同时，上下级之间信息的不对称和人为“变通”的情况，④ 也会导致试点的评估结果失真，进而无法判断试点的实际成效。由于试点存在失败风险，一些研究开始在中央和地方关系视角下关注“试点如何有效”“如何发挥试点优势”等问题，试图探讨在既有的行政体制下试点成效最大化的机制。由于过往的研究者在行政体制是分权主义还是威权主义的问题上存在争议，在行政体制如何影响试点观点上便产生了分歧。一些学者认为分权体制更有利于试点的推行和经济增长，分权既赋予了地方政府一定的自由裁量权，也为地方政府官员带来经济激励，⑤ 从而促进地方主动推行试点。另有学者则认为，

① Ruttan, V. W., "Induced Institutional Change," In *Induced Innovation Technology, Institutions, and Development* (eds. by Binswanger, H. P., and Ruttan, V. W.), Baltimore: Johns Hopkins University Press, 1978; Davis, L. E. and North D. C., *Institutional Change and American Economic Growth*, Cambridge : Cambridge University Press, 1971, pp. 39-40.

② 林毅夫：《新结构经济学：反思经济发展与政策的理论框架（增订版）》，苏剑译，北京：北京大学出版社，2014，第291~294页。

③ 符平：《市场体制与产业优势——农业产业化地区差异形成的社会学研究》，《社会学研究》2018年第1期。

④ 周雪光：《基层政府间的“共谋现象”：一个政府行为的制度逻辑》，《社会学研究》2008年第6期。

⑤ Montinola, G., Y. Qian, and Weingast B., "Federalism, Chinese Style: the Political Basis for Economic Success in China," *World Politics*, Vol. 48, No. 1, 1995；周飞舟、谭明智：《当代中国的中央地方关系》，北京：中国社会科学出版社，2014。

试点推行和经济增长是中央政府主导的结果。①

事实上，中国的行政体制并非简单的“威权”或“分权”主义。一些研究避开了这样的威权和分权的争论与视角，尝试用中央与地方互动机制来解释试点制的制度逻辑。基于央地互动关系视角的研究认为，试点是各层级政府互动的结果，体现为“中央制定政策—地方试点—中央修订政策”的过程；试点得以实施的条件则取决于中央政府的“推动力”和地方政府的“竞争力”之间交互的结果。②

尽管如此，对于作为治理模式创新的试点制研究在如下方面尚显不足。首先，试点治理模式与常规的科层治理和项目制治理模式之间的区别尚不清晰。试点概念在已有文献中既作为某一领域政策试验的实践过程和治理机制而出现，同时也被理解为此类实践背后蕴藏的系列制度安排，且常常不被区分而被混合使用。只有在将试点制与其他两种治理模式的比较中才会获得对其独特特征的更深刻理解。其次，当把中国的行政体制作为结构性背景时，以往研究常用的“中央—地方”二元层级结构来解释试点如何运作的问题，而直面基层社会且扮演政策执行者角色的县乡基层政府与中央政府、上级政府之间的关系较少受到关注。最后，有关试点的治理逻辑、组织形式及其有效性决定因素的讨论，多停留在套用科层制的治理机制层面。而要厘清试点作为治理模式创新的独到之处，则需将之与常规的科层治理模式进行比较，并形成一个相对清晰的分析框架。

第二节　试点治理的逻辑：一个拟议的综合框架

一　多层级、分阶段的试点治理模式

试点制、项目制和常规科层制都是国家治理体系的组成部分，彼此既

---

① Cai, H., and Treisman, D., “Did Government Decentralization Cause China's Economic Miracle?” *World Politics*, Vol. 58, No. 4, 2006.

② 韩博天：《中国异乎常规的政策制定过程：不确定情况下反复试验》，《开放时代》2009年第7期；周望：《如何“先试先行”？——央地互动视角下的政策试点启动机制》，《北京行政学院学报》2013年第5期。

有联系也相互区别。常规科层制具备韦伯意义上依规行事、层级化、专业化的组织形式。项目制既指某类项目的运作过程，也是动员或组织项目运行的各类机制。[①] 试点制和项目制的共同之处是都依托于常规科层制并以其为本，也都通常会有超越科层传统运作机制的新机制和新功能，还常设临时性的各类专项治理机构，如领导小组、办公室等。

试点概念本身具有工具性和制度性的双重属性。工具性是针对其目标而言，即试点本身是治理手段、方案和路径的选择过程，而通过试验上升为常规治理模式的治理逻辑则凸显了其不同于常规治理模式的独特制度特征。试点制包含“试验”和“推广”两个阶段，本质上是分阶段开展探索治理模式创新的实践，且因内嵌于国家行政体制而呈现多层级治理的结构特征。试点作为渐进式改革的重要载体，既有一套激励和协调机制，也具备科层结构的组织形式。[②] 当以理想类型的常规科层制为参照并从治理的实践过程来观察，作为理想类型的试点制和项目制又都属于治理模式的创新，三者在规范性基础、治理主体特征等诸多方面体现了差异（详见表 16-1）。

表 16-1　试点制治理与常规科层制治理、项目制治理的差别

关键特征	治理模式的理想类型		
	试点制	常规科层制	项目制
规范性基础	授权—试验	指令—服从	委托—代理
上下级政府权责	不对等	对等	不对等
主要治理逻辑	试验与扩散	依规行事	诱发竞争
主要治理手段	试点与推广	行政管控	项目发包
治理过程的灵活性	高	低	中

在常规科层制治理的“条块分割”模式之下，不同领域的治理主体均有特定且相对单一对口的职能部门。试点制通常涉及多个治理主体，包括

① 渠敬东：《项目制：一种新的国家治理体制》，《中国社会科学》2012 年第 5 期。

② Xu，C.，“The Fundamental Institutions of China's Reforms and Development，” *Journal of Economic Literature*，Vol. 49，No. 4，2011；Sabel，F.，and J. Zeitlin，“Learning from Difference：The New Architecture of Experimentalist Governance in the EU，” *European Law Journal*，Vol. 14，2008.

各层级政府及相关部门，且下级政府还拥有较大的自由裁量权。在试点过程中，上级政府直接将部分目标制定和工具选择权授权于实施试点的政府，即通过全面或局部放权以激励下级政府，从而实现治理潜能的有效动员。如此，三种治理模式在上下级政府关系中的权责配置便体现出差异。科层制中的上级政府负责决策和监督，而下级政府负责执行上级的行政指令，二者权责分配较为均衡；在试点制与项目制中，上级政府集中掌握更多权限但负责较少事宜，下级政府则相反。[①] 这样，三者遵循的治理逻辑和使用的手段也各异。常规科层制强调合乎规则和规范地实施管控，且上下级政府间是行政指令逐级下达与执行的关系。[②] 在国家治理的一些领域，项目制以诱发下级部门之间的竞争为目标，中央政府主要通过项目发包诱发地方政府间和基层政府间的竞争，从而实现跨级动员。[③] 相反，试点制的试错逻辑赋予下级政府以合法的自由裁量权去探索治理经验，在大多数情况下不存在地方竞争和跨级动员的目标。而且，试点制的治理目标和治理手段通常并未由上级政府给定，而是由其授权下级政府，激励其不断探索、试错并寻得与之匹配的治理目标和工具。试错逻辑也构成了试点制区别于另两类治理模式的关键。在治理过程的灵活性方面，试点制中的下级政府享有上级政府的部分选择权，且所受管控相对较小，故在治理过程中相对而言拥有更高灵活性。试点制、项目制和常规科层制在治理过程中的灵活性也就呈现依次递减的情况。

根据前述分析，试点制具有其自身独特的制度逻辑和组织形式，同时也是一个不同层级政府动态互动的过程，将多层级政府结构纳入试点研究更能丰富对试点制及其制度逻辑的认识。试点制的核心特征可以用多层级、分阶段治理模式加以刻画。通过将试点制嵌入“中央—地方（省市）—基层（县区）”三个层级的行政体制，并区分试点过程的试验和推广两个阶段，可以构造出“多层级—分阶段”的试点治理模型分析框架

---

① 陈家建等：《项目制与政府间权责关系演变：机制及其影响》，《社会》2015 年第 5 期。

② 陈家建：《项目化治理的组织形式及其演变机制——基于一个国家项目的历史过程分析》，《社会学研究》2017 年第 2 期。

③ 折晓叶、陈婴婴：《项目制的分级运作机制和治理逻辑——对“项目进村”案例的社会学分析》，《中国社会科学》2011 年第 4 期。

（见图 16-1）。“多层级—分阶段”的分析框架旨在凸显试点中“中央—地方（省市）—基层（县区）”的多层级治理架构、不同政府之间的复杂互动及其运作机制。图示中纵向呈现治理结构，横向展现治理模式实践、扩散和应用的逻辑。更为重要的是，基层治理过程是整个试点制的复刻，借此能完整呈现“试点中试点”过程。

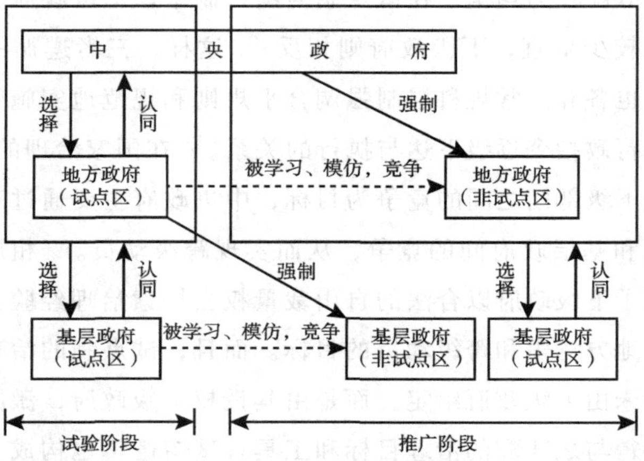

图 16-1 “多层级-分阶段”的试点治理模型分析框架

注：实线箭头表示发生在上下级政府互动的过程；虚线箭头代表不经过上级政府而只在同级政府之间的扩散过程。

以往基于央地关系结构的分析框架在某种程度上弱化了试点的工具性特征，且相对忽视了试点的路径、方法或做法。在地方政府和基层政府的互动中，对试点方法通俗的理解是在“试点中试点”，即在试验阶段也可采用“试验—推广”的方法完成既定治理任务。试点政策的模糊性使得上级政府可选择推广成功的试点经验，从而巩固自身的合法性地位。① 同时，科层结构中的强制性力量和不同试点对象的模仿机制会驱使试点制在组织形式上出现同质化现象。② 因而，中央政府与地方政府间的试点分析框架

① Mei C. and Z. Liu, “Experiment-based Policy Making or Conscious Policy Design? The Case of Urban Housing Reform in China,” *Policy Sciences*, Vol. 47, No. 3, 2014.

② DiMaggio, P. J., and W. W. Powell, “The Iron Cage Revisited: Institutionalism and Collective Rationality in Organizational Fields,” *American Sociological Review*, Vol. 48, No. 2, 1983.

同样适用于基层政府。

从治理过程来看，试点治理主要由三个互动过程组成：一是制定治理目标和评估指标，通常由中央或上级政府主导完成；二是地方政府或下级政府因地制宜选择治理工具，并在本地开展治理实践；三是各级政府依据评估指标考核治理的实际成效，并为下一步修订治理目标和工具积累经验。分阶段来看，试点治理有着多个运作机制，但占据主导地位的始终是中央或上级政府。在试验阶段，中央政府与地方政府、地方政府与基层政府之间都践行着自下而上的选择机制和自上而下的认同机制。在推广阶段，中央政府通过强制机制将试点经验推广至非试点区的地方政府，而地方政府之间还可通过学习、模仿和竞争等机制自发完成扩散。尽管试点地区能因地制宜推进试点，但中央政府仍常在试点推广中占据主导地位：一是因为多数情况下地方试点是在中央政府规定的政策目标和工具下展开；二是试点推广通常是在中央政府认可的情况下发生。

值得指出的是，图 16-1 的框架按照不同的互动路径可组合出不同类型的试点模式。在常规试点模式中，中央政府选择地方政府进行试点，并通过强制机制将试点推广至其他地区，这一类型与政策试验研究中的各类试点相吻合。创新型试点则沿着“地方试点-中央认可-中央推广”的路径演进，如家庭联产承包责任制等。试点治理的组织形式具有科层结构的特征，即多层级组织形式。由于地方政府比中央政府掌握更多的辖区状况，尤其是信息资源和治理资源，上下级政府总是处于不对称的信息结构之中。

因此，从信息角度来看，试点制的多层级组织是一个非对称结构，这也使试点制的治理逻辑变得更加丰富。试验阶段的试验逻辑假定试点目标和工具并未事先给定，且试点目标和工具由某一层级政府部门自主制定。但当治理主体涉及跨层级政府时，试点目标和工具可能由两个及以上层级的政府部门共同制定。当试点目标和工具由不同层级政府制定时，有两种情形需加以辨析：一是上级政府只给定治理目标而不提供工具，但会从下级政府摸索出的试点工具中择优选择工具；二是上级政府不给定试点目标和工具，而是直接采纳地方政府自主探索的试点经验。在这两种情形下，试点虽然都遵循试验逻辑且都采用了比较机制，但背后呈现不同的权力配置，下级政府在前一情形中只掌握部分试点权，但在后一情形中拥有较为充分的自主选择权。

在推广阶段，以往研究多关注试点在同级或跨级政府之间的扩散情况，忽视了多层级政府之间的扩散。尽管如此，仍有少数研究关注到试点的这一过程。中央政府、试点区的地方政府和非试点区的地方政府两两之间都会形成试点扩散，但彼此之间的扩散机制有所差异。如有学者将试点置于中央政府和地方政府互动的解释框架下，按照中央“推动力”和地方“学习力”的强弱之分总结了三类扩散模式，包括“强推动—强学习”状态下的辐射式全面推广、“强推动—弱学习”状态下的应付式局部推广和“弱推动—强学习”状态下的扩展式局部推广。①

二　试点治理的逻辑：递归、试验与扩散

试点制与改革中政策制定过程的制度逻辑高度重合。渐进式改革和国家创新型政策的制定通常遵循递归逻辑，体现为重复进行试验和推广的过程。② 试点制常常也遵循着递归逻辑，按照“试验—总结—推广—总结”顺序反复演进。试点制在试验和推广两个阶段对应不同的制度逻辑。在试验阶段，试点制主要遵循试验的治理逻辑，其目的通常是为中央决策提供依据，这也是试点制区别于常规治理模式的重要特征之一。试点制的试验或试错逻辑通常表现为成效比较，如中央政府不提供明确的政策工具而授权地方政府自主探索时，地方政府会在试点中尝试多种政策工具并比较各自成效，进而选择合适的政策工具。试错逻辑下的地方政府可获得相对于常规治理模式下更多的政策工具选择权。

评判试点有效与否主要基于试点目标与实际成效的一致性程度。这通常涉及两个相辅相成的实践过程，一是试点成效的评估过程，二是利用试

① 周望：《如何“由点到面”？——“试点—推广”的发生机制与过程模式》，《中国行政管理》2016年第10期。

② 张勇杰：《渐进式改革中的政策试点机理》，《改革》2017年第9期；Glick H. R. , and Hays S. P. , “Innovation and Reinvention in State Policymaking: Theory and the Evolution of Living Will Laws,” *Journal of Politics*, Vol. 53, No. 3, 1991。

验来确定实现目标的最优策略的机制试验。① 其中，评估过程是依据试点目标与成效的差距作出判断，机制试验则是把可能的行为策略分散到各试验中并选出更符合预期的做法。② 在中国，这两个过程通常都是借助第三方机构完成。由第三方机构实地调研并评估试点地区的政策成效，总结试点经验和实践策略并形成调研报告。尽管试点的评估工作一般并不由上级政府直接组织完成，但上级政府仍保留了督察、考核等考评权力。总之，试验逻辑作为试点制的核心制度特征，在一定程度上重新配置并激活了行政体制内部的治理权力资源，而“比较”和“评估”则是践行试验逻辑的重要机制。

在推广阶段，试点经验的推广过程内含多种扩散机制。以往研究揭示的扩散机制虽能回答如何推广试点经验的问题，但也都不同程度地忽视了政策的推广目标，而这正是理解扩散逻辑的关键。推广阶段的主要目标是将试验阶段筛选出的成功经验推广至更大范围实施以实现治理目标，这意味着试点的内容和工具在更大范围施行时需保持一定的一致性。而这也往往会因为地方政府的变通行为而增加推广阶段的不确定性。③ 为避免政策执行出现偏差，各级政府通常会采取多样化策略来规范偏差行为，④ 包括利用多层级行政体制赋予的强制性能力，以确保试点条件的一致性。

因为各地资源禀赋各不相同，局部试验的成功有时候有其偶发性，如何在更大范围内复刻局部试验便成为推广阶段的难题。有研究指出，中国各地政府在试验阶段常遵循“因地制宜”的原则，⑤ 这也让不同地方的试点带有显著的地方特色。而要将试点经验应用到其他地区，首先要求推广地区在资源禀赋、社会结构等方面与试点地区处于相同或相近的特征状

---

① Ludwig, J., J. Kling, and S. Mullainathan, “Mechanism Experiments and Policy Evaluations.” *Journal of Economic Perspectives*, Vol. 25, No. 3, 2011.

② 机制试验并不能提前知道全部政策工具，通常只选择重要的政策工具或亟须了解其成效的工具。此外，机制试验更强调随机对照试验的方法，评估过程则不存在方法差异。

③ 张翔：《基层政策执行的“共识式变通”：一个组织学解释——基于市场监管系统上下级互动过程的观察》，《公共管理学报》2019 年第 4 期。

④ 施芸卿：《一把尺子如何“量到底”：基层治理中的制度硬化——以一个城市更新试点项目为例》，《社会》2019 年第 2 期。

⑤ Fewsmith, J., *The Logic and Limits of Political Reform in China*. New York: Cambridge University Press, 2013.

态，即试点条件的一致性是推广阶段的前提。试点推广并不总是由中央政府负责。在非强制的情况下，非试点区的地方政府可在其管辖范围内决定是否及如何推广试点区的某项试点工作。对试点设计者和非试点区的地方政府而言，明确试点各阶段的一致性条件是解决试点推广的有效性问题的基础。推广阶段的一致性和有效性的目标追求共同塑造了这一阶段的扩散逻辑，即试点经验将以什么形式、何种程度和在多大范围内进行扩散。

以往试点研究已较为详细地阐述了若干试点类型及其实践路径，但涉及基层治理部分的试点分析仍不常见。在脱贫攻坚中，各级政府常总结典型案例经验并推广至资源禀赋相同或相近的地区，这一过程通常发生在基层治理环节。学前学普行动试点案例跨越两地数十个县（区），且试点覆盖的县（区）资源禀赋相近、试点过程完整，本身属于试点治理的典型案例。

第三节 “学前学普”行动试点制度意义的再反思

一 “学前学普”行动试点历程回顾

1. 试点选择

之所以选择在凉山州试点，一方面是因为生活在“大小凉山”彝区尤其是地理位置偏僻的山寨的彝族群众大多只会彝语。在这样的语言环境下，加上没有正规的学前教育，当地贫困儿童在进入义务教育阶段后常常因为听不懂普通话而在学业上受挫，辍学失学、就学困难现象时有发生，“控辍保学”也成为基层教育工作者、驻村干部最难解决的问题。另一方面，由于从小不会说普通话，彝族的青壮年劳动力往往无法外出到凉山州以外的城市务工，即使外出绝大多数也只能从事岗位要求较低、薪酬微薄的体力工作。上述原因影响下，凉山地区的贫困代际传递现象十分严重。因此，通过推广学前学普以解决彝区义务教育阶段普遍存在的教学语言障碍问题，成为当地通过教育阻断贫困代际传递的必要之举。2014 年开始，国家和四川省相继出台系列政策来改善当地学前教育，“一村一幼”计划和“学前学普”行动试点便属此列。两者在语言脱贫方面具有延续性，

“一村一幼”计划主要解决了学前教育所需的基础设施、学前教育点位学位等基础性问题。而“学前学普”行动试点则实现了学前教育的规范升级，为凉山彝族地区学前教育从基础巩固迈向提质增效的新阶段提供了转型契机。

2. 试点之前：“一村一幼”计划

乐山市和凉山州分别于 2014 年和 2015 年开始实施“一村一幼”，在“大村独立举办、小村联合举办”思路下建设村级幼教点（幼儿园），发展出“一村一幼”、“一村多幼”或“多村一幼”等多种形式，以此保障农村 3~6 周岁学前儿童就近接受学前教育。随后两地学前教育的教学条件都得到较大改善，包含幼教点辅导员和教学管理在内的学前教育体系得以初步搭建。在学前教育体系搭建过程中，凉山州教育局负责统筹安排各县区村幼教点的辅导员培训，各乡镇人民政府负责辅导员招聘（优先聘用同时掌握彝语和汉语的教师），而幼教点的教学管理则由乡镇中心校负责。“一村一幼”计划让凉山的学前儿童能就近上学，不仅减轻了家庭育儿的负担，也在一定程度上释放了农村家庭的劳动力，间接增加了农户经济收入。诚然，“一村一幼”计划成效显著，但各幼教点的基础设施、辅导员的教学方式、幼教点管理、教学成效等仍有着较大差异，尚未形成统一的教学标准。可以说，“一村一幼”的开展虽初步解决了彝区学前儿童入园难等问题，也实现了彝区学前教育“从无到有”的转变，但尚未建立起完善的教学教育体系。在这一背景下，国家开始在民族地区推行“学前学普”行动试点。

3. 试验阶段：“学前学普”行动试点

“学前学普”行动试点旨在让试点地区通过 3 年左右的努力，实现让具有正常学习能力的 3~6 岁少数民族儿童在接受义务教育前能够使用国家通用语言进行沟通交流，形成国家通用语言思维习惯，同时逐步完善行政村村级幼儿园或幼教点的师资培训体系。按照“先行试点、总结优化、全面推广”的实施步骤，“学前学普”行动试点分试点准备、试点实施、过程总结、试点评估、全面实施、常态化实施等六个阶段。试点实施的治理目标是通过在实践中不断完善教学教具、师资培训、考核体系、监测评估等方面工作，找到可复制、可推广的学前学普经验模式，为进一步优化民族地区学前学普方案提供参考。

凉山州州级政府根据“国家支持、省监督指导、州统筹实施”的要求，建立了集沟通工作、督查工作、评估工作和考核工作于一体的工作机制，并依据试点总体目标，凉山州及各县都制定了具体的行动实施方案。在实施方案中，地方各级政府的试点目标与中央政府基本无异，只是将学前儿童年龄跨度调整为3~7岁。州、县分别组织成立学前学会普通话行动实施工作领导小组，负责全面统筹分阶段的试点实施工作。同时，由技术保障单位协作完成试点实施。

根据实施方案，“学前学普”行动试点分两阶段完成：第一阶段是选取部分农村的“一村一幼”幼教点先行试点，重点聚焦不会普通话的幼儿，历时1年；第二阶段是在全州范围内所有幼教点和幼儿园全面实施。在两个阶段，“学前学普”行动试点都主要依托“一村一幼”的设施基础。学前儿童在幼教点接受双语教育，而技术保障单位则从研发课程方案、培训管理辅导员、提供教学方法和配置教学基础设备等4个方面提供技术保障。这些技术保障实际上都是试点工具，包括设计教学方案、确定每日流程、规定每小时工作内容、提供辅导员教案手册，以及开展每月两次的幼儿普通话测评。

经过两个阶段的行动后，“学前学普”行动试点基本实现了试点目标，试点区学前儿童的普通话水平大幅提升，这主要体现在他们的普通话测试合格率上。同时，经过学前学普的幼儿在卫生意识、卫生习惯、纪律意识、性格表现等方面也有很大进步。从各方面效果来看，学前学普行动试点让凉山彝族地区试点区大多数幼儿达到了试点实施方案中确定的“学会普通话、养成好习惯”目标。

4. 推广阶段：扩大试点

乐山市试点的县区同属凉山地区，地理、文化、社会和教育环境相近，满足扩大试点范围的一致性条件。2019年，原国务院扶贫办、教育部将乐山市内的“两县一区”也纳入“学前学普”行动试点范围。随后，乐山市委市政府便制定了扩大试点的工作方案，并于9月启动“学前学普”行动扩大试点工作。与凉山州试点过程相似，乐山的扩大试点工作也由“学前学普”行动实施工作领导小组负责全面统筹，并与相同的技术保障单位合作。乐山的扩大试点同样取得了显著成效。在基础建设方面，试点县区利用“学前学普”行动试点专项资金建设和升级县区内的幼教点；在试点总体目标上，幼教点的学前儿童基本都会说普通话，且学前3年的毛入园率也大幅提升。

纵观“学前学普”行动试点的实践过程，大致可分为试点之前、试验阶段和推广阶段这三个阶段。其中，试点之前的地方实践为“学前学普”行动试点奠定了物质基础，包括教学场所、专项资金等。试验阶段采用试点方法推进工作，因而该阶段兼有试点和推广两个过程，前一过程是在“一村一幼”计划的基础上落实学前学普政策，并做好试点县的经验总结工作；后一过程则是将试验区的试点经验推广至凉山州全州，但只限于县（市、区）政府一级。推广阶段主要是选择临近地区推广试点区经验，扩散层次属市（州）一级政府。三个阶段的行动逻辑比较可见表16-2。

表16-2　“学前学会普通话”行动试点不同实施阶段的比较

	试点之前	试验阶段	推广阶段
行动名称	一村一幼	“学前学会普通话”行动试点	“学前学会普通话”行动试点
行动目标	解决“入园难”问题	寻找并积累行动试点经验，满足学前儿童的通用语言学习的需求	根据试点经验展开行动，满足学前儿童的通用语言学习的需求
行动时间	2011～2018年	2018～2019年	2019～2020年
行动范围	①+②+③+④	①+③	②
行动主体	省、市（州）县各级政府	市（州）、县（市、区）级政府	市（州）、县（市、区）级政府
行动评估	无	第三方机构	第三方机构

注：①为凉山州11个深度贫困县的农村、安宁河谷6县（市、区）民族乡镇村；②为乐山市内两县一区；③为凉山州其他县（市、区）；④为四川省其他县（市、区）。

二　试点的治理机制

“学前学普”行动试点取得的治理成效离不开试点制的独特治理机制。首先，“学前学普”行动试点主体包含中央、地方和基层三层级政府，且各层级政府权责配置不同；其次，试点治理过程兼有试验和推广两个阶段，各阶段践行不同的治理机制；最后，治理主体多元，除政府治理主体外还有第三方机构、社会力量参与其中。条块结合是中国行政体制的主要特征，政府通常是通过条块的行政架构进行治理。在“学前学普”行动试点中，试点的治理主体由多层级政府组成，治理过程则是自上而下逐级推进，各级政府间形成了明确的职责分工，并聚焦治理目标形成了集“国家、省、州（市）、县、乡”于一体的多层级治理结构。具体而言，中央政府是试点的发起方，选择并给定了试点区和试点目标；省和州（市）为地方政府，主要负责制定实施方案和组建推进工作的领导小组；县、乡（镇）属基层政府，主要是执行实施方案并接受上级政府的考核评估。下级政府相对上级政府承担了更多的治理职责，同时接受上级政府的督查考核。

在试点阶段，地方政府与基层政府选择了相同的组织形式。州和县两级政府分别成立了以州长、县长为组长，各相关部门为成员单位的实施工作领导小组，主要负责全面统筹“学前学普”行动试点的实施工作。州和县两级的教育部门都下设“学前学普”办公室，主要负责具体实施。同时，州、县两级政府组建的“学前学普”行动试点领导小组拥有相同的同级成员单位，且领导小组与“学前学普”办公室都是临时性组织，试点工作结束后予以撤销。

这样的组织形式打造了基层试点治理的“三级两线”机制，将“条”“块”分割的政府层级、职能部门和参与治理的其他主体有机联动起来。“三级”是指县教体科局、乡镇中心校、村级幼教点，“两线”是指行政管理和业务指导并行，为提升治理效率奠定了组织结构基础。两条治理路径本身并不重叠，“两线”让各级政府既可沿着“州委州政府—县委县政府—村两委、驻村工作队”的行政治理路径推进工作，也可按照“州教育部门—州学前学普办—县学前学普办—乡镇中心校”的业务指导路径开展工作。

分阶段来看，各级政府在“学前学普”行动试点的试验阶段都采用选择机制自上而下推动试点工作。国家选择凉山州作为试点区，而凉山州又选出 11 个深度贫困县外加安宁河谷 6 县（市、区）作为试点区。在试验阶段，四川省负责牵头成立协调沟通小组，而州里负责具体的沟通协调工作，如定期召开视频协调调度会、通报督查结果等。督查是考核下级政府试点执行情况、管理试点过程的重要手段。“学前学普”行动试点的督查由两类专题汇报组成，一是乡镇党委政府每月向县（市）党委政府作专题汇报，而县（市）党委政府每半年向州委州政府作专题汇报；二是县（市）“学前学普”行动试点领导小组每月就实施进度向州“学前学普”行动试点办公室进行汇报，而“学前学普”行动试点办公室每月就工作进度向原国务院扶贫办和教育部进行上报。省、州一级政府从工作汇报中对比各县试点成效，并从中选择合适的工作经验。

此外，各级政府还会采取统一的评估标准，检验“学前学普”行动试点的具体成效，并实施自上而下的督查，具体包括各级“学前学普”行动试点办公室开展的业务指导督查考核、领导小组各成员单位参与的综合督查考核和各级目督办（目标督促办公室的简称）进行的专项督查考核等三类形式。比如，凉山州“学前学普”行动试点办公室自制了验收自查评估细则，其中规定幼教点（幼儿园）里每班都需按要求配齐电视机、播放器、饮水设备（饮水机、电热桶、保温桶等）等。就实际效果而言，这种评估规定带有一定的强制性，在一定程度上能确保试点政策在执行过程中不走样。

在推广阶段，上级政府主要采用强制机制推广试点区经验。凉山州政府在实施试点全覆盖时采用与试验阶段相同的评估机制，并依此标准要求非试点区开展学前学普工作，从而确保前后两个阶段的政策工具、行动目标和路径保持一致性。与此同时，技术保障单位（第三方公司）也通过提供涵盖幼教点的空间布局、课程教学和教师培训等方面的标准化教学方案支持来参与试点经验的推广。正是这一标准化实施方案，凉山州的试点全覆盖行动和乐山市“两县一区”的扩大试点行动得以顺利实施。“学前学普”行动试点得以成功推广的原因，首先是标准化实施方案能减少各县单独摸索试点经验所产生的“试错”成本；其次是试点内容和工具的标准化降低了学习和模仿难度，从而让试点经验更容易从试点区扩散到非试点区，满足了扩散阶段的一致性条件。

总的来看，“学前学普”行动试点的实践形成了集科层内部沟通、合作和督导于一体的联动机制，同时建立起了政府和社会等多方主体参与的引领型融合治理机制，高效整合了各种资源用于推进试点行动。国家通过选择合适试点地区并探索经验，再通过非试点区的经验推广，最终实现了提升彝族聚居地区学前儿童国家通用语言能力的试点目标。而推广阶段的“两县一区”无论是地理环境、社会结构还是人文环境都与凉山州具有十分相近的特征，这构成了原初的非试点区能取得试点成效的重要前提条件。

习近平总书记指出，“试点是改革的重要任务，更是改革的重要方法”。[①] 在实践中，试点制既是国家治理的创新模式，也是实现治理效能提升的重要机制。首先，相较于传统科层治理模式，试点治理综合了自上而下的科层治理和自下而上的自主创新治理模式的优势。试点治理从根本上而言是以科层制为制度基础但又在治理路径、模式和形式上突破了常规科层制结构和功能的治理模式创新。其次，试点制经由试验和推广两个梯次接续的过程完成治理模式的创新。在试验阶段，上级政府选择向下级政府放权，一方面是因为试验成本较小，尽管局部试验失败也有造成损失的风险，但相对于整体试验失败风险而言却是可承受的改革成本；另一方面是因为治理情景、治理资源和治理信息的不对称，通过试点的放权让下级政府自主摸索多样化的治理模式成为可能。在推广过程中，基层政府可因地制宜调整试点内容并积累试点经验，这为修正和完善试点治理模式提供了制度性机会。

更重要的是，试点制具备制度和工具的双重属性。试点作为一类治理工具能在“试点中试点”，这种嵌套式治理方式能最大化地发挥试点制的创新作用。就贫困治理领域而言，尽管脱贫攻坚取得显著治理效能，但在与乡村振兴实践相衔接的过程中仍面临系列挑战。2022 年中央一号文件明确提出在全面推进乡村振兴中要“深化乡村治理体系建设试点示范”。可以说，脱贫攻坚阶段成功的试点经验和有效的创新制度以某种恰当方式自然过渡到乡村振兴阶段是通过治理创新推进乡村振兴的应有之义。从“学前学普”行动试点来看，试点治理的分阶段、多层级治理理念和模式，可为实施乡村振兴战略提供制度启示。

① 习近平：《树立改革全局观积极探索实践发挥改革试点示范突破带动作用》，http://www.scio.gov.cn/31773/31774/31783/Document/1436840/1436840.htm，最后访问日期：2022 年 1 月 14 日。

试点制与传统科层制、项目制等同为国家治理制度的重要组成部分，共同塑造了国家治理体系的现代化进程。就国家治理制度而言，治理模式无论如何创新都无法绕开国家体制而独立存在。诚然，试点制在运作过程中也存在行政体制内部固有的张力，由此也存在治理失败的风险，但重复分散的试验和纠错机制为各级政府应对治理体制的内部张力提供了制度空间。试验和纠错的特征虽然使试点制区别于其他常规的治理制度，但这并不能说试点制就优于其他治理制度。试点推广的有效性是以非试点区的治理情景和治理资源为前提条件的。由于具体的治理情景和治理资源存在地方差异，试点制无法保证试点经验的可复制性，也无法保证在更大范围内的推广能取得相同的治理效能。

后 记

近年来，许多“黑天鹅”“灰犀牛”事件打破了世界原有的秩序，百年未有之大变局的演化明显加速。

历史转折点的意味在 2020 年变得尤为浓厚。对于中国来说，2020 年既是全面建成小康社会之年，还是决战决胜脱贫攻坚之年。这一年，在抗击新冠疫情和防控常态化的背景下，统筹推进经济社会发展的压力和难度可想而知。尽管如此，国家依然如期实现了所有贫困县的脱贫摘帽。八年脱贫攻坚栉风沐雨，注定是载入史册的伟大事件。忠实记录这段非凡的历史并加以学理思考，从不同角度讲好中国脱贫攻坚故事，是人文社会科学工作者义不容辞的历史使命。

在本书的调查研究和写作过程中，团队成员既有相互协作，也有相对分工。各章作者分别是：第一章符平；第二章符平、卢飞（中南民族大学民族学与社会学院讲师）；第三章卢飞、陆汉文（华中师范大学社会学院教授）；第四章李敏（华中农业大学马克思主义学院讲师）、符平；第五章王欧（华中师范大学社会学院讲师）、符平；第六章刘飞（华中师范大学社会学院副教授）；第七章韩继翔（华中师范大学社会学院博士研究生）；第八章田玲玲（华中师范大学城市与环境科学学院讲师）；第九至十章郭经宇（华中师范大学社会学院博士研究生）、符平；第十一章李国卉（华中师范大学社会学院博士研究生）；第十二章韩继翔；第十三章李敏；第十四章卢飞；第十五章韩继翔、郭经宇；第十六章符平、韩继翔。全书由我最后统一定稿。囿于各种因素，书中难免存在错误和疏漏，恳请读者理解并指正。

团队的研究生夏培彦、廖哲毅、徐健宝、钟晓莹、王誉羲、李博文、谢晓琳、况玉龙、姚晓杰等，认真参加了实地调查，并协助收集整理了许多资料和数据，为成果撰写提供了保障。湖北文理学院政法学院夏国锋教授、安徽大学社会与政治学院熊凤水副教授参与了团队调查和研讨。团队的调查得到国家乡村振兴局中国扶贫发展中心黄承伟主任、各地党委政府领导和工作人员的鼎力支持和帮助，得到了各地村民及脱贫攻坚的其他重要参与者的积极配合。本书的出版也得到湖北省人文社会科学重点研究基地社会发展与社会政策研究中心的支持。在此，一并表示由衷的感谢！

脱贫攻坚这一历史任务的完成，为以中国式现代化全面推进中华民族伟大复兴奠定了重要基础，具有里程碑意义。我们深感，人民是历史的创造者，而学人不过是最为蹩脚的“秘书”。在这个大变迁时代，如何将“秘书”的角色做得更好，我们还需加倍努力。

2022 年 12 月

图书在版编目(CIP)数据

引领型融合治理：中国脱贫攻坚的理论与路径 / 符平等著. --北京：社会科学文献出版社，2023.12（2025.9 重印）
ISBN 978-7-5228-2698-1

Ⅰ.①引… Ⅱ.①符… Ⅲ.①扶贫-研究-中国
Ⅳ.①F126

中国国家版本馆 CIP 数据核字（2023）第 204405 号

引领型融合治理：中国脱贫攻坚的理论与路径

著　　者 / 符　平 等

出 版 人 / 冀祥德
责任编辑 / 孙　瑜　佟英磊
责任印制 / 岳　阳

出　　版 / 社会科学文献出版社 · 群学分社（010）59367002
地址：北京市北三环中路甲 29 号院华龙大厦　邮编：100029
网址：www.ssap.com.cn
发　　行 / 社会科学文献出版社（010）59367028
印　　装 / 唐山玺诚印务有限公司

规　　格 / 开 本：787mm×1092mm　1/32
印 张：29　字 数：455 千字
版　　次 / 2023 年 12 月第 1 版　2025 年 9 月第 2 次印刷
书　　号 / ISBN 978-7-5228-2698-1
定　　价 / 168.00 元

读者服务电话：4008918866